PROCURADO

PETER L. BERGEN

PROCURADO

DO 11 DE SETEMBRO AO ATAQUE A ABBOTTABAD, OS DEZ ANOS DE CAÇA A OSAMA BIN LADEN

TRADUÇÃO DE
ANNA LIM, LANA LIM E OTÁVIO ALBUQUERQUE

Amarilys

Título original em inglês: *Manhunt – The ten-year search for Bin Laden from 9/11 to Abbottabad*
Copyright © 2012 by Peter L. Bergen

Esta tradução foi publicada mediante acordo com a Crown Publishers,
um selo do Crown Publishing Group, divisão da Random House, Inc.

Amarilys é um selo editorial Manole.

Editor-gestor: Walter Luiz Coutinho
Editor: Enrico Giglio
Produção editorial: Luiz Pereira e Márcia Men
Projeto gráfico e editoração eletrônica: Tkd Editoração
Capa: Depto. de Arte da Editora Manole

Dados Internacionais de Catalogação na Publicação (CIP)
(Câmara Brasileira do Livro, SP, Brasil)

Bergen, Peter L.
    Procurado : do 11 de setembro ao ataque a
Abbottabad, os dez anos de caça a Osama Bin
Laden / Peter L. Bergen ; tradução de Anna Lim,
Lana Lim e Otávio Albuquerque. -- Barueri, SP :
Amarilys, 2012.

    Título original: Manhunt : the ten-year search
for Bin Laden from 9/11 to Abbottabad.
    Bibliografia
    ISBN 978-85-204-3547-2

    1. Al-Qaeda (Organização) 2. Bin Laden, Osama,
1957-2011 3. Fugitivos da justiça - Estados Unidos
4. Guerra ao terrorismo, 2001- 5. Operações
militares - Estados Unidos - Prevenção
6. Terrorismo - Estados Unidos - Prevenção
7. Terroristas - Arábia Saudita I. Título.

12-11425   CDD-363.32516092

    Índices para catálogo sistemático:

    1. Bin Laden : Líderes terroristas : Do 11 de
    setembro ao ataque a Abbottabad : Reportagem
    363.32516092

Todos os direitos reservados.
Nenhuma parte deste livro poderá ser reproduzida, por
qualquer processo, sem a permissão expressa dos editores.
É proibida a reprodução por xerox.

A Editora Manole é filiada à ABDR – Associação Brasileira
de Direitos Reprográficos.

1ª edição brasileira - 2012

Editora Manole Ltda.
Av. Ceci, 672 – Tamboré
06460-120 – Barueri – SP – Brasil
Tel. (11) 4196-6000 – Fax (11) 4196-6021
www.amarilyseditora.com.br | info@amarilyseditora.com.br

Impresso no Brasil | *Printed in Brazil*

Este livro contempla as regras do Acordo Ortográfico da Língua Portuguesa de
1990, que entrou em vigor no Brasil em 2009.

Para Pierre Timothy Bergen,
nascido em 17 de novembro de 2011

SUMÁRIO

	Mapas	ix
	Nota do autor	xv
	Prólogo: Um retiro confortável	1
Capítulo 1:	O 11 de setembro e suas consequências	16
Capítulo 2:	Tora Bora	34
Capítulo 3:	Al-Qaeda no ostracismo	46
Capítulo 4:	O ressurgimento da Al-Qaeda	56
Capítulo 5:	Uma teoria de trabalho para o caso	62
Capítulo 6:	Fechando o cerco ao mensageiro	80
Capítulo 7:	Obama em guerra	91
Capítulo 8:	Anatomia de uma pista	103
Capítulo 9:	Os últimos anos de Bin Laden	114
Capítulo 10:	Os guerreiros secretos	123
Capítulo 11:	Linhas de ação	136
Capítulo 12:	A decisão	164
Capítulo 13:	Não acenda a luz	176
Capítulo 14:	O resultado	193
	Epílogo: O ocaso da Al-Qaeda	209
	Referências	221
	Notas	233
	Agradecimentos	313

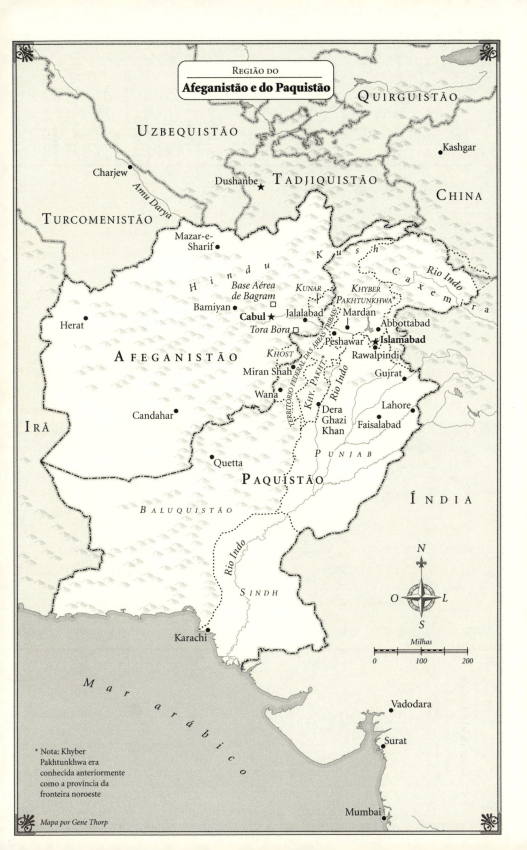

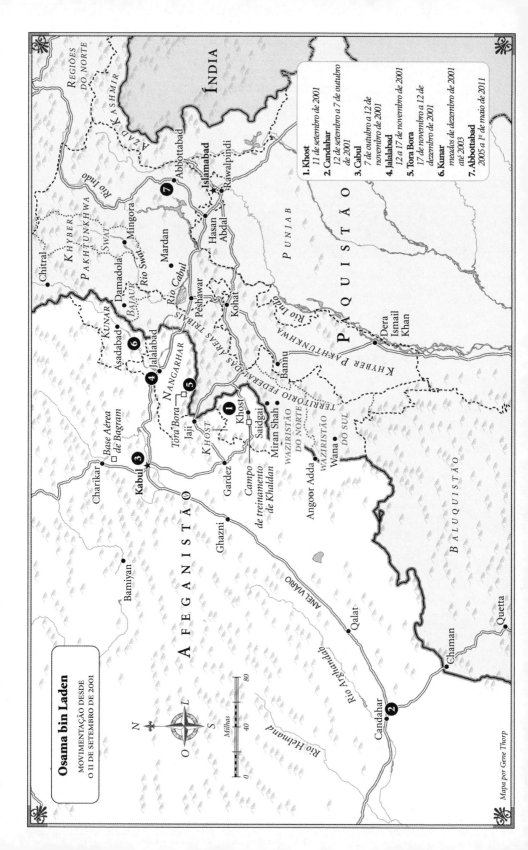

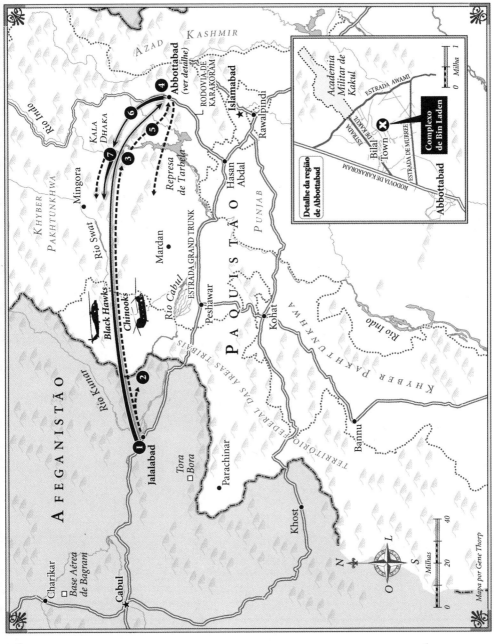

Incursão dos Seals da Marinha americana a Abbottabad

1. Helicópteros Black Hawk e três Chinook saem de Jalalabad para uma incursão ao complexo de Bin Laden em Abbottabad.

2. Um dos Chinooks para antes de atravessar a fronteira até o Paquistão.

3. Os dois Chinooks remanescentes pousam nas margens do Rio Indo, em Kala Dhaka, como apoio para os Black Hawks.

4. Os Seals nos Black Hawks invadem o complexo, matando Bin Laden. No processo, um dos Black Hawks faz uma aterrissagem forçada e precisa ser destruído.

5. Um Chinook sai de Kala Dhaka e voa até Abbottabad, onde apanha o cadáver de Bin Laden e os Seals que estavam no Black Hawk destruído. O helicóptero então volta direto para Jalalabad.

6. O outro Black Hawk se junta ao Chinook remanescente em Kala Dhaka para reabastecer.

7. Os dois helicópteros voltam a Jalalabad.

"Dormimos tranquilamente em nossas camas porque existem homens de fibra a postos noite adentro para responder com violência àqueles que queiram nos fazer mal."
— WINSTON CHURCHILL

"Não é o crítico que importa; não é o homem que aponta como o homem forte tropeça ou onde o homem que faz poderia ter feito melhor. O crédito pertence ao homem que de fato está na arena, cujo rosto está sujo de poeira, suor e sangue, que se esforça com valentia, que erra e fracassa várias vezes, porque não há esforço sem erros ou fracassos, mas que conhece o grande entusiasmo, as grandes devoções, que se entrega por uma causa válida; que, em sua melhor hora, conhece, enfim, o triunfo da grande conquista; e que na pior delas, se falha, ao menos falha por ousar com grandeza, de forma que seu lugar nunca estará entre aquelas almas frias e temerosas que não conheceram nem vitória, nem derrota."
— THEODORE ROOSEVELT

NOTA DO AUTOR

Conheci Osama bin Laden em uma madrugada de março de 1997, numa cabana de adobe nas montanhas do leste do Afeganistão. Eu estava lá para produzir a primeira entrevista que ele daria para a televisão, na CNN. Pessoalmente, Bin Laden não era o revolucionário irascível que eu esperava, parecia um clérigo comedido. Mas embora seus modos fossem brandos, suas palavras eram cheias de um ódio mortal pelos Estados Unidos. Bin Laden nos surpreendeu ao declarar guerra contra os Estados Unidos em frente às câmeras; era a primeira vez que ele fazia isso diante de um público ocidental. É claro que aquele alerta não foi ouvido com a devida atenção, e quatro anos depois, vieram os ataques de 11 de setembro.

De certa forma, estive me preparando para escrever este livro desde então. Embora não se pudesse prever o momento exato da captura ou da morte de Bin Laden, era inevitável que ele acabasse sendo rastreado. O livro que está prestes a ler é o relato completo de como isso aconteceu.

Depois que Bin Laden foi morto, viajei três vezes para o Paquistão, sendo que em minha última estadia fiz uma longa visita ao complexo de Abbottabad no qual ele passou seus últimos anos. Fui o primeiro observador externo autorizado a entrar pelos militares paquistaneses, que controlavam todos os acessos. Duas semanas após minha visita, no final de fevereiro de 2012, o complexo foi demolido.

A visita me ajudou a compreender melhor como o líder da Al-Qaeda, sua família e seus seguidores moraram ali por anos sem serem localizados; ajudou-me também a entender como se deu a incursão dos Seals* da Marinha americana, cujo resultado foi a morte de Bin Laden. Estive no quarto onde o terrorista passou quase seis anos de sua vida e onde ele por fim morreu. Também conversei com diversos agentes de segurança e militares paquistaneses que investigaram a atuação dos Seals e que tiveram acesso aos depoimentos das esposas e dos filhos de Bin Laden.

Do lado americano, falei com quase todos os oficiais seniores da Casa Branca, do Departamento de Defesa, da CIA, do Departamento de Estado, do Centro Nacional Antiterrorismo e do Gabinete do Diretor de Inteligência Nacional que tiveram algum papel na obtenção e análise de toda a informação sobre Bin Laden, avaliando possíveis linhas de ação em resposta ao que se suspeitava ser o complexo do líder terrorista, e supervisionando a execução do ataque. Muitos desses oficiais são citados nominalmente, mas vários deles não puderam ser citados diretamente por conta do caráter delicado de certos aspectos da missão. Nos casos em que o nome de um oficial da CIA não foi divulgado, usei um pseudônimo. (Ninguém, incluindo eu mesmo, entrevistou os Seals da Marinha americana que atuaram na missão). Os Seals recuperaram cerca de seis mil documentos no complexo de Bin Laden em Abbottabad. Na Casa Branca, permitiram que eu consultasse alguns daqueles documentos não publicados que haviam acabado de perder o sigilo, em meados de março de 2012.

O site anti-sigilo WikiLeaks se mostrou outra fonte muito útil de informação. Ao consultar vazamentos de dados sigilosos sobre Guantánamo, fui capaz de mapear melhor as movimentações de Bin Laden após os ataques do 11 de setembro e de reconstituir como os oficiais da CIA foram capazes de encontrar o mensageiro que os levou até a porta da casa do líder da Al-Qaeda. É claro que só o fato de um documento do governo americano ser secreto não garante que ele seja preciso, então fiz o possível para cruzar informações desses documentos com vários outros relatos e fontes.

★ *Sea, Air and Land* (Mar, Ar e Terra): acrônimo que dá nome à unidade de Operações Especiais da Marinha. (N.E.)

NOTA DO AUTOR

Essa reportagem foi incrementada por outras entrevistas com ex-agentes da CIA e oficiais do Exército americano envolvidos na caça a Bin Laden nos dez anos após o 11 de setembro, e por várias viagens ao Afeganistão para rastrear os passos do líder na Batalha de Tora Bora, da qual ele conseguiu escapar do alcance dos Estados Unidos no final de 2001.

Meu encontro com Bin Laden nos idos de 1997 se deu fora dos limites da cidade afegã de Jalalabad e próximo às montanhas de Tora Bora – a região na qual, quatro anos mais tarde, poucos meses após os ataques do 11 de setembro, ele encenaria um dos maiores truques de desaparecimento da história e passaria a ser alvo da mais intensa e cara perseguição de todos os tempos. Talvez tenha sido apropriado que, passada uma década, numa noite sem lua de 1º de maio de 2011, o dia derradeiro de Bin Laden começasse com helicópteros saídos de Jalalabad. À medida que iam subindo, os Seals a bordo conseguiam enxergar através do verde brilho pixelado de seus óculos de visão noturna as montanhas de Tora Bora a somente cinquenta quilômetros ao sul, erguendo-se a 14 mil pés: o último lugar em que um pequeno grupo das Forças de Operações Especiais americanas viu Bin Laden vivo. Dessa vez, eles juraram que Bin Laden não escaparia das garras dos Estados Unidos.

PRÓLOGO   UM RETIRO CONFORTÁVEL

Era um esconderijo perfeito.

Olhando de longe, as casinhas na encosta das verdes colinas e densas montanhas que cercam Abbottabad lembram a Suíça, ou talvez a Bavá-ria. Essa cidade paquistanesa com cerca de quinhentos habitantes fica a quatro mil pés nos contrafortes do Himalaia, que marcham enfileirados na direção da fronteira com a China. A cidade foi fundada em 1853 pelo oficial inglês James Abbott, um coadjuvante no Grande Jogo que colocou os britânicos e os russos uns contra os outros na disputa pelo controle da Ásia Central. Fato atípico para um administrador do Raj, o major Abbott era amado pelos moradores de Abbottabad. Quando partiu para a Ingla-terra, ele chegou a escrever um poema desajeitado, mas sincero, sobre a cidade:

> Lembro-me do meu primeiro dia aqui.
> Quando senti o doce aroma de Abbottabad...
> Digo-lhe adeus com pesar no coração
> Suas lembranças nunca me deixarão.

Vestígios do passado colonial de Abbottabad podem ser vistos na igreja anglicana de St. Luke, que parece saída direto de Sussex, e em alguns conjuntos de prédios baixos do século XIX junto às estradas principais que outrora serviram de moradia para os administradores do Império.

Abbottabad é conhecida hoje como a "Cidade das Escolas" e abriga excelentes escolas preparatórias e a melhor academia militar do Paquistão. Soldados das Forças Especiais Americanas foram enviados para lá em 2008 para ajudar no treinamento de recrutas.

Atraídos por seus verões relativamente frescos e pelos baixos índices de criminalidade, um misto de oficiais militares e servidores públicos aposentados, bem como pessoas que ganharam um bom dinheiro trabalhando no Golfo Pérsico, foram viver em Abbottabad. A alta temporada de férias começa em junho, quando famílias das quentes planícies do Paquistão viajam para lá para se refrescarem e aproveitar as brisas suaves das montanhas. Aqueles que apreciam o golfe podem jogar em um dos melhores campos do país. O clima em geral é mais o de um clube de campo do que o do resto das poluídas e fervilhantes cidades paquistanesas.

Apesar da relativa obscuridade de Abbottabad, estrangeiros são comuns por aqui. Às vezes, aventureiros ocidentais atraídos pela Rodovia Karakoram, que atravessa a cidade antes de continuar pelo norte até a China, a quase quinhentos quilômetros, param para se abastecer com artigos para acampamento ou fazer hora em uma sorveteria. E refugiados afegãos ricos, para fugir da instabilidade de seu país, construíram amplos complexos para esconder suas mulheres.

Foi nas plácidas cercanias de Abbottabad, meia década depois de sua grande vitória no 11 de setembro, que Osama bin Laden decidiu se recolher. Das regiões do Paquistão em que poderia estar vivendo, aquele era um dos últimos lugares que qualquer um poderia imaginar como seu paradeiro – bem longe das áreas tribais do Paquistão, onde praticamente todo observador acreditava que ele pudesse estar, de forma que seria muito difícil encontrá-lo, e ainda assim não tão distante a ponto de ele não conseguir se comunicar por meio de mensageiros, de maneira relativamente fácil, com seus principais tenentes, muitos dos quais viviam naquelas regiões. Era perto da Caxemira, dominada pelo Paquistão, e dos grupos militantes kashmiri aos quais Bin Laden havia se aliado há muito tempo – uma rede de apoio que poderia vir a ser útil.

No início de 2011, o líder terrorista estava já há seis anos escondido no bairro de Bilal Town, em Abbottabad. Não era o endereço mais luxuoso da cidade, mas com suas mansões brancas dotadas de pórticos,

UM RETIRO CONFORTÁVEL

intercaladas com lojinhas de frutas e legumes, certamente era um lugar agradável para se viver.

Sete anos antes, o homem a quem Bin Laden havia confiado sua vida, um sujeito conhecido dentro da Al-Qaeda pelo codinome Abu Ahmed al-Kuwaiti – "o kuaitiano que é pai de Ahmed" – havia começado a reunir pequenos terrenos agrícolas nas margens de Bilal Town. O Kuaitiano comprou terras em quatro transações entre 2004 e 2005, pagando cerca de 50 mil dólares e adquirindo a maior parte dos lotes de um médico local, Qazi Mahfooz Ul Haq. Haq se lembra do Kuaitiano como um "tipo de homem muito simples, modesto e humilde" que falava o idioma local, o pashto, vestia-se com roupas pashto tradicionais, e dizia que estava comprando as terras para um tio.

O Kuaitiano contratou um arquiteto na Modern Associates, uma empresa familiar de Abbottabad, para projetar um complexo residencial adequado para uma família de no mínimo doze pessoas. As especificações para o prédio não eram incomuns para aquela região: dois andares, com quatro quartos em cada andar, cada um com seu banheiro privativo. "Um de meus alunos pode ter feito o projeto", lembra Junaid Younis, o proprietário da Modern Associates. A firma de arquitetura submeteu as plantas da casa ao comitê de planejamento local, e obtiveram a devida permissão para a construção.

No ano de 2005, o complexo de Bin Laden começou a ser erguido onde outrora havia campos abertos. Moradores locais acreditam que o complexo que se alastrava por um hectare tenha custado no mínimo centenas de milhares de dólares para ser erguido. Durante a construção, um terceiro andar foi adicionado ao prédio. Nenhuma autorização de planejamento foi obtida para esse acréscimo, uma sonegação bastante comum nessa parte do mundo onde pagar impostos sobre propriedades é visto como coisa de otário. Mas havia uma razão mais convincente para manter essa alteração o mais secreta possível: o andar não autorizado era para uso exclusivo de Osama bin Laden e sua mais recente e mais jovem esposa, uma impetuosa iemenita chamada Amal.

O terceiro andar, onde Bin Laden viveria com Amal, era um pouco diferente dos outros. Ao contrário dos andares de baixo, ele tinha janelas em somente um de seus quatro lados, e elas eram opacas. Quatro das cinco janelas não passavam de pequenas aberturas bem acima do nível dos olhos. Um diminuto terraço em desnível ficava protegido de olhares curiosos por uma parede com cerca de dois metros de altura projetada para esconder até mesmo alguém com 1,95 m de altura como Bin Laden.

Durante os mais de cinco anos em que viveu ali, Bin Laden, que costumava se vestir com túnicas largas de cores claras, um colete escuro e um gorro islâmico, raramente deixava o segundo e o terceiro andares da casa. Quando o fazia, era somente para dar uma volta no jardim da cozinha do complexo. Uma lona improvisada sobre parte do jardim foi pensada para manter até mesmo essas caminhadas ocultas dos satélites americanos que, dos céus acima, tudo podem ver.

Deve ter sido bem confinante para um homem acostumado a viver ao ar livre como Bin Laden, que costumava se gabar de sua habilidade de cavalgar por mais de sessenta quilômetros sem parar, e que tinha o hábito de levar seus filhos em árduas caminhadas pelas montanhas afegãs que chegavam a durar mais de doze horas. Bin Laden também era um ávido jogador de futebol e bem habilidoso no vôlei. Antes da queda do Talibã, uma de suas maiores satisfações era levar uma de suas várias esposas e filhos em expedições pelos vastos desertos do sul do Afeganistão para praticar tiro e endurecê-los para uma vida de fugitivos, que, ele acreditava firmemente, um dia seria o destino de todos eles.

Agora Bin Laden vivia em Abbottabad, em uma prisão que ele mesmo construíra. Mas havia algumas compensações. Por exemplo, ele estava bem longe dos ataques dos aeronaves não tripuladas americanas que estavam continuamente atingindo muitos de seus aliados de longa data, a nata da Al-Qaeda, nas regiões tribais do Paquistão cerca de trezentos quilômetros a oeste. E ele certamente não estava encolhido em uma caverna úmida, como muitos dos "infiéis" imaginavam, nem estava sofrendo de uma doença renal debilitante, como frequentemente se relatava no Ocidente. Na verdade, ele estava em ótimas condições, ficando grisalho e diminuindo apenas ligeiramente seu ritmo à medida que se aproximava da metade de sua quinta década de vida. E, ainda mais importante para um dedicado homem de família como ele, estava cercado por três de suas esposas e uma dúzia de seus filhos e netos.

A primeira esposa de Bin Laden, sua linda e alta prima síria Najwa, não estava entre elas. Eles haviam se casado em 1974, quando ele tinha dezessete anos e ela quinze, e ela permaneceu fielmente a seu lado quando ele embarcou em uma vida de *jihad* que o levou ao Paquistão e ao Afeganistão nos anos 1980, e depois para o Sudão e novamente o Afega-

UM RETIRO CONFORTÁVEL

nistão no final dos anos 1990. Mas, depois de morar cinco anos em um soturno Afeganistão controlado pelo Talibã, Najwa se cansou. No verão de 2001, ela começou a insistir que queria ir para casa e ver sua família na Síria. Afinal de contas, ela havia dado a Bin Laden onze filhos e quase três décadas de sua vida, grande parte da qual ela passou exilada junto a ele, e por fim ele concordou com seu pedido. Mas ele só permitiu que ela levasse três de seus filhos ainda solteiros para a Síria, insistindo que sua filha de onze anos, Iman, e seu filho de sete anos, Ladin, ficassem com ele.

Bin Laden era o monarca absoluto de seu lar, e não havia nada que Najwa pudesse fazer para contrariar essa decisão. Quando ela estava se preparando para deixar o Afeganistão, Bin Laden, talvez sentindo que aquela seria a última vez que ele a veria, disse-lhe o seguinte: "Nunca vou me divorciar de você, Najwa. Mesmo que você ouça falar que me divorciei de você, isso não será verdade". Najwa deixou o Afeganistão no dia 9 de setembro de 2001, mesmo dia em que os assassinos de Bin Laden mataram Ahmad Shah Massoud, o líder das poucas forças afegãs que ainda lutavam contra o Talibã na época, e somente 48 horas antes dos ataques da Al-Qaeda a Washington e Nova York. Talvez Bin Laden soubesse que a gentil Najwa, que havia se casado com ele muito antes que ele começasse a dedicar sua vida aos rigores da guerra santa, não seria capaz de lidar com as consequências dos ataques aos Estados Unidos.

Ainda assim, uma década após o 11 de setembro — mesmo muito tempo depois de sua primeira esposa ter partido — Bin Laden tinha a satisfação de ter suas três outras esposas morando com ele em seu esconderijo de Abbottabad. A idade delas ia desde a Amal de 29 anos até a Khairiah de 62, que havia felizmente ressurgido na vida de Bin Laden de forma inesperada, após uma ausência de nove anos.

Bin Laden se casara com Khairiah em 1985, quando ele tinha 29 anos e ela 35, uma idade muito avançada para uma mulher na Arábia Saudita se casar. A motivação de Bin Laden para se casar com Khairiah era em parte religiosa. Ele acreditava que se casar com uma "solteirona" era algo que Alá veria com bons olhos porque, caso viessem a ter filhos, isso aumentaria o número de muçulmanos no mundo. Antes de seu casamento, Khairiah tivera uma certa carreira independente como professora de crianças surdas-mudas. Ela também tinha um doutorado e vinha de uma família rica e distinta que alegava descender do Profeta Maomé. Khairiah havia assumido a posição de segunda esposa de Bin Laden somente porque ela queria se casar com um homem que ela acreditava ser um verdadeiro guerreiro santo, cujas façanhas em combates contra os soviéticos no Afeganistão estavam ficando bem conhecidas na Arábia Saudita em meados dos anos 1980. Quatro anos após o casamento, os dois tiveram um menino, Hamza, e a partir daí Khairiah ficou conhecida como Um Hamza, "a mãe de Hamza".

Quando o regime do Talibã começou a implodir durante o outono de 2001, Khairiah fugiu do Afeganistão para o vizinho Irã, junto com seu querido Hamza e vários dos filhos de Bin Laden com suas outras esposas. Durante anos todos eles viveram em uma espécie de prisão domiciliar na capital iraniana, Teerã. Suas condições não eram desconfortáveis, eles tinham tempo para viagens de compras, jogos de PlayStation e visitas a piscinas, mas ainda assim estavam em uma jaula, mesmo que de ouro. O regime iraniano provavelmente via os membros da família de Bin Laden como uma moeda de troca que viria a ser útil caso tivessem de fazer algum acordo de paz com os Estados Unidos.

No entanto, quando militantes da Al-Qaeda abduziram o diplomata iraniano Heshmatollah Attarzadeh-Niyaki no final de 2008, perto de sua casa em Peshawar, no oeste do Paquistão, o regime iraniano já havia desistido havia muito tempo de fazer qualquer acordo com os Estados Unidos. Depois de prender o diplomata por mais de um ano, os militantes discretamente o enviaram de volta ao Irã na primavera de 2010. Isso era parte de um acordo que por fim permitiu que a família de Bin Laden encerrasse os anos de prisão domiciliar no Irã.

Em algum momento do abrasador verão de 2010, Khairiah, agora com sessenta e poucos anos, conseguiu viajar do oeste do Irã para o Waziristão do Norte, uma região tribal remota e inexorável do Paquistão que fica a mais de 2.400 quilômetros a leste de Teerã; a viagem a levou através de difíceis cordilheiras e alguns dos mais árduos desertos da Terra. Em seguida ela foi até Abbottabad para se reencontrar com seu marido depois de quase uma década. A grande decepção dela foi ver seu único filho, Hamza, que viajara a seu lado desde o Irã, permanecer nas remotas regiões tribais paquistanesas, que na época abrigavam muitos dos líderes da Al-Qaeda.

A segunda esposa mais velha no complexo de Bin Laden era Siham bin Abdullah bin Husayn, com os exatos mesmos 54 anos de idade do líder da Al-Qaeda, que, assim como sua esposa mais velha, Khairiah, vinha de uma distinta família saudita que alegava descender do Profeta. Para Bin Laden, que tentou – pelo menos em sua própria cabeça – calcar sua vida na do Profeta, essa conexão direta com o fundador do Islamismo através de suas esposas certamente tinha um significado especial. Quem vivia no complexo de Abbottabad com seu pai e mãe era Khalid, o primogênito de Siham, de 23 anos de idade.

Siham era estudante na Universidade do Rei Abdulaziz na cidade sagrada de Medina, onde fazia graduação em estudos religiosos, quando Bin Laden lhe pediu em casamento pela primeira vez em meados dos anos 1980. Ela insistiu em completar seus estudos como uma condição para aceitar a proposta dele, um pedido ao qual Bin Laden aquiesceu com relutância. Os pais de Siham eram contra a união porque Bin Laden já tinha outras esposas, mas ela foi em frente com o casamento de qualquer forma porque tinha uma crença inalterável no florescente projeto de *jihad* de Bin Laden, combatendo os soviéticos no Afeganistão. Quando eles se casaram, Bin Laden já estava quase se tornando um autêntico herói de guerra jihadista; Siham achou isso fascinante. Quando Bin Laden lhe deu as tradicionais joias de ouro como dote de casamento, Siham doou tudo para a *jihad* afegã.

Siham cursou seu mestrado enquanto estudava em Medina, e depois seu doutorado em gramática corânica enquanto vivia com Bin Laden no Sudão, em meados dos anos 1990. Na condição de poeta e intelectual, ela muitas vezes editava os escritos de Bin Laden. Como seu marido só aceitou com relutância que ela fizesse pós-graduação, ela dedicou sua tese de doutorado não a ele, e sim a seus filhos. Seu irmão diz que ela estava "acorrentada" a Bin Laden só por causa do intenso amor que ela sentia por eles.

A vaga para quarta esposa que é sancionada pela lei islâmica havia sido aberta para Bin Laden quando ele morava no Sudão em meados dos anos 1990. Uma de suas esposas mais velhas, uma saudita chamada Khadija, confrontou-o na corrupta capital sudanesa de Cartum, dizendo-lhe que ela não queria essa vida de *jihad* e de exílio em pobreza que o filho do bilionário saudita havia adotado recentemente, e que ela queria o divórcio. Bin Laden atendeu seu pedido, e logo começou a pensar nas qualidades que ele procurava em sua próxima esposa.

De acordo com o sacerdote iemenita que realizou a união, "Ela tinha de ser religiosa... e jovem o suficiente para não sentir ciúmes das outras esposas do xeque [Bin Laden]". O sacerdote disse a Bin Laden que ele tinha em mente alguém para quem ele havia dado formação religiosa. Ela era muito devota, ele disse; vinha de uma família modesta, de forma que ela conseguiria lidar com as durezas que certamente viriam vivendo junto ao líder da Al-Qaeda; e ela "realmente acreditava que ser uma esposa dedicada e obediente lhe daria um lugar no céu". Seu nome era Amal Ahmed al-Sadah.

Bin Laden mandou um enviado em 1999 para falar com a mãe de Amal em sua casa no provinciano fim de mundo de Ibb, uma cidadezinha quase duzentos quilômetros ao sul da capital iemenita. Primeiro, a proposta de casamento foi elaborada como se viesse de um empresário da província iemenita de Hadramaut. Havia um elemento de verdade nisso, uma vez que a família Bin Laden é proprietária de uma grande construtora no Oriente Médio e originalmente vem de Hadramaut, mas, à medida que as negociações maritais continuaram, o enviado informou que na verdade o pretendente era Osama bin Laden. Isso não causou uma grande reação, uma vez que Bin Laden ainda não era um nome muito conhecido e que a Al-Qaeda ainda não havia despachado um barco carregado de bombas para afundar o USS *Cole* enquanto ele estava ancorado na costa do Iêmen, como fez a organização um ano mais tarde.

Amal, uma adolescente risonha, bonita e pálida com um cabelo preto bagunçado e pouca instrução, por fim consentiu com a união com o misterioso sr. Bin Laden, dizendo: "Deus a abençoou". Do Afeganistão, Bin Laden despachou um de seus mais confiáveis guarda-costas com um dote de 5 mil dólares, parte do qual foi usado para comprar joias de ouro e roupas de festa para Amal. O primo dela lembrou, mais tarde: "Concordamos que ele desposasse Amal porque sabíamos que Bin Laden era um bom muçulmano, muito devoto, mas não sabíamos muito mais além disso", acrescentando que o dote era "muito modesto". (Isso não seria surpresa para ninguém que já houvesse tratado com o líder da Al-Qaeda antes. Como costuma acontecer com os filhos de algumas famílias ricas, ele era notoriamente muquirana.)

Em 2000 a jovem noiva, ansiosa, junto a alguns de seus parentes homens, fez a longa jornada do Iêmen até Candahar no sul do Afeganistão, onde Bin Laden vivia na época. Ali, Bin Laden ofereceu uma festa de casamento lotada – só de homens, claro – onde poemas foram declamados, cordeiros foram abatidos para o banquete e tiros de celebração foram disparados para cima. As mulheres também tiveram sua própria festa, mais modesta.

Inicialmente, as outras esposas de Bin Laden ficaram furiosas com a nova cônjuge dele, que não tinha nem dezessete anos. Bin Laden havia contado à sua família que Amal era uma mulher "madura" de trinta anos, que sabia o Corão de cor. Não está claro se o clérigo iemenita que arranjou o casamento simplesmente enganou Bin Laden ou se Bin Laden estava mentindo para suas outras esposas. O chefe da guarda pessoal de Bin Laden lembra que nos primeiros dias de seu casamento com Amal, seu patrão "arrastava esse quarto casamento como uma bola acorrentada a seu pé", ainda que os sentimentos de Bin Laden fossem mudar com o tempo.

O pai de Amal viajou do Iêmen para o Afeganistão para ver como estava sua filha cerca de um ano antes dos ataques do 11 de setembro. Depois de esperar no Paquistão, onde membros da Al-Qaeda pareciam querer verificar se ele havia sido seguido, e então passando por uma tortuosa viagem através do Afeganistão, ele foi levado a uma casa embutida em um sistema de cavernas onde estava sua filha, provavelmente nas montanhas de Tora Bora, no leste do Afeganistão. No segundo dia de sua visita, seu genro apareceu por lá. Bin Laden, que carregava uma arma, parecia apreensivo e preocupado que seu sogro pudesse ser um espião.

Bin Laden entreteve seu sogro com histórias das várias tentativas de assassinato às quais ele sobreviveu. Uma vez terminadas essas anedotas, ele agradeceu efusivamente ao pai de Amal pelo ótimo trabalho realizado criando sua filha, dizendo "Obrigado por essa ótima criação. Não esperava uma criação dessas. Ela é como eu". Bin Laden foi generoso, abatendo um boi em homenagem à visita de seu sogro. E Amal, agora totalmente ciente da pessoa com quem ela havia se casado, contou a seu pai que ela queria ser uma mártir ao lado de Bin Laden.

Quando era adolescente, Amal disse a um de seus primos que quando crescesse queria "entrar para a história". Seu primo retorquiu, "Sua história é na cozinha", ao que Amal respondeu acidamente: "Quer dizer que a História é reservada a vocês, homens?". Agora, com Bin Laden como marido, ela tinha uma chance de verdade de ter um lugar nos livros de História, uma oportunidade que uma obscura cidade rural do Iêmen nunca teria fornecido.

Bin Laden tinha 43 anos quando se casou com Amal, mas a diferença de 26 anos entre os dois não atrapalhou o que parecia ser uma união de amor verdadeiro. A primogênita deles, Safia, veio ao mundo cerca de um ano antes dos ataques de 11 de setembro. Bin Laden disse a conhecidos que ele a nomeou em homenagem a Safia, que era uma contemporânea do século XVII do profeta Maomé e que havia matado um judeu. Ele explicou que esperava que sua filha Safia também fosse matar judeus quando crescesse. Amal acabou dando à luz mais quatro filhos, inclusive dois enquanto ela e seu marido moravam em Abbottabad.

Sua vida familiar em Abbottabad era uma fonte de alívio genuíno para Bin Laden, que acreditava firmemente que a poligamia e a procriação eram obrigações religiosas. Para seus amigos homens mais próximos, ele sempre repetia uma frase atribuída ao profeta Maomé: "Casem-se e multipliquem-se porque com vocês eu aumento a nação [de muçulmanos]". Para outros amigos, ele brincava: "Não entendo por que as pessoas só arrumam uma esposa. Se você arruma quatro esposas você vive como um noivo". Esse parece ser o único registro de piada já feita por Bin Laden.

A vida no complexo de Abbottabad certamente não era luxuosa, mas para Amal não era muito diferente da vida que ela conhecera na infância no interior do Iêmen. Para o consumo de carne deles, os mais de doze membros da família Bin Laden – junto com o confiável Kuaitiano, seu irmão e suas famílias – sobreviviam com duas cabras por semana, que eram abatidas dentro do complexo. O leite vinha de vacas que eram abrigadas em galpões de concreto, os ovos vinham das cerca de cem galinhas mantidas em gaiolas, o mel vinha das abelhas de uma colmeia e os vegetais, tais como o pepino, vinham da ampla horta. Esses ingredientes cultivados em casa eram complementados por latas de azeite de oliva Sasso e pacotes de aveia Quaker comprados na cidade.

Se a dieta deles era relativamente frugal, a vida social era nula. Separado de outras casas por campos verdes, o complexo só podia ser acessado a partir de uma estrada de terra. As paredes de quase quatro metros de altura do prédio, o arame farpado e as câmeras de segurança davam a ele a aparência de uma prisão de segurança mínima, e não encorajavam visitantes casuais. Se as crianças da vizinhança lançassem acidentalmente uma bola de críquete por cima dos muros do complexo, elas recebiam cinquenta rúpias para comprar uma nova. Se elas conseguiam reunir coragem para bater no portão principal do complexo, ansiosas em brincar com as muitas crianças que viviam lá dentro, tinham de bater por dez ou vinte minutos antes que alguém saísse. As crianças que por ventura saíssem não davam seus nomes e eram notavelmente religiosas, interrompendo a brincadeira quando era emitido o chamado à oração pelas mesquitas locais.

Do lado de dentro dos muros, o complexo não era pintado, e, em concordância com as crenças ultrafundamentalistas de Bin Laden, não havia quadros. Ele não tinha ar-condicionado e havia somente alguns aquecedores rudimentares a gás — em uma área onde os verões podem chegar a 38°C e nos invernos, neva. Como resultado, as contas de luz e de gás para um complexo daquele tamanho e as cercas de duas dúzias de pessoas que ali viviam eram mínimas, uma média de cinquenta dólares ao mês. As camas para os vários membros da família eram feitas de tábuas. Era como se os moradores do complexo estivessem vivendo em um acampamento temporário, mas de forma permanente.

Viver uma vida austera não era nenhuma novidade para a família Bin Laden. Por décadas o líder da Al-Qaeda abraçou uma ética voltada para sobreviver com um mínimo em situações extremas, rejeitando todas as conveniências da vida moderna. Quando Bin Laden se mudou para o escaldante Sudão, ele insistiu que sua família não precisava de ar-condicionado, e quando mais tarde ele se mudou para os desertos de Candahar, o complexo da família não tinha água corrente. Um militante líbio que por uma época foi próximo de Bin Laden lembra que o líder da Al-Qaeda dizia para seus seguidores: "Vocês devem aprender a sacrificar tudo da vida moderna, como eletricidade, ar-condicionado, refrigeradores, gasolina. Se você vive uma vida de luxo, é muito difícil sair e ir até as montanhas para combater".

Com exceção de um dos filhos do mensageiro, que frequentava uma madraçal, as crianças que viviam no complexo não iam à escola, então as duas esposas mais velhas de Bin Laden, ambas acadêmicas, ensinavam a elas os principais pontos do árabe e do Corão em um quarto no segundo andar do prédio principal, que servia de sala de aula. Usando um quadro branco, as duas esposas costumavam aplicar testes de conhecimento para as crianças, e Bin Laden, que gostava de acreditar que tinha algo de poeta, lecionava-lhes poesia. E quase todos os dias, Bin Laden, um rigoroso disciplinador, fazia um discurso para toda sua família sobre como as crianças deveriam ser criadas, delineava o que se devia e não se devia fazer para os membros da família e pregava um sermão religioso.

Bin Laden por muito tempo pensou sobre como conduzir da melhor maneira a vida polígama que seu esconderijo em Abbottabad lhe proporcionava. Quando era estudante universitário, ele tinha longas conversas com seu melhor amigo sobre como administrar adequadamente mais de uma esposa e como fazê-lo de uma "forma islâmica" temente a Deus. Os dois amigos concordavam que nunca seguiriam o caminho que o próprio pai de Bin Laden havia escolhido, que era se divorciar constantemente e se casar novamente – tantas vezes que ele acabou tendo cerca de vinte esposas. O amigo se lembra de Bin Laden dizendo que ele se casaria somente com as quatro esposas permitidas pelo Islã e trataria cada uma delas exatamente da mesma forma. "Você precisa ser justo, precisa dar a mesma justiça a todas elas, precisa dividir o tempo, dar a cada uma o que for suficiente para ela", os dois amigos concordavam.

Em virtude de sua idade e temperamento severo, a esposa mais velha, Khairiah, ficava no topo da estrutura de poder, mas não havia muitas brigas entre as esposas de Bin Laden. Todas elas haviam se casado sabendo que seria um acordo polígamo, algo que elas acreditavam ser permitido por Deus. Para garantir a harmonia – fosse na Arábia Saudita dos anos 1980, no Sudão do início dos anos 1990 ou mais adiante no Afeganistão e em Abbottabad – Bin Laden criou um espaço de convivência específico para cada esposa em todas as suas casas. No complexo de Abbottabad, cada esposa tinha seu próprio apartamento separado com sua própria cozinha (com um sistema de exaustão que não era nada mais que um balde de metal de cabeça para baixo pendurado sobre um fogão, com canos rudimentares levando os odores de comida para fora). O terceiro andar do prédio principal era domínio de Amal, enquanto no andar abaixo dela viviam as duas esposas bem mais velhas.

Para alguém que mantinha visões ultrafundamentalistas sobre o papel adequado das mulheres na sociedade, Bin Laden tratava suas esposas com certo respeito, dizendo-lhes que se elas achassem suas vidas de guerra santa difíceis demais, elas poderiam deixá-lo. Ele citava com aprovação o verso corânico "Marido e mulher devem viver juntos equitativamente, ou separar-se com bondade". E ele nunca levantava a voz para suas esposas, talvez porque, sendo o filho único de sua mãe, ele tivesse mantido uma relação excepcionalmente próxima com ela. Já adulto, ele ainda mimava sua mãe, beijando suas mãos e pés toda vez que a via, e (quando ele ainda era capaz disso) telefonava-lhe com frequência para conversar sobre trivialidades, como perguntar o que ela estava cozinhando no dia.

Uma pista de como o Bin Laden de 54 anos de idade conseguia dar a cada esposa "o que era suficiente para ela" talvez fosse o xarope Avena – uma espécie de Viagra natural feito de aveia silvestre – que foi encontrado no complexo após sua morte. Como Bin Laden se recusava a ingerir produtos químicos sob qualquer forma, qualquer remédio que ele tomava era feito de ervas ou de outras fontes naturais.

Embora eles vivessem no complexo de Abbottabad com Bin Laden, seu mensageiro de confiança "o Kuaitiano", o irmão do Kuaitiano, suas esposas e filhos viviam em absoluta miséria. Bin Laden pagava ao mensageiro e seu irmão cerca de 12 mil rúpias por mês cada, pouco mais de cem dólares, um reflexo não somente da sovinice costumeira de Bin Laden, mas também do fato de os cofres da Al-Qaeda estarem quase vazios. Em joalherias em Abbottabad e na cidade próxima de Rawalpindi, um dos irmãos ocasionalmente trazia e vendia pulseiras e anéis de ouro em transações que chegavam a cerca de 1.500 dólares. Certamente isso ajudava no orçamento.

Uma modesta construção de um andar abrigava o Kuaitiano e sua família. Um muro de dois metros de altura a separava da casa principal, onde Bin Laden vivia. A esposa do Kuaitiano, Mariam, raramente ia até a casa grande, exceto para fazer a limpeza; somente uma vez, na primavera de 2011, ela viu de relance um homem alto e estranho falando em árabe na casa grande. Seu marido havia lhe explicado anos antes que havia um estranho morando no complexo e a instruiu a nunca falar sobre ele. Bin Laden se escondia até mesmo de algumas pessoas que viviam em seu próprio complexo.

Na cobertura de seu santuário, Bin Laden passava seus dias com Amal. Paredes caiadas e amplas janelas de vidro que davam somente para um pequeno terraço de muros altos mantinham o ambiente relativamente iluminado em seu quarto, mas era um espaço apertado para um homem tão alto quanto Bin Laden. O teto do quarto era baixo, não passava de dois metros de altura. Um diminuto banheiro ao lado tinha azulejos verdes nas paredes, mas nenhum no chão; um sanitário rudimentar que não passava de um buraco no chão, sobre o qual eles precisavam se agachar; e um chuveiro de plástico barato. Nesse banheiro, Bin Laden costumava tingir seu cabelo e barba com tintura *Just for Men*, para tentar manter uma aparência jovial agora já com seus cinquenta e tantos anos. Próximo ao banheiro havia uma cozinha do tamanho de um armário grande, e do outro lado do corredor ficava o escritório de Bin Laden, onde ele guardava seus livros em prateleiras de madeira crua e digitava em seu computador.

Os apartamentos apertados em Abbottabad de certa forma reproduziam seu retiro de campo nas montanhas de Tora Bora, uma modesta casa de adobe que ele construíra com as próprias mãos e onde morou na última metade de 1996 e por vários meses no começo de 1997. Era ali que Bin Laden parecia mais feliz. Em Tora Bora, a cerca de três horas de estrada sacolejante a partir da cidadezinha mais próxima, ele e seus seguidores mais próximos cultivavam suas próprias plantações, assavam seu próprio pão e levavam um estilo de vida pé-no-chão. Mas em Tora Bora Bin Laden andava livremente pelas montanhas, respirando o ar alpino, que era uma de suas maiores satisfações, como ele contava aos visitantes.

Em Abbottabad, Bin Laden agora era forçado a permanecer dentro de casa e, é claro, tinha muito tempo para matar. Era quase certo que ele mantinha as práticas religiosas de sua juventude, levantando-se antes de o Sol nascer e rezando sete vezes por dia, duas vezes mais do que pede o islamismo tradicional. Viciado em notícias, ele monitorava de perto o canal de televisão Al Jazeera e a rádio BBC. Em um quarto sem móveis no andar térreo de sua casa, ele se sentava enrolado em um cobertor contra o vento invernal, revendo vídeos antigos de si mesmo em um aparelho barato de TV. Ele também assistia a entrevistas coletivas dadas pelo odiado presidente americano Barack Obama, que os líderes da Al-Qaeda desprezavam tanto quanto o presidente George W. Bush. O principal adjunto de Bin Laden, Ayman al-Zawahiri, referia-se publicamente a Obama como o "crioulo da casa", sugerindo que ele era um escravo que recebia um tratamento melhor de seus amos brancos do que o escravo que trabalhava nos campos.

Bin Laden passava boa parte de seu tempo de lazer forçado escrevendo sobre temas diversos, especialmente a Palestina, mas também o meio ambiente e a economia mundial. E ele lia vorazmente livros contrários à política externa dos Estados Unidos, com títulos como *Rogue State: A Guide to the World's Only Superpower*. Bin Laden gostou particularmente de *Imperial Hubris: Why the West Is Losing the War on Terror*, uma crítica severa à política externa de Bush, que, em uma interessante ironia, havia sido escrita por Michael Scheuer, que liderou a unidade da CIA para Bin Laden e passou anos reunindo informações para encontrar e matar Bin Laden. Bin Laden era obcecado com a questão da Palestina até mesmo no começo de sua adolescência, de forma que livros críticos a Israel escritos pelo presidente Jimmy Carter e pelos cientistas políticos americanos Stephen Walt e John Mearsheimer também estavam em sua lista de leitura.

Era um retiro confortável, ainda que confinante, para o líder da Al--Qaeda. Ele era capaz de se dedicar aos seus *hobbies* de ler e acompanhar os noticiários, e, é claro, ele continuava a observar rigorosamente os preceitos do islamismo. Ele era servido por três de suas esposas e cercado por muitos dos filhos que ele amava. Para o fugitivo mais procurado do mundo, não era uma vida nada ruim. Nada mesmo.

CAPÍTULO 1 O 11 DE SETEMBRO E SUAS CONSEQUÊNCIAS

Bin Laden tinha a ideia fixa de que os Estados Unidos eram fracos. Nos anos que precederam o 11 de setembro, ele muitas vezes falava dessa fraqueza a seus seguidores, citando exemplos como a retirada dos EUA do Vietnã nos anos 1970, e da Somália duas décadas depois, após o incidente do Black Hawk, no qual dezoito soldados americanos foram mortos. Bin Laden gostava de lembrar como a Al-Qaeda havia infiltrado combatentes na Somália em 1993 para ajudar a treinar clãs somalis contra forças americanas, que estavam lá como parte de uma missão da ONU para alimentar somalis famintos. "Nossos rapazes ficaram chocados com o baixo moral do soldado americano, e eles perceberam que o soldado americano era só um tigre de papel", exultava Bin Laden. Seus discípulos concordavam entusiasmados com o homem que eles amavam como a um pai.

Bin Laden garantia a seus homens que os americanos "adoram a vida assim como nós adoramos a morte" e teriam medo demais para enviar homens ao Afeganistão. Vejam o que um inexorável Bin Laden e seus homens infligiram aos soviéticos no Afeganistão! E os Estados Unidos eram tão impotentes quanto a antiga União Soviética, dizia Bin Laden a seus acólitos, que balançavam a cabeça em concordância. Aqueles dentro de seu círculo interno que tivessem qualquer reserva quanto a essa análise geralmente a mantinham para si.

À medida que os ataques do 11 de setembro iam assumindo uma forma mais definida, alguns dos membros veteranos da Al-Qaeda se mostraram preocupados com que os próximos ataques pudessem irritar o líder do Talibã, mulá Omar, para quem Bin Laden havia jurado obediência, pelo menos em teoria. Durante os cinco anos em que Bin Laden foi o convidado de honra do Talibã, o mulá Omar e outros líderes talibãs deixaram claro que a Al-Qaeda não poderia usar o Afeganistão para conduzir uma guerra independente contra os Estados Unidos. Bin Laden acreditava que ele poderia se proteger contra qualquer contrariedade causada pelos ataques aos Estados Unidos oferecendo ao Talibã uma cabeça muito desejada em uma bandeja: a de Ahmad Shah Massoud, o célebre líder daquilo que restava da resistência anti-Talibã no Afeganistão. Para o assassinato de Massoud, Bin Laden recrutou dois pistoleiros tunisianos-belgas da Al-Qaeda, que se disfarçaram de jornalistas de televisão que queriam entrevistar o lendário líder de guerrilha.

Durante o verão de 2001, enquanto a Al-Qaeda preparava os assassinos de Massoud, os líderes do grupo davam os toques finais aos seus planos para os impactantes ataques à Costa Leste dos Estados Unidos. Ramzi bin al-Shibh, um estrategista essencial residente em Hamburgo, enviou uma mensagem a Bin Laden na quinta-feira, 6 de setembro, dizendo que os ataques a Washington e a Nova York ocorreriam na próxima terça. E no dia 9 de setembro, Bin Laden recebeu as boas notícias sobre o sucesso de seus assassinos, que haviam ferido mortalmente Massoud, a quem ele desprezava há muito tempo. Agora o palco estava armado para o que Bin Laden acreditava que seria seu maior triunfo: um ataque impactante ao país que era o maior inimigo do Islã porque apoiava as ditaduras e monarquias ímpias do Oriente Médio e, é claro, Israel. Com um único golpe de impacto contra os Estados Unidos, Bin Laden conseguiria fazer com que os americanos saíssem do Oriente Médio, e então Israel cairia, assim como as autocracias árabes, para serem substituídas por regimes no estilo Talibã. Era nisso que Bin Laden acreditava e esperava fervorosamente.

Desde o dia em que o presidente George W. Bush assumiu suas funções, em 20 de janeiro de 2001, todas as manhãs, seis dias por semana, o agente da CIA Michael Morell atualizava o presidente sobre o que a comunidade de inteligência acreditava serem as questões de segurança nacional mais urgentes. Morell, de quarenta e poucos anos e magro como um palito, falava em parágrafos concisos e incisivos. No dia 6 de agosto, oito meses depois de Bush tomar posse, Morell se encontrou com o presidente em sua casa de férias no Texas para lhe contar sobre a análise da CIA de que Bin Laden estava determinado a fazer um ataque dentro dos Estados Unidos. Esse informe era bastante influenciado pelo fato de que Ahmed Ressam, um argelino da ala radical da Al-Qaeda, havia recentemente se declarado culpado de acusações de que ele havia planejado detonar uma bomba no Aeroporto Internacional de Los Angeles em meados de dezembro de 1999. O boletim do dia 6 de agosto observava que o FBI recebera informações indicando "preparativos para sequestros de aviões e outros tipos de ataques". Após o relato, Bush continuou a desfrutar das mais longas férias presidenciais em três décadas.

Na manhã de 11 de setembro de 2001, em Sarasota, Flórida, Morell deu o boletim diário presidencial como de costume. Não havia nada de memorável nele. Junto com o conselheiro político Karl Rove e o secretário de imprensa Ari Fleischer, Morell entrou no comboio do presidente para se dirigir à escola primária local onde Bush planejava se encontrar com alguns alunos. No caminho, Fleischer perguntou a Morell se ele havia ouvido algo sobre um avião atingindo o World Trade Center. Morell disse que não, mas que verificaria com o Centro de Operações da CIA. Funcionários desse centro confirmaram as notícias e rapidamente destruíram uma percepção tida por muitos: não era um pequeno avião que havia saído de curso, e sim um grande jato comercial.

Na escola primária, onde Bush estava lendo uma história sobre uma cabra de estimação para um grupo de alunos da segunda série, apareceu na TV a notícia de que um segundo jato havia atingido o WTC. Bush foi tirado às pressas da escola e levado ao Air Force One, que partiu na direção da Base Aérea de Barksdale perto de Shreveport, Louisiana. Fleischer estava prestando atenção redobrada aquele dia e a primeira vez em que ele gravou o nome de Bin Laden foi às 10h41, quando o chefe de gabinete Andy Card disse a Bush no Air Force One: "Isso me cheira a Osama bin Laden". A essa altura as duas torres do WTC já haviam desabado e um dos aviões sequestrados atravessara o Pentágono. O sangue de Bush estava fervendo e ele jurou: "Vamos descobrir quem fez isso e acabar com a raça deles".

Naquela mesma manhã, Bin Laden disse a Ali al-Bahlul, um guarda-costas que também funcionava como seu especialista em mídia, que era "muito importante ver o noticiário hoje". Bahlul estava ansioso para atender os desejos de seu chefe; Bin Laden dirigia a Al-Qaeda da mesma forma que regia seu próprio lar, como um monarca absoluto inquestionável. Nesse dia, o líder da Al-Qaeda estava, como sempre, cercado por seus guarda-costas mais confiáveis, a maioria iemenitas e sauditas. Assim como outros membros da Al-Qaeda, os guarda-costas haviam feito um juramento religioso de obediência pessoal a Bin Laden, mais do que à sua organização militante. (Da mesma forma que os membros do partido nazista juraram obediência a Adolf Hitler e não ao nazismo.)

Bin Laden fundara a Al-Qaeda em 1988, e desde então consolidou cada vez mais o poder como líder absoluto e inquestionável do grupo. A opinião convencional era de que Ayman al-Zawahiri, um médico egípcio e por muito tempo o número dois da Al-Qaeda, era o "cérebro" de Bin Laden. Mas, ao fazer a mais importante mudança estratégica na história da Al-Qaeda – identificar os Estados Unidos como seu principal inimigo, no lugar dos regimes do Oriente Médio –, Bin Laden deixou de lado o foco obsessivo de Zawahiri em derrubar o governo egípcio. Além disso, por anos Bin Laden escondeu de Zawahiri a mais importante operação da Al-Qaeda – o planejamento dos ataques do 11 de setembro –, informando ao braço-direito somente em meados de 2001.

Para seus seguidores, Bin Laden era realmente um herói, alguém que eles sabiam que havia aberto mão de uma vida de luxo como filho de um bilionário saudita. Em vez disso, ele vivia uma vida de riscos e pobreza a serviço da guerra santa, e era, pessoalmente, irresistivelmente modesto e profundamente devoto. Membros da Al-Qaeda se calcavam no homem que eles chamavam de "o xeque", seguindo cada pronunciamento seu, e quando eles se dirigiam a ele, pediam-lhe permissão para falar. Seus seguidores o adoravam. Abu Jandal, um iemenita que era um de seus guarda-costas, descreveu seu primeiro encontro com Bin Laden em 1997 como "lindo". Outro dos guarda-costas de Bin Laden caracterizava seu chefe como "uma pessoa muito carismática que conseguia persuadir as pessoas simplesmente com seu jeito de falar. Pode-se dizer que ele 'seduziu' muitos jovens".

Então, na manhã do 11 de setembro, a equipe de segurança de Bin Laden partiu animadamente com o homem a quem eles viam como "pai", deixando sua base principal perto da cidade no sul de Candahar na direção da região montanhosa de Khost, no leste do Afeganistão. Bahlul improvisou um receptor de TV por satélite em um micro-ônibus que fazia parte da caravana de veículos de Bin Laden, mas quando eles chegaram a Khost, ele encontrou dificuldades em obter um sinal de televisão, então Bin Laden sintonizou seu rádio no canal da BBC árabe.

Bin Laden disse a seus seguidores: "Se ele [o locutor] disser: 'Acabamos de receber esta notícia....', isso significa que os irmãos atacaram". Por volta das 17h30 em horário local, o locutor da BBC disse: "Acabamos de receber esta notícia. Relatos dos Estados Unidos dizem que um avião foi destruído ao bater no World Trade Center em Nova York". Bin Laden disse a seus homens para "serem pacientes". Logo chegou a notícia de um segundo jato que bateu na Torre Sul do WTC. Os guarda-costas de Bin Laden explodiram de felicidade; o líder deles realmente estava conduzindo uma grande guerra cósmica contra os infiéis!

Cerca de 1.200 quilômetros para o sul, na superpopulosa megacidade paquistanesa de Karachi, alguns dos tenentes de Bin Laden em quem ele mais confiava também haviam se reunido para assistir à cobertura televisiva dos ataques. Eles eram Khalid Sheikh Mohammed, o troncudo comandante da operação do 11 de setembro; Ramzi bin al-Shibh, um iemenita extremamente religioso que foi um dos principais coordenadores dos ataques; e Mustafa al-Hawsawi, o "tesoureiro" saudita responsável por transferir as dezenas de milhares de dólares que bancaram as aulas de pilotagem e as despesas de moradia dos sequestradores dos aviões, que viviam nos Estados Unidos.

Junto com os idealizadores do 11 de setembro, também estavam assistindo à TV alguns outros "irmãos" da Al-Qaeda. Quando a televisão mostrou os aviões sequestrados acertando o WTC, os irmãos começaram a chorar de alegria, prostrando-se e gritando "Deus é grande!". Bin al--Shibh os repreendeu: "Calma, calma! Vejam as notícias! Ainda não acabou!". Então vieram o ataque ao Pentágono e a notícia da quarta aeronave, que caiu na Pensilvânia. Os homens da Al-Qaeda se abraçaram e choraram novamente, dessa vez por tristeza pelos irmãos que morreram nos aviões sequestrados.

Bin Laden tinha certeza de que os Estados Unidos responderiam aos ataques em Nova York e em Washington somente com ataques de mísseis de cruzeiro, como haviam feito três anos antes, após ataques da Al-Qaeda contra duas embaixadas americanas na África em 1998. No máximo, ele esperava o tipo de ataques aéreos que os Estados Unidos e a Otan haviam empregado contra os sérvios durante a guerra aérea em Kosovo em 1999. O tigre de papel poderia mostrar os dentes, mas não iria querer matar.

Em Washington, logo começaram a circular notícias de que uma organização terrorista palestina, a Frente Democrática para a Libertação da Palestina, havia reivindicado responsabilidade pelos ataques. Bush convocou Morell, perguntando: "Como você interpreta isso?".

Morell respondeu: "A FDLP tem um histórico de terrorismo contra Israel, mas suas capacidades são limitadas. Ela não tem os recursos e o alcance para isso".

No começo da tarde, o Air Force One saiu de Louisiana para a Base Aérea de Offutt perto de Omaha, no Nebraska, lar do Comando Estratégico dos EUA, que controla os mísseis nucleares dos Estados Unidos. Bush pediu para ver Morell novamente, e o pressionou para que ele desse uma opinião sobre quem estaria por trás dos ataques. "Não tenho informações até agora, então o que vou dizer é minha opinião pessoal", disse Morell. "Existem dois Estados terroristas capazes de conduzir uma operação dessa complexidade – o Irã e o Iraque – mas nenhum dos dois tem muito a ganhar e tudo a perder atacando os Estados Unidos". Ele disse ainda: "O responsável é quase certamente um agente não estatal, e não tenho dúvidas de que as pistas levarão até Bin Laden e a Al-Qaeda".

"E quando poderemos saber com certeza?", perguntou Bush.

Morell verificou quanto tempo os Estados Unidos levaram para determinar os culpados em vários ataques terroristas anteriores. "Soubemos que era a Al-Qaeda dois dias após os atentados às embaixadas americanas na África em 1998, mas levamos meses no caso do atentado ao *Cole**. Resumindo, senhor, podemos descobrir muito rapidamente ou demorar mais algum tempo", concluiu Morell.

Na verdade, foi só uma questão de horas. Quando Bush pousou em Nebraska por volta das 15h30, ele falou pela primeira vez com o diretor da CIA, George Tenet. Tenet lhe disse que os ataques "pareciam, cheira-

---

* Atentado a bomba ao navio da Marinha americana *USS Cole*, que estava ancorado no Iêmen, em 12 de outubro de 2000. (N.E.)

vam e tinham gosto de Bin Laden", particularmente porque os nomes de dois conhecidos membros da Al-Qaeda, Nawaf al-Hamzi e Khalid al-Mihdhar, haviam sido encontrados na lista de passageiros de um dos aviões envolvidos. Cerca de sessenta funcionários da CIA sabiam há vários meses que Hamzi e Mihdhar estavam vivendo nos Estados Unidos, mas inexplicavelmente essa informação não foi repassada ao FBI.

Nos dias que se seguiram, Bush e seu gabinete de guerra colocaram em funcionamento um plano para derrubar o Talibã no Afeganistão – algo atípico na medida em que contava com somente quatrocentos Boinas Verdes americanos, Forças de Operações Especiais, e equipe da CIA em solo, combinados a um maciço poder de fogo aéreo. E no dia 17 de setembro, Bush assinou uma autorização altamente confidencial para caçar e, se necessário, matar os líderes da Al-Qaeda, concedendo grande liberdade à CIA para que o trabalho fosse feito. Um dos principais advogados da Agência, John Rizzo, que entrara para a CIA no auge da Guerra Fria e que ajudou a escrever a autorização, afirmou: "Em minha experiência, nunca fui parte de ou vi uma autorização presidencial com um alcance tão longo e de escopo tão agressivo. Era simplesmente extraordinário". No mesmo dia em que Bush assinou essa "recomendação", ele falou com repórteres no Pentágono, dizendo: "Quero justiça. E lembro-me de um velho pôster do Velho Oeste que dizia 'Procurado: Vivo ou Morto'."

No dia 12 de setembro, em seu escritório em Islamabad, Jamal Ismail, correspondente da Abu Dhabi Television no Paquistão, recebeu um mensageiro de Bin Laden que lhe disse: "Jamal, vim às pressas ontem à noite do Afeganistão". O mensageiro leu uma declaração de Bin Laden que, embora não reivindicasse responsabilidade pelos ataques, apoiava-os com entusiasmo: "Acreditamos que o que aconteceu em Washington e nos outros lugares contra os americanos foi uma punição do todo-poderoso Alá, e foram boas pessoas que fizeram isso. Concordamos com eles". Ismail rapidamente leu essa mensagem na Abu Dhabi TV.

Ismail, um jornalista palestino bem-informado que vivia há muito tempo no Paquistão, conhecia Bin Laden havia mais de uma década e meia, tendo trabalhado como repórter em meados dos anos 1980 para a revista *Jihad*, um órgão fundado por Bin Laden que divulgava as façanhas dos árabes que na época combatiam os soviéticos. Ismail havia retomado recentemente sua relação com Bin Laden quando fez uma longa entrevista com ele para um documentário transmitido pela Al Jazeera em 1999. Ismail acreditava que a mensagem de Bin Laden sobre os ataques do 11 de setembro significava que Bin Laden provavelmente sabia muito mais do que ele estava dizendo publicamente sobre os sequestradores. "Osama nunca elogiava ninguém que não fosse muçulmano. A partir disso determinei que ele sabia alguma coisa, e que ele tinha certeza da identidade deles. Eles têm ligações", disse Ismail.

A administração Bush logo pediu que o Talibã entregasse Bin Laden, algo que os oficiais da administração Clinton também pediram repetidamente, em vão, nos anos após os ataques da Al-Qaeda às embaixadas americanas na África em 1998. Abu Walid al-Misri, um egípcio residente em Candahar que era próximo tanto da Al-Qaeda quanto do Talibã, lembra de mulá Omar proclamando: "Não vou entregar um muçulmano a um infiel".

O mulá Omar explicou para pessoas próximas do Talibã: "O islamismo determina que, quando um muçulmano pede por abrigo, dê a ele esse abrigo e nunca o entregue ao inimigo. E nossa tradição afegã diz que, mesmo se seu inimigo pedir por abrigo, perdoe-o e dê-lhe abrigo. Osama ajudou a *jihad* no Afeganistão, ele esteve conosco nos dias difíceis e não vou entregá-lo a ninguém".

Rahimullah Yusufzai, um dos principais jornalistas do Paquistão, entrevistou o mulá Omar muitas vezes, pessoalmente e por telefone. Mesmo antes do 11 de setembro, o líder do Talibã já se mostrava determinado a não entregar Bin Laden aos americanos, dizendo a Yusufzai: "Não quero entrar para a História como alguém que traiu a seu convidado. Estou disposto a dar minha vida, meu regime. Já que oferecemos refúgio a Bin Laden, não posso expulsá-lo agora".

O mulá Omar valorizava muito o poder dos sonhos para guiá-lo. Omar perguntou a Yusufzai: "Você já esteve na Casa Branca? Meu irmão sonhou com uma Casa Branca em chamas. Não sei como interpretar isso". Omar também estava convencido de que as ameaças de Washington de que haveria sérias consequências caso Bin Laden não fosse entregue eram tolices. O mulá Abdul Salam Zaeef, embaixador do Talibã para o Paquistão, diz que o mulá Omar acreditava ingenuamente que os Estados Unidos não lançariam uma operação militar no Afeganistão: "Na cabeça do mulá Omar, havia uma chance de menos de 10% de os Estados Unidos cumprirem suas ameaças". Zaeef discordava e disse a Omar que os Estados Unidos "definitivamente atacariam o Afeganistão".

A fanática ilusão de mulá Omar era algo de se esperar. Quando ele assumiu o poder, autossagrou-se o "Comandante dos Fiéis", um título religioso do século VII raramente invocado, sugerindo que ele era o líder não somente do Talibã, mas de todos os muçulmanos do mundo. Para consolidar seu status como um líder muçulmano histórico mundial, em 1996 o mulá Omar se envolveu literal e metaforicamente no "Manto do Profeta", uma relíquia religiosa supostamente usada pelo Profeta Maomé que havia sido mantida em Candahar por séculos e quase nunca fora exibida em público. Depois de desencavar a vestimenta, Omar subiu no telhado de um edifício e enrolou-se com o manto diante de uma multidão de centenas de pessoas saudando o Talibã.

O líder do Talibã praticamente não tivera instrução e era determinadamente provinciano; nos cinco anos em que controlou o Afeganistão, ele raramente visitou Cabul, sua própria capital, pois a considerava uma Sodoma e Gomorra. Além da Rádio Sharia do Talibã, não havia nenhuma imprensa afegã, e assim o entendimento do mulá Omar sobre o mundo exterior era inexistente, uma posição que ele cultivava ao evitar assiduamente encontros com não muçulmanos. Em uma rara ocasião em que ele se encontrou com um grupo de diplomatas chineses, eles o presentearam com uma estatueta de um animal. O líder do Talibã reagiu como se eles lhe tivessem entregado um "pedaço de carvão em brasa", de tão forte que era sua aversão ultrafundamentalista a imagens de seres vivos. Em suma, o mulá Omar era um fanático estúpido com ilusões consideráveis de grandeza que acreditava estar numa missão de Alá. O histórico de negociações com homens assim era desanimador.

Uma prévia de como o mulá Omar iria lidar com a questão de Bin Laden era como ele havia lidado, meses antes, com a questão dos grandes Budas de Bamiyan. Os dois Budas gigantes que, há mais de 1.500 anos, situavam-se acima do vale de Bamiyan coberto de neve, no centro do Afeganistão, eram esculpidos em falésias de arenito, sendo que o maior deles tinha 55 metros de altura, o mesmo tamanho de um prédio de quinze andares, enquanto o Buda menor tinha cerca de doze andares. Os Budas eram a mais famosa atração turística do Afeganistão. Eles haviam sobrevivido às hordas mongóis de Genghis Khan e a todas as ondas de invasores desde então. Em maio de 2001, influenciado pela oposição da Al-Qaeda a qualquer representação de forma humana, o Talibã anunciou que eles planejavam destruir os Budas com explosivos.

O 11 DE SETEMBRO E SUAS CONSEQUÊNCIAS

Muitos países do mundo, incluindo alguns Estados muçulmanos, imploraram para que o Talibã não realizasse esse ato de vandalismo cultural sem precedentes. Seus pedidos pareciam fazer com que o mulá Omar ficasse ainda mais determinado a explodir as estátuas. Ele disse a uma delegação visitante de oficiais paquistaneses que, ao longo dos séculos, as chuvas haviam formado grandes buracos perto da base das estátuas, que era a maneira de Deus dizer: "Este é o lugar onde você deve colocar a dinamite para destruir os ídolos".

O próprio Bin Laden voou até Bamiyan a partir de Candahar em um helicóptero para passar metade de um dia ajudando a destruir as estátuas. Ele e um acólito bateram com seus sapatos nas cabeças dos Budas – uma grande demonstração de desrespeito no mundo árabe. Enquanto Bin Laden estava em Bamiyan, o Talibã estava no meio de seu demorado esforço para destruir as estátuas, lançando um míssil na direção de um dos Budas, porque os explosivos não o haviam destruído totalmente. Então Bin Laden escreveu uma carta ao mulá Omar parabenizando-o pela destruição dos Budas, dizendo ainda: "Rezo a Deus para que, depois de conceder-lhe sucesso na destruição dos falsos deuses mortos, surdos e mudos [os Budas de Bamiyan], Ele lhe conceda sucesso na destruição dos falsos deuses vivos, [tais como] as Nações Unidas".

Uma semana após o 11 de setembro, o mulá Omar convocou centenas de clérigos afegãos em Cabul para que eles opinassem sobre o que fazer com Bin Laden. O próprio mulá Omar não compareceu à convocação, mas, em uma mensagem à assembleia, disse que se os Estados Unidos tinham prova da culpa de Bin Laden nos ataques do 11 de setembro, ele deveria ser entregue ao Talibã e seu destino seria decidido então por um grupo de estudiosos religiosos afegãos. No final de uma convenção de dois dias, os clérigos reunidos ordenaram que Bin Laden deixasse o Afeganistão voluntariamente de forma que se evitasse a guerra. Bin Laden, é claro, não atendeu a esse pedido.

À medida que a convocação de clérigos foi terminando em Cabul, oficiais americanos conseguiam seu primeiro resultado na caçada a Bin Laden, 3.200 quilômetros a sudoeste do Afeganistão, na capital iemenita, Sanaa. No dia 17 de setembro, o agente especial do FBI Ali Soufan e Robert McFadden, um investigador do Serviço Investigativo Criminal Naval, começou a interrogar Abul Jandal, que servira como chefe dos guarda-costas de Bin Laden por anos. Abu Jandal, cujo nome verdadeiro era Nasser Ahmed Naser al-Bahri, estava preso em uma prisão iemenita desde 2000. Os dois investigadores americanos, que falavam árabe e tinham considerável experiência investigando a Al-Qaeda, usaram a abordagem padrão e não coerciva de "interrogador informado", na qual eles fingiam saber bem mais do que realmente sabiam.

Os 302 do FBI, os sumários oficiais desses interrogatórios, revelam que Abu Jandal divulgou bastante informação – dados especialmente valiosos para investigadores porque diziam respeito em grande parte ao período posterior a 1996, quando Bin Laden e seus seguidores se mudaram para o Afeganistão, uma parte da história da Al-Qaeda que foi mal compreendida na época. Soufan lembra que o guarda-costas "nomeou dezenas e dezenas de pessoas" na organização. Abu Jandal explicou a estrutura burocrática da Al-Qaeda, os nomes e os deveres de seus líderes, as qualificações necessárias para ser membro do grupo, o regime em seus campos de treinamento, a localização de suas pensões em Cabul e seu método de comunicações codificadas por rádio. Ele identificou oito dos sequestradores do 11 de setembro a partir das fotos e deu o nome de doze membros da equipe de segurança de Bin Laden e revelou que eles estavam armados com mísseis SAM-7, metralhadoras PK russas e granadas lançadas por foguetes (RPGs). Ele explicou que o líder da Al-Qaeda costumava viajar em um grupo com cerca de doze guarda-costas em um comboio de três picapes Toyota Hilux, cada uma contendo um máximo de cinco guardas armados. E ele forneceu um relato de sete páginas ricamente detalhado das diversas metralhadoras, morteiros, minas, rifles, mísseis solo-ar e equipamentos de radares possuídos pela Al-Qaeda e pelo Talibã.

O mais crucial foi que Abu Jandal disse a seus interrogadores que os altamente eficientes mísseis antiaéreos americanos Stinger que caíram nas mãos da Al-Qaeda e do Talibã – um legado da guerra afegã contra os soviéticos – ficavam frequentemente sem bateria, uma informação vital para os estrategistas militares americanos enquanto eles planejavam a invasão do Afeganistão.

Ao longo das semanas seguintes, enquanto a administração Bush planejava sua resposta aos ataques do 11 de setembro, a CIA trabalhava em segredo para ampliar fissuras existentes entre o Talibã e a Al-Qaeda. A Agência estava ciente de que vários líderes do Talibã estavam há muito tempo fartos das patacoadas de Bin Laden no cenário mundial. Robert Grenier, o chefe local da CIA no Paquistão, tinha informações de que o número dois no Talibã, mulá Akhtar Mohammad Osmani, não era exatamente um fã de Bin Laden. "Sabíamos o quão profundamente ressentidos os árabes estavam. Os afegãos estavam bem cientes, por eles serem mesmo exímios manipuladores, de até que ponto Bin Laden, através de uso selecionado de doações, estava tentando manipulá-los para criar seu próprio séquito leal dentro do Talibã", diz Grenier.

No final de setembro, Grenier viajou para a província paquistanesa do Baluchistão, uma região desértica pouco povoada do tamanho da Alemanha, para um encontro clandestino com mulá Osmani. O próprio mulá Omar havia encorajado a reunião entre seu número dois e o agente da CIA. Para o encontro no hotel cinco estrelas Serena, em Quetta, a capital balúchi, o mulá Osmani apareceu com um grupo de guardas armados decorados com cartucheiras. Grenier não se encaixava no estereótipo dos oficiais de operações da CIA, que tendem a ser efusivos e expansivos; ele era despretensioso, ponderado e se vestia de forma impecável. Mas sua oferta para o mulá Omar foi ousada. Grenier disse ao líder do Talibã: "Os americanos estão chegando. Você precisa fazer algo para evitar isso".

Surpreendentemente, o mulá Osmani disse: "Concordo. Precisamos fazer algo. O que você tem em mente?"

Grenier ofereceu um trato ao mulá Osmani — as forças americanas pegariam Bin Laden secretamente enquanto o Talibã faria vista grossa — garantindo-lhe que tudo seria simples: "Mais simples, impossível. Você só precisa nos dar aquilo que precisamos para fazer isso. Cruze os braços; o sujeito irá sumir. Você pode alegar que não sabia de absolutamente nada".

O mulá Osmani ouviu cuidadosamente, dizendo: "Vou voltar e discutir isso com o mulá Omar".

Grenier se encontrou com o mulá Osmani novamente em Quetta no dia 2 de outubro e lhe apresentou uma proposta ainda mais radical: a CIA ajudaria com um golpe contra o mulá Omar, com a contrapartida de que Bin Laden fosse entregue depois que o líder talibã fosse removido. Grenier sugeriu que o mulá Osmani dominasse o mulá Omar, cortasse seu meio de comunicação, assumisse controle sobre as estações de rádio e lesse um anúncio nas linhas de "Estamos tomando as ações necessárias para salvar o movimento talibã porque os árabes não conseguiram cumprir suas obrigações como bons convidados e perpetraram violência. Os árabes não são mais bem-vindos e devem deixar o país imediatamente".

O mulá Osmani ouviu tudo isso e disse: "A ideia toda é muito interessante. Vou pensar a respeito. Vamos estabelecer comunicação para podermos conversar". Ele parecia inspirado pela conversa e se sentou para um almoço reforçado com o oficial da CIA. Entretanto, o mulá Osmani acabou não aceitando a ideia do golpe. Grenier pensou que talvez Osmani simplesmente não visse a si mesmo como o líder supremo do Talibã.

Ao mesmo tempo, Bin Laden dividia seu tempo entre seu QG em Candahar e as hospedarias da Al-Qaeda em Cabul. Uma vez que estava óbvio que os Estados Unidos estavam preparando um ataque ao Afeganistão, Bin Laden escreveu para o mulá Omar no dia 3 de outubro para alertá-lo sobre uma recente pesquisa que mostrava que sete entre dez americanos sofriam de problemas psicológicos após os ataques do 11 de setembro. Na carta, Bin Laden afirmava que um ataque americano ao Afeganistão começaria a autodestruição dos Estados Unidos, causando "dificuldades econômicas a longo prazo que forçariam os Estados Unidos a recorrerem à única opção da antiga União Soviética: retirada do Afeganistão, desintegração e retração".

No dia 7 de outubro, quando a Força Aérea dos EUA começou a bombardear posições do Talibã, Bin Laden estava em Candahar num encontro com mulá Mansour, um importante oficial do Talibã. Bin Laden e sua comitiva logo fugiram para Cabul, provavelmente por estimarem que seria mais seguro ali uma vez que havia menos alvos de líderes talibãs e uma maior população civil. No mesmo dia, o líder da Al-Qaeda fez uma aparição-surpresa em uma fita de vídeo que foi mostrada no mundo inteiro. Vestido com uma jaqueta camuflada com uma submetralhadora apoiada ao lado, Bin Laden, em seus primeiros comentários públicos desde o 11 de setembro, disse que os ataques eram uma vingança por todo o tempo que o Ocidente humilhou o mundo muçulmano.

"Ali estão os Estados Unidos, atingidos por Deus em um de seus pontos mais frágeis", disse Bin Laden. "Seus maiores edifícios foram destruídos, graças a Deus por isso. Ali estão os Estados Unidos, cheios de medo do norte ao sul, de leste a oeste. Graças a Deus por isso. O que os Estados Unidos estão provando agora não é nada comparado com o que passamos por tantos anos. Nossa nação [o mundo islâmico] provou dessa humilhação e dessa degradação por mais de oitenta anos".

Apesar de suas observações aprovadoras, o posicionamento inicial de Bin Laden foi uma negação completa de seu papel nos ataques. No final de setembro, por exemplo, o líder da Al-Qaeda disse a um jornal paquistanês: "Como muçulmano, faço o possível para evitar mentiras. Não tive conhecimento desses ataques". A verdade é que Bin Laden estava em um impasse: se ele admitisse seu papel nos ataques, a defesa talibã de que não havia prova de que ele estava envolvido se tornaria discutível, e o mulá Omar não teria muita escolha além de entregá-lo aos Estados Unidos. Ainda assim, o ego de Bin Laden pedia que ele levasse algum crédito pelo que ele acreditava ser sua maior façanha, e uma vez que os Estados Unidos começaram a bombardear alvos talibãs no Afeganistão, ele começou a reivindicar mais autoria pelos ataques do 11 de setembro.

Tayseer Allouni, do canal de televisão Al Jazeera, era um dos únicos correspondentes internacionais que o Talibã permitira trabalhar no Afeganistão nos anos antes do 11 de setembro. Bin Laden concedeu uma longa entrevista a Allouni no dia 21 de outubro. Por razões que a Al Jazeera nunca elucidou de forma convincente, a rede não transmitiu essa entrevista por um ano. A certa altura a Al Jazeera explicou que a decisão de não transmitir a entrevista era porque ela "não era notícia", uma explicação risível. Sendo a única entrevista de Bin Laden televisionada pós–11 de setembro, ela teria sido notícia mesmo se ele aparecesse apenas lendo uma lista telefônica. É provável que a família real do Qatar, dona da Al Jazeera, tenha cedido à pressão da administração Bush para não passar a entrevista, em um momento em que os oficiais de Bush também estavam pressionando redes americanas para não transmitirem "propaganda" de Bin Laden.

Na verdade, a entrevista da Al Jazeera era tão abrangente quanto era, de fato: "notícia", como ficou claro três meses depois, quando a CNN a obteve e transmitiu sem a permissão da Al Jazeera. Durante a entrevista, Bin Laden parecia relaxado e, pela primeira vez em público, ele se associou explicitamente aos ataques do 11 de setembro. Allouni lhe perguntou: "Os Estados Unidos alegam ter provas de que você está por trás do que aconteceu em Nova York e em Washington. Qual é sua resposta?". Bin Laden respondeu: "Se incitar as pessoas a fazer isso é terrorismo, e se matar aqueles que estão matando nossos filhos é terrorismo, então deixe que a História julgue que somos terroristas.... Nós praticamos o bom terrorismo".

Allouni deu sequência com uma pergunta crucial: "E a morte de civis inocentes?". Bin Laden respondeu: "Os homens que Deus ajudou [no 11 de setembro] não pretendiam matar bebês; eles pretendiam destruir a potência militar mais forte do mundo, atacar o Pentágono (...) [o World Trade Center] não é uma escola de crianças". Bin Laden exultava ao enumerar ao correspondente da Al Jazeera as amplas consequências econômicas dos ataques: as ações de Wall Street perderam 16% de seu valor, companhias aéreas e de frete aéreo demitiram 170 mil funcionários, e a cadeia internacional de hotéis Intercontinental mandou embora 20 mil empregados.

Em uma reunião com um bajulador partidário saudita algumas semanas depois do 11 de setembro filmada pelo braço de mídia da Al--Qaeda, Bin Laden mostrou que ele entendia bem o valor de propaganda dos ataques quando explicou que os sequestradores "fizeram com ações, em Nova York e em Washington, discursos que ofuscavam todos os outros discursos feitos no resto do mundo. Esses discursos foram entendidos tanto por árabes como por não árabes – até por chineses". Ele acrescentou que o 11 de setembro até resultou em números sem precedentes de conversões ao islamismo em países como a Holanda.

A essa altura Bin Laden começava a virar um mito. Para seus apoiadores, ele era o nobre "Emir da Jihad", ou Príncipe da Guerra Santa – veneração que ele não desencorajava. Imitando conscientemente o profeta Maomé, que recebeu inicialmente as revelações do Corão em uma caverna, Bin Laden fez algumas de suas primeiras declarações em vídeo a partir das cavernas e montanhas do Afeganistão. Comícios pró-Bin Laden atraíam dezenas de milhares de pessoas para o Paquistão, e uma imagem beatífica de seu rosto podia ser encontrada em camisetas por todo o mundo muçulmano. Para seus detratores – e havia muitos deles, incluindo muçulmanos – Bin Laden era um homem mau que ordenara o assassinato gratuito de milhares de civis na cidade que muitos veem como a capital do mundo. Mas, admirado ou odiado, não havia dúvidas de que ele se tornara um dos poucos indivíduos em tempos modernos que indiscutivelmente haviam mudado o rumo da História.

Hamid Mir, editor do jornal urdu pró-Talibã *Ausaf*, era uma escolha natural para conduzir a única entrevista impressa de Bin Laden após o

11 de setembro. No dia 6 de novembro, Mir foi levado de seu escritório em Islamabad para encontrar Bin Laden em Cabul. No caminho, ele foi vendado e envolvido em um tapete no furgão, chegando a um esconderijo da Al-Qaeda na manhã de 8 de novembro. Mir, que antes duvidava que Bin Laden estivesse por trás do 11 de setembro, começou a mudar de ideia quando viu fotos de Mohammed Atta, o principal sequestrador, na casa onde se deu a entrevista.

Aparentemente sem saber que Cabul cairia quatro dias depois, Bin Laden estava muito animado durante o encontro, tomando um café da manhã reforçado com carne e azeitonas. O líder terrorista saudita admitiu tudo em segredo, desligando o gravador de Mir e dizendo: "Sim, fui eu que fiz. Certo. Agora ligue seu gravador". Mir voltou a ligar o gravador, e Bin Laden disse: "Não, não fui responsável por aquilo". Quando Mir lhe perguntou como ele poderia justificar a morte de tantos civis, Bin Laden respondeu: "Os Estados Unidos e seus aliados estão nos massacrando na Palestina, na Chechênia, na Caxemira e no Iraque. Os muçulmanos têm o direito de atacar os Estados Unidos em represália".

Mir pediu a Bin Laden para comentar sobre relatos de que ele havia tentado adquirir armas nucleares e químicas. O líder da Al-Qaeda respondeu: "Gostaria de declarar que se os Estados Unidos usassem armas químicas ou nucleares contra nós, poderíamos responder com armas químicas e nucleares. Temos as armas como elemento dissuasivo". Mir emendou: "Onde você conseguiu essas armas?" Bin Laden respondeu relutantemente: "Próxima pergunta".

Terminada a entrevista, Mir tomou chá com o adjunto de Bin Laden, Dr. Ayman al-Zawahiri. "É difícil acreditar que vocês tenham armas nucleares", Mir disse a Zawahiri.

"Senhor Hamid Mir, não é difícil", respondeu Zawahiri. "Se você tem trinta milhões de dólares, consegue arrumar esse tipo de maletas-bombas no mercado negro da Ásia Central [na antiga União Soviética]".

Essa alegação era totalmente disparatada. A Al-Qaeda nunca possuiu nada minimamente parecido com uma arma nuclear, e o suposto mercado negro de "maletas-bombas nucleares" soviéticas existe em Hollywood, não na vida real. Então qual era o objetivo da alegação? Parece ter sido uma tentativa desastrada de guerra psicológica – uma tentativa de dissuadir a administração Bush de seus ataques ao Afeganistão. Zawahiri, em particular, estava bem ciente de que a segurança nacional americana ficava ansiosa com terroristas adquirindo armas de destruição em massa. De fato, dois anos antes, Zawahiri havia sancionado a implantação de um programa – amador e de poucos recursos – na Al-Qaeda para armas químicas e biológicas exatamente porque os Estados Unidos pareciam estar tão preocupados com essas armas.

Por volta da mesma época em que Mir estava entrevistando os líderes da Al-Qaeda, outro forasteiro recebeu a autorização para encontrar membros do círculo íntimo da Al-Qaeda: dr. Amer Aziz, um proeminente cirurgião paquistanês. Dr. Aziz, um simpatizante do Talibã que tratara um problema nas costas de Bin Laden em 1999, foi convocado a Cabul no início de novembro de 2001 para tratar Mohammed Atef, um ex-policial egípcio que servia como comandante militar da Al-Qaeda. Enquanto examinava Atef, o dr. Aziz reencontrou Bin Laden. Por anos houve relatos de que o líder da Al-Qaeda sofria de males nos rins, mas o dr. Aziz disse que esses relatos eram falsos: "Ele estava com uma saúde excelente, andava, estava saudável. Não vi nenhum indício de doença renal. Não vi nenhum indício de diálise".

À medida que a campanha de bombardeios americana foi se intensificando e as Forças Especiais dos Estados Unidos começaram a chegar aos poucos no norte do Afeganistão, Bin Laden começou a fazer sérios planos contingenciais para a possibilidade de o Talibã e sua infantaria da Al-Qaeda precisarem fugir. Era uma espécie de planejamento que ele não fizera quando autorizou os ataques do 11 de setembro. Em meados de outubro ele se encontrou com Jalaluddin Haqqani, provavelmente o comandante militar mais competente do Talibã, que Bin Laden conhecia desde os primeiros dias da *jihad* contra os soviéticos. Juntos eles conversaram sobre a possibilidade de travar uma longa guerra de guerrilha contra os infiéis americanos, da mesma forma que fizeram com os soviéticos. Haqqani tinha certeza de que os americanos eram "criaturas habituadas a conforto" e seriam derrotados a longo prazo. Por volta da mesma época, outro comandante militar da guerra antissoviéticos, Yunis Khalis, convidou Bin Laden a se mudar para seu território em volta de Jalalabad, no leste do Afeganistão, região onde Bin Laden manteve por muito tempo seu retiro de campo em Tora Bora.

No mesmo dia da entrevista de Mir, Bin Laden compareceu a uma cerimônia em memória de um líder militante uzbeque que acabara de ser morto em um ataque aéreo americano. No dia seguinte, a cidade uzbeque de Mazar-e-Sharif, a maior cidade do norte do Afeganistão, foi subjugada pela Aliança do Norte e uma pequena equipe das Forças Especiais americanas. Vinte e quatro horas depois, um assessor de segurança de Bin Laden, dr. Amin ul-Haq, encontrou-se com anciões tribais na área perto de Jalalabad e deu a cada um deles 10 mil dólares e um cavalo, e em troca disso os anciões concordaram em prover refúgio aos membros da Al-Qaeda que em breve estariam chegando em massa a Jalalabad, perto da fronteira com o Paquistão.

No dia 12 de novembro, Cabul também foi subjugada pelas forças da Aliança do Norte. Logo à frente deles, Bin Laden e seus seguidores saíram correndo de Cabul, descendo a estrada íngreme, estreita e sinuosa para Jalalabad.

Alguns dias depois, Mohammed Atef foi morto em um ataque aéreo por uma aeronave não tripulada dos EUA, o Predator. Atef era não somente o comandante militar da Al-Qaeda, mas também o braço direito de Bin Laden, trabalhando incessantemente para administrar a equipe e as operações da Al-Qaeda. Ele havia sido o colaborador mais próximo de Bin Laden na Al-Qaeda desde que o grupo fora fundado em 1988. Um membro saudita da Al-Qaeda lembra que a morte de Atef "nos chocou profundamente, porque ele era o candidato a sucessor de Bin Laden".

Temendo pela segurança deles, o genro de Bin Laden, Muataz, providenciou tudo para que três das esposas de Bin Laden e alguns de seus filhos mais novos pudessem sair de Candahar, atravessando a fronteira para o Paquistão.

Dois meses depois do 11 de setembro, Bin Laden havia perdido seu comandante militar de muitos anos, grande parte de sua família fugiu para o exílio e o regime que lhe fornecera refúgio estava nas últimas. Em vez de incitar os Estados Unidos a saírem do mundo árabe, ele agora precisava enfrentar uma maciça e implacável campanha de bombardeio americana e uma revigorada Aliança do Norte, aliada a pequenos grupos de eficientíssimas Forças Especiais americanas e agentes da CIA. Era um desastre, cuja dimensão Bin Laden começava a entender. Ele só tinha um plano agora, fugir para Tora Bora, um lugar que ele conhecia muito bem desde meados dos anos 1980, e organizar ali uma espécie de última resistência, antes de escapar para lutar por mais um dia.

CAPÍTULO 2 TORA BORA

Apesar de seu recuo, Bin Laden não parecia afugentado. Os líderes e a infantaria da Al-Qaeda se reagruparam na pequena cidade de Jalalabad. Ali, Bin Laden fazia empolgados discursos motivacionais para seus homens e apoiadores locais. Em 17 de novembro, início do mês sagrado do Ramadã, ele, Ayman al-Zawahiri e um bando de guarda-costas partiram numa viagem de três horas de carro por uma estreita e acidentada trilha de lama e pedra até as montanhas de Tora Bora, onde eles planejavam fazer trincheiras e enfrentar o ataque americano que estava por vir.

Tora Bora era a base ideal para uma guerra de guerrilhas. Os mujahidins afegãos montaram diversas operações de ataque e fuga contra os soviéticos a partir dali durante os anos 1980 porque existiam fáceis rotas de escape a pé até Parachinar, uma região do Paquistão que se projeta como um bico de papagaio sobre o Afeganistão. E em 1987 Bin Laden havia tido sua primeira grande batalha contra os soviéticos em Jaji, um vale cerca de trinta quilômetros a oeste de Tora Bora. Apesar de Tora Bora ter sido alvo de diversas ofensivas pelos russos, uma delas envolvendo milhares de soldados, dezenas de helicópteros armados e vários jatos MiG, as cavernas em torno de Tora Bora, espalhadas pelas Montanhas de Spin Ghar, eram tão sólidas que as ofensivas soviéticas eram contidas por uma força com pouco mais de cem afegãos.

Em 1987, Bin Laden começou a abrir uma estrada entre Jaji e Jalalabad, que na época era ocupada pelos soviéticos; ela atravessava diretamente as montanhas de Tora Bora. Era uma tarefa difícil, para a qual ele usou buldôzeres fornecidos pela empresa de construção de sua família. Foram necessários mais de seis meses para construir a estrada, onde só veículos com tração nas quatro rodas conseguiam passar.

Quando Bin Laden foi exilado do Sudão em 1996, ele escolheu morar no alto das montanhas, no assentamento de Milawa em Tora Bora, numa casa de adobe de estilo afegão cercada por postos de observação. "Eu realmente me sinto seguro nas montanhas. Realmente gosto da minha vida aqui", dizia ele aos visitantes de seu retiro. Era em Milawa que Bin Laden levava seus filhos mais velhos em excursões de caminhadas de um dia inteiro, advertindo-os: "Nunca se sabe quando a guerra vai estourar. Precisamos saber como sair das montanhas".

Suas três esposas e mais de uma dúzia de filhos não tinham o mesmo gosto de Bin Laden pela vida de camponeses medievais em um lugar onde a única luz noturna vinha da lua e de lampiões a gás, e o único aquecimento – em um lugar onde violentas nevascas eram comuns – vinha de um forno a lenha. A fome era companheira constante dos filhos de Bin Laden, que viviam com uma dieta básica de ovos, queijo salgado, arroz e pão. Até convidados de honra, como o proeminente jornalista palestino Abdel Bari Atwan, comiam queijo salgado, ovos fritos e pão invariavelmente coberto de areia.

Quase uma década e meia após a Batalha de Jaji, Bin Laden fez um bom uso de seu íntimo conhecimento de Tora Bora e das suas passagens pelas montanhas. Como era óbvio que os Estados Unidos estavam planejando um ataque de grande proporções ao Afeganistão, ele via Tora Bora como o lugar onde ele poderia recriar sua heroica atuação contra os soviéticos. Durante a intervenção de 1987 em Jaji, que também havia ocorrido no mês sagrado do Ramadã, Bin Laden e cerca de cinquenta combatentes árabes haviam contido um grupo muito maior de soldados soviéticos, incluindo Forças Especiais Soviéticas, em uma batalha que durou cerca de uma semana antes que Bin Laden e seus colegas fossem forçados a recuar. A resistência de Bin Laden na Batalha de Jaji recebeu atenção considerável no mundo árabe, marcando sua ascensão de mero financiador da *jihad* para comandante militar, tornando-se uma parte central de sua autoimagem intrépida.

Antes de viajar para Tora Bora, Bin Laden havia despachado Walid bin Attash, um dos planejadores do atentado ao *USS Cole* no Iêmen, para preparar sua chegada. Por volta do início de novembro, alguns dos guarda-costas de Bin Laden começaram a estocar comida e cavar trincheiras e túneis entre algumas das cavernas menores que pontuam as montanhas de Tora Bora.

Ao mesmo tempo, a CIA monitorava de perto a localização de Bin Laden. O principal agente local naquela época era Gary Berntsen, um oficial de operações da CIA que falava dari, uma das línguas locais. Logo após a queda de Cabul, Berntsen recebeu uma série de informações indicando que Bin Laden e um grupo de seguidores haviam deixado Cabul e ido para a região de Jalalabad. Alguns dias depois, Berntsen recebeu dicas de fontes locais dando conta que Bin Laden havia chegado aos complexos de cavernas de Tora Bora.

A informação de que um grupo expressivo de combatentes da Al-Qaeda havia se mudado para Tora Bora foi repassada para o Centro Antiterrorismo na sede da CIA no Estado da Virgínia, onde foi inserida num mapa eletrônico que transferia dados sobre as posições do Talibã e da Al-Qaeda, bem como a localização em solo de soldados das Forças Especiais americanas, agentes da CIA e forças afegãs aliadas. Esse mapa foi então espelhado no Comando Central (CENTCOM), o QG militar americano em Tampa, Flórida, que vinha coordenando o esforço de guerra. A CIA agora previa que "Bin Laden iria fazer uma ação nos picos das Montanhas de Spin Ghar ao norte", num lugar chamado Tora Bora.

Na última semana de novembro, Bin Laden fez um discurso para seus homens entocados em Tora Bora, dizendo-lhes que seria um "grave erro e um tabu ir embora antes que a luta tivesse terminado". O líder da Al-Qaeda fez um discurso semelhante no início de dezembro. Como seu comandante de campo em Tora Bora, Bin Laden designou Ibn al-Sheikh al-Libi, um líbio alto e magro de ar majestoso que lutara contra os soviéticos no Afeganistão e mais tarde veio a comandar o campo de treinamento de Khaldan, onde militantes islamitas de todo o mundo haviam treinado nos anos anteriores ao 11 de setembro. Bin Laden tinha certeza de que soldados americanos logo chegariam de helicóptero às Montanhas de Spin Ghar e que seus homens infligiriam uma grande derrota a eles. Isso jamais aconteceu. Tirando essa vaga esperança, Bin Laden parecia não ter um grande plano de batalha que não se resumisse a tentar repetir o êxito dos mujahidins contra os soviéticos.

Bem diferente da visão de Bin Laden, a batalha – que se deu numa área de aproximadamente oitenta quilômetros quadrados – acabou virando uma série de pequenos combates entre a infantaria da Al-Qaeda e as forças locais terrestres de três comandantes militares afegãos rebeldes pagos pelos americanos, pontuada por intensos bombardeios dos Estados Unidos.

Durante esse período, nevava constantemente nas montanhas, e a temperatura à noite muitas vezes caía abaixo de zero. Bin Laden pediu a Ayman Saeed Abdullah Batarfi, um articulado cirurgião ortopédico de trinta e poucos anos, que tratasse os feridos. Por volta do dia 1º de dezembro, Batarfi avisou Bin Laden que precisaria enviar alguém de volta a Jalalabad, pois já estava sem medicamentos. À medida que os feridos se multiplicavam, Batarfi começou a improvisar amputações com facas e tesouras. O médico disse a Bin Laden que se não saíssem logo de Tora Bora: "não restaria ninguém vivo" dos bombardeios americanos. Ele observou que Bin Laden havia feito alguns preparativos para a batalha de Tora Bora e parecia especialmente preocupado com sua própria fuga do campo de batalha.

Um dos obstáculos para isso era a falta de dinheiro, algo de suma importância caso ele e seus homens tivessem de pagar subornos para sair de Tora Bora, além de despesas de viagem. Um membro iemenita da Al-Qaeda viajou até Tora Bora para entregar 3 mil dólares ao líder da Al-Qaeda. Bin Laden também pediu 7 mil dólares emprestados a um clérigo local.

Já em Washington e no CENTCOM em Tampa havia uma crescente certeza de que Bin Laden estava encurralado em Tora Bora. O tenente-general Michael DeLong, vice-comandante do CENTCOM, lembra: "Estávamos na cola de Osama bin Laden. Ele certamente estava lá quando atingimos as cavernas [de Tora Bora]. Todos os dias durante os bombardeios o [secretário de Defesa Donald] Rumsfeld me perguntava: 'Pegamos ele? Pegamos ele?'". No dia 20 de novembro, o vice-presidente Dick Cheney contou à ABC News que Bin Laden "estava equipado para se esconder ali. Ele tem o que acredita serem instalações de segurança, cavernas subterrâneas. É uma área que ele conhece bem. Ele operou ali durante a guerra contra os soviéticos nos anos 1980".

Dalton Fury (um pseudônimo), 37 anos, um major da sigilosa tropa de elite da Força Delta, conduziu as pequenas forças ocidentais que caçavam Bin Laden em Tora Bora, que incluíam cerca de setenta soldados das Operações Especiais americanas e britânicas e agentes da CIA. Já no início da operação, Fury identificou o principal ponto fraco da ação americana: não havia ninguém para vigiar as rotas de fuga para o Paquistão. No final de novembro, Fury recomendou que sua própria equipe Delta fosse lançada sobre Tora Bora a aproximadamente oito mil pés. Equipado com oxigênio, seu time escalaria até a altura de quatorze mil pés para alcançar os picos mais altos da região – uma jornada que levaria alguns dias – e de lá desceria para atacar as posições da Al-Qaeda a partir de cima, a direção que os seguidores de Bin Laden menos esperariam. Em algum ponto da cadeia de comando, esse pedido foi negado.

Apesar das baixas que estavam sofrendo e das condições climáticas adversas, os combatentes da Al-Qaeda ainda eram capazes de efetuar disparos de armas ligeiras e bombardeios de morteiros relativamente eficientes. Mohammed Zahir, que comandou um grupo de trinta milicianos afegãos nas linhas de frente durante toda a Batalha de Tora Bora, enfrentou militantes árabes e paquistaneses que lutavam com foguetes e metralhadoras – uma força formidável, contida apenas com a ajuda de bombardeios americanos sobre as posições da Al-Qaeda. Muhammad Musa, um comandante que liderou centenas de soldados afegãos nas linhas de frente de Tora Bora, lembrou a fanática bravura dos combatentes de Bin Laden: "Eles nos enfrentaram com vigor. Quando os capturávamos, cometiam suicídio com granadas. Eu mesmo vi três deles fazendo isso". Os combatentes da Al-Qaeda certamente sentiam-se extasiados pelo fato de estarem combatendo durante o mês sagrado do Ramadã. Foi na Batalha de Badr durante o Ramadã, quatorze séculos antes, que o profeta Maomé liderou um pequeno grupo de muçulmanos para uma vitória contra um exército muito maior de infiéis.

Na manhã de 3 de dezembro, teve início um pesado bombardeio americano, que continuou ininterruptamente. Era o primeiro de quatro dias durante os quais choveram 320 toneladas de bombas americanas sobre Tora Bora. Durante esse período, um membro da Al-Qaeda gravou em vídeo Bin Laden instruindo seus seguidores sobre a melhor forma de cavar trincheiras onde se abrigar. Na fita, uma bomba explode ao longe. Bin Laden comenta sem sinais evidentes de preocupação em sua voz: "Estávamos lá ontem à noite".

À medida que a intensidade dos bombardeios americanos aumentava, Bin Laden compartilhava com seu adjunto, Ayman al-Zawahiri, recordacões sobre os dezenove sequestradores do 11 de setembro, emocionando-se ao falar sobre cada um deles. Temendo não sobreviver aos bombardeios, o líder fez questão de se certificar de que havia honrado propriamente esses "mártires" heroicos, redigindo dezenove certidões de óbito para os sequestradores.

Durante toda a duracão da batalha, os comandantes militares afegãos que trabalhavam com os americanos, além de nutrirem desavenças entre si, reuniam suas infantarias para voltar para casa ao pôr do sol a fim de observar a quebra do jejum do Ramadã. Na noite de 3 de dezembro, percebendo que as forças terrestres afegãs não estavam à altura da missão de cercar o núcleo duro da Al-Qaeda, o agente da CIA Gary Berntsen enviou uma longa mensagem para o comando pedindo que até oitocentos membros do regimento de elite Army Rangers invadissem o complexo de cavernas onde Bin Laden e seus tenentes estariam se escondendo e bloqueassem suas rotas de fuga. O chefe de Berntsen, Henry A. Crumpton, que naquele momento tinha "100%" de certeza de que Bin Laden estava preso nas montanhas de Tora Bora, ligou para o comandante do CENTCOM, o general Tommy Franks, que tinha controle total sobre a operação, pedindo mais soldados. Franks reagiu lembrando que a abordagem americana de "tropas enxutas" havia funcionado bem na derrubada do Talibã, e também que levariam semanas até que conseguissem enviar mais soldados para lá. Franks nunca encaminhou o pedido por mais tropas ao secretário da Defesa Donald Rumsfeld, e Rumsfeld não perguntou a Franks se ele precisava de reforços.

O general Franks também acreditava que os Estados Unidos podiam confiar nos paquistaneses para isolar membros da Al-Qaeda em fuga. "Acho que trabalhar com os paquistaneses para vigiar a fronteira paquistanesa foi uma excelente decisão", disse ele em uma entrevista de 2002. A conjetura de que os paquistaneses tinham seu lado da fronteira protegido era, na melhor das hipóteses, uma ilusão. Crumpton alertara a Casa Branca, seus próprios chefes na CIA e o CENTCOM repetidas vezes que os paquistaneses não eram capazes de proteger sua fronteira. O presidente Bush até perguntou diretamente a Crumpton se os paquistaneses vedariam a fronteira. "Não, senhor", ele respondeu.

O comandante de operações terrestres da Força Delta, Dalton Fury, lembra que, para retificar aquele problema, no começo de dezembro o comandante de seu esquadrão sugeriu lançar de cima minas antipessoais GATOR, que se autodesarmam após um determinado número de dias, nas passagens de Tora Bora que levavam ao Paquistão. Esse pedido também foi negado em alguma parte mais elevada da cadeia de comando.

A Força Delta montou acampamento perto de Tora Bora e tentou se aproximar das posições da Al-Qaeda. Eles apontavam feixes de laser para alvos da Al-Qaeda de forma que fosse possível realizar ataques aéreos precisos. A essa altura as informações mais recentes acusavam Bin Laden exatamente em Tora Bora. No dia 8 de dezembro, um bombardeiro americano lançou uma bomba de sete toneladas conhecida como "corta--margaridas" sobre as posições da Al-Qaeda. Naquela noite, o membro da Al-Qaeda Abu Jafar al-Kuwaiti "acordou com o som aterrorizante de imensas explosões muito perto de nós". No dia seguinte, membros da Al-Qaeda receberam a terrível notícia de que a trincheira do "xeque Osama" havia sido destruída. Mas Bin Laden sobreviveu, tendo mudado sua posição pouco antes do ataque das corta-margaridas.

No dia seguinte ao ataque com as corta-margaridas, a Agência Nacional de Segurança americana (NSA) interceptou uma comunicação em Tora Bora: "O Pai [Bin Laden] está tentando atravessar a linha de cerco". Por volta das 16h, soldados afegãos disseram ter visto Bin Laden. Em Washington, Paul Wolfowitz, o segundo oficial na ordem de comando do Pentágono, contou a repórteres que Bin Laden provavelmente estava em Tora Bora, ao afirmar: "não temos nenhum indício plausível de que ele esteja em outras partes do Afeganistão ou fora do Afeganistão".

No dia 11 de dezembro, Bin Laden percebeu que sua única esperança era fugir. Ele disse a seus homens que os estava deixando, e assim que caiu a noite, rezou junto ao lado de seus guarda-costas mais fiéis. Naquele mesmo dia, líderes da Al-Qaeda sugeriram um cessar-fogo a Hajji Zaman, um dos comandantes militares afegãos pagos pelos Estados Unidos, afirmando que iriam se render na manhã seguinte. Para a ira de seus patrocinadores americanos, Zaman concordou com o cessar-fogo. Naquela noite, alguns dos militantes entocados em Tora Bora, inclusive Bin Laden, começaram a se retirar do refúgio na montanha.

Analistas americanos de sinais em solo agora interceptavam transmissões de rádio de Bin Laden se dirigindo a seus seguidores. "Sinto por ter envolvido vocês nesta batalha. Se vocês não puderem mais resistir, têm minha bênção para se render", disse ele em uma das mensagens. Fury mantinha um registro cuidadoso dessas comunicações interceptadas. Ao final de cada dia ele as datilografava e repassava para o topo da cadeia de comando.

Um funcionário do Pentágono em Washington, dedicado ao rastreamento de Bin Laden desde 1997, monitorava tudo isso em tempo real. "Todos na comunidade envolvidos na questão da Al-Qaeda estavam totalmente cientes de cada mensagem de rádio que chegava e de cada relatório de situação que vinha de nossos rapazes das Forças de Operações Especiais. Prestava-se muita atenção a isso." O oficial lembra que ele e seus colegas estavam animados porque lhes parecia que agora Bin Laden efetuaria sua resistência final. Eles não acreditavam que Bin Laden tentaria escapar porque isso prejudicaria sua credibilidade junto à Al-Qaeda e o movimento jihadista em geral. "Mal sabíamos que essa era sua mensagem de despedida", diz o oficial. Foi um erro de cálculo que o Pentágono viria a lamentar.

O homem responsável pelo mais mortífero ataque terrorista na história dos Estados Unidos, bem como muitos de seus principais asseclas, estava fugindo. Por que não houve um esforço para colocar mais soldados americanos em solo, além do total de várias dezenas de operadores Delta, Boinas Verdes, controladores aéreos táticos da Força Aérea e agentes da CIA já em Tora Bora? O tenente-general DeLong afirma que o Pentágono não queria colocar muitos soldados americanos em solo porque havia o receio de que eles fossem hostilizados pelos moradores locais: "As montanhas de Tora Bora estão situadas no meio do território controlado por tribos hostis aos Estados Unidos e a qualquer pessoa de fora. A verdade é que, se colocássemos nossas tropas lá, inevitavelmente acabaríamos lutando contra civis afegãos – criando animosidade em um momento delicado".

Algo que contribuiu para a ideia de que afegãos eram radicalmente contrários a tropas estrangeiras em seu território foi um artigo intitulado "Afeganistão: Cemitério de Impérios", publicado na edição de novembro de 2001 da influente revista *Foreign Affairs*, escrito por Milton Bearden, um veterano da CIA que havia supervisionado o esforço da Agência de armar os mujahidins afegãos contra os soviéticos. Bearden argumentou que um grande número de soldados americanos simplesmente repetiria os fracassos dos soviéticos no Afeganistão no século XX e dos britânicos no século XIX.

Hoje, após anos de guerra no Afeganistão e no Iraque, é difícil imaginar, mas o Pentágono também tinha em mente evitar correr riscos naquele momento. Àquela altura da Guerra do Afeganistão, haviam morrido mais jornalistas que soldados americanos no conflito. E durante a Guerra do Kosovo, em 1999, nenhum americano morreu em combate. Os líderes das Forças Armadas americanas pareciam ter se convencido de que o povo não seria capaz de tolerar baixas – mesmo na perseguição a Osama bin Laden.

Havia também a questão do Iraque, que desviara a atenção do Pentágono. No final de novembro, o secretário da Defesa Donald Rumsfeld disse ao general Franks que o presidente Bush "quer que procuremos opções no Iraque". Já no meio de uma guerra no Afeganistão, Franks ficou perplexo. "Puta merda! De que porra eles estão falando?", disse ele à sua equipe. Mas em 4 de dezembro, ele informou Rumsfeld e outros oficiais importantes do Pentágono a respeito de planos de guerra para o Iraque, baseado no plano de contingência existente, um documento de oitocentas páginas. Rumsfeld achou os planos de guerra nada satisfatórios. "Bem, general", ele advertiu Franks: "você tem muito trabalho pela frente". Franks voltaria a tratar do plano para a invasão do Iraque com Rumsfeld em 12 de dezembro, mesmo dia em que os líderes da Al-Qaeda começaram sua fuga de Tora Bora disfarçada de acordo de cessar-fogo.

Anos mais tarde, Franks explicou por que ele não enviou mais soldados americanos para subjugar o núcleo da Al-Qaeda:

> Minha decisão de não enviar mais tropas americanas à região de Tora Bora foi influenciada pela área comparativamente pequena que as tropas de coalizão cobriam no teatro de operações, e pelo fato de que essas tropas estavam engajadas em operações em andamento por todo o Afeganistão; o montante de tempo que levaria para destacar mais tropas provavelmente criaria uma "pausa tática" que poderia fazer com que nossas tropas perdessem o ímpeto que vinham demonstrando no Afeganistão; e a incerteza quanto a Bin Laden estar de fato em Tora Bora. Informações sugeriam que ele estava, mas informações conflitantes também relataram que ele estava na Caxemira... e em uma fortaleza na fronteira iraniana.

O general Dell Dailey, que liderava o Comando Conjunto de Operações Especiais, compartilhava de algumas das preocupações de Franks: "Não havia dúvida de que seria necessário um número imenso de homens para cercar Tora Bora... Era dezembro. A essa altura, todo topo de colina está coberto de neve, todo ponto precisa de apoio logístico". O comandante terrestre de Dailey descartou a ideia de introduzir mais tropas, dizendo a Dailey: "De jeito nenhum. Vencemos esta guerra com as Operações Especiais e a CIA sem uma presença convencional de tropas e sem nenhum dos aspectos negativos que acompanham uma força americana em massa. Não vamos fazer isso". O brigadeiro-general James N. Mattis, comandante de 1.200 fuzileiros então estacionados perto de Candahar, viajou até a Base Aérea de Bagram, próxima a Cabul, para discutir com Dailey a ideia de colocar uma força de Fuzileiros Navais em Tora Bora. No final, nenhum fuzileiro naval ou quaisquer outras forças militares adicionais foram enviadas para lá.

Susan Glasser, que cobriu a Batalha de Tora Bora para o *Washington Post*, lembra que inicialmente havia ali "entre cinquenta e setenta jornalistas; talvez cem no ápice da batalha, após cerca de uma semana." Isso era pouco mais que o número total de soldados em Tora Bora. Considerando que tantos jornalistas conseguiram chegar até a batalha, poderia o Pentágono ter enviado mais homens a Tora Bora? Sim. Havia cerca de dois mil soldados americanos já em território afegão. No vizinho do Afeganistão ao norte, o Uzbequistão, estavam estacionados cerca de mil soldados da Décima Divisão de Montanha. Mais de mil Fuzileiros Navais também estavam estacionados perto de Candahar. E teria levado menos de uma semana para destacar mais oitocentos soldados da 82ª Divisão Aerotransportada de seu quartel em Fort Bragg, na Carolina do Norte, até Tora Bora. É claro, essa força teria de lidar com as condições climáticas traiçoeiras, as altas altitudes de Tora Bora e a resistência feroz da Al-Qaeda. Também havia um baixo número de helicópteros no teatro de operações, o que teria tornado o envio de mais tropas a Tora Bora difícil, do ponto de vista logístico. Todavia, não foi feito nenhum esforço para tentar superar esses obstáculos.

Condoleezza Rice, a conselheira de segurança nacional, diria depois que naquela época haviam "relatos conflitantes" sobre a localização de Bin Laden, e que o presidente Bush nunca recebeu um pedido para enviar mais soldados a Tora Bora, o que Bush confirma. Por que isso não aconteceu continua sendo um mistério que pode ser explicado, em parte, pelo fato de que a administração Bush havia acabado de conseguir uma das mais notáveis vitórias militares da era moderna, derrubando o regime Talibã em somente três semanas com apenas trezentos membros das Forças Especiais americanas e cem agentes da CIA em solo. Por que mexer num time que estava ganhando?

A partir do dia 12 de dezembro, sem forças de bloqueio de Fuzileiros Navais ou qualquer outra unidade militar americana para detê-los, um grupo de mais de vinte guarda-costas de Bin Laden conseguiu sair de Tora Bora, indo em direção ao Paquistão. Lá eles foram presos no dia 15 de dezembro e entregues aos americanos. Bin Laden não estava entre eles. Ele e seu segundo em comando, Ayman al-Zawahiri, astutamente decidiram se separar e permanecer no Afeganistão. Zawahiri deixou o reduto montanhoso ao lado de Uthman, um dos filhos de Bin Laden. Bin Laden foi se despedir de Uthman sem saber se o veria novamente, dizendo: "Meu filho, estamos mantendo nosso juramento, lutando a *jihad* no caminho de Alá". Acompanhado de alguns de seus guardas, o líder da Al-Qaeda fugiu com outro de seus filhos, Muhammad, de dezessete anos.

Quando Bin Laden deixou o campo de batalha de Tora Bora, ele escreveu um testamento final alertando seus filhos para que eles ficassem longe de sua opção de vida: "Perdoem-me por ter lhes reservado muito pouco de meu tempo desde que respondi ao chamado da *jihad*. Escolhi uma estrada cheia de perigos e por isso sofri com adversidades, amargores, traições e deslealdades... Aconselho que vocês não se envolvam com a Al-Qaeda". Para suas esposas, ele escreveu: "Vocês sabiam que a estrada era cheia de espinhos e armadilhas. Vocês deixaram o conforto de suas famílias e escolheram compartilhar das mesmas dificuldades comigo. Vocês renunciaram a prazeres mundanos junto comigo; renunciem ainda mais quando eu me for. Não pensem em se casar novamente, vocês só precisam cuidar de nossos filhos".

Bin Laden foi para a casa de um aliado de confiança, Awad Gul, próxima a Jalalabad. Antes da batalha, Bin Laden havia confiado 100 mil dólares a Gul. Pouco depois, Bin Laden, um exímio cavaleiro, foi de cavalo até o nordeste, para a província de Kunar, um lugar ideal para sumir. Seus picos de doze mil pés, sua vegetação densa e seus arbustos perenes tornavam difícil a detecção aérea de movimentos; sua pequena população era hostil a forasteiros e não havia nenhum governo central significativo.

Duas semanas após o término da Batalha de Tora Bora, um Bin Laden visivelmente envelhecido soltou um vídeo no qual ele contemplava sua própria morte. "Sou somente um escravo de Deus", disse ele. "Se eu morrer ou viver, a guerra vai continuar". Ele não movimentou o lado esquerdo do corpo em nenhum momento do vídeo de meia hora, o que sugeria que ele sofrera algum ferimento grave. Alguns meses depois, um *website* da Al-Qaeda postou um poema de Hamza, o filho de Bin Laden de dez anos, lamentando o destino que sucedera a ele e a sua família: "Oh, Pai! Por que eles jogaram bombas sobre nós, como chuva, sem misericórdia por uma criança?". Bin Laden respondeu na mesma página: "Perdoe-me, meu filho, mas só consigo ver um caminho muito íngreme à frente. Uma década se passou em errâncias e viagens, e cá estamos em nossa tragédia. Não há mais segurança, só perigo".

No dia 4 de janeiro de 2002, no rancho de férias do presidente Bush, no Texas, Michael Morell teve a delicada tarefa de informar a Bush que a CIA avaliara que Bin Laden havia lutado na Batalha de Tora Bora e sobrevivera. Bush ficou furioso e reagiu de modo agressivo, como se o próprio Morell fosse o culpado.

Dois anos e meio depois, em meio a uma disputada corrida presidencial, o candidato democrata John Kerry explorou em sua campanha o fato de que Bin Laden poderia ter sido morto em Tora Bora. A ideia de que teria havido uma oportunidade real de matar Bin Laden àquela altura era "absurda", disse Bush, e o vice-presidente Dick Cheney a chamou de "um lixo completo". Entretanto, a partir de todos os relatos disponíveis, fica claro que os Estados Unidos, diante de uma oportunidade de matar ou capturar o principal líder da Al-Qaeda apenas três meses depois do 11 de setembro, acabaram sendo enganados por Bin Laden, que escapou, sumiu do radar americano e aos poucos começou a reconstruir sua organização.

CAPÍTULO 3   AL-QAEDA NO OSTRACISMO

Bin Laden foi se refugiar nas montanhas de Kunar com sua organização em estado terminal. A Al-Qaeda: "a base" em árabe, acabara de perder a melhor base que já tivera. No Afeganistão, o grupo havia administrado uma espécie de Estado paralelo ao do Talibã, conduzindo sua própria política externa independente ao atacar embaixadas e navios de guerra americanos no exterior, bem como centros de poder militar e econômico nos Estados Unidos, enquanto formava milhares de soldados de infantaria em seus campos de treinamento.

Essa Al-Qaeda pré-11 de setembro era bem burocrática, com seus diversos comitês de mídia, planejamento militar, negócios e até agricultura; sua estrutura hierarquizada; os salários que pagava a muitos de seus membros; os detalhados formulários de inscrição exigidos para ingresso em seus campos de recrutas e o amplo treinamento realizado neles. Os estatutos do grupo, que na tradução para o inglês chegavam a 32 páginas, abordavam tópicos como orçamentos anuais, salários, benefícios médicos, seguros para membros da Al-Qaeda com deficiências, causas para desligamento do grupo e subsídios de férias.

Os líderes da Al-Qaeda eram daquele tipo de microgerentes que qualquer um que já tenha trabalhado num grande escritório conhece. Um memorando que Mohammed Atef, o comandante militar do grupo, certa vez enviou para um subordinado dizia o seguinte: "Fiquei muito chateado com o que você fez. Consegui 75 mil rúpias para a viagem de sua família ao Egito. Descobri que você gastou 40 mil rúpias, não apresentou as notas ao contador e ficou com o restante". No mesmo espírito, Ayman al-Zawahiri puniu membros da filial da Al-Qaeda no Iêmen que esbanjaram num aparelho de fax de ponta. Para uma organização dedicada à guerra santa revolucionária, a Al-Qaeda pré-11 de setembro às vezes lembrava uma companhia de seguros, ainda que uma companhia de seguros armada até os dentes.

Essa estrutura burocrática foi destruída pela imprudente decisão de Bin Laden de atacar os Estados Unidos. Em junho de 2002, um membro da Al-Qaeda escreveu uma carta para Khalid Sheikh Mohammed (KSM), o comandante operacional do 11 de setembro, repreendendo-o: "Pare de agir sem pensar e considere todos os sucessivos desastres fatais que nos afligiram em menos de seis meses". O autor reclamou que Bin Laden ignorava qualquer conselho que não concordasse que a ideia de atacar os Estados Unidos havia sido um golpe de mestre: "Se alguém se opõe a ele, ele imediatamente propõe outra pessoa para dar uma opinião que o apoie". Bin Laden, continuou o missivista, não compreendia o que havia acontecido com a Al-Qaeda desde os ataques de 11 de setembro e continuava pressionando KSM a agir; enquanto isso, grupos jihadistas na Ásia, no Oriente Médio, na África e na Europa haviam sofrido perdas tremendas. O autor da carta pediu que KSM suspendesse completamente qualquer outro ataque terrorista "até que nos sentemos para avaliar o desastre que causamos".

As críticas internas a Bin Laden se multiplicaram e tornaram-se públicas dois anos mais tarde, quando Abu Musab al-Suri publicou na internet uma crônica do movimento jihadista com 1.500 páginas. Suri era um respeitado intelectual sírio próximo a Bin Laden desde os anos 1980 – talvez o estrategista mais ponderado do círculo íntimo de Bin Laden. Ele passou grande parte dos anos 1990 vivendo na Espanha e depois em Londres, onde escreveu para publicações jihadistas pouco conhecidas. Um ano antes do 11 de setembro, Suri dirigiu seu próprio campo de treinamento no Afeganistão, onde defendia que a Al-Qaeda tivesse uma estrutura mais em rede e menos vertical que o modelo hierárquico vigente.

Ao se esconder após a queda do Talibã, e sabendo que em algum momento ele seria preso (como acabou sendo, no Paquistão, em 2005), Suri passou boa parte do tempo fugindo, escrevendo sua extensa crônica do movimento jihadista. Ele relata a devastação que a Al-Qaeda e grupos aliados vinham sofrendo após o 11 de setembro: "Estamos atravessando o momento mais difícil e vivendo o ápice da aflição... Os americanos eliminaram a maior parte da liderança, da infraestrutura, dos apoiadores e dos amigos do movimento jihadista armado". Suri escreveu que as estimativas correntes de que entre três e quatro mil militantes jihadistas haviam sido mortos ou capturados desde o 11 de setembro estavam, na verdade, subestimadas.

Ele concluía o seguinte: "Os Estados Unidos destruíram o Emirado Islâmico [do Talibã] no Afeganistão, que havia se tornado o refúgio para os mujahidins. Eles mataram centenas de mujahidins que defendiam o Emirado. Então os Estados Unidos capturaram mais de seiscentos jihadistas de diferentes países árabes e do Paquistão. O movimento da *jihad* conheceu a glória nos anos 1960 e se manteve durante os anos 1970 e 1980, resultando na ascensão do Emirado Islâmico do Afeganistão, mas ele foi destruído após o 11 de setembro". Para alguém íntimo de longa data de Bin Laden e um importante estrategista jihadista, afirmar publicamente que os ataques em Manhattan e em Washington resultaram na destruição em massa de grande parte da Al-Qaeda, do Talibã e de grupos militantes aliados era bastante significativo.

Alguns membros da Al-Qaeda continuavam a defender a tese de que o 11 de setembro e suas consequências haviam sido um grande sucesso para o movimento. Em um relato interno "pós-ação" sobre os ataques ao World Trade Center e ao Pentágono, um escritor anônimo da Al-Qaeda aplaudiu a sabedoria estratégica dos ataques: "Mirar nos Estados Unidos foi uma escolha inteligente do ponto de vista estratégico porque o conflito com os aliados dos americanos no mundo islâmico mostrou que esses seguidores não podem continuar no topo de seus regimes tirânicos sem o apoio dos Estados Unidos. Então por que continuar combatendo o corpo quando você pode cortar a cabeça?". O relatório também celebrava a atenção midiática que os ataques do 11 de setembro haviam atraído: "A gigante máquina midiática americana foi derrotada em um golpe de judô do xeque Bin Laden. Câmeras da CNN e outros dinossauros da mídia se encarregaram de enquadrar os ataques e de espalhar o medo, sem que a Al-Qaeda precisasse desembolsar um tostão".

De forma semelhante, Saif al-Adel, um dos comandantes militares do grupo, explicou em uma entrevista publicada quatro anos após a queda do Talibã, que os ataques a Nova York e a Washington eram parte de um plano diabolicamente brilhante para fazer com que os Estados Unidos reagissem de modo exaltado, atacando o Afeganistão: "Nosso objetivo final com esses dolorosos golpes contra a cabeça da serpente era fazer com que ela saísse de seu buraco... Tais golpes os farão realizar atos aleatórios e os provocarão a cometer erros graves e às vezes fatais... A primeira reação foi a invasão do Afeganistão".

Essa foi uma racionalização *post-facto* do fracasso estratégico da Al-Qaeda. Toda a ideia dos ataques do 11 de setembro era fazer com que os Estados Unidos *saíssem* do mundo muçulmano, e não provocá-lo a invadi-lo, ocupando o Afeganistão e derrubando o aliado ideológico mais próximo da Al-Qaeda, o Talibã. Na verdade, o 11 de setembro lembrava Pearl Harbor. Da mesma forma que os japoneses conseguiram uma tremenda vitória tática no dia 7 de dezembro de 1941, eles também deram início a uma cadeia de eventos que levou ao colapso do Japão Imperial. Assim, os ataques do 11 de setembro também deram início a uma cadeia de eventos que levaria à destruição de grande parte da Al-Qaeda e, por fim, à morte de seu líder.

Greystone era o codinome do que talvez tenha sido o programa de ação secreta mais caro na história da CIA. Autorizado pelo presidente Bush na sequência do 11 de setembro, o programa coordenava a agressiva perseguição mundial a suspeitos da Al-Qaeda, dezenas dos quais foram pegos onde quer que eles estivessem vivendo e então "entregues" em aviões alugados pela CIA a países como o Egito e a Síria, onde eram torturados pelos serviços de segurança locais. O programa introduziu o uso daquilo que a CIA chamava de "técnicas melhoradas de interrogação" (dentre as quais, o afogamento simulado), e levou à criação de um sistema prisional secreto no leste europeu para prisioneiros de "alto valor". Um dos principais advogados da Agência, John Rizzo disse o seguinte a respeito: "O consenso dos especialistas, dos analistas de antiterrorismo e dos psicólogos foi que para qualquer programa de interrogação de oficiais veteranos da Al-Qaeda de alto valor – e estamos falando aqui do pior do pior, o mais psicopático mas mais instruído em todo o sistema da Al-Qaeda –, para que qualquer interrogatório tivesse algum efeito, era essencial que essas pessoas fossem mantidas em isolamento absoluto, com acesso ao menor número de pessoas". A autorização presidencial também permitia que a CIA matasse os líderes da Al-Qaeda e grupos aliados usando aeronaves não tripuladas.

A urgência em encontrar Bin Laden foi enfatizada quando a CIA descobriu que em meados de 2001 ele havia se encontrado com cientistas nucleares paquistaneses aposentados para discutir a possibilidade de a Al-Qaeda desenvolver um dispositivo nuclear. O general Richard Myers, presidente da Junta de Chefes de Estado-Maior, afirmou que seis semanas após o 11 de setembro, Bush contou em um encontro de seu Conselho Nacional de Segurança que Bin Laden "poderia ter um dispositivo nuclear" grande o bastante para destruir meia Washington. Na verdade, a Al-Qaeda não tinha nada semelhante, mas em meio ao pânico pós-11 de setembro tal ameaça não poderia ser facilmente desconsiderada.

Era notório o fato de que Bush mantinha em sua gaveta uma lista dos líderes da Al-Qaeda mais procurados. A lista era formatada como uma pirâmide, com Bin Laden no topo. À medida que os líderes da Al--Qaeda iam sendo capturados ou mortos, Bush os riscava da lista. Por cerca de um ano após a queda do regime Talibã, Bush acreditou que o líder da Al-Qaeda poderia já estar morto. Afinal, durante boa parte de 2002 não se ouviu nada de Bin Laden que constituísse uma "prova de vida". "O presidente pensava que talvez já o tivéssemos pegado. Ele está morto e não sabemos. [Morto] Em Tora Bora ou algum outro lugar", lembra o secretário de Imprensa de Bush, Ari Fleischer.

A incerteza sobre o status de Bin Laden começaria a mudar às 22h do dia 12 de novembro de 2002, quando Ahmad Zaidan, o chefe da sucursal da Al Jazeera no Paquistão, recebeu uma ligação de um número estranho em seu celular. Um homem falando em inglês com forte sotaque paquistanês disse o seguinte: "Tenho algo interessante para você, um furo. Encontre-me no Melody Market, atrás do hotel Islamabad". Zaidan dirigiu atravessando uma forte tempestade e estacionou seu carro no mercado, geralmente lotado de vendedores ambulantes e compradores, mas que agora estava deserto por causa do mau tempo e do horário tardio. Assim que ele saiu do carro, um homem com o rosto envolvido em uma echarpe se aproximou dele e entregou-lhe uma fita de áudio, dizendo: "Isto vem de Osama bin Laden".

"Espere", pediu Zaidan, mas o mensageiro de Bin Laden desapareceu tão rápido quanto se materializou. Zaidan enfiou a fita cassete no toca-fitas de seu carro e reconheceu imediatamente a voz de Bin Laden.

Além disso, o que o líder da Al-Qaeda dizia na fita era prova definitiva de que ele havia sobrevivido à batalha de Tora Bora. Era um furo e tanto para a Al Jazeera.

De volta ao escritório, Zaidan começou a enviar a fita de áudio de Bin Laden para a sede da Al Jazeera no Qatar. A notícia logo virou destaque no mundo inteiro: "Bin Laden está vivo". Na fita, Bin Laden celebrava uma série de ataques terroristas perpetrados recentemente por seus seguidores: o atentado a uma sinagoga na Tunísia, o ataque a um navio petroleiro francês na costa do Iêmen e os atentados suicidas em duas casas noturnas na ilha indonésia de Bali, que matou duzentos turistas, a maior parte de jovens ocidentais. Essa era uma "prova de vida" convincente, e qualquer leve esperança de que Bin Laden pudesse ter sucumbido aos ferimentos sofridos em Tora Bora se dissipou. Na noite em que a fita veio à público, a secretária de Estado dos EUA, Condoleezza Rice, ligou para o presidente Bush em sua residência na Casa Branca para lhe dar a má notícia sobre o bom estado de saúde de Bin Laden.

Bin Laden estava vivo, mas onde? O consenso no governo americano durante os primeiros anos após o 11 de setembro era de que ele estava se escondendo em regiões tribais do Paquistão ou em áreas próximas, onde a Al-Qaeda havia começado a se recompor após a Batalha de Tora Bora. Alguns oficiais da inteligência também pensavam que ele poderia estar vivendo no extremo norte do Paquistão, nas esparsamente povoadas montanhas de Chitral. Essa análise se baseava em parte nas árvores nativas da região que podiam ser vistas num vídeo de Bin Laden gravado em 2003, e pelo tempo que as fitas de áudio de Bin Laden levavam para chegar a canais como a Al Jazeera. Quando Bin Laden comentava sobre notícias importantes, geralmente se passavam cerca de três semanas até que as fitas chegassem ao público. Mas mesmo esse padrão era subvertido às vezes. Depois que a ala saudita da Al-Qaeda atacou o consulado americano em Jeddah no início de dezembro de 2004, matando cinco funcionários, Bin Laden soltou uma fita de áudio se gabando dessa vitória que foi divulgada em apenas uma semana. Talvez ele não estivesse na remota Chitral, afinal?

Nem todos os líderes da Al-Qaeda se esconderam nas regiões tribais do Paquistão após a queda do Talibã. Alguns deles foram para o Irã, mas a maioria preferiu se esconder no anonimato de Karachi, uma das maiores cidades do mundo. Um dos filhos mais velhos de Bin Laden, Saad bin Laden, que recentemente havia assumido uma espécie de papel de liderança na Al-Qaeda, passou os seis primeiros meses de 2002 vivendo em Karachi. Ele ajudou uma de suas tias e vários de seus irmãos a se mudarem do Paquistão para o Irã. Saad se juntou a eles no Irã acompanhado por alguns outros líderes proeminentes da Al-Qaeda, tais como Saif al-Adel, um ex-oficial das Forças Especiais Egípcias que havia combatido os soviéticos no Afeganistão. A partir do Irã, Adel autorizou o braço da Al-Qaeda na Arábia Saudita a dar início a uma série de ataques terroristas no reino saudita que começou em Riad em maio de 2003, uma campanha que causou muitas mortes.

A partir de um de seus esconderijos em Karachi, dois dos principais idealizadores do 11 de setembro, KSM e Ramzi bin al-Shibh, deram uma longa entrevista a um repórter da Al Jazeera na primavera de 2002, que explicou com detalhes como eles planejaram os ataques a Nova York e a Washington. Meses depois, no primeiro aniversário do 11 de setembro, Bin al-Shibh foi preso em Karachi junto a outros membros da Al-Qaeda. No esconderijo do grupo foram apreendidos vinte pacotes de passaportes e documentos que pertenciam às esposas e aos filhos de Bin Laden, sublinhando o papel-chave que Karachi teve para a família e o círculo íntimo de Bin Laden após a queda do Talibã.

Karachi, a capital econômica do Paquistão, também era onde a Al-Qaeda fazia suas transações bancárias. Se no final de 2001 Bin Laden estava totalmente sem dinheiro em Tora Bora, no ano seguinte, em Karachi, KSM lidava rotineiramente com milhares de dólares. KSM deu, por exemplo, 130 mil dólares ao Jemaah Islamiya após os bem-sucedidos atentados que aquele grupo terrorista do sudeste asiático cometeu em Bali em outubro de 2002.

Ainda em Karachi, KSM planejou uma segunda leva de ataques ao Ocidente, sonhando em derrubar aviões no aeroporto de Heathrow e bolando como usar os explosivos por controle remoto escondidos em cartuchos de videogames Sega que a Al-Qaeda vinha desenvolvendo na época. Ele também esperava retomar o incipiente programa de pesquisa sobre antraz, discutindo o assunto com Yazid Sufaat, um malaio que fizera bioquímica na Universidade Estadual da Califórnia e já havia tentado, sem sucesso, desenvolver antraz para ser usado pela Al-Qaeda. Sufaat garantiu a KSM que ele mesmo havia se vacinado contra o antraz a fim de não ser afetado por sua própria pesquisa, mas o programa nunca decolou.

As maquinações de KSM foram interrompidas bruscamente quando ele foi capturado em Rawalpindi no dia 1º de março de 2003, numa incursão às três da madrugada àquela cidade, que abriga o quartel do exército paquistanês. Ele foi pego com a ajuda de um informante que entrou escondido no banheiro de uma casa onde o terrorista estava hospedado, e enviou uma mensagem de texto a seus controladores americanos: "Estou com KSM". Naquela noite o "chefe de operações externas" da Al-Qaeda foi preso.

A prisão de KSM trouxe informações valiosas para a CIA. Ele não apenas carregava três cartas de Bin Laden, uma delas dirigida a familiares no Irã, como a CIA também se apoderou de seu computador. No disco rígido de 20 gigabytes, em um documento intitulado "Cronograma do Mercador", oficiais da inteligência encontraram uma lista com os nomes de 129 agentes da Al-Qaeda e um relatório de suas mesadas. Planilhas no computador listavam famílias que haviam recebido ajuda financeira do grupo terrorista; havia também uma lista de "mártires" feridos e mortos e fotos de passaporte dos agentes.

Porém, nada disso ajudou a CIA a se aproximar de Bin Laden.

Em outubro de 2003, Bin Laden fez um apelo por ataques contra países ocidentais cujas tropas estivessem combatendo no Iraque; subsequentemente, terroristas fizeram um atentado a bomba contra um consulado britânico na Turquia e ao metrô de Madrid, vitimando 198 passageiros que estavam a caminho do trabalho. E na véspera da eleição presidencial americana de 2004, Bin Laden subitamente apareceu num vídeo em que zombava de Bush por estar lendo uma historinha sobre uma cabra de estimação em uma escola primária da Flórida enquanto aconteciam os ataques do 11 de setembro. Naquela fita, Bin Laden também respondeu à frequente alegação de Bush de que a Al-Qaeda estava atacando os Estados Unidos por causa de suas liberdades e não por sua política externa, dizendo sarcasticamente: "Bush alega que odiamos a liberdade. Se isso fosse verdade, então como explica o fato de não atacarmos a Suécia?". Em dezembro de 2004, Bin Laden fez um apelo por ataques a empresas petroleiras sauditas, e na sequência houve um surto de ataques a refinarias e companhias de energia.

Apesar das provocações em vídeo, algumas figuras importantes da Al-Qaeda foram localizadas entre 2002 e 2005. Todos foram capturados em cidades populosas do Paquistão. Membros da Al-Qaeda enfrentavam um dilema: se parassem de usar seus telefones ou a internet, encontrá-los ficaria bem mais difícil, mas isso também tornava mais difícil planejar novos atentados e se comunicar com colegas. Por fim, poucos membros da Al-Qaeda se livraram de seus celulares ou pararam de usar a internet. A CIA usava tecnologias de geolocalização recém-criadas para detectar esses telefones e as localizações dos endereços de IP usados por esses terroristas. Em parte, KSM foi rastreado por usar chips de celulares suíços, populares entre agentes da Al-Qaeda porque ofereciam minutos pré-pagos e podiam ser adquiridos sem que o comprador precisasse fornecer um nome.

A CIA também usava *softwares* relativamente novos para mapear possíveis conexões entre terroristas suspeitos e números suspeitos de celular, como o programa chamado Analyst's Notebook. Uma empresa do Vale do Silício chamada Palantir tornou-se uma sensação entre as agências de inteligência americanas, faturando centenas de milhões de dólares todos os anos por causa de seus programas que permitiam reunir informações de várias bases de dados, estabelecendo o perfil mais completo possível de um suspeito. E uma profissão completamente nova foi criada na CIA: a de "*targeter*", alguém que ajudava os caçadores de terroristas reunindo cada pedacinho de informação contida em "resíduos digitais" de um suspeito, ou seja, dados de celulares, transações em caixas eletrônicos e qualquer outra informação disponível. Outros recursos dedicados a atacar a Al-Qaeda logo chegavam até a CIA. Apenas no primeiro ano pós-11 de setembro, o Centro Antiterrorismo na Agência aumentou de 340 para 1.500 o número de agentes e analistas.

As relações entre a CIA e o serviço de inteligência militar do Paquistão, o ISI, foram amistosas durante os primeiros anos pós-11 de setembro. Afinal, a Al-Qaeda era um inimigo comum que também visava o presidente do Paquistão, o general Pervez Musharraf, alvo de duas sérias tentativas de assassinato pelo grupo terrorista em dezembro de 2003. O general Asad Munir, que era o encarregado pelas operações do ISI na Província da Fronteira Noroeste nos primeiros anos após o 11 de setembro, afirmou o seguinte a respeito do trabalho com a CIA: "Aquele pessoal tinha bastante confiança em nós. Não havia nada a esconder".

Munir diz que em dezenas de operações no ano de 2002 ele trabalhou de perto com a CIA. A Agência americana tinha poucos agentes em solo e precisava dos profissionais que o ISI podia fornecer.

Entre os operativos da Al-Qaeda capturados nas cidades paquistanesas nos primeiros anos pós-11 de setembro estavam Abu Zubaydah, que fornecia apoio logístico para a Al-Qaeda; Walid bin Attash, que participou do ataque ao *USS Cole* no Iêmen; Ahmed Khalfan Ghailani, um dos conspiradores nos atentados de 1998 às embaixadas americanas na África e Abu Faraj al-Libi, o número três da Al-Qaeda, que foi apanhado por policiais disfarçados com burcas. No total, o governo paquistanês entregou 369 militantes suspeitos aos Estados Unidos nos cinco anos após os ataques a Nova York e Washington, colaboração pela qual foi recompensado em milhões de dólares.

Os líderes remanescentes da Al-Qaeda enfrentavam um dilema: permanecer nas cidades do Paquistão, onde poderiam facilmente manter contato com seus colegas no país e com outros militantes no resto do mundo, ou se esconder no refúgio seguro das áreas tribais do Paquistão, onde a comunicação com o mundo externo era bem difícil, mas o alcance da CIA e dos serviços de inteligência paquistaneses era mínimo, quase inexistente.

Dessa vez os líderes da Al-Qaeda preferiram sobreviver a poder se comunicar de modo eficaz.

CAPÍTULO 4 O RESSURGIMENTO DA AL-QAEDA

No início de 2003, quando a Guerra do Iraque estava começando, um grupo de cidadãos britânicos viajou para o Paquistão determinado a receber treinamento da Al-Qaeda, a fim de combater os Estados Unidos e outras forças da Otan no Afeganistão. O líder do grupo, Omar Khyam, era um filho de imigrantes paquistaneses fanático por críquete. Num campo da Al-Qaeda na fronteira entre o Afeganistão e o Paquistão, os homens aprenderam como montar bombas à base de fertilizantes. Durante o treinamento, Abdul Hadi al-Iraqi, um dos principais tenentes de Bin Laden, mandou dizer ao grupo que como a Al-Qaeda já "tinha gente o bastante... se eles realmente quisessem fazer algo, poderiam voltar [ao Reino Unido] e fazer alguma coisa lá". Por volta do final da estadia de Khyam no Paquistão, um agente da Al-Qaeda se encontrou com ele e o instruiu a realizar "atentados múltiplos" ou "simultaneamente" ou "um atrás do outro no mesmo dia" no Reino Unido.

No segundo semestre do ano, Khyam e a maior parte de seu bando voltaram ao Reino Unido, onde encomendaram mais de meia tonelada do fertilizante nitrato de amônia – quase a mesma quantidade usada no atentado de Oklahoma em 1995 – e o escondeu no armário de um depósito de da zona oeste de Londres. Os conspiradores planejavam explodir uma variedade de possíveis alvos, inclusive um shopping center, trens, sinagogas e *"slags"* (gíria britânica para mulheres promíscuas) frequentadoras da Ministry of Sound, uma famosa casa noturna de Londres. Em fevereiro de 2004, Khyam entrou em contato com um agente da Al-Qaeda no Paquistão para verificar detalhes sobre como fazer uma bomba que ele havia aprendido nos campos no ano anterior. Mas enquanto isso, o funcionário do depósito que recebeu a encomenda, desconfiado, informou a polícia, e autoridades britânicas trocaram o fertilizante por um material inócuo semelhante. Khyam foi preso no dia 30 de março de 2004, enquanto desfrutava de sua lua-de-mel num Holiday Inn de Sussex.

Khyam foi o primeiro exemplo de uma preocupante conexão que se desenvolveu nos anos pós-11 de setembro entre militantes britânicos e os líderes da Al-Qaeda nas regiões tribais do Paquistão. A Al-Qaeda teve mais êxito com o grupo seguinte de conspiradores britânicos treinado no Paquistão a fabricar bombas. Eram quatro homens, todos britânicos, três deles de ascendência paquistanesa. Mohamed Khan, o líder dos quatro, entrou em contato com a Al-Qaeda quando tirou uma licença de seu emprego como professor primário para uma temporada de três meses no Paquistão em novembro de 2004. Enquanto o professor de voz suave estava lá, o líder da Al-Qaeda Abdul Hadi al-Iraq confiou-lhe a tarefa de efetuar um ataque no Reino Unido. No dia 7 de julho de 2005, os quatro homens detonaram bombas no metrô de Londres e em um ônibus, matando 52 passageiros e a eles mesmos. Foi o ataque terrorista mais letal da história britânica.

Dois meses após os atentados de Londres, uma fita de vídeo de Khan apareceu na Al Jazeera marcada com o logo árabe do braço midiático da Al-Qaeda no Paquistão, As Sahab ("as nuvens"). No vídeo, Khan descrevia Osama bin Laden e seu adjunto, Ayman al-Zawahiri, como os "heróis de hoje", e o próprio Zawahiri fez uma aparição explicando que os atentados de Londres eram uma vingança pela participação do Reino Unido na guerra do Iraque e por terem ignorado a oferta de "trégua" que Bin Laden havia feito. Zawahiri perguntou: "O leão do Islã, o Mujahid, o xeque Osama bin Laden, não lhes ofereceu uma trégua?... Vejam no que sua arrogância resultou."

Os ataques de Londres destacaram o fato de que a Al-Qaeda havia começado a recriar nas áreas tribais do Paquistão o tipo de base que, no passado, já tivera no Afeganistão governado pelo Talibã, ainda que em uma escala muito menor. A partir dessa nova base, a Al-Qaeda começou a treinar ocidentais, especialmente britânicos filhos de imigrantes paquistaneses, para realizar ataques. Embora a proporção dos atentados a Londres não chegasse nem perto da dos ataques do 11 de setembro, eles mostravam grande capacidade de planejamento e de atingir alvos distantes da base-mãe, a mesma observada nos ataques da Al-Qaeda pré-11 de setembro, como o realizado contra o *USS Cole* no Iêmen, em 2000.

O moral dos militantes da Al-Qaeda também deve ter sido levantado pelo ataque fracassado de um avião não tripulado da CIA contra Zawahiri. No dia 13 de janeiro de 2006, seis meses após os atentados a Londres, acreditando ter encontrado Zawahiri, a CIA lançou um ataque sem piloto visando um grupo de homens sentados para jantar no vilarejo de Damadola, perto da fronteira entre Afeganistão e Paquistão. O ataque matou somente moradores da aldeia e duas semanas depois Zawahiri divulgou um vídeo comemorando o fato de estar vivo e fazendo comentários depreciativos sobre o presidente Bush.

No verão de 2006 a Al-Qaeda mobbilizou esforços para explodir vários jatos comerciais que voavam para os Estados Unidos e o Canadá a partir do Reino Unido, recrutando meia dúzia de britânicos para o trabalho. O líder do esquema, o londrino de 25 anos Ahmed Abdullah Ali, fez um vídeo de "martírio" no qual dizia: "O xeque Osama os alertou várias vezes para deixar nossas terras, ou vocês seriam destruídos. Agora chegou a hora de vocês serem destruídos". Felizmente, a trama foi descoberta pela polícia britânica e os conspiradores foram presos. Michael Chertoff, o oficial de gabinete encarregado do recém-criado Departamento de Segurança Interna dos Estados Unidos, disse que se os planos para os aviões tivessem dado certo: "teriam competido com o 11 de setembro em termos de números de mortes e impacto sobre a economia internacional".

O reagrupamento da Al-Qaeda nas áreas tribais do Paquistão era fonte de crescente preocupação para a CIA e para o governo Bush. A preocupação foi agravada pela divulgação de um número cada vez maior de vídeos mostrando Bin Laden desde o início de 2006. Por meio deles: "o xeque" reivindicava um maior controle estratégico sobre militantes jihadistas por todo o mundo. Em 2007, ele convocou atentados ao território paquistanês; o Paquistão teve mais de cinquenta ataques suicidas naquele ano. E quando o governo saudita mapeou cerca de setecentos extremistas sob sua custódia – homens capturados nos cinco anos após o 11 de setembro –, participantes citaram o líder da Al-Qaeda como seu mais importante modelo de conduta.

À medida que a Al-Qaeda renascia, a CIA deixou de capturar agentes da organização em cidades paquistanesas e também não estava tendo muito sucesso em atingir seus líderes com ataques de aeronaves não tripuladas nas áreas tribais do Paquistão. Em 2005 a CIA havia fornecido ao presidente Bush um informativo secreto em PowerPoint sobre a caça a Bin Laden. Bush ficou surpreso com o pequeno número de agentes de inteligência alocados na região Afeganistão-Paquistão. "São só esses?", ele perguntou. Em junho de 2005, o diretor da CIA Porter Goss disse publicamente ter uma "excelente ideia" de onde Bin Laden poderia estar. Na verdade, ninguém na Agência fazia a menor ideia de onde ele estava, embora a maior parte deles presumisse que ele estava nas regiões tribais do Paquistão. Art Keller foi um dos muitos agentes da CIA enviados no início de 2006 para as sete áreas tribais paquistanesas onde a Al-Qaeda se concentrava. "Grande parte dos recursos fora mandada para o Iraque. Não acho que as pessoas levem em conta o fato de que, na verdade, a CIA não é uma organização muito grande em termos de equipe de campo", disse Keller.

O enfoque intenso da CIA no Iraque tivera início em meados de 2002, quando Robert Grenier, o chefe do posto de Islamabad que havia tentado negociar com o Talibã a entrega de Bin Laden, foi convocado de volta a Washington para começar a trabalhar em uma função recém-criada na Agência, a de "gerente de missão no Iraque". Grenier diz que os recursos dedicados ao Iraque eram um "grande incremento", sugando do Paquistão e do Afeganistão os melhores especialistas em antiterrorismo, agentes e equipes responsáveis pelos alvos da Agência. Por anos o Iraque também consumiu o grosso dos esforços e do foco do presidente Bush e de sua equipe de segurança nacional. O guru da contrainsurgência David Kilcullen, que serviu no Iraque como conselheiro do general David Petraeus e depois trabalhou no Departamento de Estado assessorando a secretária de Estado Condoleezza Rice, diz que, até meados de 2007: "eles só pensavam em Iraque, o tempo todo".

Keller diz que os poucos agentes da CIA como ele que estavam trabalhando nas áreas tribais eram limitados pelo fato de que viviam em uma base militar paquistanesa e tinham pouca liberdade de movimentação. "Eu mesmo não podia sair – loiro, de olho azul. Podia fazer isso na Áustria, mas não no Paquistão". Como resultado da inteligência em geral pouco relevante obtida nas áreas tribais do Paquistão entre 2006 e 2007, houve um total de apenas seis ataques de aeronaves não tripuladas da CIA ali, sendo que nenhum deles matou ninguém importante na Al-Qaeda. O diretor da CIA Michael Hayden reclamou para a Casa Branca: "Tivemos aproveitamento zero em 2007", e pediu permissão para conduzir um programa mais agressivo de voos sem piloto.

Steve Kappes, o vice-diretor da CIA, e Michael Leiter, chefe do Centro Nacional Antiterrorismo, formaram uma força-tarefa em meados de 2008 que reuniu um grupo pequeno: "compartimentado" ou altamente secreto de agentes e especialistas de fora da comunidade de inteligência para pensar em maneiras inovadoras de encontrar o "Número Um" e o "Número Dois". O plano envolvia aumentar em muito o número de aeronaves não tripuladas voando sobre áreas tribais, enviando mais agentes da CIA para aquele território e intensificando incursões transfronteiriças das Forças de Operações Especiais.

Bush ordenou que a CIA ampliasse seus ataques com as aeronaves não tripuladas Predator e Reaper, e o governo americano parou de pedir o "consentimento" de autoridades paquistanesas ou de alertá-las sobre ataques iminentes. Como resultado, o tempo levado para identificar e atirar em um alvo caiu de várias horas para 45 minutos. As aeronaves não tripuladas Predator e Reaper eram controladas pela CIA e partiam de bases no Afeganistão e no Paquistão, mas eram operadas por "pilotos" estacionados na Base da Força Aérea de Creech, em Nevada. Depois de um dia de trabalho atirando em alvos do outro lado do mundo, os pilotos voltavam para suas famílias em casa. Com mais de sete metros de comprimento, as aeronaves não tripuladas sobrevoavam demoradamente as áreas tribais procurando por alvos e eram equipadas para soltar mísseis Hellfire ou bombas JDAM.*

Na região tribal paquistanesa do Waziristão do Sul no dia 28 de julho de 2008, uma aeronave não tripulada americana matou Abu Khabab al-Masri, que conduzia o rudimentar programa de armas químicas da Al-Qaeda, junto a dois outros militantes. O assassinato de Abu Khabab marcou o começo de um programa bastante intensificado de caça a líderes da Al-Qaeda usando aeronaves não tripuladas nos últimos meses do governo Bush, provavelmente um esforço com a intenção de deixar como

---

★ Sigla em inglês para munição de ataque direto. (N.E.)

legado a desarticulação de toda a liderança da Al-Qaeda. Entre julho de 2008 e o momento em que ele deixou o cargo, o presidente Bush autorizou trinta ataques de Predators e Reapers sobre território paquistanês, um aumento de cinco vezes em comparação com os seis ataques que a CIA lançou durante a primeira metade do ano.

Outras figuras proeminentes da Al-Qaeda mortas nos ataques das aeronaves não tripuladas nos últimos seis meses do segundo mandato de Bush incluíam Abu Harris, o chefe da Al-Qaeda no Paquistão; Khalid Habib, Abu Zubair al-Masri, Abu Wafa al-Saudi e Abdullah Azzam al-Saudi, todos membros veteranos do grupo; Abu Jihad al-Masri, o chefe de propaganda da Al-Qaeda; e Usama al-Kini e Sheikh Ahmed Salim Swedan, que tiveram papeis decisivos no planejamento dos atentados de 1998 a duas embaixadas americanas na África. Em meio ano os ataques de aeronaves não tripuladas mataram metade da liderança da Al-Qaeda nas áreas tribais e fizeram da função de "número três" da Al-Qaeda uma das mais perigosas do mundo. Mas nenhum desses ataques mirava Bin Laden, que havia simplesmente sumido. "O tempo todo, o ideal seria o presidente Bush conseguir apanhar o Bin Laden, ele teria adorado isso", diz Ari Fleischer, secretário de imprensa de Bush.

Ao mesmo tempo em que ele deu sinal verde para a intensificação nos ataques de aeronaves não tripuladas, Bush também autorizou Forças de Operações Especiais a realizarem ataques em solo nas regiões tribais sem a autorização prévia do governo paquistanês. No dia 3 de setembro de 2008, uma equipe dos Seals da Marinha alocada no Afeganistão atravessou a fronteira paquistanesa na direção do Waziristão do Sul para atacar um complexo que abrigava militantes no vilarejo de Angoor Adda. Vinte dos ocupantes foram mortos, mas muitos deles eram mulheres e crianças. A imprensa paquistanesa começou a falar do ataque, o que provocou objeções veementes de autoridades paquistanesas, que protestaram dizendo que aquilo violava a soberania nacional. O chefe do exército paquistanês, general Ashfaq Parvez Kayani, disse sem meias palavras que "a integridade territorial [do Paquistão]... será defendida a todo custo", sugerindo que qualquer futura inserção de soldados americanos seria recebida com violência. As missões transfronteiriças das Operações Especiais pararam, mas os ataques de aeronaves não tripuladas aumentaram em intensidade.

CAPÍTULO 5   UMA TEORIA DE TRABALHO PARA O CASO

A sede da CIA em Langley, Virgínia, é um agrupamento de edifícios modernos com o ar de um centro empresarial sofisticado espalhado por hectares de florestas silenciosas, a vinte minutos de carro do centro de Washington, DC. Visitas casuais não são bem-vindas. Para chegar ao edifício principal, você deve primeiro negociar com o centro de visitantes – onde aparelhos analisam constantemente o ar em busca de toxinas químicas e biológicas, e guardas com pistolas automáticas em punho conduzem o tráfego –, depois caminhar durante quinze minutos por uma rua estreita, isolada da floresta no entorno por arame farpado, e então passar pela caixa d'água e central elétrica dedicadas da CIA. No final da rua fica um prédio modernista de sete andares em vidro e concreto – a sede principal, erguida nos anos 1950, com um saguão pavimentado com placas de mármore branco. Decorando o piso de mármore, o grande selo da Agência de Inteligência Central, e gravadas em uma parede, as palavras do Evangelho segundo João: "E conhecereis a verdade, e a verdade vos libertará".

Em uma das paredes do saguão, dúzias de estrelas douradas representam agentes da CIA mortos em serviço desde a fundação da Agência, em 1947. Sob as estrelas douradas, os nomes dos falecidos aparecem inscritos em tinta preta num livro protegido por vidro. Em alguns casos, há apenas a estrela e nenhum nome no livro, já que o nome do agente permanece, mesmo após a morte, confidencial. Nos dez anos após o 11 de setembro, os nomes de duas dúzias de agentes e funcionários da CIA mortos em serviço foram adicionados ao quadro de honra, um lembrete de que a Agência é muito mais que um complexo empresarial no subúrbio de Virgínia.

No térreo do edifício principal fica o Centro Antiterrorismo, que por muito tempo supervisionou a caçada a Bin Laden. Nos anos posteriores à fuga na Batalha de Tora Bora, a caçada a Bin Laden sofreu engasgos, indo parar num beco sem saída após o outro. As notícias sobre o líder da Al-Qaeda que chegavam ao Centro Antiterrorismo eram como "aparições de Elvis", recordam os agentes que estavam em seu encalço. Mas mesmo as aparições de Elvis precisavam ser checadas, diz o fundador da unidade Bin Laden, Michael Scheuer: "porque após o 11 de setembro, os funcionários de alto escalão da Agência e todos na comunidade de inteligência estavam tratando de salvar a própria pele. Se você recebesse um relatório dizendo que Osama estava no Brasil, tomando sol no Rio, você tinha que pelo menos responder à mensagem. E assim fomos atrás de inúmeras aparições. E como todos temiam que algo mais estivesse por acontecer, rastreamos coisas que um adulto normal nunca cogitaria".

Em abril de 2002, Barbara Sude, uma analista veterana da Agência que tinha um doutorado em Princeton sobre filosofia árabe medieval e pesquisava a Al-Qaeda em tempo integral há anos, uniu-se a uma força-tarefa de analistas de várias agências de inteligência. O time se reunia regularmente durante várias semanas para discutir ideias para localizar Bin Laden. Sude tinha um *status* quase icônico dentro do unido grupo de especialistas em Al-Qaeda na comunidade de inteligência. Foi ela a autora principal do altamente sigiloso Boletim Diário do Presidente entregue ao presidente Bush no dia 6 de agosto de 2001, intitulado "Bin Ladin [sic] Determinado a Atacar os EUA". O documento alertava detalhadamente para os planos da Al-Qaeda contra o país. Ainda levaria dois anos até que a Comissão do 11 de Setembro trouxesse o documento a público, e outros tantos até que Sude fosse identificada como a autora. Sude era conhecida por ser uma "analista de analistas", com um interesse frio nos fatos, e por ter uma memória quase fotográfica dos milhares de relatórios sobre a Al-Qaeda produzidos pela comunidade de inteligência.

Sude recorda que, no começo de 2002, ficou claro para ela e seus colegas que a trilha de Bin Laden esfriara, e portanto a melhor chance de encontrá-lo residia em tentar mapear os relacionamentos daqueles que o conheciam melhor. Quais eram suas conexões familiares? Quais as suas ligações com os grupos de mujahidins afegãos que lutaram contra os soviéticos? Em quem mais ele confiava? Os analistas criaram uma avaliação de base sobre a família e os aliados de Bin Laden, e uma linha do tempo de todas as suas atividades. Circularam fotos de como seria a aparência de Bin Laden sem barba e vestido com um terno de riscas de giz. "Ele ficaria com uma aparência tão estranha", lembra Sude. Eles também discutiram a respeito do prêmio por Bin Laden, que na época era de 25 milhões de dólares. Para alguns analistas, boa parte da população do Afeganistão – um dos países mais pobres do mundo – não seria capaz de sequer imaginar tanto dinheiro assim. Faria sentido reduzir o valor da recompensa? O valor acabou sendo mantido.

Os analistas também prepararam relatórios avaliando se seria melhor matar Bin Laden ou capturá-lo. Após sua morte, Bin Laden provavelmente se tornaria um mártir, o que poderia provocar ataques retaliatórios, mas ele estaria, afinal de contas, *morto*. Um Bin Laden capturado tentaria transformar seu julgamento em um palanque para seus pontos de vista venenosos. Havia também a possibilidade de que os seguidores de Bin Laden tentassem sequestrar americanos ao redor do mundo como moeda de troca pela liberdade de seu líder. E se ele morresse de alguma doença em uma prisão americana? Ou se fosse assassinado de alguma maneira por outro prisioneiro? Robert Dannenberg, o chefe das operações de antiterrorismo da CIA, diz que capturar Bin Laden nunca foi realmente uma opção válida por causa de todas essas questões. "Queríamos ter certeza de que não nos veríamos em uma situação onde fôssemos obrigados a capturar, e não matar Bin Laden... Preferíamos explodir seu complexo com uma bomba de 220 kg e recolher seu DNA em algum lugar, a colocá-lo sob julgamento."

Desde a criação da unidade Bin Laden, em dezembro de 1995 – a primeira vez que a CIA estabeleceu uma "estação" visando um indivíduo específico – as analistas, como Barbara Sude, tiveram um papel importante na caça à Al-Qaeda. O criador da unidade, Michael Scheuer, explica: "Elas parecem ter uma facilidade excepcional para detalhes, enxergar padrões e entender relações, e além disso, para falar a verdade, gastam muito menos tempo que os rapazes contando histórias de guerra, jogando conversa fora ou saindo para fumar. Se eu pudesse ter colocado um cartaz dizendo que 'não há vagas para rapazes', eu o teria feito".

Jennifer Matthews, uma das assistentes mais importantes de Scheuer, dedicou-se à crucial região de fronteira entre o Afeganistão e o Paquistão. Seu trabalho foi importantíssimo para a prisão de Abu Zubaydah no primeiro semestre de 2002. Membro-chave da logística da Al-Qaeda, Zubaydah foi o primeiro a deixar escapar que KSM era o cérebro por trás dos ataques do 11 de setembro. Isto foi uma completa surpresa para a CIA, que enxergava KSM como uma figura periférica na Al-Qaeda. Matthews conhecia muito bem história islâmica, bem como a forma como a Al-Qaeda acreditava se encaixar nessa história, o que a tornava uma formidável interrogadora dos membros da Al-Qaeda detidos, alguns dos quais ficavam particularmente desconcertados pelo fato de ela ser uma mulher bem-informada. No período posterior ao 11 de setembro, além de seu trabalho na CIA, ela também tinha em casa três filhos pequenos.

Frederica (pseudônimo) era outra oficial inteligente e durona da CIA, incansável na perseguição à Al-Qaeda. "Se ela farejar seu rastro, se sentir seu cheiro, você já era. É melhor você desistir. Pode levar dois anos, mas ela vai pegá-lo", comentou Scheuer a seu respeito.

E havia também Gina Bennett. Em agosto de 1993, enquanto trabalhava no Departamento de Inteligência e Pesquisa, subordinado ao Departamento de Estado, Gina escreveu um relatório que foi o primeiro aviso estratégico sobre um homem chamado "Usama Bin Ladin". Quando Bin Laden foi expulso da capital sudanesa de Cartum para o Afeganistão em maio de 1996, Bennet redigiu uma análise quase premonitória, alertando que "sua estadia prolongada no Afeganistão – onde centenas de 'mujahidins árabes' recebiam treinamento terrorista, e líderes extremistas importantes se reuniam com frequência – poderia se tornar, a longo prazo, mais perigosa aos interesses dos EUA do que sua ligação de três anos com Cartum".

Nos anos posteriores aos ataques a Nova York e Washington, Bennet ajudou a elaborar as principais Estimativas da Inteligência Nacional sobre o estado da Al-Qaeda, ao mesmo tempo que lidava com as demandas da criação de seus cinco filhos. Ela estava sob o comando de David Low, que se lembra da sua rapidez para absorver dados complexos. "Eu podia entrar na sala dela ao meio-dia e dizer: 'Preciso de quinze páginas sobre X', e elas estariam prontas três horas depois. Ela é bastante rápida."

O papel proeminente das mulheres na caçada a Bin Laden refletia a maior mudança cultural na CIA ocorrida nas últimas duas décadas. O agente veterano da CIA Glenn Carle recorda: "Quando comecei, que eu saiba, havia apenas quatro agentes de operações mulheres em nível sênior, e elas tinham de ser as vadias mais duronas do universo para sobreviver. As demais eram tratadas como brinquedos sexuais". Quando Scheuer criou a unidade Bin Laden, Carle se lembra da reação entre seus colegas de operações: "O que há com a equipe dele? São todas mulheres. Na época, falava-se muito a respeito do 'grupinho de garotas'. Portanto, a perspectiva era francamente condescendente e desdenhosa. E Scheuer [e sua equipe] basicamente tinha de dizer: 'Vocês têm de nos ouvir, isto é muito sério. Isto é importante, e pessoas vão morrer'. E claro, eles estavam certos".

Antes do 11 de setembro, a equipe de Scheuer atuou de forma agressiva a fim de acabar com Bin Laden, mas era frequentemente prejudicada por uma boa dose de desorganização. Os membros do alto escalão da segurança nacional no governo Bill Clinton acreditavam que o presidente autorizara o assassinato de Bin Laden, enquanto os membros da Agência implementando o plano acreditavam que o objetivo era a captura de Bin Laden, de modo que apenas inadvertidamente ele pudesse ser morto. Em 1999, quando o líder da milícia afegã Ahmad Shah Massoud soube – ao mesmo tempo que enfrentava uma batalha mortal com o Talibã –, que a CIA tinha esperanças de se unir a ele para capturar, mas *não matar* Bin Laden, ele respondeu: "Vocês são loucos. Vocês não mudaram nada".

Os agentes da CIA no Afeganistão avistaram Bin Laden algumas vezes antes do 11 de setembro. O número exato é discutível. O coordenador das ações de antiterrorismo de Clinton, Richard Clarke, diz que foram três vezes, enquanto Scheuer afirma que foram dez ocasiões. Mas não há muita discordância sobre o fato de que a melhor oportunidade de capturar ou matar Bin Laden surgiu em fevereiro de 1999, quando ele foi visto por colaboradores da CIA no Afeganistão, como parte de uma expedição de caça ao redor de Candahar. O grupo caçava abetardas do deserto usando falcões numa área remota, de modo que havia pouco risco de um ataque causar baixas civis – uma consideração que atrapalhou operações anteriores que visavam Bin Laden.

Em 9 de fevereiro de 1999, imagens de satélite confirmaram a existência do acampamento de caça. A equipe de segurança nacional de

Clinton começou a planejar lançar mísseis de cruzeiro sobre o acampamento a partir de submarinos no Mar Arábico, ou encarregar os aliados afegãos da CIA de abduzir o líder da Al-Qaeda. Isto se tornou uma tarefa muito mais complicada quando as imagens também revelaram a presença no acampamento de autoridades dos Emirados Árabes Unidos. Uma investida poderia não atingir Bin Laden e, ainda por cima, acabar matando um grupo de príncipes emirados caçadores de abetardas que, por acaso, também eram aliados dos Estados Unidos. Em 11 de fevereiro, o exército estava pronto para atacar, mas a operação foi cancelada, tanto por Clarke como pelo diretor da CIA, George Tenet, pelo receio de envolver os emirados. Um dia depois, novas informações indicavam que o líder da Al-Qaeda não se encontrava mais no acampamento.

Bin Laden não era um alvo fácil. Sua obsessão com segurança começou de verdade em 1994, quando vivia no Sudão, onde foi alvo de uma grave tentativa de assassinato, na qual sua residência em Cartum foi arrasada por tiros de metralhadora. Após esse ataque, Bin Laden começou a tomar muito mais cuidado com sua segurança, trocando de lugar com frequência e sem aviso, sempre rodeado por sua equipe de guarda-costas leais. Matar Bin Laden com mísseis de cruzeiro era especialmente complicado nos anos anteriores ao 11 de setembro, porque a inteligência sobre a localização de Bin Laden tinha de ser *previsiva*. Uma vez que a decisão de lançar um ataque tivesse sido tomada em Washington, havia o tempo para que os mísseis girassem nos tubos submarinos no Mar Arábico, e depois voassem por várias horas até atingir seus alvos no Afeganistão. Portanto, os agentes precisavam saber não apenas onde Bin Laden estava no momento em que tomassem a decisão, mas também onde ele poderia estar doze horas depois. Obviamente, esse tipo de inteligência perfeita era raras vezes disponível (ou mesmo possível) naqueles anos anteriores aos ataques de 11 de setembro.

Em 1997, quando eu trabalhava como produtor da CNN, fiz parte da equipe de três pessoas que se encontraram com Bin Laden no leste do Afeganistão para gravar sua primeira entrevista para a TV. Testemunhamos os esforços hercúleos dos membros da Al-Qaeda para proteger seu líder. Eu e meus colegas fomos levados ao esconderijo de Bin Laden ao escurecer. Tivemos de trocar de veículos com vendas nos olhos e precisamos passar por três grupos armados com submetralhadoras e granadas movidas a foguete. Fomos totalmente revistados, e os guardas nos fizeram passar por uma espécie de *scanner* corporal para ver se escondíamos armas ou rastreadores. (Na verdade, o *scanner* não estava funcionando, mas os conselheiros de Bin Laden acharam importante ludibriar a equipe da CNN – algo com que devem ter se divertido bastante depois.)

Apesar da ausência de boas pistas nos anos posteriores aos ataques a Nova York e Washington, os caçadores de Bin Laden na CIA continuavam a achar que encontrá-lo era um "quebra-cabeças solucionável", porque gradualmente eles construíram uma teoria de trabalho para o caso, especulando em que tipo de circunstâncias ele estaria vivendo, quem o estaria protegendo e onde ele poderia estar. Algumas destas questões foram resolvidas por meio de um processo de eliminação. Já de início, analistas concluíram que era muito pouco provável que Bin Laden tivesse trocado seu território familliar no Afeganistão e no Paquistão por um lugar como o Iêmen, o país de origem da família Bin Laden. O terrorista era tão reconhecível que a viagem teria sido perigosa demais, e suas redes de apoio mais confiáveis estavam no Sudeste Asiático.

Ao longo dos anos, a CIA também começou a eliminar alguns de seus velhos companheiros dos tempos da Guerra do Afeganistão contra os soviéticos da lista de seus possíveis apoiadores. Os Haqqanis eram uma milícia Talibã que controlava um pedaço do leste do Afeganistão e o Waziristão do Norte, nas regiões tribais do Paquistão. Bin Laden conhecia o patriarca da família, Jalaluddin Haqqani, desde meados dos anos 1980. Mas os agentes de antiterrorismo começaram a achar cada vez menos provável que Bin Laden estivesse vivendo próximo à base dos Haqqanis no Waziristão. As mensagens de Bin Laden pareciam estar indo *para* membros da Al-Qaeda vivendo no Waziristão, não partindo de lá. Um outro caso foi o de Gulbuddin Hekmatyar, líder de um grupo militante afegão que se dividia entre os dois lados da fronteira afegã-paquistanesa. Hekmatyar aliou-se à Al-Qaeda no final dos anos 1980, mas ele trocou de lado tantas vezes durante a série de guerras que destruiu o Afeganistão nas décadas anteriores, que os agentes americanos o avaliaram como "não confiável", alguém em quem o precavido Bin Laden jamais confiaria sua vida.

Quando fugiu do Sudão em 1996, Bin Laden foi recebido de volta ao Afeganistão por alguns contatos antigos da era da guerra soviética, membros da milícia familiar Khalis, no leste do Afeganistão. Porém, não parecia haver qualquer evidência de que ele tivesse mantido tais conexões após o 11 de setembro. A CIA também descartou a hipótese de que ele pudesse estar com o líder Talibã mulá Omar, que também estava foragido e vivendo na cidade paquistanesa de Quetta ou em seus arredores, segundo se acreditava. Os caçadores de Bin Laden examinaram minuciosamente as fitas de áudio e vídeo que Bin Laden liberava ocasionalmente para obter pistas de sua saúde, seu estado mental e sua possível localização. Em 29 de outubro de 2004, Bin Laden apareceu em seu primeiro comunicado em vídeo depois de três anos. Na gravação, ele parecia totalmente recuperado de sua experiência de quase morte na Batalha de Tora Bora, entregando sua "Mensagem ao Povo Americano" vestido com uma túnica bege e dourada. Ele parecia até estar lendo o texto em algum tipo de *teleprompter*. Dirigindo-se aos eleitores americanos cinco dias antes da apertada disputa entre o presidente Bush e o oponente democrata John Kerry, Bin Laden disse que não importava quem os americanos fossem escolher – o eleito deveria mudar a política externa americana para o mundo muçulmano, se quisesse evitar outros ataques da Al-Qaeda.

Esta pose de líder respeitável da *jihad* era problemática para o presidente e sua equipe de segurança nacional, recorda a assessora-chefe de antiterrorismo no governo Bush, Fran Townsend, uma enérgica ex-promotora federal de Nova York, cujas roupas de estilistas de vanguarda e sapatos Louboutin se destacavam em meio ao mar de flanela cinza comum na Casa Branca. "Ainda consigo ver a imagem de Bin Laden na tela, parecendo um estadista para todo mundo ouvir. Ele estava de pé em um palanque. Era enlouquecedor vê-lo se apresentar como se fosse algum chefe de Estado ou representante legítimo de uma ideologia", Townsend comentou.

Infelizmente, os vídeos nunca forneceram muita informação sobre a localização de Bin Laden. Nas mais de trinta gravações divulgadas por Bin Laden após o 11 de setembro, não se ouviu ninguém sussurrando ao fundo algo útil como: "poxa, faz mesmo calor aqui no Waziristão". Scheuer relembra os esforços da equipe encarregada de localizar o terrorista: "Quando havia vídeos, a maior prioridade era o fundo. Elas não estavam nem aí com o que ele estava falando. Se ele caminhasse, elas convocavam geólogos para saber se as rochas eram características de alguma região do Afeganistão". Quando se ouviu um pássaro cantar em um dos vídeos, um ornitólogo alemão foi chamado para analisar o canto.

Se houvesse plantas à vista, também eram analisadas para saber se eram específicas de algum lugar. Nenhum desses esforços trabalho forense nas fitas obteve resultado útil.

No Pentágono, os agentes também estavam frustrados. No segundo aniversário do 11 de setembro, a Al-Qaeda publicou uma declaração celebrando os ataques, bem como imagens de um emaciado Bin Laden, caminhando por uma íngreme região montanhosa com o auxílio de um cajado de madeira. Os analistas acharam que a área parecia similar à província de Kunar, no nordeste do Afeganistão, mas as análises da vegetação observada no vídeo foram inconclusivas.

Assim como na CIA, os agentes de inteligência do Pentágono também precisavam perseguir qualquer pista de Bin Laden, não importava o quão implausível fosse. Um deles lembra o seguinte: "Toda vez que chegavam notícias de que ele estava na Tailândia ou em algum outro lugar, tínhamos que literalmente atualizar um projetinho especial que chamávamos de 'Onde Está Wally?', um estudo completo, ao redor do mundo, de todas as menções insanas e bizarras a um homem alto, com barba e cara de árabe.

No entanto, os vários vídeos feitos por Bin Laden enquanto foragido produziram algumas pistas sobre suas possíveis condições de vida. Em 2004, ele citou uma passagem do filme *Fahrenheit 11 de setembro*, do cineasta americano Michael Moore. Três anos mais tarde, recomendou as obras do intelectual esquerdista Noam Chomsky. O fato de Bin Laden estar lendo livros e assistindo a DVDs tendia a excluir a hipótese de que ele estivesse preso em alguma caverna remota. Em suas aparições em vídeo, suas roupas estavam sempre bem passadas e as produções eram bem-iluminadas. Sude, que geralmente era encarregada de redigir as análises desses vídeos, relembra os debates que eles geravam na Agência. "Não achávamos necessariamente que alguém estivesse em uma caverna. Mas estávamos sempre discutindo: 'eles estavam com uma cortina erguida? Estariam cobrindo a parede da caverna?'."

Os agentes começaram a estudar caçadas humanas bem-sucedidas para tentar aprender algo com outras experiências. Eles examinaram como os israelenses conseguiram localizar, depois de tantos anos, Adolf Eichmann, que ajudou a mandar milhões de judeus para a morte em campos de concentração durante a Segunda Guerra Mundial. Após a guerra, Eichmann fugiu da Alemanha para a Argentina. Ele e sua família viveram com certo conforto em Buenos Aires, sob outro nome, por uma década e meia. Foi o filho de Eichmann que entregou o jogo ao se vangloriar para o pai de uma namorada sobre o passado nazista do próprio pai. O pai da namorada, que era meio judeu, entrou em contato com um juiz na Alemanha que havia levado ex-nazistas a julgamento. O Mossad, o serviço de inteligência de Israel, ficou sabendo disso de algum jeito e enviou agentes a Buenos Aires, que sequestraram Eichmann e o colocaram em um voo para Israel, onde ele viria a ser julgado. A lição para os caçadores da CIA é que membros da família poderiam fornecer pistas importantes sobre a localização de um alvo inadvertidamente.

Outra caçada examinada pela CIA foi a operação que encontrou Pablo Escobar, o brutal chefe do tráfico colombiano que dominou o lucrativo comércio de cocaína nos Estados Unidos durante os anos 1980, assassinando e sequestrando muitos dos políticos e jornalistas mais importantes da Colômbia. Ao contrário do que ocorria no caso de Bin Laden, sabia-se que Escobar vivia em um local específico: sua cidade natal de Medellín, em cujas favelas extensas o gorducho chefão das drogas – que gostava de sexo com garotas adolescentes e de torturar os inimigos até a morte –, era uma espécie de herói popular.

Mas mesmo que as unidades de elite da polícia colombiana, que trabalhavam junto aos agentes da CIA e às Forças de Operações Especiais americanas, soubessem que Escobar estava escondido em algum lugar em Medellin, ainda levaram dois anos para localizá-lo. Ainda assim, somente com muita ajuda dos rivais de Escobar, o cartel de Cali. Escobar se deslocava pela cidade em táxis sem identificação e quando conversava com seus associados por rádio, trocava as frequências constantemente, o que tornava difícil apontar sua localização. O que finalmente o denunciou foi seu amor pelo filho. Escobar tinha o cuidado de falar apenas brevemente ao telefone, conhecendo a capacidade dos americanos em inteligência de sinais. Um dia, porém, acabou conversando por vários minutos com seu filho de dezesseis anos, Juan Pablo, e isso foi tempo suficiente para que a tecnologia rastreadora, fornecida pela CIA à polícia colombiana, localizasse a rua em que ele estava. A polícia invadiu o esconderijo de Escobar e o matou a tiros.

As duas lições da derrubada de Escobar foram: "o amor pela família pode acabar com você", e "nunca fale ao telefone". Mas, como observou o general Mike Hayden, chefe da CIA durante a maior parte do segundo mandato de George W. Bush: "Você pode jogar todos os seus telefones fora, mas você fica menos veloz, menos ágil. Então, descobrimos que eles acabam não abandonando seus telefones. Eles tentam ser cautelosos, mas não os jogam fora". O problema era que Bin Laden não usava telefone nem mesmo antes do 11 de setembro. De acordo com o seu assessor de comunicações saudita baseado em Londres, Khaled al-Fawwaz, Bin Laden começou a evitar qualquer tipo de comunicação eletrônica já em 1997, sabendo que elas poderiam ser interceptadas. Além disso, os líderes da Al-Qaeda acompanharam de perto, em abril de 1996, o assassinato de Dzhokhar Dudayev, o primeiro-ministro checheno, morto por um míssil russo que seguiu o sinal emitido pelo seu telefone celular. Na época, a Chechênia era um foco importante dos esforços da Al-Qaeda para fomentar uma *jihad* global.

Mais perto de casa, os agentes de antiterrorismo se voltaram para o caso de Eric Rudolph, que deixou uma bomba num parque no centro de Atlanta lotado de turistas vindos para as Olimpíadas de 1996. A bomba de pregos matou uma mulher. Em seguida, Rudolph saiu atirando bombas incendiárias em clínicas de aborto e boates gays. Logo ele se tornou o alvo de uma das caçadas mais intensas da história do FBI, mas durante anos ele enganou seus perseguidores, escondendo-se na mata e nas montanhas da Carolina do Norte, perto de onde crescera. Cinco anos se passaram, e a trilha de Rudolph havia esfriado. O fugitivo começou a se arriscar mais, descendo de seus esconderijos nas Appalachianas para buscar comida em lugares como a lanchonete Taco Bell. Certo dia, um policial novato viu alguém procurando comida no lixo atrás de uma mercearia Piggly Wiggly e o prendeu. Um colega delegado achou que o suspeito se parecia com Rudolph, então tiraram suas digitais e perceberam ter capturado o homem certo. A lição aqui era que, com o tempo, os fugitivos acabam se sentindo confortáveis, alguns deles começam a correr mais riscos, e então os perseguidores podem ter um momento de sorte. Mas confiar em um momento de sorte não era uma estratégia válida no caso de Bin Laden.

A caçada com características mais parecidas com a de "UBL", como Bin Laden era universalmente conhecido no governo dos EUA, era a que parecia mais familiar à CIA. Começou com o assassinato de dois funcionários da Agência, que entravam de carro pelo portão principal da sede da CIA na Virgínia, na manhã de 25 de janeiro de 1993. Mir Aimal

Kansi, um paquistanês de uma família proeminente de Quetta, uma cidade próxima à fronteira afegã, disparou sua AK-47 em Lansing Bennett, de 66 anos, e Frank Darling, de 28, enquanto caminhava calmamente entre os carros parados na hora do *rush*, aguardando pelo portão da CIA. Ninguém o perseguiu, e no dia seguinte, o atirador estava em um voo de volta para o Paquistão.

Foram necessários mais de quatro anos para encontrar Kansi, que, depois dos assassinatos, foi celebrado nas regiões fronteiriças do Afeganistão e Paquistão, onde ele se escondeu antes de ser capturado. O homem que o encontrou foi o agente especial do FBI Brad Garrett, um ex-fuzileiro naval que costumava se vestir de preto da cabeça aos pés, acompanhado de óculos escuros pretos. O agente de fala mansa, um típico *workaholic* que chegava em casa em Washington às onze da noite e estava de volta à academia às seis da manhã, tinha um longo histórico de fugitivos capturados, além de um PhD em criminologia. Ele era exatamente o tipo de pessoa que você não iria querer na sua cola.

Garrett passou quatro anos perseguindo o arisco Kansi pela região da fronteira afegã-paquistanesa antes de o fugitivo cometer um erro grave: deixar a relativa segurança do Afeganistão, controlado pelo Talibã, e viajar para o centro do Paquistão. De um país onde, na época, praticamente não havia presença americana, ele adentrou um onde Garrett havia criado uma boa rede de contatos ao longo dos anos, muitos deles informantes da Administração de Combate às Drogas dos EUA, que atuava no Paquistão por causa do destaque do país no comércio de heroína. Garrett acabou encontrando algumas fontes tribais que estavam se encontrando com Kansi. Motivadas em parte pela recompensa considerável (2 milhões de dólares) a qualquer um que estivesse disposto a entregá-lo, as fontes deram a Garrett um copo utilizado por Kansi, e os técnicos do FBI conseguiram isolar uma impressão digital, que correspondia com as digitais de Kansi. Bingo! Garrett finalmente localizou o fugitivo na cidade de Dera Ghazi Khan, no centro do Paquistão, onde ele estava hospedado num hotel de dois dólares a noite, e o prendeu ali mesmo no meio de uma quente noite de junho de 1997.

Dois anos se passaram após o 11 de setembro, e ninguém se deu ao trabalho de conversar com Garret sobre seu papel na prisão de Kansi. Finalmente em 2003 ele recebeu um telefonema da CIA, pedindo que fosse até Langley para fazer um resumo da caça a Kansi aos agentes. O principal conselho de Garrett foi curto e grosso: não se pode confiar nos paquistaneses. "Toda vez que conversávamos com os paquistaneses, a informação vazava imediatamente", contou ele. "Lembro de uma conversa que tivemos com eles. No dia seguinte, o jornal *Dawn* já falava sobre os agentes que tinham conversado com tal sujeito, e qual voo eles tomariam para ir a Lohora no dia seguinte entrevistar outra pessoa." Garrett disse que trabalhar com os paquistaneses era aceitável apenas nos casos em que eles providenciavam a força física para efetuar uma prisão. Mas, de outro modo, perseguir os líderes da Al-Qaeda teria de ser uma operação americana unilateral. E ele enfatizou que a considerável recompensa em dinheiro realmente ajudou no caso Kansi.

Após terem vasculhado todos os dados que dispunham sobre o paradeiro de Bin Laden, e examinado as lições das outras caçadas, os agentes tiveram a seguinte certeza: não havia muito o que ser mantido. Trabalhar com oficiais paquistaneses em uma derrubada de Bin Laden poderia implodir toda a operação, então isso eliminou uma grande fonte potencial de apoio. Não havia inteligência de sinais, ou SIGINT, dos telefones de Bin Laden, o que inutilizava os vastos recursos técnicos de espionagem americana. E não havia inteligência humana, ou HUMINT, das fontes dentro e em torno da Al-Qaeda. Finalmente, grandes recompensas em dinheiro por informações que levassem a Bin Laden eram anunciadas desde antes do 11 de setembro, mas nunca ninguém as aceitou. Os membros da Al-Qaeda acreditavam que Bin Laden seria o salvador do verdadeiro Islã, e não o denunciariam por um prêmio em dinheiro, não importava o quão vultoso ele fosse.

Em 2005, a CIA percebeu que não haveria uma informação mágica, que os levaria diretamente a Bin Laden. E não haveria um "prisioneiro mágico" – algum membro Al-Qaeda capturado que fornecesse a pista decisiva. Enquanto isso, a organização terrorista operava impunemente nas regiões tribais do Paquistão e treinava ocidentais em números expressivos para grandes ataques com vítimas nos países-alvo. Também estava desenvolvendo "nódulos" no Iraque, Iêmen, Somália, África do Norte e Líbano, que poderiam agir com autonomia. E a Agência chegou à conclusão de que, embora pudesse capturar ou matar quaisquer "gerentes de nível médio" da Al-Qaeda, as peças principais da operação continuavam sendo Bin Laden e, em um grau menor, seu segundo em comando, Ayman al-Zawahiri.

UMA TEORIA DE TRABALHO PARA O CASO

Com Bin Laden desaparecido e a Al-Qaeda ressurgindo, o moral no Centro Antiterrorismo da CIA estava baixo. Além disso, um novo Centro de Antiterrorismo Nacional, comandado pelo congresso, estava sendo criado para fornecer análises estratégicas das ameaças de terrorismo, o que acabou desviando muitos analistas talentosos da CIA. Em 2005, a unidade dedicada a Bin Laden da CIA foi fechada e seus analistas e agentes realocados. Isto não significava que a CIA houvesse subitamente decidido que Bin Laden não tinha mais importância, mas que o foco único em um homem não refletia mais as mudanças na Al-Qaeda desde a criação da unidade Bin Laden, em dezembro de 1995. Philip Mudd, na época um alto funcionário de antiterrorismo da CIA, recorda: "Era um reflexo do que estava acontecendo na guerra, que era uma globalização do 'Al-Qaedismo'. Eu me lembro de sentir que estávamos enfrentando não apenas Bin Laden e o núcleo da Al-Qaeda, mas um problema maior de *jihad* global". Nesta época, Mudd escreveu um memorando influente, que explicava como a Al-Qaeda, a organização centralizada, estava se transformando no *movimento* Al-Qaeda, espalhando-se por países como o Iraque e penetrando o norte da África.

Mudd, formado em literatura inglesa e esguio como um corredor ávido, foi o número dois do Centro Antiterrorismo da CIA entre 2003 e 2005. Ele lembra que Bin Laden e Zawahiri não eram o centro das discussões na época. "Se você se sentasse à mesa, tanto no Centro como nas reuniões com o diretor Tenet, você não ouviria o nome de Bin Laden ou Zawahiri com muita frequência. Você ouviria a respeito dos caras operacionais. E havia uma razão estratégica para isso. As pessoas na Al-Qaeda não falavam sobre planos e Bin Laden. Elas falavam sobre KSM, ou sobre Abu Faraj al-Libi." Mudd e sua equipe estavam tentando deter o próximo ataque aos Estados Unidos. Para isso, estavam se concentrando em quem quer que fosse o "número três da Al-Qaeda" no momento, porque seria essa pessoa quem estaria tentando coordenar o próximo ataque ao país, e não Bin Laden, que eles acreditavam ser mais uma espécie de líder moral.

Em 2005, uma analista chamada Rebecca (pseudônimo), que havia trabalhado no caso Bin Laden durante anos, escreveu um relatório importante chamado "Avanços", que ajudaria a guiar a caçada nos anos seguintes. "Dada a ausência de pistas reais sobre Bin Laden, como encontrá-lo plausivelmente?", ela perguntava no documento. Rebecca então propôs quatro "pilares" sobre os quais a busca deveria ser fundamentada.

O primeiro pilar seria localizar o líder da Al-Qaeda por meio de sua rede de mensageiros. O segundo seria localizá-lo por meio de membros da família, tanto os que pudessem estar com ele como que tentassem entrar em contato com ele. O terceiro seria a comunicação que ele pudesse estabelecer com o que a Agência chamava de AQSL (sigla em inglês para Alto Comando da Al-Qaeda). O último pilar seria rastrear os contatos ocasionais de Bin Laden com a mídia. Estes quatro pilares se tornaram o "filtro" que os analistas da CIA usariam para avaliar todos os dados reunidos sobre a Al-Qaeda que pudessem ser relevantes para a caça a Bin Laden, e que também ajudariam a informar a coleta de novas informações.

A forma mais óbvia de encontrar Bin Laden era pela entrega de suas declarações à mídia, que frequentemente chegavam primeiro à Al Jazeera. O problema com essa estratégia, de acordo com um alto funcionário da inteligência americana, é que a Al-Qaeda não usava o "moleque do Zawahiri" para entregar as gravações, mas sim uma série de intermediários, isto é, vários mensageiros em corrente, cada um deles entrando em contato apenas com a pessoa que lhe entregou o material e o próximo destinatário. E algumas gravações foram simplesmente mandadas pelo correio, para a sede da Al Jazeera em Doha, capital do Qatar.

Ao longo dos anos, os agentes antiterroristas começaram a ter uma melhor compreensão do modo como Bin Laden estaria vivendo, chegando, em 2006, a algumas "conclusões sólidas" sobre seus arranjos domésticos. Nessa época, eles já haviam descartado a noção amplamente disseminada de que ele estaria vivendo em uma caverna. Eles também concluíram que ele deslocava-se pouco, ou nada, e que ele não vinha encontrando ninguém pessoalmente nos anos posteriores ao 11 de setembro, porque nenhum dos membros da Al-Qaeda em custódia parecia ter encontrado Bin Laden, e nem descrevia o encontro dele com outros – embora alguns dos detidos houvessem afirmado ter recebido comunicação de seu líder por meio de mensageiros, uma informação crucial. Assim, quando apareciam as recorrentes notícias de "aparições Elvis" de Bin Laden – um suposto discurso para centenas de entusiastas na fronteira afegã-paquistanesa, por exemplo –, ficava cada vez mais fácil para a CIA descartá-las.

Os agentes também concluíram que Bin Laden não estava fazendo "novos amigos" enquanto foragido, e quem o estivesse protegendo provavelmente fazia parte de seu círculo íntimo muito antes de 11 de setembro. Muitos de seus guarda-costas mais fiéis – um grupo de trinta guardas, conhecidos pelos interrogadores americanos como "os trinta sujos" – tinham sido capturados no Paquistão imediatamente após a Batalha de Tora Bora. Portanto, o círculo de confiança de Bin Laden tornara-se menor a partir daquele ponto. Analistas também concluíram que, enquanto estivesse foragido, Bin Laden não teria muitos guardas, para evitar deixar "pegadas muito grandes".

Para desenvolver uma imagem mais completa do homem e de seus hábitos, os analistas da CIA exploraram livros sobre o líder da Al-Qaeda, como *The Osama bin Laden I Know: An Oral History* (2006), de minha autoria; *Os Bin Ladens* (2008), de Steve Coll, a biografia definitiva da família do terrorista; e o livro de memórias *Growing Up Bin Laden* (2009), escrito por sua primeira esposa, Najwa, e seu filho Omar. Os analistas observaram como o líder terrorista era devotado às esposas e aos filhos, e concluíram que eles poderiam estar vivendo com ele. Nesse caso, ele teria provavelmente se estabelecido em um complexo de tamanho considerável, para acomodar áreas separadas para cada uma das esposas e crianças, reproduzindo sua estrutura doméstica no Sudão e no Afeganistão.

Com o tempo, os agentes antiterroristas começaram a achar cada vez menos plausível que Bin Laden estivesse escondido nas regiões tribais do Paquistão, onde a CIA havia posicionado mais agentes desde o verão de 2006. Assim, recrutaram um grande número de agentes locais. Esses agentes nunca obtiveram qualquer inteligência que indicasse que Bin Laden estivesse vivendo nas áreas tribais.

Em *Growing Up Bin Laden,* Omar Bin Laden conta que, após a Al-Qaeda ter explodido as embaixadas americanas no Quênia e na Tanzânia em 1998, seu pai viajou a Cabul para se esconder da retaliação americana. Ele dizia também que Bin Laden tinha esconderijos em todas as principais cidades do Afeganistão. Isto ajudou a confirmar a visão da CIA de que Bin Laden estivesse provavelmente escondido em uma cidade. Depois, havia o fato de que, entre 2002 e 2005, todos os principais líderes e aliados da Al-Qaeda capturados tinham sido encontrados em cidades paquistanesas. Em 2009, os caçadores de Bin Laden estavam ainda mais certos de que ele estava vivendo em algum tipo de ambiente urbano. Em um voo de Islamabad para Washington, em maio de 2010, o chefe de estação da CIA no Paquistão conversava com um grupo de agentes de segurança nacional de Obama. Um deles perguntou: "Onde está Osama bin Laden? Todo mundo acha que ele está se escondendo em Karachi, no meio de alguma favela". O chefe da estação respondeu: "Não, ele está provavelmente na periferia de Islamabad, em um dos subúrbios. A menos de 100 quilômetros do centro". Este foi um palpite inspirado, já que ainda levaria três meses para a CIA localizar o mensageiro de Bin Laden em Abbottabad, a 56 quilômetros ao norte de Islamabad.

Obviamente, sempre havia uma leve esperança da CIA de que eles tivessem um golpe de sorte. "Sempre esperamos encontrar uma pessoa que dissesse "passei pelo mesmo conjunto residencial todo dia durante sete anos, e hoje uma porta se abriu e avistei Osama bin Laden", lembra um agente antiterrorista. Esse golpe de sorte nunca aconteceu. A CIA também nunca conseguiu colocar um espião na Al-Qaeda que pudesse contar a eles onde estava Bin Laden. No nível mais alto do grupo terrorista, as informações eram altamente compartimentadas e os líderes praticavam uma boa segurança operacional. Portanto, colocar um espião entre os líderes era simplesmente impossível. Robert Dannenberg, um veterano da CIA da Guerra Fria que liderou operações de antiterrorismo após o 11 de setembro, explica que o fanatismo religioso dos membros da Al-Qaeda os tornava difíceis de recrutar como espiões. "Era muito mais fácil convencer um soviético de que nosso modo de vida era melhor. Podíamos levá-lo ao Kmart ou ao Wal-Mart nos Estados Unidos, porque eles eram guiados por muitas das mesmas coisas que nós: sucesso e zelo pela família. Quando você lida com um homem que tem pontos de vista religiosos ou extremistas, é totalmente diferente."

Por sua vez, foi a montagem cumulativa e minuciosa das informações obtidas em muitos interrogatórios de detidos e milhares de documentos da Al-Qaeda recuperados após uma batalha ou uma prisão, bem como a procura por fontes independentes, que ajudou a montar um quadro de quem eram os apoiadores de Bin Laden, as circunstâncias em que ele poderia estar vivendo (e com quem).

No fim das contas, a Agência se ateve aos quatro "pilares" da caçada: a rede de mensageiros de Bin Laden, sua família, sua comunicação com os outros líderes do grupo, e suas declarações à mídia. Três dos pilares não resultaram em nada. Sua família não se comunicava com ele; quaisquer mensagens que ele pudesse trocar com outros líderes eram extraordinariamente "compartimentadas", tornando impossível ligá-las a Bin Laden; e suas declarações à mídia, com o tempo, não forneceram nenhuma pista útil. Restava a rede de mensageiros. Os analistas de inteligência criaram um perfil do mensageiro ideal: ele deveria ser capaz de viajar pelo Paquistão sem chamar a atenção, teria de falar árabe para se comunicar eficientemente com os líderes árabes da Al-Qaeda, e deveria contar com a confiança de Bin Laden desde antes dos ataques de 11 de setembro. Abu Ahmed al-Kuwaiti, o homem conhecido como "O Kuaitiano", certamente preenchia todos os requisitos: sua família era originária do norte do Paquistão, ele crescera no Kuait, e a agência acreditava que ele se unira à Al-Qaeda por volta de 1999. Mas embora o Kuaitiano fosse visto como uma peça importante da Al-Qaeda, um agente de contraterrrorismo que passou anos rastreando Bin Laden lembra que, por um longo tempo: "ninguém nunca imaginou: é ele".

CAPÍTULO 6   FECHANDO O CERCO AO MENSAGEIRO

O longo caminho até o mensageiro de Bin Laden começou com Mohammed al-Qahtani, o homem que a Al-Qaeda estava preparando para tornar o vigésimo sequestrador de aviões dos ataques de 11 de setembro. Qahtani era um vagabundo pouco instruído de Kharj, uma região rural no coração extremamente conservador da Arábia Saudita, cuja educação consistia principalmente em estudos do Corão, o que fazia com que ele, mesmo adulto, acreditasse que o Sol girava em torno da Terra. No final dos anos 1990, Qahtani abandonou o colégio agrícola e se mudou para os Emirados Árabes Unidos, onde teve uma série de subempregos por alguns anos. De volta para casa, foi motorista de ambulância por algum tempo, e depois conseguiu um emprego como operário em uma companhia elétrica.

Em 2000, o saudita de 25 anos de idade passou por um intenso despertar religioso, que lhe deu um novo propósito na vida. Ele largou seu emprego sem futuro na companhia elétrica local para viajar para o Afeganistão e viver uma vida mais edificante, lutando ao lado do Talibã contra seus inimigos da Aliança do Norte – a última força que separava o Talibã da vitória total no Afeganistão.

No Afeganistão, no início de 2001, Qahtani treinou com a habitual variedade de armamentos disponíveis num campo da Al-Qaeda e logo conheceu Bin Laden, que na época estava profundamente envolvido no

FECHANDO O CERCO AO MENSAGEIRO

planejamento dos ataques a Washington e Nova York. Bin Laden disse ao jovem saudita que se ele quisesse servir ao Islã, deveria consultar Khalid Sheikh Mohammed (KSM), comandante operacional dos ataques iminentes aos Estados Unidos. No final de junho de 2001, Qahtani se encontrou novamente com Bin Laden e lhe disse que "estava preparado para uma missão nos Estados Unidos". KSM então instruiu Qahtani a retornar à Arábia Saudita para tirar um passaporte novo e "limpo", sem carimbos que denunciassem entradas no Afeganistão e Paquistão, e também para obter um visto para os Estados Unidos, que, como cidadão saudita, Qahtani conseguiria sem as dificuldades que cidadãos de outros países árabes mais pobres como Iêmen rotineiramente encontravam. KSM deu a ele cerca de cinco mil dólares. Qahtani então voltou para a Arábia Saudita, onde tirou seu novo passaporte e o visto para os Estados Unidos, e de lá ele viajou para Orlando, Flórida, chegando em 4 de agosto de 2001.

Mohammed Atta, o principal sequestrador do 11 de setembro, esperava por ele no estacionamento do aeroporto de Orlando. Atta planejava incluir Qahtani no plano de 11 de setembro como um dos sequestradores "fortes" que ajudariam a imobilizar os passageiros e as tripulações. Mas um agente atento da imigração americana achou suspeito o fato de Qahtani não falar inglês, além de estar viajando com uma passagem só de ida. Com o auxílio de um intérprete, o oficial de imigração pediu a Qahtani detalhes de sua estadia nos Estados Unidos, até que o recruta da Al-Qaeda começou a ficar cada vez mais arisco e bravo. Quando soube que sua entrada nos Estados Unidos tinha sido recusada, Qahtani ameaçou: "Eu voltarei".

Qahtani voltou para o Afeganistão. Após o 11 de setembro ele se envolveu na retirada apressada da Al-Qaeda para Tora Bora no final do outono de 2001. Logo após Bin Laden desaparecer de Tora Bora, Qahtani e um grupo de guarda-costas do líder da Al-Qaeda recuaram pela fronteira até o Paquistão, onde foram presos em 15 de dezembro, e entregues à custódia americana.

Qahtani foi mandado para Guantánamo, onde primeiro disse a seus captores que tinha ido ao Afeganistão por causa de sua paixão pela falcoaria, uma história de fachada bastante usada pela Al-Qaeda. Mas, em julho de 2002, investigadores descobriram que as digitais de Qahtani correspondiam com as do irritado jovem saudita que havia sido deportado de Orlando no ano anterior. Isso impulsionou um regime de interrogatórios muito mais intenso para Qahtani, que foi se tornando cada vez menos cooperativo, chegando a dar uma cabeçada em um de seus interrogadores.

Entre 23 de novembro de 2002 e 11 de janeiro de 2003, Qahtani foi interrogado por 48 dias praticamente contínuos, sendo arrancado da cama às quatro da manhã para sessões de interrogatório que iam até a meia-noite. Se ele cochilasse, jogavam-lhe água no rosto ou punham para tocar bem alto alguma música especialmente irritante da cantora Christina Aguilera. Ele foi forçado a fazer truques de cachorro, era frequentemente exposto a baixas temperaturas e mantido nu. Quando parecia fraquejar, submetiam-no a aplicações de drogas e enemas para que os interrogatórios pudessem continuar.

Este tratamento abusivo provocou mudanças evidentes no comportamento de Qahtani. Um agente do FBI passou a observar que ele começou a "evidenciar comportamento consistente com trauma psicológico severo (falar com pessoas que não existem, dizer ouvir vozes, ficar agachado em uma cela coberto por um lençol por horas a fio)". Basicamente, o tratamento de Qahtani tratava-se de tortura, de acordo com Susan Crawford, uma ex-juíza federal designada pelo governo Bush para fiscalizar as comissões militares de Guantánamo. Crawford determinou que os efeitos cumulativos em Qahtani de isolamento contínuo, privação de sono, nudez e exposição prolongada ao frio correspondiam à definição legal de tortura. Como resultado, Crawford decidiu que Qahtani não poderia ser indiciado em nenhuma das acusações contra ele.

A partir dos resumos secretos dos interrogatórios de Qahtani em Guantánamo, divulgados pelo WikiLeaks, parece que somente após semanas de abuso ele contou aos interrogadores que KSM apresentara-lhe um homem conhecido como Abu Ahmed al-Kuwaiti, que o instruíra sobre o melhor modo de se comunicar secretamente com os membros da Al-Qaeda quando ele estivesse nos Estados Unidos. Em julho de 2001, o Kuaitiano o levou a uma lan house na agitada cidade paquistanesa de Karachi, e lhe deu um pequeno curso de comunicações secretas, provavelmente ensinando-lhe o método *"dead drop"* de comunicação segura por e-mail, muito usado pela Al-Qaeda na época, no qual dois dos membros do grupo abriam uma conta de email, da qual ambos tinham a senha, e escreviam rascunhos de e-mails que nunca chegavam a ser enviados pela internet, mas que ambos ainda conseguiam acessar na pasta de rascunhos.

O relato de Qahtani sobre aquela aula de segurança operacional foi a primeira evidência que os agentes americanos tiveram do papel do Kuaitiano na Al-Qaeda e de sua relação com KSM. Não está claro se Qahtani cedeu essa informação por ter sido interrogado coercivamente ou porque os interrogadores lhe contaram que KSM, que havia sido capturado no Paquistão em 1º de março de 2003, estava sob custódia americana. Sabendo disso, Qahtani talvez tenha pensado que seria permissível divulgar informações relacionadas ao círculo de confiança de KSM. De qualquer forma, Qahtani identificou o Kuaitiano somente após ter sido submetido a uma dose considerável de tratamento abusivo nas mãos de seus captores.

Os interrogadores americanos agora sabiam que o Kuaitiano havia ajudado a treinar possíveis sequestradores para a missão de 11 de setembro, mas ainda não havia o entendimento de que ele poderia ser o principal mensageiro de Bin Laden. E Abu Ahmed al-Kuwaiti era apenas um entre centenas de nomes e pseudônimos de membros e aliados da Al-Qaeda descobertos pelos interrogadores entre 2002 e 2003, a partir dos detentos em Guantánamo e nas prisões secretas da CIA no Leste Europeu, e de documentos recuperados no Afeganistão após a queda do Talibã.

Quando KSM foi preso, a CIA acreditava que sua captura levaria em breve ao próprio Bin Laden. Michael Scheuer, que comandou a unidade dedicada a Bin Laden na CIA desde sua criação em dezembro de 1995, estava menos otimista que a maioria. Ele sabia que Bin Laden tinha um senso de segurança muito melhor que o de KSM e alguns dos outros líderes da Al-Qaeda capturados nos anos imediatamente posteriores ao 11 de setembro. "Aqueles caras eram aventureiros, eram a primeira geração, não pensavam estar na mira de ninguém", diz Scheuer. Na verdade, as cartas e fotos encontradas com KSM não forneceram qualquer pista sobre o paradeiro de Bin Laden.

KSM foi detido primeiro pelos paquistaneses, que conseguiram obter dele algumas informações valiosas que a CIA aparentemente deixou passar batido, ou que talvez não tenham sido repassadas. Um dia após sua captura, KSM contou a seus interrogadores que Bin Laden poderia estar na província de Kunar, no Afeganistão. Ele disse também que a última carta que recebera de Bin Laden tinha chegado por um mensageiro, e que seu líder havia escapado de Tora Bora com o auxílio de Ahmed al-Kuwaiti e um homem chamado Amin ul-Haq. Estas informações eram precisas. Não ficou claro como elas foram obtidas, mas os interrogadores paquistaneses eram conhecidos por usar métodos duros quando necessário.

A custódia de KSM foi então transferida para os Estados Unidos. Apesar de ter sido submetido a afogamento simulado 183 vezes e de chegar a ser mantido acordado por até sete dias e meio, acorrentado, de fraldas, numa prisão secreta da CIA no norte da Polônia, KSM não confessou o papel-chave do Kuaitiano na Al-Qaeda. Somente no final de 2003, ele viria dizer aos investigadores que o Kuaitiano estava "aposentado" agora. Mas as esperanças de que KSM pudesse fornecer a Pedra de Rosetta para a Al-Qaeda eram tão altas que Frederica, uma analista sênior da CIA, viajou da sede da Agência no Estado da Virgínia até a Polônia, só para observar KSM ser sufocado com água.

A afirmação de KSM de que o Kuaitiano estava aposentado era curiosa, já que não havia muitos membros da Al-Qaeda que houvessem se aposentado. De fato, as informações que KSM fornecera a seus interrogadores americanos alguns meses antes levaram à prisão, na Tailândia, de um homem conhecido como Hambali, líder da perigosa afiliada da Al-Qaeda no Sudeste Asiático, a Jemaah Islamiya. Quando Hambali foi interrogado pelos agentes da CIA, ele disse que quando fugiu do Afeganistão, após a queda do Talibã, ficou em um esconderijo da Al-Qaeda em Karachi, que era controlado pelo... Kuaitiano.

Logo após KSM contar a seus interrogadores que o Kuaitiano estava aposentado, um mensageiro da Al-Qaeda, chamado Hassan Ghul, contou uma história bem diferente aos interrogadores da CIA. Ghul, paquistanês, foi preso em meados de janeiro de 2004 no norte do Iraque, portando uma carta do líder da Al-Qaeda naquele país endereçada a Bin Laden, pedindo permissão para declarar guerra total contra a população xiita do Iraque. Ghul obviamente tinha acesso ao círculo interno da Al-Qaeda no Paquistão, e então foi levado a uma prisão secreta da CIA no Leste Europeu, onde foi submetido a diversas técnicas de interrogação coercivas, incluindo ser estapeado, atirado contra a parede, forçado a manter posições estressantes e privado do sono. Os interrogadores de Ghul também solicitaram permissão para usar nudez, banhos de água e manipulação dietética, mas não está claro se essas técnicas foram realmente empregadas em Ghul.

Em um determinado momento, Ghul contou aos interrogadores que o Kuaitiano era o mensageiro de Bin Laden, e viajava frequentemente com o líder da Al-Qaeda. Também disse que o Kuaitiano gozava da confiança de KSM e de Abu Faraj al-Libi, o sucessor de KSM no comando operacional da organização. Libi havia sido o cérebro por trás de duas tentativas sérias, mas fracassadas, de assassinar o presidente paquistanês Pervez Musharraf, em dezembro de 2003, e assim se tornou o alvo de grande interesse por parte dos serviços de segurança do Paquistão. Libi era bem reconhecível por causa de uma doença de pele que desfigurava seu rosto com manchas brancas, assinalando falta de melanina. Como resultado, Libi foi o número três na Al-Qaeda por apenas alguns anos, antes de ser preso no Paquistão em 2 de maio de 2005, na cidade de Mardan, a 160 km de Abbottabad, onde o próprio Bin Laden viveria nos seis anos seguintes.

Um mês após ser capturado, Libi foi entregue à CIA. Foram utilizadas técnicas de interrogação coercivas (embora sem afogamento simulado), e ele contou a seus interrogadores americanos que, após a captura de KSM, ele recebeu uma mensagem de Bin Laden por meio de um mensageiro. Nela, o líder dizia que promovia Libi ao posto de KSM como o número três na Al-Qaeda. Na época de sua promoção, Libi vivia em Abbottabad, um indicador prévio de que a cidade era uma espécie de base para o grupo terrorista. Ainda se passariam sete anos antes de a CIA prestar atenção em Abbottabad como provável esconderijo do líder da Al-Qaeda. Libi também disse que o Kuaitiano não era uma peça importante na organização, e que na verdade tinha sido "Maulawi Abd al-Khaliq Jan" o mensageiro que o informara de sua promoção por Bin Laden. Os agentes antiterroristas concluiriam mais tarde que Maulawi Abd al-Khaliq Jan era um nome inventado.

Os interrogatórios coercivos levaram a Bin Laden? Tais técnicas foram usadas em Qahtani, o vigésimo sequestrador, e em Ghul, o mensageiro paquistanês da Al-Qaeda capturado no Iraque. Ambos forneceram informações subsequentes que levaram a CIA a se concentrar no Kuaitiano como uma via possível para encontrar Bin Laden, o que defensores destas técnicas poderiam considerar uma prova de sua eficiência. Os críticos às técnicas, no entanto, observam que métodos bruscos também foram usados pela CIA para fazer KSM e Libi falarem, e ambos forneceram informações falsas sobre o Kuaitiano. Uma vez que não se pode voltar atrás na história, nunca saberemos o que as técnicas convencionais de interrogação teriam conseguido destes quatro prisioneiros. E como veremos, haveria ainda outras etapas da caçada a Bin Laden que tinham pouca relação com as informações fornecidas pelos membros da Al-Qaeda detidos.

Robert Richer, veterano de Operações Secretas que chefiava a Divisão do Oriente Próximo CIA após o 11 de setembro, diz que, apesar das frequentes declarações dos funcionários do governo Bush, o interrogatório dos prisioneiros não foi especialmente útil na prevenção a possíveis ataques terroristas. "Se você me perguntasse quais operações realmente foram derrubadas graças a informações obtidas dos prisioneiros, eu teria dificuldade em apontar uma. Eu diria que conseguimos alguns nomes, pudemos rastrear algumas pessoas". Segundo Richer, os interrogatórios dos prisioneiros serviram para preencher o que ele compara a um grande quadro de palavras cruzadas em branco, que era a estrutura da Al-Qaeda conhecida pela CIA imediatamente após o 11 de setembro. Combinados a outras informações que a CIA obteve de documentos e telefonemas interceptados, os interrogatórios de prisioneiros poderiam ser "aquela última letra que faltava".

Robert Dannenberg, que chefiou as operações de antiterrorismo da CIA de 2003 a 2004, concorda com esta avaliação. "Aqueles caras nos deram muitas informações valiosas sobre a Al-Qaeda. Eu não diria em termos de planos específicos – algo do tipo 'Abu vai levar uma bomba e explodir uma estação de trem em Nova York', sabe? –, mas quais eram os personagens e as relações entre eles, qual era seu *modus operandi*... Isso nos forneceu uma cartografia da Al-Qaeda que teríamos levado anos para organizar se não tivéssemos este programa. E era algo de valor contínuo. Mostrávamos fotos a eles o tempo todo, e eles diziam "este é fulano, e este é beltrano."

KSM e Libi, no entanto, não forneceram qualquer informação que pudesse ajudar na caça a Bin Laden. Os agentes antiterroristas gradualmente perceberam que, para os membros veteranos da Al-Qaeda sob custódia, qualquer conhecimento que eles possuíssem e que pudesse levar a Bin Laden eram as "joias da coroa", e deveriam ser protegidas pelos prisioneiros a todo custo.

Pelo fato de tanto KSM como Libi tentarem diminuir a importância do Kuaitiano para a Al-Qaeda, ele começou a ser alvo de interesse genuíno pela CIA. Mas ele não seria fácil de achar, até porque usava uma série de nomes falsos, incluindo "Mohamed Khan" (um nome paquistanês equivalente a João da Silva): "Arshad Khan," e "Sheik Abu Ahmed," enquanto seu nome verdadeiro, Ibrahim Saeed Ahmed, era desconhecido de quase todos, exceto sua família.

Para aumentar a confusão, o Kuaitiano vinha de uma família com muitos irmãos, com pelo menos um deles morto no Afeganistão depois do 11 de setembro. Em 2006, os interrogadores souberam por um prisioneiro da Mauritânia, partidário da Al-Qaeda desde o primeiro ano da organização, que o Kuaitiano havia morrido nos braços de outro recruta da Al-Qaeda durante a Batalha de Tora Bora. Isso sugeriu à CIA que o Kuaitiano poderia mesmo ser um membro da Al-Qaeda. Mas agora ele estava morto?

À medida que passavam os anos após o 11 de setembro, o presidente Bush abandonou sua retórica inicial de encontrar Bin Laden "vivo ou morto", e raramente o mencionava em público. Se o fizesse, era para dizer, como em março de 2002, que Bin Laden havia sido "marginalizado". Afinal, não havia necessidade de contribuir ainda mais para a já mítica imagem do líder da Al-Qaeda, lembrando ao mundo que ele continuava a escapar das garras dos Estados Unidos.

De modo privado, porém, Bush nunca abandonava o assunto. Michael Hayden, o diretor da CIA durante a maior parte do segundo mandato de Bush, lembra: "Quando eu entrei no Salão Oval às 8 da manhã de terça feira, o presidente levantou os olhos de sua mesa e perguntou: 'Bem, Mike, como estamos?'. Nenhum dos presentes tinha a menor dúvida a respeito do que ele estava falando. Ele se referia à busca a Osama bin Laden". Um dos agentes que liderava a caça recorda secamente: "As cobranças do presidente chegavam até nós".

Hayden tem a afabilidade e a vitalidade de um tio favorito, mas seu charme acessível disfarça o lado duro de alguém que cresceu em uma família de classe operária em Pittsburgh e foi subindo até se tornar um general de quatro estrelas da Força Aérea. Antes de comandar a CIA, Hayden passou anos comandando a ultrassecreta Agência Nacional de Segurança (NSA), que suga terabytes de dados de chamadas telefônicas e e-mails ao redor do mundo. A NSA, durante o comando de Hayden, também escutou, de modo controverso, sem obter mandado judicial, conversas telefônicas de suspeitos nos Estados Unidos de terem ligação com a Al-Qaeda.

Hayden se recorda que, em algum ponto de 2007, os oficiais de antiterrorismo da CIA começaram a lhe falar de uma nova estratégia: procurar

Bin Laden através de sua rede de mensageiros. "Bem, lembrem-se de que ao fazer isto, você não está perseguindo Bin Laden", diz Hayden. "Isto é no máximo um arremesso contra a tabela. Você está dedicando sua energia a identificar e desconstruir a rede de mensageiros, acreditando que isso vai levá-lo a Bin Laden." Hayden, no entanto, explicou a estratégia a Bush, dizendo que a CIA ainda tinha de encontrar o principal mensageiro de Bin Laden, mas estava se concentrando no Kuaitiano como um candidato possível. "Ainda não havia uma grande expectativa a respeito de Abu Ahmed al-Kuwaiti", relembra um dos agentes no encalço de Bin Laden, mas o fato de nenhum prisioneiro da Al-Qaeda ter visto o Kuaitiano recentemente o tornava cada vez mais intrigante.

O grupo da CIA dedicado exclusivamente a encontrar Bin Laden nunca foi maior que duas dúzias de homens e mulheres; todos caberiam confortavelmente numa sala de reunião de tamanho médio. Membros do grupo entraram e saíram durante os dez anos da caçada, mas muitos permaneceram na "conta" de Bin Laden durante a longa estiagem, os anos em que não havia pistas promissoras de qualquer espécie. John (pseudônimo), um analista alto e magro, que tinha sido jogador de basquete no colégio e na faculdade, era tido em alta conta pelos funcionários seniores da Agência. John entrou para o Centro Antiterrorismo em 2003, e ali ficou — mesmo tendo a possiblidade de aceitar promoções para outros cargos — porque ele estava obcecado por encontrar Bin Laden. Ele pressionou para que houvesse mais ataques de aeronaves não tripuladas nas regiões tribais do Paquistão em 2007, quando reparou que mais ocidentais estavam aparecendo por ali para receber treinamento em terrorismo. Chuck (pseudônimo) era um analista cuidadoso, que estava na conta da Al-Qaeda desde que o grupo terrorista bombardeara as duas embaixadas americanas na África em 1998, matando mais de duzentas pessoas. Os anos foram se passando durante a perseguição a Bin Laden, e o cabelo de Chuck foi se tornando grisalho.

Pairava sobre os membros veteranos da equipe a consciência de que alguns deles poderiam ter feito mais para evitar os ataques do 11 de setembro. Certamente, a percepção geral do público era a de que havia acontecido algum tipo de falha de inteligência na CIA. Na verdade, a comunidade de inteligência havia feito um trabalho meticuloso, avisando o governo Bush da probabilidade de algum tipo de ataque antiamericano em grande escala em meados de 2001, como demonstram os títulos e datas dos relatórios gerados pela Agência para a classe política. "Bin Ladin planejando operações múltiplas", 20 de abril; "Perfil público de Bin Ladin pode ser indício de ataque", 3 de maio; "Redes de Bin Ladin planejam avançar", 26 de maio; "Ataques de Bin Ladin podem ser iminentes", 23 de junho; "Ameaças de Bin Ladin são reais", 30 de junho; "Planejamento de ataques de Bin Ladin continuam, apesar dos atrasos", 2 de julho; "Planos de Bin Ladin adiados, mas não cancelados", 13 de julho; e "Ameaça de ataque iminente da Al-Qaeda continua por tempo indeterminado", no dia 3 de agosto. Obviamente, a CIA não previu a hora e o lugar do tal ataque iminente da Al-Qaeda, mas esse tipo de aviso exato acontece mais em filmes que na vida real. Se houve alguma falha, foi entre os principais agentes de segurança nacional do governo Bush, que não levaram os avisos da CIA suficientemente a sério.

Mas mesmo que não houvesse acontecido falha de inteligência alguma na CIA, *houve* uma grande falha burocrática, embora isso só tenha ficado claro nos anos posteriores ao 11 de setembro. Membros da Agência falharam em não colocar na lista de observação dois suspeitos de envolvimento com a Al-Qaeda, Nawaf al-Hazmi e Khalid al-Mihdhar, a quem a CIA rastreava desde que compareceram a um encontro de grupos terroristas na Malásia, no dia 5 de janeiro de 2000. A falha em colocar os dois suspeitos na lista de observação do Departamento de Estado significou que eles conseguiram entrar nos Estados Unidos com facilidade, usando os próprios nomes. Dez dias após a conferência terrorista na Malásia, em 15 de janeiro de 2000, Hazmi e Mihdhar voaram para Los Angeles.

A Agência também não alertou o FBI sobre as identidades dos suspeitos para que pudessem procurar pelos dois, uma vez que estivessem dentro dos Estados Unidos. Uma investigação conduzida pelo inspetor geral da CIA – publicada de forma não sigilosa em 2007 – revelou que aquilo não se tratara de um deslize de poucos funcionários da Agência, mas que um grande número de agentes e analistas da CIA haviam cometido um erro. "Entre cinquenta e sessenta" funcionários da Agência leram mensagens sobre os dois suspeitos, sem tomar qualquer providência. Alguns desses oficiais sabiam que um dos suspeitos tinha um visto americano, e em março de 2001, tiveram conhecimento que o outro havia ido para Los Angeles.

Se o nome dos futuros sequestradores fossem conhecidos pela polícia, não teria sido difícil encontrá-los na Califórnia. Usando seus nomes verdadeiros, eles alugaram um apartamento, conseguiram carteiras de motorista, abriram contas de banco, compraram um carro e tiveram aulas de pilotagem de avião. O nome de Mihdhar até constava na lista telefônica local. Foi apenas em 24 de agosto de 2001, como resultado de questões levantadas por um agente da CIA em missão no FBI, que os dois suspeitos de envolvimento com a Al-Qaeda foram colocados na lista de observação, e seus nomes fornecidos ao FBI. Mesmo assim, o FBI enviou apenas uma notificação de "rotina", solicitando a investigação de Mihdhar. Um mês depois, Hazmi e Mihdhar desempenhariam o papel dos sequestradores "fortes" no voo 77 da American Airlines que mergulhou no Pentágono, matando 189 pessoas.

O relatório do inspetor geral da CIA concluiu que "o encaminhamento de informações para o FBI, e um bom acompanhamento operacional conjunto poderiam ter resultado em vigilância de Mihdhar e Hazmi. A vigilância, por sua vez, poderia ter fornecido informações sobre o treinamento de voo, o financiamento e as ligações com outros cúmplices nos ataques de 11 de setembro". Os nomes dos agentes da CIA que cometeram a falha sobre os sequestradores da Al-Qaeda continuam sob sigilo, e nenhuma ação disciplinar foi tomada contra eles. Contudo, a maioria trabalhava no Centro Antiterrorismo, e muitos continuaram a trabalhar na caça a Bin Laden após o 11 de setembro. Saber que eles poderiam ter feito mais para evitar a perda de quase três mil vidas os estimulou a trabalhar mais arduamente para encontrar o homem responsável pela tragédia.

CAPÍTULO 7 OBAMA EM GUERRA

Na manhã de terça-feira, 11 de setembro de 2001, o senador estadual* de Illinois Barack Obama estava em seu carro, a caminho de uma audiência legislativa no centro de Chicago, quando ouviu no rádio que um avião havia atingido o World Trade Center. Quando chegou à reunião, um segundo avião havia colidido com as Torres Gêmeas. "Mandaram evacuar o local", Obama recorda-se. Nas ruas, as pessoas olhavam nervosas para o céu, temendo que a Sears Tower, o arranha-céu que é o marco de Chicago, também fosse um alvo possível. De volta ao escritório, Obama assistiu às imagens de Nova York: "um avião desaparecendo em meio a vidro e aço; homens e mulheres agarrando-se às janelas, e depois se jogando; torres altas virando pó".

Seis anos mais tarde, já como senador federal, Obama lançara-se ao que parecia ser um desafio quixotesco a Hillary Clinton pela indicação democrata à corrida presidencial. Hillary parecia ter todas as cartas na mão: um nome conhecido, a máquina de arrecadação do ex-presidente Clinton, o endosso de muitos figurões do Partido Democrata, os principais consultores políticos trabalhando em sua equipe e uma esperança geral de que ela se tornasse a primeira mulher presidente dos Estados

---

★ Cargo equivalente ao de deputado estadual no Brasil. (N.E.)

Unidos. Mas Obama a achava vulnerável, especialmente por conta de seu apoio à Guerra do Iraque, que naquele momento era extremamente impopular e sobre a qual ele se posicionara firmemente contra cinco anos antes. E Obama impressionava um número crescente de adeptos com o seu intelecto, postura calma e capacidade de inspirar os jovens, que aderiram em massa à sua campanha. Uma vitória de Obama, esperavam alguns, também ajudaria a curar o "pecado original americano" da escravidão e da discriminação racial subsequente.

Em 17 de julho de 2007, quando a arriscada campanha de Obama começava a ganhar força, uma versão não sigilosa de uma Estimativa Nacional de Inteligência (NIE) sobre o status da Al-Qaeda foi divulgada para a mídia com um estardalhaço considerável. A estimativa concluía que a Al-Qaeda "protegera ou recompusera elementos-chave de sua capacidade de ataque ao país, incluindo: um esconderijo seguro no Território Federal das Áreas Tribais de Paquistão (Fata), tenentes operacionais e sua principal liderança". Isto não era exatamente novidade. No verão de 2005, a Al-Qaeda havia realizado o mais grave atentado terrorista na história britânica, matando 52 passageiros no metrô de Londres. No verão seguinte, houve uma tentativa frustrada de explodir sete aviões americanos, canadenses e britânicos com explosivos líquidos contrabandeados para dentro de aeronaves no aeroporto londrino de Heathrow.

A divulgação das principais descobertas da NIE foi um reconhecimento oficial de que a Al-Qaeda havia se reagrupado, sendo capaz novamente de executar atentados expressivos no Ocidente, e que a política do governo Bush de dar carta branca ao ditador paquistanês Pervez Musharraf para lidar em seus próprios termos com os grupos militantes baseados nas regiões tribais do Paquistão chegara ao fim.

Algumas semanas após a divulgação desta NIE, Obama foi convidado a dar uma palestra sobre segurança nacional no Woodrow Wilson Center, em Washington. Obama se reuniu com seus assessores de política externa, Susan Rice e Denis McDonough, e o redator de discursos Ben Rhodes, no modesto escritório de duas salas na Avenida Massachusetts que servia como quartel-general de sua campanha em Washington. Juntos, eles construíram um discurso que encapsulava as críticas da campanha de Obama às políticas externas da administração Bush: ter gasto recursos demais no Iraque, ter deixado de vigiar a Al-Qaeda e não possuir uma estratégia para derrubar os líderes da Al-Qaeda em suas bases nas regiões tribais do Paquistão. Obama e seus assessores avaliaram exatamente qual linguagem ele usaria no discurso. Decidiu-se por adotar uma linha dura em relação a Musharraf, que eles acreditavam ter sido mimado por demais pelo governo Bush.

Havia muito em jogo naquele discurso. O fato é que a maioria da elite política da capital americana achava o senador Obama pouco experiente, especialmente nas questões de segurança nacional, ainda mais quando em comparação com o senador John McCain, o mais forte pré--candidato republicano à presidência, que já havia servido o Senado por duas décadas e era um dos principais membros do poderoso Comitê dos Serviços Armados do Senado. A senadora Hillary também era considerada alguém com credibilidade em assuntos de segurança nacional. Ela também atuou no Comitê dos Serviços Armados e visitou dezenas de nações enquanto seu marido era presidente, o que lhe abriu uma excelente relação com muitos líderes mundiais.

O discurso não pareceu dissipar as dúvidas sobre a experiência de Obama. Grande parte da atenção que obteve dos meios de comunicação e dos outros pré-candidatos se concentrou na parte sobre os líderes da Al--Qaeda no Paquistão, em que Obama declarou: "Se tivermos inteligência acionável sobre alvos terroristas de alto valor e o presidente Musharraf não agir, nós o faremos... Eu não hesitarei em usar a força militar para derrubar terroristas que ameaçam diretamente o Estados Unidos".

Em um debate entre os pré-candidatos democratas em Chicago, uma semana após o discurso no Wilson Center, Obama foi atacado pelo senador Christopher Dodd, de Connecticut, que disse que a sugestão de Obama de um possível ataque unilateral americano no Paquistão era "irresponsável". A senadora Clinton acrescentou: "Acho um grande erro mandar esse tipo de mensagem". Obama contra-atacou Dodd e Clinton, ambos tendo votado a favor da autorização da Guerra do Iraque, dizendo – e sendo muito aplaudido: "Acho engraçado que aqueles que ajudaram a autorizar e arquitetar o maior desastre da política externa de nossa geração estejam agora me criticando por garantir que estejamos no campo de batalha correto, e não no errado, na guerra contra o terrorismo",

A suposta fraqueza de Obama em segurança nacional foi o tema do anúncio mais lembrado da campanha de Hillary Clinton, que estreou no final de fevereiro de 2008. Por sobre fotos de crianças dormindo à noite e o som de um telefone tocando, uma voz de homem entoava solenemente: "São três horas da manhã, e seus filhos estão dormindo em segurança. Mas há um telefone na Casa Branca e ele está tocando. Algo de errado está acontecendo no mundo. Seu voto irá decidir quem vai atender a essa chamada. Se vai ser alguém que já conhece os líderes mundiais, conhece o exército, alguém testado e pronto para ser líder em um mundo perigoso. São três horas da manhã e seus filhos estão dormindo em segurança. Quem você quer que atenda o telefone?". No final do anúncio, as imagens de crianças adormecidas davam lugar à imagem de uma Hillary Clinton serena, usando óculos e atendendo o telefone. Obama nunca foi mencionado, mas ele era claramente o alvo da campanha de Clinton.

As críticas à suposta belicosidade de Obama em relação ao Paquistão não se limitaram aos democratas. O pré-candidato republicano Mitt Romney ridicularizou Obama, comparando-o a um "Dr. Strangelove"*, que "irá bombardear nossos aliados". John McCain também deu sua opinião: "Será que devemos correr riscos sob a liderança confusa de um candidato inexperiente que já sugeriu bombardear nosso aliado, o Paquistão?". Ao aceitar a indicação democrata para concorrer à presidência na convenção em Denver, no final de agosto de 2008, Obama rebateu o ataque de McCain, dizendo: "John McCain gosta de dizer que seguiria Bin Laden até os portões do inferno, mas não está disposto nem a segui-lo até a caverna onde ele vive".

Após a posse, Obama se viu obrigado a fazer uma escolha. Muitos dos eleitores que o elegeram, deram seu voto porque ele era o "candidato antibélico", que havia se manifestado desde o começo contra a Guerra do Iraque. Agora na presidência, Obama poderia ter reformulado a "Guerra Global ao Terror" de Bush como uma grande campanha de policiamento de terroristas jihadistas, o que muitos à esquerda do Partido Democrata acreditavam ser uma estratégia mais útil e precisa. Obama não escolheu esse caminho. Em vez disso, declarou ao público que os Estados Unidos estavam em "guerra contra a Al-Qaeda e seus aliados". Essa posição tinha muitas vantagens: davam a grupos como o Talibã a oportunidade de se

---

★ Referência ao filme *Dr. Fantástico* (*Dr. Strangelove or: How I Learned to Stop Worrying and Love the Bomb*, 1964), filme dirigido por Stanley Kubrick em que um general americano fora de si ameaça dar início a um conflito nuclear com a União Soviética. (N.E.)

distanciar da Al-Qaeda e desfrutar de relações pacíficas com os Estados Unidos. Ao dar um nome ao inimigo, o novo governo abandonava a estratégia de Bush – um conflito vago e aberto contra uma guerra santa que já existia há milênios. Para Obama, no entanto, o conflito continuava sendo uma guerra, e não um tipo de ação policial global.

Sua opinião sobre a segurança nacional pode ter relação com o momento em que ele chegou à idade adulta. Obama era o primeiro grande político americano em décadas cujos pontos de vista sobre segurança nacional não foram profundamente influenciados pelo que ele fez ou deixou de fazer no Vietnã. Muito jovem para ter servido no Vietnã, como os senadores John McCain e John Kerry, ele também era jovem demais para ter se esquivado do serviço naquela guerra, como Dick Cheney, Bill Clinton e George W. Bush. Para Obama, o Vietnã não era uma questão importante e é possível que este fato tenha contribuído para a sua maior disposição de usar o poder militar, em comparação com as gerações anteriores de democratas. Clinton demorou dois anos para intervir na Bósnia, que já estava à beira do genocídio, enquanto Obama levou apenas uma semana ou mais para intervir na Líbia, na primavera de 2011, quando o ditador Muammar Gaddafi ameaçava massacres em larga escala de sua própria população.

Obama abraçou o poder duro americano assim que assumiu o cargo. Apenas três dias depois da posse, em 23 de janeiro de 2009, na sua primeira reunião do Conselho de Segurança Nacional, o chefe do Serviço Clandestino Nacional da CIA, Michael J. Sulick, propôs que os Estados Unidos continuassem a campanha agressiva de ataques com voos não tripulados nas regiões tribais do Paquistão. Obama aprovou a campanha. Naquele mesmo dia, dois ataques desse tipo no Norte e no Sul do Waziristão teriam matado dez militantes e algumas dúzias de civis.

Em 9 de dezembro de 2009, Obama foi à Noruega aceitar o Prêmio Nobel da Paz por seus "esforços extraordinários para fortalecer a diplomacia internacional". Num movimento que deve ter confundido as expectativas daqueles que lhe concederam o prêmio uma semana antes, Obama, preocupado com o recente ressurgimento do Talibã, incrementou substancialmente as tropas no Afeganistão, autorizando uma "onda" de trinta mil homens, duplicando assim o número de soldados americanos no Afeganistão. Em pouco tempo, seu governo já havia autorizado 45 ataques aéreos com aeronaves não tripuladas direcionados às redes do

Talibã paquistanês e da Al-Qaeda, um número sem precedentes, matando cerca de meia dúzia de líderes de organizações militantes, incluindo dois chefes de grupos uzbeques terroristas aliados à Al-Qaeda, e Baitullah Mehsud, o líder do Talibã paquistanês – além de centenas de militantes de nível inferior e um número menor de civis (cerca de 5% do total), segundo relatórios confiáveis da imprensa.

Esta política de assassinato seletivo e execução sem julgamento de centenas de pessoas foi recebida principalmente com silêncio, tanto pelos grupos de direitos humanos como por aqueles da esquerda que haviam condenado explicitamente o governo Bush por sua utilização de interrogatórios coercivos e falta de processo adequado em Guantánamo.

Obama aproveitou seu discurso de aceitação do Prêmio Nobel em Oslo para promover uma sutil defesa de guerras justas, em especial a campanha de guerra terrestre e aviões sem pilotos que ele estava travando contra a Al-Qaeda e seus aliados no Afeganistão e no Paquistão. O presidente reconheceu o grande legado das abordagens pacíficas para a mudança social deixados por Gandhi e Martin Luther King Jr., mas ele também deixou perfeitamente claro que sua oposição à Guerra do Iraque não significava que ele adotasse o pacifismo de forma ilimitada. Obama declarou: "Eu vejo o mundo como ele é, e não posso ficar parado frente a ameaças ao povo americano. Não se enganem, existe o mal no mundo. Um movimento pacífico não conseguiria ter impedido os exércitos de Hitler. Negociações não podem convencer os líderes da Al-Qaeda a depor as armas. Dizer que a força às vezes é necessária não é uma apologia ao cinismo – é um reconhecimento da história, das imperfeições do homem, e dos limites da razão".

Obama entendia que o fato de a administração Bush tender a inflar a ameaça da Al-Qaeda para torná-la uma ameaça existencial, semelhante à representada pelos nazistas ou os soviéticos, não significava que, inversamente, a ameaça fosse meramente uma miragem. No ano anterior ao seu discurso de aceitação do Nobel, Obama teve de se lembrar da realidade das ameaças terroristas de muitas maneiras. Antes mesmo de ter sido empossado, ele recebeu alguns de seus primeiros relatórios de inteligência sobre o ataque brutal de três dias em Mumbai, na Índia, no final de novembro de 2008. Naquele atentado, dez homens armados atacaram hotéis cinco estrelas, uma estação ferroviária e um centro comunitário judeu-americano, matando cerca de 170 pessoas.

Em um gélido dia 20 de janeiro de 2009, quando Obama assumiu oficialmente como presidente, a comunidade de inteligência estava em alto nível de alerta por conta de uma séria ameaça feita por Al-Shabaab, um grupo militante aliado à Al-Qaeda e baseado na Somália. Relatava-se que um grupo de terroristas Al-Shabaab chegaria aos Estados Unidos, vindos do Canadá, para detonar uma bomba no Passeio Nacional em Washington, onde um milhão de pessoas estariam reunidas para assistir a Obama fazendo o juramento. O mais importante assessor de antiterrorismo de George W. Bush, Juan Zarate, diz que durante os quatro dias antes da posse, responder a essa ameaça consumiu a atenção do alto escalão da segurança nacional das equipes dos governos Bush e Obama: "A maior parte dessas ameaças é desmontada logo no início, porque os elementos da história acabam não se encaixando. Recebi um telefonema do meu interino, Nick Rasmussen, dizendo: 'Esta não está desmontando'". A posse aconteceu pacificamente e a ameaça de Al-Shabaab foi considerada uma "carta anônima ofensiva", uma tentativa por parte de um grupo de militantes somalis de criar problemas para um grupo rival. Mas foi um duro lembrete para Obama e sua equipe de segurança nacional de que o terrorismo seria um ponto importante de seu governo.

Obama estava determinado, como ele dizia, a "destruir, desmantelar e derrotar a Al-Qaeda". E que maneira melhor de apressar esse processo do que eliminar Bin Laden? Logo após Obama assumir o cargo, ele teve uma conversa privada com o diretor da CIA Leon Panetta no Salão Oval, e perguntou: "Como está o rastro? Esfriou totalmente?". Panetta disse ao presidente que não havia muitas pistas promissoras. Obama disse a ele: "Nós precisamos redobrar nossos esforços na caça a Bin Laden". Em outras reuniões, Rahm Emanuel, chefe de pessoal de Obama, e outros altos membros do governo perguntaram aos agentes da CIA diretamente: "Onde você acha que está Osama bin Laden?". Os agentes responderam que não tinham a menor ideia, exceto que ele estava em algum lugar no Paquistão.

No final de maio de 2009, Obama recebeu na Sala de Situação um dos relatórios regulares da sua equipe de antiterrorismo, que trazia uma atualização sobre a caça a Bin Laden e seu imediato Zawahiri. Após a reunião, o presidente pediu a Panetta e ao conselheiro de Segurança Nacional, Tom Donilon, que se juntassem a ele em particular no Salão Oval. O presidente pediu a ambos que se sentassem e disse: "Nós realmente precisamos intensificar este esforço. Leon, isto precisa ser seu objetivo número um". Em 2 de junho, Obama assinou um memorando para Panetta declarando: "A fim de garantir que empreguemos todos os nossos esforços, peço que me forneça, dentro de 30 dias, um plano de operação detalhado para localizar e punir Bin Laden".

Cinco funcionários de alto escalão da inteligência que trabalharam tanto para Bush como para Obama, dizem que a ideia de que a CIA precisava ser pressionada para fazer mais a respeito de Bin Laden é risível. A Agência já estava fazendo tudo que podia. Mesmo assim, Panetta tornou a busca de Bin Laden parte obrigatória dos realatórios operacionais sobre questões de antiterrorismo e Oriente Médio que o presidente já recebia três vezes por semana. Além disso, havia um relatório semanal esclusivamente sobre a caça a Bin Laden. Mesmo que não tivessem nada, Panetta deixou claro a sua equipe que eles deveriam dizer tudo o que sabiam. Tornou-se embaraçoso não apresentar nada novo nesses relatórios.

Uma pista promissora parecia ser Saad Bin Laden, um dos filhos mais velhos do líder da Al-Qaeda, que havia passado a maior parte da última década vivendo numa espécie de prisão domiciliar no Irã. Saad ainda não completara trinta anos, mas já havia tido um certo destaque na liderança da Al-Qaeda. Na época em que Obama tomou posse, Saad foi discretamente liberado pelos iranianos e seguiu para as regiões tribais do Paquistão. Os agentes da CIA na pista de Saad esperavam que ele pudesse tentar encontrar o pai, e assim levá-los a ele. Mas no final de julho 2009, Saad foi morto num ataque com aeronaves não tripuladas. Naquela ocasião, a CIA se precipitou e desperdiçou uma pista importante.

Na mesma época, o que parecia ser a primeira oportunidade real para penetrar na liderança da Al-Qaeda foi trazido a Panetta: um agente jordaniano disposto a espionar os círculos internos do grupo terrorista no Paquistão. Isto era de grande interesse porque, apesar dos bilhões de dólares consumidos pelas agências de inteligência americanas desde o 11 de setembro, os Estados Unidos nunca haviam conseguido colocar um espião dentro da Al-Qaeda. Humam al-Balawi era um pediatra jordaniano de trinta e poucos anos que, após a Guerra do Iraque, envolveu-se com militantes radicais e acabou se tornando uma voz importante nos sites jihadistas. Balawi foi preso no início de 2009 pelo Departamento de Inteligência Geral da Jordânia (GID), com o qual a CIA desfrutava de ótimas relações. Após oferecer ao médico a possibilidade de ganhar quantias substanciais de dinheiro, os oficiais do GID acreditavam ter "convertido" Balawi, que disse estar disposto a ir para as regiões tribais do Paquistão para espionar o Talibã e a Al-Qaeda. O médico rapidamente fez o que lhe foi designado. No início do outono de 2009, Balawi enviou aos seus contatos na inteligência jordaniana um pequeno vídeo de si mesmo sentado com Atiyah Abdul Rahman, um dos principais auxiliares de Bin Laden. De repente, os oficiais da CIA começaram a ver o médico jordaniano como uma "fonte de ouro". Balawi disse a seus contatos que sua formação em medicina fez com que ele fosse apresentado a líderes da Al-Qaeda, incluindo Ayman al-Zawahiri, a quem ele estava fornecendo tratamento médico. A CIA tornou-se tão esperançosa que, em novembro de 2009, Panetta disse ao presidente que o médico jordaniano poderia em breve conduzir a Agência ao próprio Zawahiri.

Um lembrete brusco da importância de desmantelar a estrutura de liderança da Al-Qaeda no Paquistão tinha chegado apenas dois meses antes. No início de setembro de 2009, Najibullah Zazi viajou de Denver para Nova York "para realizar uma operação de martírio" no sistema de metrô de Manhattan. Zazi, um americano de origem afegã que havia sido treinado pela Al-Qaeda no Paquistão, planejava lançar o que teria sido o mais grave atentado terrorista em solo americano desde o 11 de setembro, detonando bombas feitas com descolorante de cabelo, material aparentemente inócuo, um padrão recorrente observado nos planos mais recentes da Al-Qaeda. Sob vigilância pesada do FBI, Zazi foi avistado no centro de Manhattan em 11 de setembro de 2009, o oitavo aniversário dos ataques ao World Trade Center. Na época da chegada de Zazi a Nova York, Obama recebera de sua equipe de segurança vários relatórios sobre o caso. Oito dias depois, Zazi foi preso. Ele foi o primeiro recruta genuíno da Al-Qaeda a ser descoberto vivendo nos Estados Unidos em seis anos. Em seu laptop, o FBI descobriu páginas de anotações feitas à mão sobre a fabricação de explosivos, conhecimento técnico que ele tinha adquirido em uma das instalações de treinamento da Al-Qaeda nas regiões tribais do Paquistão em 2008.

No Natal de 2009, o governo Obama enfrentou uma ameaça ainda maior, quando Umar Farouk Abdulmutallab, de 23 anos de idade, proveniente de uma abastada família na Nigéria, embarcou no voo 253 da Northwest Airlines em Amsterdã com destino a Detroit, com cerca de 300 passageiros e tripulantes. Escondida em sua roupa de baixo estava uma bomba feita com um explosivo plástico que não foi detectada pela segurança do aeroporto. Quando o avião se aproximou de Detroit, o jovem tentou detonar a bomba. A própria inépcia de Umar, aliada a uma bomba defeituosa e às ações rápidas dos passageiros e da tripulação, que o subjugaram, impediram uma explosão que poderia ter derrubado o avião. Imediatamente após ser preso, Abdulmutallab contou aos investigadores que o dispositivo explosivo "tinha sido adquirido no Iêmen, onde recebera as instruções de quando ele deveria ser usado".

Se Abdulmutallab tivesse conseguido derrubar o voo 253 da Northwest Airlines, o atentado não teria apenas matado centenas de pessoas, mas também teria danificado seriamente a economia dos EUA, que já vinha sofrendo os efeitos da pior recessão desde a Grande Depressão. Também teria desferido um duro golpe na presidência de Obama. De acordo com a avaliação da Casa Branca do plano do Dia de Natal, havia informações suficientes já conhecidas pelo governo americano para determinar que Abdulmutallab provavelmente trabalhava para a afiliada da Al-Qaeda no Iêmen. Como Obama admitiu em uma reunião de sua equipe de segurança nacional já após o nigeriano estar sob custódia: "Escapamos de uma boa".

O plano do Dia de Natal elevou o comprometimento dos agentes da CIA que conheciam o médico jordaniano e suas promessas de realizar a primeira infiltração de alto nível na Al-Qaeda desde o 11 de setembro. No entanto, ninguém na CIA estivera pessoalmente com Balawi, e a pressão para que alguém da Agência se encontrasse com ele foi aumentando. A tarefa ficou com Jennifer Matthews, a chefe de estação da CIA em Khost, no leste do Afeganistão, que tinha trabalhado na unidade Bin Laden quase desde sua criação. Matthews fez com que o médico jordaniano escapulisse pela fronteira das áreas tribais do Paquistão para se encontrar com ela e uma equipe da CIA de tamanho considerável. Determinada a fazer com que este primeiro encontro com a fonte de ouro fosse caloroso e amigável, Matthews não obrigou Balawi a ser revistado quando ele adentrou o setor da CIA na Base Operacional Avançada Chapman em Khost, no dia 30 de dezembro de 2009. Ela até providenciou um bolo para Balawi, cujo aniversário tinha sido apenas cinco dias antes.

Mas não haveria nenhuma oportunidade para comemorar. Quando se encontrou com a equipe da CIA, o médico jordaniano começou a murmurar para si mesmo em árabe, pôs a mão dentro do casaco e em seguida detonou uma bomba que matou Matthews, de 45 anos, mãe de três filhos, e outros seis agentes e funcionários da CIA que haviam se reunido para conhecê-lo. Foi o pior dia da Agência desde que o Hezbollah explodiu a embaixada americana em Beirute em 1983, matando oito funcionários da CIA. O médico jordaniano não tinha espionado os líderes da Al-Qaeda; ele havia sido recrutado pelo grupo.

John Brennan, que servira a CIA durante décadas e agora era o principal consultor de antiterrorismo de Obama, diz que o atentado suicida em Khost acabou aumentando ainda mais a determinação da Agência em encontrar os homens que eles chamavam de Número Um e Número Dois, tornando o assunto algo "muito pessoal para vários agentes da CIA". Tão pessoal, que nas três semanas após o atentado suicida de Balawi, a CIA executou uma série inédita de onze ataques aéreos destinados aos alvos da Al-Qaeda e do Talibã nas regiões tribais do Paquistão, matando mais de sessenta militantes.

No espaço de uma semana, a agência da Al-Qaeda no Iêmen quase derrubou um jato comercial americano voando sobre os Estados Unidos, e seu núcleo baseado no Paquistão conseguiu matar sete funcionários da CIA. Foi um duro lembrete de que a Agência tinha de eliminar o líder da Al-Qaeda.

Sob Panetta, a CIA começou a fazer mais pressão pela presença de mais agentes em solo paquistanês. A guerra no Iraque estava perdendo força, o que liberou mais recursos para o teatro de operações no Afeganistão e no Paquistão, incluindo espiões, aeronaves não tripuladas e satélites. Os ataques em Mumbai em novembro de 2008, realizados pelo grupo Lashkar-e-Taiba, baseado no Paquistão, demonstraram que a Al--Qaeda não era a única organização terrorista com base no Paquistão que tinha a intenção de atacar alvos americanos. Vali Nasr, do Departamento de Estado, um dos consultores principais sobre o Paquistão, explica: "A CIA entrou em um modo completamente diferente, quase como se o Paquistão tivesse se tornado a Berlim da década de 1960, onde você precisa ter recursos, olhos, ouvidos. Não para um projeto específico, mas de forma geral, porque cada ameaça a nós provavelmente virá daqui. Você precisa ter os seus próprios recursos. Você tem que ter suas próprias operações". Shamila Chaudhary, a diretora para o Paquistão no Conselho de Segurança Nacional, lembra que no primeiro semestre de 2010 houve uma fila de quase 400 funcionários dos EUA solicitando vistos para o Paquistão. Obviamente, não se tratava de diplomatas convencionais.

Ao mesmo tempo, os líderes políticos paquistaneses continuavam, em suas afirmações públicas, e em reuniões privadas com oficiais dos EUA, a afirmar com grande convicção que Bin Laden não estava em seu país. Durante uma entrevista à CNN, em abril de 2010, o primeiro-ministro Yousuf Raza Gilani disse: "Ele certamente não está no Paquistão". Seis meses antes, o ministro do Interior Rehman Malik havia se reunido com uma delegação de membros do Congresso, e assegurou-lhes que Bin Laden não estava na área, embora pudesse estar no Irã, na Arábia Saudita, no Iêmen, ou até mesmo morto.

Apesar destas negações, a necessidade da CIA de ter mais recursos próprios no Paquistão confirmou-se de modo dramático no dia 1º de maio de 2010, quando Faisal Shahzad, um americano de origem paquistanesa treinado pelo Talibã na região tribal do Waziristão, tentou sem sucesso explodir o seu SUV na Times Square de Nova York em uma movimentada noite de sábado. No final de maio, Panetta viajou até o Paquistão para entregar uma mensagem severa aos líderes civis e militares paquistaneses, fazendo uma clara ameaça de que "tudo poderia mudar", se terroristas com base no Paquistão tivessem sucesso em realizar um ataque aos Estados Unidos. O presidente paquistanês Asif Ali Zardari retrucou, referindo-se a Shahzad: "Este homem é um cidadão americano. Por que vocês não conseguem controlar melhor as coisas do seu lado?".

Obama não só aprovou um grande aumento de recursos para a CIA em território paquistanês e uma intensificação da campanha de ataques com aeronaves não tripuladas, como também adotou o uso de unidades militares secretas em países onde os Estados Unidos não estavam lutando em guerras territoriais tradicionais, como Líbia, Paquistão, Somália e Iêmen. Em 2011, para a decepção de pelo menos alguns dos que haviam votado no presidente "pacifista", os Estados Unidos estavam travando algum tipo de guerra em seis países muçulmanos simultaneamente.

CAPÍTULO 8 ANATOMIA DE UMA PISTA

Foi somente a partir de 2010 que a CIA fez uma série de avanços importantes na busca pelo esquivo Kuaitiano. Antes, com a ajuda de um "terceiro país" que os agentes não revelam, a CIA havia conseguido desvendar seu verdadeiro nome, Ibrahim Saeed Ahmed. Ainda assim, seu paradeiro permanecia desconhecido.

Então, em junho de 2010, o Kuaitiano e seu irmão modificaram a forma como se comunicavam por celular, o que possibilitou a "geo-localização" de seus telefones. Sabendo disso, a CIA revisou cuidadosamente pilhas de registros de conversas telefônicas "interceptadas" da família e círculo de colaboradores do Kuaitiano. Nessa mesma época, os agentes americanos realizaram uma operação conjunta com o serviço de inteligência militar do Paquistão em cima dos números de telefone associados a uma "rede de facilitação" da Al-Qaeda. Os paquistaneses não sabiam que alguns destes números estavam ligados a Abu Ahmed al-Kuwait, mas perceberam que um dos suspeitos falava numa mistura de árabe e pashto, a língua do noroeste do Paquistão, o que era incomum. Os telefones desse suspeito também permaneciam desligados a maior parte do tempo – eram ligados novamente apenas na cidade de Peshawar, no norte do Paquistão, ou em seu entorno, não muito longe da fronteira afegã.

Finalmente, no verão, o Kuaitiano recebeu o telefonema de um velho amigo do Golfo Pérsico, um homem que vinha sendo monitorado pela inteligência americana.

"Sentimos sua falta. Por onde tem andado?", perguntou o amigo.

"Voltei para as pessoas com quem eu estava antes", respondeu o Kuaitiano, concisamente.

Houve uma pausa tensa na conversa enquanto o amigo refletia. "Que Deus o ajude", disse o interlocutor, provavelmente percebendo que o Kuaitiano estava de volta ao círculo íntimo de Bin Laden. Agentes da CIA consideraram esta chamada a confirmação de que o Kuaitiano provavelmente ainda trabalhava para a Al-Qaeda, algo de que, até então, eles não estavam certos. A Agência de Segurança Nacional ouviu esta conversa e, fazendo uso de tecnologias de geolocalização, conseguiu encontrar o celular do Kuaitiano no noroeste do Paquistão. Contudo, apenas o monitoramento do celular não seria suficiente para descobrir onde o Kuaitiano vivia. O mensageiro era rigoroso em relação à segurança operacional. Sempre tomava o cuidado de inserir a bateria no telefone e ligá-lo somente quando estava a pelo menos uma hora de carro do complexo de Abbottabad, onde ele e Bin Laden estavam morando. E o Paquistão era um país com 180 milhões de pessoas.

Em agosto de 2010, um paquistanês infiltrado a serviço da CIA rastreou o Kuaitiano até Peshawar, onde Bin Laden fundara a Al-Qaeda mais de duas décadas atrás. Nos anos em que Bin Laden morou no complexo de Abbottabad, o Kuaitiano passou frequentemente por Peshawar, porta de entrada para as regiões tribais paquistanesas, onde a Al-Qaeda se reagrupou após o 11 de setembro. Quando o espião da CIA identificou o jipe Suzuki branco com estepe traseiro do Kuaitiano em Peshawar, pôde segui-lo até em casa, em Abbottabad, a mais de duas horas de viagem em direção ao leste. O grande complexo onde o Kuaitiano finalmente parou atraiu imediatamente a atenção da Agência, pois não possuía serviço de telefone ou Internet, sugerindo que seus proprietários queriam ficar fora do radar.

Ninguém na CIA acreditava que o mensageiro estivesse de fato vivendo *com* Bin Laden. Os agentes pensaram em seguir o mensageiro até sua casa, e depois fazer mais uma rodada de vigilância para ver se ele os levaria ao esconderijo de Bin Laden. Mas havia algo no complexo de Abbottabad que lhes despertou o interesse. Uma agente lembra a reação que teve ao ver pela primeira vez o complexo: "Minha nossa! Em quem da Al-Qaeda o grupo investiria tanto dinheiro?". Os agentes calcularam que o complexo e o terreno onde ele se localizava valiam centenas de milhares de dólares – o valor aproximado do custo da operação 11 de setembro.

No final de agosto de 2010, os altos funcionários do Centro Antiterrorismo da CIA informaram Panetta sobre a nova pista de Bin Laden, dizendo a ele: "Rastreamos mensageiros suspeitos, pessoas que possuem ligações históricas com Bin Laden, e os seguimos até um lugar que parece uma fortaleza". Isto chamou a atenção de Panetta: "Uma fortaleza? Fale mais sobre esta fortaleza". Os agentes descreveram um complexo cercado por paredes de quase quatro metros de altura, algumas com mais de cinco metros, e uma varanda no último andar de um dos prédios cercada por paredes de dois metros. Eles contaram a Panetta que os moradores do complexo queimavam seu próprio lixo.

"Isso é muito estranho", disse Panetta. "É muito misterioso, e requer uma investigação mais profunda. Quero que examinem todas as vias operacionais possíveis para entrar nesse complexo."

Panetta informou o presidente Obama e seus principais assessores nacionais de segurança sobre esse desdobramento no Salão Oval, dizendo: "Temos o nome do mensageiro e sua localização em um lugar chamado Abbottabad – e talvez, apenas talvez, Bin Laden também esteja lá". Panetta mostrou as imagens do complexo feitas por satélite e comparou a área a Leesburg, na Virgínia – uma agradável cidade histórica a 48 quilômetros a noroeste de Washington. Obama recorda que Panetta "foi cauteloso ao dizer que eles poderiam afirmar definitivamente que aquele era o local onde Bin Laden estava. Na hora, minha impressão foi: interessado, mas cauteloso".

Tony Blinken, um advogado discreto que havia trabalhado para Bill Clinton na equipe do Conselho de Segurança Nacional e era agora o principal assessor de Segurança Nacional do vice-presidente Joe Biden, lembra que houve tanto interesse genuíno como um certo ceticismo entre as autoridades que ouviram Panetta. "Aquilo não teria sido levado ao presidente se não fosse sério", diz Blinken, "mas obviamente houve momentos no passado em que realmente pensamos que estávamos na pista certa, e depois, por uma razão ou outra, não estávamos. Portanto, acho que havia interesse genuíno, mas também não queríamos criar muita expectativa".

Ao longo dos meses seguintes, Panetta tornou-se cada vez mais irritado – alguns oficiais da CIA disseram até mesmo "furioso" – com o que ele acreditava ser falta de criatividade dos caçadores de Bin Laden. "Eu quero saber o que está acontecendo dentro daquele complexo", exigiu Panetta. "Não quero apenas que vigiem de fora. Quero entrar lá, e ter clareza sobre o que está acontecendo naquele lugar". Os chefes do Centro Antiterrorismo foram instruídos a mostrar a Panetta qualquer ideia que tivessem para vigiar o complexo – até mesmo as que haviam sido descartadas. Ele os incitou a considerar todas as formas de espionagem, incluindo entrar no sistema de esgoto para implantação de dispositivos, colocar um telescópio nas montanhas a dois quilômetros de distância, e até mesmo instalar uma câmera em uma árvore na parte interna do complexo. Os agentes do Centro Antiterrorismo responderam rejeitando uma abordagem atrás da outra, por serem muito arriscadas ou impraticáveis. Algumas semanas depois que Panetta sugeriu instalar uma câmera na árvore dentro do complexo, o Kuaitiano derrubou a árvore em questão.

Finalmente, no fim do outono, Jeremy Bash, chefe de pessoal de Panetta, reuniu os caçadores de Bin Laden na Agência e disse: "Deem ao diretor 25 atividades operacionais que possam ser usadas para entrar no complexo ou para saber o que está acontecendo lá, e não tenham receio de ser bastante criativos em algumas delas". Os caçadores de Bin Laden responderam com uma tabela contendo 38 ideias. Algumas eram bizarras. Uma delas sugeria jogar bombas de fedor insuportável para expulsar os ocupantes do complexo. Outra consistia em apostar no suposto fanatismo religioso dos habitantes do complexo e transmitir, por alto-falantes; o que seria a "Voz de Alá", dizendo: "Eu ordeno que venham para a rua!".

Outras ideias mais plausíveis incluíam criar alguma tecnologia que permitisse à Agência espionar os ocupantes, através da pequena antena de satélite conectada à única televisão do complexo ou de um esconderijo da CIA nas proximidades, onde os agentes interceptariam os sons e emissões de energia resultantes se Bin Laden decidisse gravar um novo vídeo.

Depois que Panetta teve certeza de que a equipe havia esgotado todas as possibilidades imagináveis de abordagem, eles escolheram três ou quatro opções. Uma tática criativa, ainda que eticamente questionável, seria recrutar Shakil Afridi, um médico paquistanês das regiões tribais,

ANATOMIA DE UMA PISTA

para organizar um falso programa de vacinação no bairro de Bin Laden e em seu entorno. A idéia era ter acesso ao complexo, colher amostras do sangue dos moradores e, em seguida, compará-las com amostras de DNA da família de Bin Laden que estavam em poder da Agência. Em março, o dr. Afridi viajou para Abbottabad, dizendo aos moradores que dispunha de fundos para iniciar uma campanha de vacinação gratuita contra a hepatite B. Para não despertar suspeitas, Afridi recrutou enfermeiras e profissionais de saúde para administrar as vacinas, começando em um bairro pobre na periferia da cidade, em vez do mais abastado Bilal Town. Mas a equipe de Afridi nunca conseguiu obter amostras de DNA dos filhos de Bin Laden.

A hipótese de que o Kuaitiano fosse a chave para encontrar o líder da Al-Qaeda surgiu num memorando escrito por agentes da CIA em agosto de 2010, intitulado "Cercando o Mensageiro de Usama bin Ladin". No mês seguinte, um relatório ainda mais detalhado de todas as informações sobre o Kuaitiano foi agrupada em um documento intitulado "Anatomia de uma pista". Estava bem claro para os autores destes memorandos que qualquer coisa que eles escrevessem sobre a localização de Bin Laden iria chamar muita atenção, inclusive do presidente. Um agente antiterrorismo explica: "Tínhamos um grupo que não tinha medo de dizer diretamente que acreditávamos que isto levaria a Bin Laden, e assumia total responsabilidade".

Quase toda a equipe trabalhando na caça a Bin Laden também havia trabalhado na busca a Ayman al-Zawahiri. E estavam cientes de que sete agentes e contratados da CIA haviam morrido na base operacional avançada em Khost, no Afeganistão, seguindo o que na época parecia ser a pista mais promissora que a Agência já teve sobre Zawahiri desde o 11 de setembro, mas que acabou se revelando uma cilada da Al-Qaeda. Os que morreram em Khost eram amigos e colegas dos analistas que agora tinham certeza de que possuíam a melhor pista de Bin Laden em uma década.

Os envolvidos na caça a Bin Laden queriam evitar a todo custo mais um fiasco como o das armas de destruição em massa (ADM) no Iraque. A suposição equivocada de que Saddam Hussein estava reconstituindo seu programa de ADM – que fora a principal justificativa para a Guerra do Iraque –, nasceu, em parte, de uma série de fontes de informações duvidosas. Uma delas era um desertor iraquiano, com o sugestivo codinome de "Bola Curva", que afirmava que Saddam possuía laboratórios móveis de armas biológicas. Este relato passou a ser o ponto central nas afirmações do governo Bush de que Saddam tinha um programa de armas biológicas. Mas um fato a que os altos funcionários do governo Bush e grande parte da comunidade de inteligência dos EUA não prestaram atenção foi que, além de alcoólatra, Bola Curva era um mentiroso compulsivo.

Os danos causados pelas mentiras de fontes como Bola Curva foram agravados pelo fato de que quaisquer "discordâncias" sobre aspectos do suposto programa de ADM do Iraque, vindas de qualquer uma das dezesseis agências de inteligência americanas, geralmente acabavam soterradas em relatórios extensos. Tubos de alumínio enviados para o Iraque em 2001 foram considerados pela CIA como peças para centrífugas no programa de enriquecimento de urânio do Iraque, mas especialistas do Departamento de Energia foram rigorosamente céticos em relação a isso – uma opinião que a classe política ignorou.

A comunidade de inteligência estava determinada a aprender com aqueles erros dispendiosos. Desta vez não iriam repetir a famosa afirmação "certeira" do diretor da CIA George Tenet ao presidente Bush de que o Iraque possuía armas de destruição em massa. O diretor de análise de terrorismo da CIA, um analista cuidadoso que teve a missão de entregar ao presidente Bush o altamente confidencial Boletim Diário do presidente, seis dias por semana, durante quatro anos, estava determinado a fazer uma boa pesquisa sobre o caso do Kuaitiano. O pequeno grupo de analistas da CIA que tinha conhecimento das informações sobre o Kuaitiano submeteu o caso a um processo formal de técnicas de análise, concentrando-se em algumas questões fundamentais: qual era a evidência de que o Kuaitiano era mensageiro de Bin Laden? Que outra função poderia o Kuaitiano ter caso não fosse mensageiro do líder da Al-Qaeda? O Kuaitiano ainda trabalhava para a Al-Qaeda?

Durante o mês de outubro de 2010, os agentes encontraram várias explicações alternativas para as informações que haviam conseguido reunir sobre o Kuaitiano: ele teria roubado dinheiro da Al-Qaeda e agora vinha mantendo uma certa discrição; ele trabalharia para outra pessoa na Al-Qaeda; ele seria mensageiro de algum criminoso não ligado à Al-Qaeda; ou a família de Bin Laden, mas não o próprio Bin Laden, estaria vivendo no misterioso complexo. Eles concluíram que não podiam descartar nenhuma das hipóteses alternativas. Um agente antiterrorista recorda-se: "Tivemos um trabalho enorme explorando todas estas hipóteses para que o presidente e seus assessores pudessem formular um juízo fundamentado sobre o que planejavam fazer a seguir". Conscientes das lições do fiasco das ADM, agentes encorajaram vivamente a discordância entre os principais analistas da caça a Bin Laden. Um agente contou o seguinte: "Explicamos várias vezes para o nosso grupo: 'Se você acha que algo não faz sentido, este é o momento de se manifestar'".

Durante o restante do ano, os oficiais de antiterrorismo continuaram a observar o complexo em Abbottabad e acompanhar os movimentos do Kuaitiano pelo noroeste do Paquistão. Eles agora tinham "grande certeza" de que o Kuaitiano ainda fosse um membro da Al-Qaeda, mas não estavam tão certos quanto à possibilidade de Bin Laden estar vivendo no complexo. A CIA ouviu conversas telefônicas do Kuaitiano e o espionou durante suas viagens pelo Paquistão. Os agentes acharam revelador o fato de que, quando o Kuaitiano e sua família visitavam parentes no Paquistão, mentiam sobre o local onde estavam vivendo, dizendo que moravam em Peshawar. Também mentiam aos vizinhos sobre quem eram, o que estavam fazendo e para onde estavam indo. Eles também não permitiam a entrada de qualquer um no complexo, uma construção que parecia ter sido projetada para impedir uma boa visibilidade a partir de qualquer ângulo.

Sobre a observação das idas e vindas no complexo, diz um agente americano: "Começamos a crer que a família de Bin Laden estava lá. Estaria Bin Laden nas proximidades, considerando sua devoção a ela?". Alguns analistas, como John, chefe-adjunto do setor Afeganistão-Paquistão no Centro Antiterrorismo, consideravam que a probabilidade de Bin Laden estar no complexo era de até 90%, mas independentemente das estimativas dos analistas, a hipótese de que Bin Laden estivesse lá sempre foi totalmente circunstancial.

Outros detalhes relacionados ao complexo ainda intrigavam a CIA. A primeira "anomalia" era o fato de a construção estar localizada a menos de um quilômetro e meio da academia militar paquistanesa. A segunda é ela não ser nada pequena ou obscura, destacando-se como uma fortaleza em meio à maioria dos edifícios vizinhos. Terceira: havia muitas crianças por ali, algumas delas grandes o suficiente para comentar a respeito de um "tio" misterioso que nunca deixava o complexo. Além disso, as esposas e filhos do mensageiro e de seu irmão viajavam regularmente para visitar familiares em outras partes do Paquistão. Uma dessas crianças, Muhammad, de sete anos de idade, até frequentava uma escola religiosa fora de Abbottabad. Os agentes da CIA estavam familiarizados com a ideia de "esconderijo à vista de todos", mas o complexo de Abbottabad parecia levar esse conceito ao extremo.

Robert Cardillo, um agente veterano da inteligência que informava o presidente Obama três vezes por semana sobre os desenvolvimentos da segurança nacional em todo o mundo, pensou que, se Bin Laden estivesse realmente vivendo no complexo, seria "loucura" ele não ter se mexido por seis anos. E se Bin Laden estava morando lá, como os paquistaneses poderiam não saber? Afinal de contas, raciocinou ele, não se tratava de um lugar remoto e sem lei, mas sim de uma cidade bem policiada. Outras facetas do caso também não estavam bem explicadas para Cardillo: havia cerca de vinte adultos e crianças vivendo no complexo, o que parecia um grande risco de segurança para Bin Laden. E enquanto o mensageiro e seu irmão tomavam medidas de segurança operacionais rigorosas com seus telefones, havia outros usuários de celulares no complexo que não tomavam quaisquer precauções desse tipo. Cardillo tinha tantas dúvidas a esclarecer sobre a imagem que a inteligência tinha do complexo que, em determinado momento, Michael Vickers, o superintendente civil de Operações Especiais, disse: "Você sabe que está sendo o estraga-prazeres por aqui". Cardillo defendeu-se: "Mike, este é o meu trabalho. Obrigado".

No início do outono, a CIA montou um esconderijo em Abbottabad para os agentes que investigariam o complexo e elaborou uma análise do "estilo de vida" das pessoas que viviam no complexo. De acordo com um agente de operações da CIA aposentado que trabalhou no Paquistão após o 11 de setembro, esse tipo de esconderijo em geral é instalado numa residência que não atraia a atenção. Tudo precisa parecer perfeitamente normal. Isso significa que não devem ser feitas alterações perceptíveis no perfil e nas características da casa, ou seja, nada de antenas, luzes acesas à noite ou novas obras evidentes. A rotina no esconderijo teria de ser "não alarmante: nenhum aumento súbito no número de visitantes e nada de idas e vindas em horários estranhos. Além disso, a história de fachada para os moradores – quem eram, de onde vieram, o que faziam em Abbottabad – teria de ser bem convincente. Nada estranho. Nada incomum. Quanto mais careta, melhor. E era bom também dar sempre respostas

Bin Laden em sua única coletiva de imprensa, realizada em 1998, ocasião em que repetiu sua declaração de guerra aos EUA.
CNN VIA GETTY IMAGES

Osama bin Laden, considerado um pai amoroso, com seu filho Hamza em 1º de janeiro de 2001.
HAMID MIR/DAILY DAWN/GAMMA-RAPHO VIA GETTY IMAGES

Policiais próximos a um cartaz de busca a Bin Laden (Procurado: Vivo ou Morto), no distrito financeiro de Nova York, em 18 de setembro de 2001.
JEFF HAYNES/APF/GETTY IMAGES

Caverna onde militantes da Al-Qaeda se abrigaram durante a Batalha de Tora Bora, em dezembro de 2001. REZA/GETTY IMAGES

Combatentes anti-Talibã afegãos em 6 de dezembro de 2001, o dia mais intenso de confrontos contra a Al-Qaeda na Batalha de Tora Bora. ROMEO GACAD/AFP/GETTY IMAGES

Em dezembro de 2001, em seu primeiro vídeo desde o 11 de setembro, Bin Laden envia uma mensagem ao povo americano.

Seis anos depois, neste vídeo gravado em 2007, Bin Laden aparece com a barba aparada e tingida.

 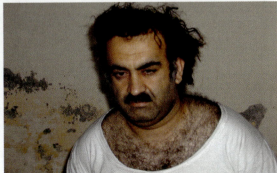

Mohammed al-Qahtani, recrutado inicialmente para ser um dos sequestradores do 11 de setembro (à esquerda), e Khalid Sheik Mohammad, o idealizador dos ataques (à direita), foram capturados em 2001 e 2003, respectivamente. Técnicas de interrogação coercivas aplicadas nos dois revelaram informações contraditórias a respeito do mensageiro de Bin Laden, conhecido como "Kuaitiano". DEPARTMENT OF DEFENSE/ MCT VIA GETTY IMAGES [AL-QAHTANI]; ASSOCIATED PRESS [KSM]

Entre 2003 e 2008, o major-general Stanley McChrystal transformou o Comando Conjunto de Operações Especiais (JSOC) numa força de agilidade e ferocidade sem igual, pavimentando o caminho para a Operação Lança de Netuno.
PAULA BRONSTEIN/ GETTY IMAGES

Gráfico da CIA detalhando o complexo de Bin Laden em Abbottabad.
CIA

Imagem de satélite do complexo de Bin Laden em Abbottabad.
DIGITALGLOBE VIA GETTY IMAGES

General James "Hoss" Cartwright (à direita) e o diretor da CIA Leon Panetta.
ALEX WONG/GETTY IMAGES

A subsecretária de Políticas de Defesa Michèle Flournoy testemunha perante o Congresso ao lado do almirante Mike Mullen, presidente da Junta de Chefes de Estado-Maior.
ALEX WONG/GETTY IMAGES

O presidente Barack Obama cumprimenta o almirante Mike Mullen após seu pronunciamento detalhando a missão que derrubou Bin Laden em 1º de maio de 2011.
OFFICIAL WHITE HOUSE PHOTO BY PETE SOUZA

O idealizador da incursão ao complexo de Bin Laden em Abbottabad, vice-almirante William McRaven.
WIN MCNAMEE/GETTY IMAGES

Michael Vickers, assessor de Operações Especiais do Departamento de Defesa
CHIP SOMODEVILLA/GETTY IMAGES

O presidente Barack Obama durante reunião na Casa Branca sobre a missão de ataque a Bin Laden. Ao lado, o conselheiro de Segurança Nacional Tom Donilon.
OFFICIAL WHITE HOUSE PHOTO BY PETE SOUZA

O diretor do Centro Nacional Antiterrorismo Michael Leiter, que liderou a equipe que revisou toda a inteligência a respeito do complexo de Abbottabad poucos dias antes do ataque. CHIP SOMODEVILLA/GETTY IMAGES

O diretor da CIA Leon Panetta e o chefe de Estado-Maior, Jeremy Bash assistem à transmissão do ataque dos Seals da Marinha a Bin Laden. CIA

O presidente Barack Obama e o vice-presidente Biden na Casa Branca, em maio de 2011. Sentados, da esquerda para a direita, o general brigadeiro Marshall B. "Brad" Webb, o conselheiro adjunto de Segurança Nacional Denis McDonough, a secretária de Estado Hillary Clinton e o secretário de Defesa Robert Gates. Em pé, da esquerda para a direita, o almirante Mike Mullen, o conselheiro de Segurança Nacional Tom Donillon, o chefe do Estado-Maior Bill Daley, o conselheiro de Segurança Nacional do vice-presidente Tony Blinken, o diretor de Antiterrorismo Audrey Tomason, o assistente do presidente para Segurança Interna John Brennan, e o diretor de Inteligência Nacional James Clapper. OFFICIAL WHITE HOUSE PHOTO BY PETE SOUZA diretas às perguntas, em vez de esperar que os vizinhos cheguem à conclusão que você deseja. Em um lugar como o Paquistão, uma maneira fácil de conseguir esse resultado é simplesmente certificar-se de que os próprios empregados da casa conheçam a história de fachada. Todos os empregados domésticos, cozinheiros e motoristas falam em ambientes como esse. É como uma cidade pequena. Qualquer coisa que sua empregada saiba, ou pensa que sabe, sobre quem você é, de onde você veio, e o que você faz, será do conhecimento de todos os empregados domésticos da vizinhança poucos dias após sua chegada".

No início, os agentes que monitoravam o complexo observaram apenas as duas famílias, a do mensageiro e a de seu irmão. Mas após uma vigília mais cuidadosa, perceberam que havia uma terceira família vivendo ali. Os membros desta terceira família pareciam nunca deixar o complexo, mas a observação cuidadosa de seus movimentos e do número de roupas masculinas, femininas e infantis penduradas nos varais indicou que esta família consistia de três mulheres, um homem jovem e pelo menos nove crianças, todos vivendo no edifício principal. Seriam as esposas, filhos e netos de Bin Laden? A composição desta família coincidia com o que se sabia sobre a família do líder da Al-Qaeda.

Apesar de ter espiões em solo em Abbottabad e satélites da NSA orbitando no espaço acima do complexo, a CIA nunca conseguiu obter uma imagem de Bin Laden. Observou-se, porém, que um indivíduo fazia caminhada todos os dias na horta do complexo, mas uma lona espertamente instalada sobre a área em que a pessoa andava impedia a observação por satélites espiões. Analistas chamaram a pessoa misteriosa de "o Conta-passos". O Conta-passos nunca saía do complexo, e suas excursões diárias se pareciam com as de alguém no pátio de uma prisão da qual não podia sair, tentando se exercitar. Ele caminhava rapidamente em pequenos círculos, e depois voltava para dentro. Sabendo-se que Bin Laden era muito alto, Panetta instruiu sua equipe a verificar a altura do Conta-passos, comparando-a com a parede mais próxima. Ao medir a sombra do sujeito, agentes da inteligência determinaram que o homem misterioso poderia medir entre 1,68 e 2,07m. Isso não ajudava muito.

A CIA foi ao Congresso e obteve dezenas de milhões de dólares a serem redistribuídos no orçamento da Agência para aprimorar o esforço de investigação. Ainda assim, os agentes tinham o que chamavam de "lacunas de coleta": eles não conseguiam ver o interior do complexo, e não podiam monitorá-lo 24 horas por dia. Mas os agentes antiterroristas tinham receio de fazer uma abordagem mais agressiva, pois isso poderia acabar "assustando os alvos". Eles estavam preocupados que alguém tão esperto como Bin Laden – se de fato fosse ele o Conta-passos –, tivesse algum tipo de plano de fuga em mãos. Eles também achavam provável que ele tivesse tomado a precaução de subornar um agente da polícia local, alguém que o avisaria se percebesse qualquer sinal de uma operação de tomada do complexo.

Em novembro, Panetta e os demais caçadores de Bin Laden da CIA foram até Obama e disseram: "Acreditamos que há uma forte possibilidade de Bin Laden estar no complexo de Abbottabad". Os analistas acreditavam nisso com graus variados de segurança, com a maioria estimando a probabilidade em 80%. O analista principal, John, acreditava em 90%, enquanto Michael Morell, vice-diretor da CIA, tinha 60% de certeza. "Por que as pessoas acreditam em diferentes probabilidades?", perguntou Obama a Panetta, que passou a pergunta para Morell. "Inteligência não é uma ciência exata", explicou Morell. "Mesmo se tivéssemos uma fonte dentro do complexo dizendo que Bin Laden está lá, eu só teria 80% de certeza, porque as fontes possuem graus de confiabilidade diferentes. Os analistas que têm de 80 a 90% de certeza são aqueles que rastrearam a Al-Qaeda nos últimos anos e obtiveram grande sucesso desmontando planos e minando a organização. Eles estão confiantes. Já os mais reticentes são os que vivenciaram falhas de informação, especialmente a questão das armas de destruição em massa no Iraque". Em determinado ponto, Morell disse ao presidente que, em termos de quantidade de dados disponíveis, "as evidências de o Iraque possuir armas de destruição em massa eram realmente mais fortes que as evidências de Bin Laden estar vivendo no complexo de Abbottabad".

A certeza do próprio Morell mantinha-se estável em 60% porque nunca houve qualquer confirmação direta de que Bin Laden estivesse lá. Por outro lado, não havia nenhuma boa explicação alternativa para tudo o que acontecia no complexo e para o fato de os moradores estarem claramente escondendo *alguma coisa*. Ao longo das primeiras semanas de 2011, a hipótese de Bin Laden estar vivendo no complexo de Abbottabad permaneceu numa espécie de limbo. "Ao longo do tempo, coletamos um monte de informações que não negavam a hipótese de Bin Laden estar lá, mas que também não a confirmavam", diz um agente antiterrorista. Agentes da CIA que não integravam o Centro Antiterrorismo foram trazidos para avaliar se os analistas de Bin Laden teriam deixado algo escapar. Eles não encontraram nada óbvio. Um analista da CIA que caçou Bin Laden diz: "Puxamos o fio de um zilhão de tramas na última década, algumas vezes uma 'aparição' de Bin Laden, ou alguma outra informação, e cada vez que os fios foram puxados, as tramas foram rapidamente desfeitas. Já com esta trama de Abbottabad, você puxava o fio e ela não se desfazia".

John Brennan, agente da CIA de longa data e atual assessor principal de antiterrorismo de Obama, reuniu-se várias vezes com os analistas que trabalhavam no caso Bin Laden, muitos dos quais ele conhecia e admirava há anos. Brennan pressionou-lhes para que descobrissem novidades que refutassem a ideia de que Bin Laden estaria vivendo no complexo de Abbottabad, dizendo: "Estou cansado de ouvir que tudo que vocês veem confirma a sua hipótese. O que precisamos procurar são coisas que digam que não estamos certos sobre nossa teoria. Então, o que não está certo sobre suas inferências?".

Os analistas voltaram à Casa Branca em outra oportunidade e deram início à atualização de informações, dizendo: "Parece que há um cão no complexo". Denis McDonough, conselheiro substituto de segurança nacional de Obama, lembra de ter pensado: "Ah, que pena. Você sabe que nenhum muçulmano que se dê ao respeito teria um cão". Brennan, que dedicou a maior parte de sua carreira a assuntos do Oriente Médio e falava árabe, destacou que, na verdade, Bin Laden já teve cães quando viveu no Sudão em meados dos anos 1990. (De fato, quando o líder da Al-Qaeda morava na capital sudanesa de Cartum, desenvolveu interesse em treinar cães policiais).

Na virada de fevereiro para março, o diretor da CIA Leon Panetta perguntou a uma agente antiterrorista veterana – que trabalhara por muitos anos em pistas de Bin Laden que não deram resultado – o quanto ela acreditava que Bin Laden estivesse no complexo. "Setenta por cento", disse ela.

As porcentagens sugeriam uma precisão que não existia na realidade. Ou Bin Laden estava vivendo no complexo ou não estava. Mesmo após meses de observação, ninguém sabia ao certo.

CAPÍTULO 9   OS ÚLTIMOS ANOS DE BIN LADEN

A vida de Bin Laden no complexo não era dedicada exclusivamente a suas esposas e filhos, orações diárias, passatempos como leituras antiamericanas e antissionistas ou assistir a vídeos antigos de si mesmo. Seu tempo também era consumido pela responsabilidade de tentar gerenciar a Al-Qaeda, uma tarefa difícil para alguém escondido, e cujos imediatos mais importantes também estavam foragidos.

Era somente por intermédio de Abu Ahmed al-Kuwait que Bin Laden conseguia manter alguma aparência de controle sobre sua organização. O Kuaitiano e seu irmão Abrar, ambos com trinta e poucos anos, eram os únicos guardas de Bin Laden e sua única ligação com o mundo exterior. Eles compravam arroz, lentilhas e outros suprimentos no mercado local. Usando pseudônimos – Arshad Khan e Tariq Khan – os dois irmãos escoltavam os filhos de Bin Laden ao médico local para tratamento de problemas habituais de estômago, resfriados e tosses. Os Khans andavam sem alarde para cima e para baixo pelo bairro, conduzindo seu pequeno jipe Suzuki branco e seu furgão vermelho enquanto cumpriam suas tarefas. Ocasionalmente, os dois irmãos faziam suas orações diárias em uma mesquita local, mas não falavam com ninguém. Para os curiosos, eles diziam que trabalhavam no ramo de transporte. Isso não satisfazia a curiosidade de alguns moradores, que achavam que eles poderiam ser traficantes de drogas e se queixavam que, mesmo morando numa casa tão grande, eles não ajudavam os pobres.

Os irmãos eram membros de longa data da Al-Qaeda. O pai dos dois havia emigrado cinco décadas antes para o Kuait, vindo de uma pequena aldeia pashtun no norte do Paquistão, a cerca de três horas de viagem de Abbottabad. Esta origem tornava os dois irmãos indispensáveis para Bin Laden, pois eles podiam infiltrar-se facilmente nas áreas de língua pashto do norte e oeste do Paquistão, onde os líderes da Al-Qaeda agora estavam escondidos. E também falavam árabe, podendo assim se comunicar facilmente com os líderes árabes da Al-Qaeda. Os irmãos haviam jurado *bayat* a Bin Laden, um voto sagrado de fidelidade ao homem que eles veneravam como o emir (príncipe) da *jihad*. Eles obedeciam às ordens de Bin Laden sem questionar.

De forma crucial, o Kuaitiano transportava cartas e *pen drives* contendo instruções de Bin Laden para outros líderes da Al-Qaeda. O Kuaitiano tomava medidas especiais de segurança operacional ao transportar esses itens para Peshawar, de onde seriam distribuídos para as regiões tribais vizinhas na fronteira com o Afeganistão, onde muitos dos líderes da Al- -Qaeda estavam baseados. Consciente dos recursos americanos e paquistaneses para monitorar telefones celulares, o Kuaitiano só ligava o celular nas proximidades da pequena cidade de Hasan Abdal, a uma hora de carro a sudoeste de Abbottabad.

Através das mensagens levadas pelo leal Kuaitiano, Bin Laden mantinha contato com a organização que havia fundado, e fazia o possível para administrar as afiliadas regionais da Al-Qaeda em países mais distantes como Iraque, Somália e Iêmen. Ele também continuou a tramar carnificinas em grande escala – assuntos pesados que ele nunca discutia com suas esposas.

O canal principal de Bin Laden com sua organização era Atiyah Abdul Rahman, um militante líbio de cerca de quarenta anos. Visto pelos agentes no Ocidente como não mais que um terrorista de nível médio, Rahman era, na verdade, chefe de pessoal de Bin Laden. Em particular, Bin Laden se inquietava com o fato de Rahman ser duro e pouco diplomático em suas relações com os outros. Apesar dessas preocupações, Bin Laden mantinha contato frequente com o líbio, muito mais que com o seu imediato principal mais conhecido, o sombrio cirurgião egípcio Ayman al-Zawahiri.

Nos anos seguintes ao 11 de setembro, os agentes antiterrorismo acreditavam que Zawahiri fosse o gerente da Al-Qaeda, mas, na realidade, ainda era Bin Laden quem tomava as decisões de pessoal e planejava as ações do grupo.

Através de Rahman, Bin Laden emitiu instruções para seus afiliados regionais: a organização terrorista norte-africana Al-Qaeda no Magrebe Islâmico, o grupo militante somali Al-Shabaab, a Al-Qaeda no Iraque, e a Al-Qaeda na Península Arábica. Nos anos pós-11 de setembro, Rahman também viajou para o Irã para agir como ponte entre Bin Laden e alguns líderes de longa data da Al-Qaeda, como Saif al-Adel, que lá vivia sob uma espécie de prisão domiciliar, assim como alguns dos filhos de Bin Laden.

O Iraque era uma preocupação especial para Bin Laden, que inicialmente ficara em êxtase com as oportunidades que a invasão americana de 2003 apresentava para estabelecer uma filial da Al-Qaeda no coração do mundo árabe. No entanto, quando se mudou para o complexo de Abbottabad dois anos depois, passou a ficar cada vez mais preocupado com as táticas brutais da Al-Qaeda no Iraque, que incluíam explodir as principais mesquitas xiitas e matar colegas sunitas que não seguiam à risca os ditames do grupo. Bin Laden lembrou aos líderes de sua afiliada iraquiana os erros que militantes islâmicos haviam cometido na Argélia na década de 1990, quando desencadearam uma guerra civil tão brutal que acabaram eliminando qualquer vestígio de apoio popular que outrora tivessem desfrutado.

Em novembro de 2005, enquanto Bin Laden se adaptava à nova vida no complexo de Abbottabad, Rahman escreveu uma carta de sete páginas ao líder da Al-Qaeda no Iraque, o espantosamente cruel Abu Musab al-Zarqawi, que tinha o hábito de decapitar pessoalmente seus reféns e filmar todo o processo para divulgação mundial na Internet. A carta de Rahman, que claramente refletia os pontos de vista de Bin Laden, era uma crítica polida, mas severa. Zarqawi havia coordenado recentemente atentados suicidas em hotéis americanos de Amã, na Jordânia, matando sessenta pessoas, quase todas civis jordanianos que estavam em uma festa de casamento. Os atentados mancharam severamente a imagem da Al--Qaeda no mundo árabe, e se somaram à matança indiscriminada, promovida por Zarqawi, de qualquer muçulmano que não compartilhasse estritamente de seus pontos de vista. Como um chefe insatisfeito realizando uma avaliação de desempenho, Rahman disse a Zarqawi que ele deveria passar a seguir as instruções de Bin Laden e cessar operações contraproducentes, como os atentados aos hotéis na Jordânia.

Quando Zarqawi foi morto em um ataque aéreo americano seis meses depois, as subsequentes declarações públicas de Bin Laden manifestando admiração por ele ocorreram apenas porque Zarqawi havia abraçado a luta contra os americanos no Iraque de uma forma que nem o próprio Bin Laden sonhara. Particularmente, Bin Laden temia que Zarqawi tivesse prejudicado gravemente a imagem da Al-Qaeda, e em outubro de 2007, o líder da Al-Qaeda chegou até a emitir um pedido público de desculpas sem precedentes pelo comportamento de seus seguidores no Iraque, reprendendo-os por "fanatismo".

A estada de Bin Laden em Abbottabad se estendeu por anos, mas seu foco central continuou sendo sempre atacar os Estados Unidos. No início de 2011, ele tinha plena consciência de que quase uma década havia se passado desde o último ataque bem-sucedido aos Estados Unidos. À medida que o décimo aniversário de sua grande vitória contra os americanos se aproximava, Bin Laden escreveu mensagens para as células da Al-Qaeda na Argélia, no Iraque e no Iêmen, lembrando que os Estados Unidos ainda eram o principal inimigo e alertando para que não se distraíssem com embates locais. Ele planejou assassinar o presidente Obama e o general David Petraeus, que haviam infligido duras perdas à afiliada da Al-Qaeda no Iraque. Observou, porém, que matar o vice-presidente Joe Biden seria provavelmente uma perda de tempo, pois ele não se tratava de um alvo suficientemente importante. Para sua equipe, Bin Laden ressaltou a importância de continuar visando grandes cidades americanas como Chicago, Washington, Nova York e Los Angeles. Rahman frequentemente tinha que lembrar Bin Laden de que a Al-Qaeda simplesmente não possuía recursos para realizar seus planos ambiciosos. Alguns dos outros oficiais de Bin Laden apontaram que seria muito mais realista se concentrar no combate aos soldados americanos no Afeganistão, em vez de tentar atacar os Estados Unidos em si – conselho que Bin Laden simplesmente ignorou.

Escrevendo em seu diário, Bin Laden, um anotador meticuloso, calculou quantos milhares de americanos mortos seriam necessários para que os Estados Unidos finalmente se retirassem do mundo árabe. Ele considerou atacar trens colocando árvores ou blocos de cimento em trilhos ferroviários nos Estados Unidos, e sugeriu que a Al-Qaeda recrutasse cidadãos americanos não muçulmanos que se opusessem a seu próprio governo, citando desafetos afro-americanos e latinos como potenciais recrutas. A Al-Qaeda teve apenas um modesto sucesso com essa tática, recrutando Bryant Neal Vinas, um desempregado hispano-americano de Long Island, que participou de um ataque a uma base dos EUA no Afeganistão em 2008, antes de ser preso pelos paquistaneses e entregue à custódia americana.

Bin Laden incentivou seus seguidores a planejarem um ataque aos Estados Unidos que coincidisse com o décimo aniversário do 11 de setembro ou algum feriado como o Natal, e defendeu ataques a petroleiros como parte de uma estratégia mais ampla de sangrar economicamente os Estados Unidos. Ele ordenou que Rahman se concentrasse também em recrutar jihadistas para ataques na Europa. Os últimos ataques bem-sucedidos da Al-Qaeda ali foram os quatro atentados suicidas ao metrô de Londres, em 7 de julho de 2005, que mataram 52 passageiros. Rahman mantinha contato com um grupo de militantes marroquinos que viviam em Düsseldorf. No outono de 2010, os líderes da Al-Qaeda estavam impacientes para colocar em prática um plano de ataque com vários homens armados em algum lugar na Alemanha, que acabou não se concretizando.

Em um de seus momentos mais delirantes, Bin Laden considerou mudar o nome da Al-Qaeda, pois acreditava estar diante de um problema de marca. Ele temia que o nome completo do grupo, Al-Qaeda al-Jihad, que significa "A Base para a Guerra Santa", estivesse se perdendo no Ocidente, onde o grupo, de fato, era conhecido apenas por Al-Qaeda. Bin Laden acreditava que a supressão da palavra *jihad* permitira ao Ocidente "alegar enganosamente que eles não estavam em guerra com o Islã". Bin Laden chegou a cogitar opções de nomes absolutamente estranhas como: o Grupo do Monoteísmo e da *Jihad*, e Grupo da Restauração do Califado.

Bin Laden dedicou especial atenção à sua relativamente nova, mas bastante promissora, filial da Al-Qaeda na Península Arábica, baseada no Iêmen. Foi esta afiliada que conseguiu infiltrar uma bomba em um avião americano de passageiros, escondida nas roupas de baixo de Umar Farouk Abdulmutallab, o recruta nigeriano que tentou, sem sucesso, detonar o dispositivo quando o avião sobrevoava Detroit no Natal de 2009. Bin Laden deu conselhos táticos ao grupo, que publicava a *Inspire*, uma revista virtual em inglês destinada ao recrutamento de militantes no Ocidente. Em uma edição da *Inspire*, um autor sugeria que os jihadistas transfor-

OS ÚLTIMOS ANOS DE BIN LADEN

massem um trator em arma, equipando-o com lâminas gigantes e arremetendo-o contra uma multidão. Bin Laden reprovou a ideia, alegando que tal matança indiscriminada não refletia os "valores" da Al-Qaeda. E Bin Laden também tomou decisões importantes em relação à equipe. Quando o líder da Al-Qaeda na Península Arábica sugeriu a nomeação do clérigo Anwar al-Awlaki, nascido nos Estados Unidos, para chefiar a organização, pois seu renome no Ocidente ajudaria na angariação de fundos, Bin Laden rejeitou a ideia, dizendo que não conhecia Awlaki e estava muito satisfeito com a atual liderança. Bin Laden também deu conselhos estratégicos a seus seguidores iemenitas, avisando-lhes que não havia ainda "estrutura" suficiente no apoio à Al-Qaeda na região para tentar implantar um regime ao estilo do Talibã por lá.

Os imediatos escreveram a Bin Laden sobre os problemas que estavam enfrentando, sendo o principal deles as operações americanas com aeronaves não tripuladas nas regiões tribais do Paquistão. A campanha americana com aeronaves não tripuladas havia começado em 2004 no governo Bush, mas, como vimos, o presidente Obama expandiu o programa de forma expressiva. Nos tempos de Bush, houve um ataque a cada quarenta dias; com Obama, a frequência aumentou para um a cada quatro dias. Os ataques fizeram a posição de "número três" da Al-Qaeda ser considerada uma das mais perigosas do mundo. Em maio de 2010, em uma estrada de terra de Miran Shah, a cidade principal da região tribal do Waziristão do Norte, o míssil lançado por uma aeronave não tripulada matou Mustafa Abu al-Yazid, bem como sua esposa e vários de seus filhos. Yazid era um dos membros fundadores da Al-Qaeda, servia como terceiro na linha de comando e supervisionava planos, recrutamento, captação de recursos e a segurança interna do grupo. Nos dois últimos anos, Bin Laden também havia perdido nos ataques aéreos seu especialista em armas químicas, seu chefe de operações no Paquistão, seu chefe de propaganda e meia dúzia de outros suboficiais.

Rahman escreveu a Bin Laden que a Al-Qaeda estava sendo massacrada pelas aeronaves não tripuladas e perguntou se havia locais alternativos onde a organização pudesse se reinstalar. Em vez disso, Bin Laden aprovou a formação de uma unidade de contraespionagem para erradicar os espiões nas áreas tribais que estavam fornecendo aos americanos informações detalhadas sobre a localização de seus imediatos. Em 2010, no entanto, ele recebeu uma queixa de que o esquema de contraespionagem mal conseguia funcionar com seu orçamento restrito de alguns milhares de dólares. Uma preocupação especial para Bin Laden e Rahman era o fato de o fluxo de caixa na sede da Al-Qaeda ter sido reduzido a um filete. Eles se correspondiam trocando ideias sobre formas de reabastecer os exauridos cofres do grupo, focando especialmente no sequestro de diplomatas no Paquistão.

Conscientes das pressões que a Al-Qaeda enfrentava – a péssima situação financeira, a liderança dizimada e sua antiga incapacidade de realizar qualquer ataque no Ocidente – Bin Laden começou a buscar formas de revigorar seu grupo. No início de 2011, ele pensou em fazer um novo esforço para negociar uma grande aliança dos vários grupos militantes que lutavam no Afeganistão e no Paquistão. Nas negociações com seus assessores, ele também levantou a possibilidade de intermediar algum tipo de acordo com o governo paquistanês: a Al-Qaeda cessaria seus ataques no Paquistão e, em troca, receberia oficialmente a proteção paquistanesa. Não há evidências de que esse acordo tenha acontecido e, de qualquer maneira, era uma ideia muito ingênua. Nenhum governo paquistanês faria um acordo de paz com a Al-Qaeda. Por muitos anos, Bin Laden e seus principais imediatos exigiram repetidamente em público ataques a oficiais paquistaneses e, como foi observado antes, tentaram assassinar o presidente do país, o general Pervez Musharraf, duas vezes em 2003.

Para o mundo, Bin Laden tentava apresentar uma imagem muito diferente daquele que havia se tornado: um líder envelhecido de um grupo terrorista conturbado. Certa vez, Bin Laden disse ao líder Talibã mulá Omar que até 90% de sua batalha era travada na mídia. De fato, ele levava a sério sua campanha midiática. Nos vídeos que gravava em um estúdio improvisado no complexo de Abbottabad, ele tingiu a barba grisalha de preto e vestiu suas túnicas beges mais finas, enfeitadas com fios de ouro. Nestes vídeos, ele às vezes aparecia sentado atrás de uma mesa e já não tinha mais a arma que invariavelmente costumava portar ao lado, um detalhe marcante de muitas das suas aparições anteriores gravadas em vídeo.

Em 2007, Bin Laden divulgou uma gravação de meia hora que recebeu bastante atenção no Ocidente, por ser a primeira vez em três anos que aparecia em vídeo. Na gravação, ele falou diretamente ao povo americano por detrás de uma mesa, em uma paródia jihadista dos discursos presidenciais no Salão Oval. Não fez ameaças explícitas de violência, mas, em vez disso, exortou os americanos a se converterem ao Islã e, em uma acusação aleatória aos Estados Unidos, relembrou os bombardeios atômicos de Hiroshima e Nagasaki; o extermínio dos índios americanos, a influência nefasta das corporações americanas e os péssimos indicadores americanos na questão da mudança climática, demonstrados pela recusa em assinar o Protocolo de Kyoto sobre o aquecimento global. Estas pareciam mais reflexões de um leitor idoso do *The Nation* do que as de um líder da *jihad* global.

Bin Laden também gravou uma média de cinco fitas de áudio por ano em seu covil em Abbottabad, que foram enviadas por mensageiro para a As Sahab, o braço de propaganda da Al-Qaeda. A As Sahab editava os arquivos de áudio, inserindo fotos de Bin Laden, gráficos, e às vezes legendas traduzidas. Em seguida, enviava os resultados para sites jihadistas ou os entregava à Al Jazeera. Nas fitas de áudio, Bin Laden, sempre viciado em notícias, comentava sobre grandes e pequenos acontecimentos do mundo muçulmano. Em março de 2008, ele declarou uma "catástrofe" a publicação de caricaturas do profeta Maomé por um jornal dinamarquês, ocorrida cinco anos antes. Três meses mais tarde, um ataque suicida da Al--Qaeda explodiu a embaixada dinamarquesa em Islamabad, matando seis pessoas. Depois de um silêncio de nove meses, Bin Laden divulgou uma gravação, em março de 2009, condenando a recente invasão israelense de Gaza. No final de 2010, opinou sobre a decisão da França de proibir as mulheres muçulmanas de vestirem a burca em público, e ameaçou vingança. Nesta mesma época, lançou uma fita criticando a demora na resposta do governo do Paquistão à enchente devastadora que deixou vinte milhões de paquistaneses desabrigados no verão de 2010.

A eloquência de Bin Laden em cada tema de interesse do mundo muçulmano tornou seu silêncio público sobre os acontecimentos da Primavera Árabe de 2011 ainda mais intrigante. Afinal, ali estava o que ele havia sonhado por tanto tempo: a derrubada dos regimes tirânicos do Oriente Médio. É bem provável que seu silêncio sobre o assunto deva-se ao fato de que, claramente, seus soldados e suas ideias tiveram pouca influência nas revoluções que agitaram o Oriente Médio. Nenhum manifestante ergueu fotos de Bin Laden ou repetiu sua virulenta retórica antiamericana, e poucos pediam teocracias ao estilo Talibã, o regime político preferido de Bin Laden. Os protestos também minavam duas das principais reivindicações de Bin Laden: que somente a violência poderia trazer mudança ao Oriente Médio, e que apenas por meio de ataques aos Estados Unidos os regimes árabes poderiam ser derrubados. Os manifestantes que derrubaram seus ditadores na Tunísia e no Egito eram em grande parte pacíficos e não foram inspirados pelos ataques da Al-Qaeda ao Ocidente. Eram, sim, tunisianos e egípcios comuns, fartos da incompetência e crueldade dos seus governantes.

Como responder a tudo isso deve ter sido confuso para Bin Laden, cuja paixão pelos holofotes era intensa, e cuja total irrelevância para o mais importante avanço no Oriente Médio desde o colapso do Império Otomano foi dolorosamente óbvia. No final de abril de 2011, ele gravou uma mensagem de áudio, que não foi divulgada antes de ele ser morto. Nela, Bin Laden saudava as revoluções tunisianas e egípcias, dizendo: "Assistimos a este grande evento histórico e compartilhamos com vocês a alegria, a felicidade e o prazer". Na fita, Bin Laden disse que a lei *sharia* deveria reger os novos governos de Egito e Tunísia, mas estranhamente não mencionou as revoltas que também estavam se espalhando por Bahrein, Líbia, Síria e Iêmen.

Bin Laden ainda era reverenciado por sua família e pelos seguidores que viviam no complexo de Abbottabad, mas na primavera de 2011, quando adentrou o sexto ano de residência, ele havia se tornado cada vez mais irrelevante para o mundo muçulmano. A imagem de Robin Hood religioso que projetara nos anos imediatamente posteriores ao 11 de setembro havia evaporado, e a maioria dos muçulmanos havia rejeitado a Al-Qaeda por conta de seu longo histórico de assassinatos de civis islâmicos. Talvez o mais fatal para suas ambições tenha sido o fato de Bin Laden nunca ter oferecido soluções reais para os problemas econômicos e políticos que continuaram a assolar o mundo árabe.

CAPÍTULO 10   OS GUERREIROS SECRETOS

Na abafada noite de 13 de abril de 2009, a vários quilômetros da costa da Somália, enquanto o Sol se punha sobre o Oceano Índico, soaram três tiros. Todas as balas encontraram seus alvos: três piratas somalis em um pequeno bote salva-vidas à deriva no mar que escurecia.

Nos cinco últimos dias os piratas vinham mantendo como refém Richard Phillips, o capitão americano do navio cargueiro *Maersk Alabama*. O presidente Obama havia autorizado o uso de força letal caso a vida de Phillips estivesse em perigo. Dias antes, sem os piratas saberem, um contingente de equipes Seal da Marinha havia saltado de paraquedas no oceano próximo ao *USS Bainbridge*, que seguia discretamente os piratas. Os Seals haviam assumido posições na traseira do *Bainbridge* e monitoravam Phillips cuidadosamente enquanto ele estava sob custódia dos piratas. Um dos piratas acabara de apontar sua AK-47 para o capitão americano como se fosse atirar nele. Foi quando o comandante dos Seals no *Bainbridge* ordenou que seus homens neutralizassem os piratas. Ao cair da noite, três atiradores de elite dos Seals atiraram simultaneamente nos corsários a uma distância de quase trinta metros, em um mar ondulante, acertando todos.

Obama ligou para o vice-almirante William McRaven, líder do Comando Conjunto de Operações Especiais e da missão para resgatar Phillips, para dizer-lhe "Bom trabalho". O resgate impecável do capitão Phillips foi a primeira vez em que Obama – há somente três meses em seu novo cargo – havia sido exposto pessoalmente às habilidades dos "Profissionais Silenciosos" dos Estados Unidos, as unidades secretas de antiterrorismo das Operações Especiais, em cuja bem apurada eficácia ele viria a se apoiar cada vez mais, a cada ano de presidência.

Nem sempre foi assim. O Comando Conjunto de Operações Especiais havia surgido das cinzas de uma derrota americana no deserto do Irã três décadas antes de Obama assumir a presidência. Em 1979, quando 52 americanos foram tomados como reféns na embaixada americana em Teerã por seguidores fervorosos do aiatolá Ruhollah Khomeini, o presidente Jimmy Carter autorizou uma missão para resgatá-los. A missão não seria fácil em nenhum momento: implicava voar quase dois mil quilômetros até uma remota região desértica do Irã, viajar sem ser percebida até Teerã e então resgatar os reféns que estavam sendo vigiados pela fanática Guarda Revolucionária do Irã.

A Operação Garra de Águia, às vezes referida como *Desert One*, estava fadada ao fracasso desde o início. Três dos oito helicópteros que participaram da missão tiveram problemas mecânicos por causa de tempestades de areia. A missão foi abortada, e então um dos cinco helicópteros remanescentes colidiu com um avião de carga americano durante um reabastecimento no deserto iraniano, matando oito soldados americanos. No jargão militar americano, foi o que se chama de *"a total goat fuck"*, uma completa "cagada". Em Washington, um agente da CIA de quarenta e poucos anos em ascensão na carreira chamado Robert Gates, estava na Casa Branca assistindo com crescente horror ao desastre se desdobrando.

Uma investigação do Pentágono encontrou diversos problemas na Operação Garra de Águia: rivalidades dentro do serviço significavam que o Exército, a Aeronáutica, a Marinha e os Fuzileiros Navais queriam todos ter um papel nessa importante operação e, embora os quatro serviços nunca houvessem trabalhado juntos antes nesse tipo de missão, cada serviço ficou com parte do plano. Uma ênfase excessiva na segurança da operação impediu que os serviços compartilhassem entre si informações críticas e que o plano inteiro fosse avaliado como um todo. A Marinha permitiu falhas de manutenção em seus helicópteros, os pilotos da Força Aérea que participaram da missão não tinham experiência em operações de comando e não houve nenhum ensaio completo de todos os elementos da investida.

OS GUERREIROS SECRETOS

Algo precisava ser consertado. O conserto foi a criação em 1980 do Comando Conjunto das Operações Especiais (JSOC), localizado no Ft. Bragg na Carolina do Norte, de forma que os "Operadores Especiais" dos diferentes serviços pudessem começar a trabalhar juntos de maneira mais uniforme. Os principais componentes do JSOC são as unidades secretas "pretas": os Seals da Marinha, a Força Delta e o 75º Regimento dos Rangers do Exército, os pilotos de helicóptero do 160º Regimento Aéreo das Operações Especiais, e o Esquadrão de Táticas Especiais da Aeronáutica. A missão primordial das unidades "brancas" das Forças Especiais, que atuam de maneira bem aberta e são conhecidas como os Boinas Verdes, é treinar forças militares locais.

Os oficiais de alto escalão que dirigiam as Forças Armadas americanas costumavam desconfiar dos "comedores de cobras"* das Operações Especiais, considerados imprudentes. Então veio o fiasco em Mogadício, na Somália, em outubro de 1993. Um ataque de helicóptero diurno feito por pilotos do Regimento Aéreo das Operações Especiais e elementos da Força Delta, pela Equipe Seis dos Seals e pelos Rangers do 75º Regimento com a meta de capturar líderes de clãs somalis que estavam atacando tropas americanas estacionadas na Somália terminou em um desastre no qual dois helicópteros Black Hawk foram abatidos por granadas lançadas por foguetes (RPGs) e dezoito soldados americanos morreram.

Sem que ninguém do governo americano soubesse na época, a Al--Qaeda havia enviado à Somália parte dos melhores instrutores de sua base no Sudão para ensinar aos clãs somalis a melhor forma de abater helicópteros usando RPGs. Essa não era uma tarefa fácil, uma vez que RPGs são projetados para ser armas antitanques; atingir um objeto voador com uma RPG é trabalhoso, dado o poderoso coice do lançador de granadas.

Traumatizado com a Batalha de Mogadício, o Pentágono resistia em usar as Forças de Operações Especiais para atacar a Al-Qaeda no Afeganistão uma vez que o grupo terrorista voltou a se instalar ali em 1996. O presidente Bill Clinton pressionou o Pentágono a destacar as unidades de elite do JSOC até o Afeganistão para capturar Bin Laden, dizendo ao general Hugh Shelton, seu principal conselheiro militar: "Você sabe que

---

★ Em inglês, "*snake eaters*", gíria militar para se referir aos Boinas Verdes. (N.T.)

a Al-Qaeda morreria de medo se de repente um bando de ninjas de preto descessem de helicópteros no meio do acampamento. Seria uma enorme dissuasão e mostraria a eles que não temos medo". Michael Scheuer, o líder da unidade Bin Laden da CIA na época, disse o seguinte: "Estou longe de defender o presidente Clinton. Mas, por diversas vezes, ele pediu que as forças armadas usassem comandos ou Forças Especiais para tentar matar Bin Laden. E o general Shelton, que era presidente da Junta de Chefes de Estado-Maior na época, sempre lhe apresentava planos para aquelas operações que pareciam a invasão da Normandia!". O presidente Clinton queria uma operação discreta, não um ataque militar em larga escala.

Após os ataques do 11 de setembro, o secretário da Defesa Donald Rumsfeld ficou bastante frustrado com o fato de os primeiros americanos a pisarem no Afeganistão serem da CIA e não das unidades de antiterrorismo altamente treinadas do JSOC. No dia 17 de outubro de 2001, dez dias após a campanha americana contra o Talibã ter começado, Rumsfeld escreveu um memorando secreto ao presidente da Junta de Chefes, general Richard Myers, expressando sua irritação: "Por acaso o fato de o Departamento de Defesa não conseguir fazer nada em solo no Afeganistão até que o pessoal da CIA entre primeiro para preparar o terreno não sugere que o Departamento de Defesa esteja carente de uma capacidade da qual precisamos? Mais especificamente, dada a natureza de nosso mundo, não seria desejável que o Departamento [de Defesa] não dependesse quase totalmente da CIA em situações como essa?".

Oficiais que trabalhavam para Rumsfeld encarregaram Richard Shultz, um historiador das Forças Especiais, de descobrir por que as unidades do JSOC não foram empregadas para atacar a Al-Qaeda antes dos ataques a Nova York e a Washington. Afinal, antes de qualquer coisa, combater terroristas era o motivo pelo qual essas unidades haviam sido criadas. Shultz concluiu que nos anos anteriores ao 11 de setembro, os altos funcionários do Pentágono haviam sido "somalizados". Como resultado, eles tendiam a recomendar operações de ampla cobertura envolvendo até centenas de soldados, operações de alto impacto, que tornavam as missões politicamente impossíveis em uma época em que se acreditava que o público dos Estados Unidos não tinha nenhuma tolerância para baixas americanas. Outra ação de impacto: antes de iniciar uma operação, o Pentágono exigiu uma "inteligência acionável" de alta qualidade, que simplesmente não existia no Afeganistão controlado pelo Talibã. O chefe das Operações Especiais, general Peter Schoomaker, recorda: "As Operações Especiais nunca receberam a missão. Era muito, muito frustrante. Era como ter uma Ferrari novinha em folha na garagem e ninguém querer usá-la para não correr o risco de amassar o para-choque".

Os ataques ao World Trade Center e ao Pentágono permitiram que Rumsfeld empurrasse as Operações Especiais para o centro da "Guerra ao Terror". Como sinal de que Rumsfeld queria assumir as Forças Armadas, no verão de 2003 ele deu o passo inédito de pedir para que o general Schoomaker deixasse a aposentadoria para se tornar o presidente da Junta de Chefes. E, no dia 6 de setembro de 2003, Rumsfeld assinou uma ordem de oitenta páginas que dava poder ao JSOC de caçar a Al-Qaeda em até quinze países. Não era uma permissão geral, já que em alguns desses países o presidente ou o Departamento de Estado ainda teria de autorizar as missões, mas ela permitia que o JSOC tivesse uma liberdade considerável para operar de forma independente.

O mais importante é que o JSOC – ao contrário da CIA – não teria de informar suas ações nesses quinze países ao Congresso. Isso porque o JSOC obedecia ao título 10 do Código dos Estados Unidos, que delineava as regras sob as quais as Forças Armadas americanas deviam operar, ao contrário da CIA, que operava sob o título 50, e deveria informar ao Congresso sempre que fosse conduzir operações secretas no exterior. Isso pode parecer uma simples brecha burocrática, mas tinha um resultado significativo: o JSOC agora tinha o poder de armar ações secretas em muitos países do mundo com menos exigências de prestação de contas que a CIA. As operações do JSOC no exterior eram todas confidenciais, então ele também recebia pouquíssimo escrutínio da imprensa ou da opinião pública. Por muitos anos o Pentágono nem soube que o JSOC existia.

Na década seguinte ao 11 de setembro, o JSOC aumentou seu contingente de oitocentos para quatro mil homens, tornando-se um pequeno exército dentro das Forças Armadas. Ele tinha suas próprias aeronaves não tripuladas, sua própria força aérea (conhecida como a Confederate Air Force) e suas próprias operações de inteligência. A ascensão do JSOC estava intrinsicamente ligada à visão do major-general Stanley McChrystal, um brilhante *workaholic* vindo de uma família de militares que era adorado por seus subordinados. Durante a Guerra do Iraque, McChrystal ia a campo com eles em missões para capturar ou matar insurgentes. Dependendo da perspectiva, essa poderia ser uma liderança imprudente ou brilhante – ou talvez um pouco das duas –, visto que matar um general americano de duas estrelas teria sido um importante golpe de publicidade para os insurgentes iraquianos.

Foi McChrystal que tirou a Ferrari das Operações Especiais da garagem e a dirigiu para se tornar uma máquina mortífera de agilidade e ferocidade sem igual. A Guerra do Iraque proporcionou a oportunidade de fazer essa mudança porque, para prevalecer contra a insurgência, as Operações Especiais precisariam estar equipadas não apenas para missões isoladas, mas para uma campanha completa. McChrystal disse que as Operações Especiais precisavam deixar de ser "um livreiro comum para virar a Amazon.com".

McChrystal percebeu que os grupos insurgentes iraquianos mais letais, especialmente a "Al-Qaeda do Iraque", não combatiam como o exército baseado em tanques de Saddam Hussein – que operavam de modo tradicionalmente hierarquizado –, mas sim incluíam redes soltas de combatentes que operavam em bandos amplamente independentes.

Ao contrário das imagens via satélite das formações de tanques de Saddam, as informações sobre os insurgentes eram efêmeras e extremamente perecíveis. O JSOC teria de ficar mais parecido com a Al-Qaeda se quisesse derrotá-la; seria necessária "uma rede para derrotar uma rede", segundo a formulação de McChrystal. Grande parte da estratégia de McChrystal era ir atrás não somente dos líderes da insurgência, mas também dos intermediários que mantinham a máquina funcionando. Uma das pequenas ironias da história é o fato de a própria Al-Qaeda ter sido criada como um grupo similar ao JSOC. O principal instrutor da Al-Qaeda nos anos anteriores ao 11 de setembro era Ali Mohamed, um sargento americano de origem egípcia que havia servido em Ft. Bragg, sede do JSOC. Nos anos 1980, Mohamed chegou a ministrar cursos sobre Oriente Médio e Islamismo no Special Warfare Center. Durante sua licença do exército, ele treinou agentes da Al-Qaeda no Afeganistão usando manuais das Forças Especiais que ele havia subtraído de Ft. Bragg. Sua vida como agente duplo da Al-Qaeda só foi descoberta em 1998.

Tornar o JSOC mais parecido com a Al-Qaeda significava deixá-lo "horizontal e veloz", duas qualidades raramente mencionadas na mesma frase que "Forças Armadas americanas". Para deixar o JSOC tão horizontal e veloz quanto os insurgentes, McChrystal tomou uma série de decisões fundamentais. No verão de 2004 ele montou sua base de operações num complexo de hangares de aviões na Base Aérea de Balad, no centro do Iraque. Isso ficava bem longe da influência restritiva de Washington e do Pentágono, e distante até mesmo de Bagdá, permitindo que o JSOC escapasse de toda a burocracia que tornava impossível tomar decisões rápidas. Então, para cortar todas as amarras que existiam entre o JSOC e a comunidade da inteligência, McChrystal passou a recrutar analistas da CIA e da Agência de Segurança Nacional (NSA) para trabalhar em Balad. Ainda em 2004, ele enviou o coronel Michael T. Flynn, seu principal oficial de inteligência, para trabalhar na estação da CIA em Bagdá por oito meses. Aos poucos, outros rivais burocráticos em potencial foram cooptados para a empreitada de McChrystal, de forma que ele pudesse dispor de recursos de agências de inteligência vitais como a CIA e a NSA com rapidez e facilidade.

McChrystal também se valeu de tecnologia para revolucionar as operações do JSOC. Um dos primeiros a adotar videoconferências de forma maciça, McChrystal integrou as operações espalhadas pelo JSOC, que iam desde Balad até Ft. Bragg e Tampa (a sede do Comando de Operações Especiais), e outras bases importantes como Bagram, no Afeganistão, que gerenciava as missões afegãs e paquistanesas do JSOC. Aos poucos, essas videoconferências diárias de noventa minutos sobre a luta contra a Al--Qaeda e seus aliados tornaram-se boletins de alcance mundial, relevantes também para agentes da CIA e do Departamento de Estado. As discussões passavam pela África, pelo Oriente Médio, pelo sul da Ásia, e McChrystal ouvia qualquer um com verdadeira perícia, a despeito da patente. Um dos principais chefes do Pentágono, chefe das operações navais, almirante Michael Mullen, começou a acompanhar essas transmissões.

No início, o JSOC dispunha de apenas um *drone* Predator no Iraque. Com o tempo, alugou um par de aviões com câmeras acopladas. À medida que o Comando cresceu, o JSOC adquiriu suas próprias aeronaves não tripuladas, garantindo uma vigilância completa − 24 horas por dia, sete dias por semana − sobre seus alvos.

A tendência natural da comunidade de inteligência é de acumular informação. McChrystal fez com que suas equipes compartilhassem inteligência, criando uma intranet a que todos no comando pudessem ter acesso, e se uniu a uma pouco conhecida unidade de inteligência militar em Washington, o Centro Nacional de Exploração de Mídia, para transformar em "inteligência acionável" o grande volume de papéis, CDs, *pen-drives*, computadores e outros "lixos de bolso" que seus agentes coletavam no campo de batalha. O JSOC montou a infraestrutura de computadores de forma que quando as unidades no campo de batalha captassem algo de interesse, o material chegasse a Balad e de lá fosse enviado rapidamente para os Estados Unidos, onde a equipe do Centro Nacional de Exploração de Mídia se esforçaria para transformar aquilo em inteligência utilizável. "Chegamos a um ponto onde eles conseguiam processar uma quantidades quantidade enorme de evidências em cerca de 24 horas, ao passo que antes tudo teria se perdido no vácuo", diz um dos oficiais interinos de McChrystal. Tudo isto demandava uma largura de banda cada vez maior, que o JSOC adquiriu com satélites comerciais, construindo ao longo dos anos uma verdadeira "fazenda" de antenas parabólicas em sua sede em Balad.

Para o JSOC, cada missão se tornava agora o que McChrystal chamava de "luta por inteligência". As informações eram usadas para adentrar o "círculo de decisões" dos insurgentes, para que as informações obtidas em uma invasão pudessem ser utilizadas para lançar outros ataques. Às vezes, a inteligência coletada em um local levava a um ataque em outro esconderijo insurgente na mesma noite.

Os especialistas em tecnologia do JSOC eram criativos. Eles projetaram uma "varinha mágica eletrônica" que emitia um alerta quando em proximidade de um celular ligado a um insurgente específico. A base em Balad estava lotada de telefones celulares usados por insurgentes que haviam sido apreendidos durante invasões. Mas como a base estava protegida contra espionagem eletrônica, os celulares não recebiam mais chamadas, chamadas que poderiam fornecer pistas importantes sobre outros insurgentes. Os especialistas do comando montaram então uma estação de celular dentro da sede em Balad, para que os telefones pudessem voltar a receber chamadas. Assim que a estação foi ativada, dezenas dos telefones capturados começaram a tocar e vibrar, obtendo mais pistas para o JSOC.

Todas essas medidas foram tomadas para criar uma sequência conhecida como "F3EA"*, segundo a qual o JSOC iria "localizar, deter, exter-

---

★   Acrônimo de *Find, Fix, Finish, Exploit and Analyze.* (N.T.)

minar, explorar e analisar" seus alvos rebeldes. Oculto por trás de codi-nomes inofensivos, que mudavam o tempo todo, como a Força-Tarefa 121 (a que capturou Saddam Hussein), o JSOC conseguiu resultados. Em 2006, matou Abu Musab al-Zarqawi, o psicopata que liderava a Al-Qaeda no Iraque. Após a morte de Zarqawi, o presidente Bush tomou a rara ini-ciativa de se referir pelo nome ao até então obscuro general McChrystal e se rasgou em elogios, dizendo que o JSOC era "espetacular".

No entanto, o histórico do JSOC não era imaculado. No primeiro ano da Guerra do Iraque, no Campo Nama, próximo a Bagdá, uma equipe de Operações Especiais mantinha um cativeiro, onde os prisioneiros sofriam abusos; 34 membros da equipe foram punidos por maltratar detentos e a prisão foi fechada em 2004. No mesmo ano, o próprio McChrystal foi um dos responsáveis por ocultar a verdade sobre a morte de Pat Tillman, o astro do futebol americano que se tornara um Army Ranger, um membro da tropa de elite do exército americano. Tillman fora morto num inci-dente de fogo amigo no Afeganistão, e não pelo Talibã, como o exército divulgou inicialmente. O Exército não puniu McChrystal porque ele ten-tou avisar os superiores que Tillman poderia ter sido morto por colegas.

O JSOC passou de meia dúzia de operações mensais no Iraque, no início de 2004, a trezentas por mês em meados de 2006. A disciplina de trabalho era brutal. No JSOC, o dia era dividido em "17-5-2" – dezessete horas de trabalho, cinco horas de sono e duas horas para todo o resto. Em 2006, McChrystal escreveu a todos os seus subordinados: "Não se trata de fazer o fácil, ou mesmo o que normalmente associamos a padrões mili-tares convencionais. Não se trata nem do que é eficaz. Trata-se do modo *mais* eficaz de operar – e faremos de tudo para aumentar a eficácia, mes-mo nos menores detalhes. Se alguém achar isso inconveniente ou pesado demais, não há lugar na força para essa pessoa. Estamos interessados em vencer – com o menor número de viagens ao Cemitério de Arlington rumo a esse objetivo". McChrystal, que comandou o JSOC até 2008, via sua esposa apenas um mês por ano durante os cinco anos em que esteve no comando. O "ritmo de batalha" era tão brutal que um agente do JSOC brincou: "Vivíamos em Balad e tirávamos férias em Cabul ou Bagram".

Discussões sobre os motivos pelos quais a situação no Iraque não descambou numa devastadora guerra civil em 2007 costumavam citar: o comando de David Petraeus; uma estratégia de contrainsurgência mais eficiente que tirou as tropas dos EUA de suas bases gigantescas e as levou para dentro dos bairros iraquianos; o erro crasso da Al-Qaeda de tentar impor um governo de estilo Talibã às tribos sunitas iraquianas; o levante sunita contra a Al-Qaeda; e um êxodo preventivo que forçou mais de quatro milhões de iraquianos a saírem de suas casas, tornando mais difícil para os esquadrões da morte sectários encontrar suas vítimas. Deve-se acrescentar a essa lista, o trabalho do JSOC, que matou líderes dos grupos sectários, tanto sunitas como xiitas, em escala industrial.

O Iraque foi o foco principal do JSOC durante quase toda a guerra naquele país; Afeganistão e Paquistão ficaram relativamente de escanteio. Quando McChrystal assumiu o comando do JSOC em outubro de 2003, ele encontrou apenas vinte de seus homens no Afeganistão e 250 no Iraque. Seis anos depois, na primavera de 2009, o JSOC ainda vinha fazendo apenas vinte operações por mês no Afeganistão. A Força Delta do Exército ganhou os holofotes no Iraque, enquanto os Seals da Marinha ficaram com o Afeganistão, o que era de certa forma irônico, considerando o fato de o país ser totalmente rodeado por terra.

É notoriamente difícil se tornar um Seal. Primeiro, você precisa sobreviver ao que é considerado o mais árduo treinamento do mundo. Semana do Inferno é o adequado apelido pelo qual é conhecido o clímax do brutal processo de seleção, que envolve correr, fazer flexões, mover troncos maciços em equipes, nadar distâncias consideráveis no mar gelado e dormir apenas algumas horas durante a semana toda. Outros testes incluem nadar submerso por 45 metros com as mãos amarradas atrás do corpo e os pés atados. O índice de desistência é de 90%. Eric Greitens, um acadêmico de Rhodes com doutorado em Oxford que acabou se tornando um tenente comandante nos Seals, recorda seu treinamento: "Tínhamos algumas pessoas incríveis – astros do atletismo no colégio, jogadores de polo aquático de universidades, nadadores de nível internacional. E muitos deles acabaram fracassando. Ao mesmo tempo, tínhamos caras com problemas para correr, caras que não conseguiam fazer flexões, caras cujos dentes começavam a bater só de ver o mar gelado, e mesmo assim chegaram lá. E um dos motivos pelo qual eles conseguiram é que eles tinham essa perseverança incansável".

Após a Semana do Inferno, vem o treino de Competência em Piscina, no qual os aspirantes a Seal nadam submersos com equipamento de mergulho e são atacados por instrutores, que lhe arrancam os bocais e máscaras e desligam seus tanques de oxigênio. Durante esta prova, os que passam precisam permanecer calmos e descobrir como restabelecer o suprimento reserva de oxigênio enquanto seus corpos estão desesperados por ar. "O objetivo de tudo isso é pressioná-los ao máximo possível. Você pressiona até seus limites mentais, físicos e emocionais, para que quando o combate for real, eles estejam preparados", diz Greitens.

Se já é bastante desafiador se tornar um Seal, um desafio ainda maior é ser selecionado para a força principal de antiterrorismo dos Seals, que recebeu o inocente nome de Grupo para o Desenvolvimento de Operações Especiais da Marinha, baseado em Dam Neck, Virgínia, próximo ao movimentado balneário de Virginia Beach. É conhecido no meio militar como DevGru — mais popularmente, Equipe Seis dos Seals —, e é considerado a tropa de elite dos Seals. Os homens do DevGru, cerca de 250 no total, são endurecidos por batalhas e têm geralmente cerca de trinta anos de idade. O DevGru é dividido em esquadrões nomeados por cores. Vermelho, Azul e Dourado são os esquadrões de ataque; o Cinza manuseia veículos e barcos, e Preto é a equipe de atiradores especiais. Estes esquadrões vasculham outras equipes de Seals, que possuem ao todo cerca de dois mil homens, em busca dos que tenham habilidades específicas de que estejam precisando.

A base do DevGru em Dam Neck não chama a atenção. Por trás da alta cerca de arame que separa os Seals do resto do mundo fica um grande canil, onde vivem os cães altamente treinados que acompanham os homens em suas missões. Há um muro gigante para aperfeiçoar as habilidades de escalada; um hangar cheio de barcos excepcionalmente rápidos; outros hangares que abrigam *buggies* experimentais adequados para dirigir nos desertos e montanhas do Afeganistão, e depósitos de armamento lotados de armas de fogo exóticas.

Mesmo quando o JSOC se tornou uma força mais ágil e letal após o 11 de setembro, quando se tratava de enviar Seals ou Deltas para atacar líderes da Al-Qaeda, cálculos políticos continuaram a afetar as decisões operacionais. Os líderes do grupo terrorista em geral estavam baseados ou no Paquistão, um aliado volúvel, ou no Irã, um inimigo mortal, e as consequências políticas de colocar americanos no território de qualquer um desses países eram imensas.

Como vimos, Saad bin Laden e vários outros líderes da Al-Qaeda se mudaram para o Irã após a queda do regime Talibã no Afeganistão.

Havia indícios de que eles viviam em Chalus, no norte do Irã, no Mar Cáspio. Em 2002, uma invasão Seal a Chalus foi planejada e ensaiada em algum lugar na Costa do Golfo dos EUA. Por fim, o presidente da Junta de Chefes de Estado-Maior, general Richard Myers, cancelou a operação, que tinha potencial para ser mais uma Operação Garra de Águia porque a inteligência sobre o local exato onde os agentes da Al-Qaeda estariam vivendo em Chalus nunca foi precisa.

Três anos mais tarde, a CIA e o JSOC rastreavam o terceiro na linha de comando da Al-Qaeda, Abu Faraj al-Libi, que rodava pelas regiões tribais do Paquistão numa motocicleta vermelha peculiar. Pistas indicavam que Libi estaria num pequeno complexo em uma área tribal ao norte, próxima à fronteira com o Afeganistão, possivelmente reunido com Ayman al-Zawahiri. Um plano foi elaborado para levar trinta Seals até o complexo e efetuar o ataque. McChrystal e o diretor da CIA Porter Goss apoiaram o plano, mas o alto escalão do Pentágono preocupou-se com a extração dos Seals, e queriam mais poder de fogo. O plano inchou até incluir 150 Army Rangers. Quando Rumsfeld examinou a operação, ela começou a parecer cada vez mais com uma invasão do Paquistão, algo que seria bastante danoso politicamente para o general Pervez Musharraf, o presidente paquistanês, dado o alto nível de antiamericanismo observado no Paquistão. Rumsfeld cancelou o ataque.

Os homens sob o comando de McChrystal estavam ficando cada vez mais frustrados com os impedimentos políticos que os impediam de cruzar a fronteira do Paquistão onde os líderes da Al-Qaeda estavam escondidos. Em 2006, Frances Townsend, o principal consultor de antiterrorismo de Bush, aceitou o convite de McChrystal para se reunir com seus oficiais e principais operativos de campo em Ft. Bragg. Eles se sentaram ao redor de uma mesa em U e Townsend disse ao grupo: "Vocês não vão me melindrar. Eu sou de Nova York, eu sou durão. Portanto, essa viagem só vai valer a pena se vocês me disserem o que os incomoda". As frustrações foram despejadas. A impossibilidade de cruzar a fronteira, a falta de boa inteligência em nível tático sobre os líderes da Al-Qaeda e, mais fundamentalmente, a grande questão: "Quem é que está no comando da caça a Bin Laden?". Seria a CIA, que não tinha muita capacidade de operar na zona de guerra ao longo da fronteira entre Afeganistão e Paquistão? Ou o JSOC, que não estava recebendo boa inteligência sobre os líderes da Al-Qaeda? Townsend disse a eles que, fora do teatro da guer-

OS GUERREIROS SECRETOS

ra, era a CIA que estava no comando, mas na zona de guerra, o JSOC teria necessariamente que assumir o controle, e concluiu dizendo: "É a diferença, em militarês, entre comando de apoio e comando apoiado". Townsend via que o grupo não estava engolindo a explicação. "O fato é que é difícil explicar, como você acha que o cara em território inimigo vai entender? Se é difícil explicar aqui nos Estados Unidos, como vocês acham que é operar naquele ambiente? A propósito, essa dificuldade explica toda a nossa falta de eficiência". Townsend retornou à Casa Branca e começou a pressionar por mais agentes da CIA posicionados no exterior junto ao Exército, e pelo afrouxamento das regras sobre o uso de ataques com aeronaves não tripuladas nas áreas tribais do Paquistão.

Em 11 de agosto de 2006, os comandantes do Talibã e da Al-Qaeda se reuniram para discutir o aumento no ritmo das operações no leste do Afeganistão, em particular as missões conjuntas no ano seguinte, na província de Nangarhar. Em julho de 2007, o JSOC recebeu inteligência de que o próprio Bin Laden poderia cruzar a fronteira do Paquistão para o Afeganistão, para comparecer a uma reunião de cúpula de militantes em Nangarhar, no velho conhecido território de Tora Bora. A CIA detectou um acúmulo significativo de forças da Al-Qaeda e do Talibã ali. O Pentágono planejou um ataque envolvendo bombardeiros de longo alcance, mas quando os bombardeiros invisíveis B-2 estavam em pleno voo, os comandantes ordenaram seu retorno, em vista de dúvidas sobre a precisão das informações sobre Bin Laden e as possíveis baixas civis num bombardeio em grande escala. Em substituição, o JSOC organizou uma operação menor durante três ou quatro dias que matou dezenas de militantes em Tora Bora.

Exatamente como no inverno de 2001, Bin Laden parecia novamente ter desaparecido do mapa.

CAPÍTULO 11 LINHAS DE AÇÃO

Em dezembro de 2010, o diretor da CIA, Leon Panetta, voltou a informar o presidente Obama sobre o esforço de "pesquisa" em Abbottabad, apresentando vídeos do complexo e os relatos de quem já vivia no lugar. Embora ainda houvesse dúvidas sobre quem estaria morando no complexo – em certo momento, Obama chegou a dizer: "Até onde sabemos, talvez seja só um xeque tentando se esconder de uma de suas esposas" –, o interesse do presidente pelo caso havia chegado ao ápice. Obama disse: "Quero novas informações assim que eu voltar de viagem, diretor Panetta. Vamos resolver isso o mais rápido possível. Caso ele esteja lá, temos pouco tempo para agir". Em seguida, o presidente partiu para o Havaí, como costuma fazer nos finais de ano.

Obama se recorda de ter pedido uma análise ainda mais precisa sobre o que acontecia e quem morava no complexo em Abbottabad: "Se fôssemos preparar qualquer tipo de ataque a esse complexo... precisávamos ter certeza absoluta do que estávamos fazendo".

No final de janeiro de 2011, oficiais da CIA ficaram surpresos ao descobrir que um militante indonésio chamado Umar Patek, um dos conspiradores por trás dos atentados a bomba de 2002 em Bali, havia visitado recentemente Abbottabad, onde foi preso por agentes do serviço de segurança paquistanês. Patek teria ido a Abbottabad para se encontrar com um suspeito tangencialmente ligado à Al-Qaeda que trabalhava no correio local. Quais seriam as implicações disso? Afinal, os líderes da Al--Qaeda haviam pago dezenas de milhares de dólares aos conspiradores balineses. Analistas se esforçaram para entender por que Patek teria decidido sair do sudeste asiático rumo a Abbottabad, uma cidade paquistanesa relativamente obscura. Por fim, chegou-se à conclusão de que havia sido apenas uma estranha coincidência.

Naquele mesmo mês, John, o analista da CIA que dizia já há algum tempo ter certeza quase absoluta de que Bin Laden estava no complexo, concluiu que os serviços de inteligência já haviam feito todo o possível para confirmar a suspeita. Ele procurou Panetta e disse: "Temos que agir agora. Abu Ahmed al-Kuwaiti pode não estar mais lá no mês que vem. Não vamos conseguir informações melhores do que as que já temos". Panetta, por sua vez, procurou o presidente e repassou a ele o que ouviu de um de seus principais agentes responsáveis pela caça a Bin Laden: "Ou entramos em ação agora, ou o que sabemos poderá se perder". Obama respondeu: "Quero ter opções para atacar esse complexo".

Em seguida, a Agência Nacional de Informações Geoespaciais usou seus detalhados dados de reconhecimento do complexo para produzir um desenho assistido por computador (CAD), como aqueles usados por engenheiros para projetar uma planta. Com base nesse CAD, uma maquete de 1,20 x 1,25m do complexo onde Bin Laden estaria foi construída com toda a precisão, detalhe por detalhe. O modelo incluía até dois carrinhos de brinquedo para representar o jipe branco com um pneu reserva e o furgão vermelho que o Kuaitiano e seu irmão usavam. Essa maquete se tornou uma peça-chave para as discussões da CIA e da Casa Branca sobre quem estaria morando ali e em quais cômodos, e, mais tarde, para debater o planejamento de várias opções militares. O general James Cartwright, na época vice-presidente da Junta de Chefes de Estado-Maior, recorda-se: "Foi um ótimo instrumento para planejarmos as várias opções e depois pensar: 'É assim que podemos entrar; isso é o que aconteceria neste pátio ou nesta casa', ou em como poderíamos ter mais do que uma rota de acesso ao que nós imaginávamos serem os prédios-alvo."

Obama pediu à CIA para planejar algumas opções conceituais para abordar o complexo em Abbottabad. Agora com a possibilidade de uma ação militar na mesa, Panetta e o veterano oficial do Pentágono Michael Vickers decidiram envolver outra pessoa na operação secreta. No fim de janeiro, Vickers entrou em contato com o vice-almirante William McRaven, no Afeganistão, que durante os três anos anteriores vinha comandando o JSOC. Vickers e McRaven já se conheciam há três décadas e vinham trabalhando intensamente em conjunto nos últimos quatro anos, já que Vickers atuava como o supervisor civil do JSOC.

No Iraque, McRaven havia capitaneado a obscura Força-Tarefa 121, que encontrou Saddam Hussein em dezembro de 2003. Muito do crédito público pela captura de Saddam acabou indo para as unidades militares convencionais mas, na verdade, foram as Forças de Operações especiais, sob o comando de McRaven, as maiores responsáveis pelo esforço para encontrar o ex-ditador iraquiano.

Quando a Guerra do Iraque começou a arrefecer em 2009, David Petraeus, o comandante geral das operações nas áreas afegã e paquistanesa, disse a McRaven para se focar no Afeganistão. No verão de 2009, McRaven transferiu sua base do Iraque para o Afeganistão, triplicou seu número de agentes na região e aumentou enormemente o nível de operações de suporte aéreo e inteligência. Como resultado, as missões de operações especiais no Afeganistão passaram de duzentas por ano, em 2008, para mais de 2 mil por ano até 2010.

Durante o comando de McRaven no JSOC, a taxa de sucesso – que se refere ao número de missões em que as Forças de Operações especiais capturavam ou matavam seus alvos no Afeganistão ou no Iraque – disparou de 35% para mais de 80%. A proporção do impacto causado pelo JSOC ao Talibã pode ser dimensionada pelo fato de a média de idade entre os comandantes talibãs no Afeganistão ter caído de 35 para 25 anos durante esse período.

McRaven é um texano robusto, de cabelos escuros e olhos azuis. Em pessoa, enquanto toma um Rip It – uma bebida altamente cafeinada popular entre os soldados americanos no Afeganistão –, ele costuma falar de forma muito bem ponderada, mas também salpica seus discursos com um ou outro "maldito seja", além de alguns impropérios mais fortes. Um colega veterano chegou a dizer que McRaven o lembrava do super-herói dos quadrinhos Capitão América, enquanto outro disse que ele "é conhecido como o Seal mais inteligente da história. Ele é fisicamente forte, bondoso, mas capaz de enfiar uma faca entre as suas costelas em um nanossegundo". Mesmo sendo um almirante de três estrelas, McRaven costumava sair com suas equipes para missões de busca mais ou menos uma vez por mês no Afeganistão.

Em janeiro de 2011, McRaven visitou o centro de operações da CIA, onde foi posto a par da situação por Michael Morell, o comandante da Divisão de Atividades Especiais, uma pequena força paramilitar de elite da CIA, e oficiais do Centro Antiterrorismo. McRaven logo percebeu que seriam necessárias por volta de duas dúzias de bombas de quase uma tonelada cada para destruir um complexo como o de Abbottabad. E não havia nenhuma garantia de que elas acertariam seu alvo com 100% de precisão em uma cidade paquistanesa de proporções razoáveis como aquela. Para ele, uma invasão de agentes especiais seria uma abordagem militar mais plausível. No entanto, McRaven disse aos seus colegas que não queria forçar ninguém a aceitar essa ideia – seria melhor deixar que eles chegassem a essa decisão por conta própria, com o tempo.

"Em primeiro lugar, meus parabéns por terem conseguido uma pista tão boa", disse McRaven. "Em segundo, saibam que essa seria uma incursão relativamente simples para o JSOC. Nós realizamos esse tipo de operação dez, doze, quatorze vezes em uma só noite. O que dificulta a situação é o fato de o complexo ficar dentro do Paquistão, distante quase 250 quilômetros das fronteiras, e a logística para se chegar até lá, além de toda a política necessária para explicar a incursão, ser bastante complicada. Eu gostaria de poder pensar um pouco mais sobre o assunto, mas meu impulso inicial seria destacar um membro muito experiente de alguma unidade especial para trabalhar diretamente com vocês, vindo aqui à CIA todos os dias para basicamente começar a discutir e preparar algumas opções."

McRaven sugeriu alguns nomes para capitanear a operação em terra. Sobre um comandante Seal do qual gostava em especial, McRaven afirmou: "Ele é um operador experiente. Chegando ao complexo, algo pode dar errado, e eles precisam saber como improvisar, mudar de estratégia, partir para um plano B, ou escapar de uma situação complicada".

McRaven destacou um capitão da Marinha para traçar diferentes estratégias de ataque ao que ficou conhecido como o Complexo de Abbottabad 1 (CA1). O planejamento ficou por conta da CIA, já que essa deveria ser uma operação secreta "negável", organizada com uma cadeia hierárquica que partia do presidente, passava por Panetta e então por McRaven, em vez de uma operação militar de estrutura mais convencional. Os oficiais da CIA passaram a usar o codinome "Atlantic City" para se referir ao CA1, em uma alusão ao fato de que toda a operação seria uma grande aposta.

Em um escritório sem identificação no primeiro andar do parque gráfico da CIA, o capitão da Marinha cobriu todas as paredes com imagens de satélite e mapas topográficos de Abbottabad e começou a planejar o ataque ao CA1, junto ao comandante do Esquadrão Vermelho da Equipe Seis dos Seals. Em seguida, McRaven destacou mais meia dúzia de agentes para detalhar as opções aéreas e terrestres de ataque. Uma ideia seria desembarcar uma equipe Seal fora de Abbottabad e seguir até o complexo por terra. No entanto, o tamanho de Abbottabad, além da possibilidade de as forças serem descobertas ou se cansarem após a longa viagem, fizeram o plano ser descartado.

McRaven literalmente escreveu o manual para Operações Especiais. Ele ajudou a preparar o curso de Operações Especiais da Escola de Pós--graduação Naval de Monterey, na Califórnia, e depois de assumir um cargo na Casa Branca poucas semanas após os atentados de 11 de setembro, acabou se tornando um dos principais responsáveis pela estratégia de antiterrorismo da administração Bush. Em *Spec Ops,* publicado em 1996, McRaven detalha com grande lucidez oito ações militares decisivas, que vão desde como forças britânicas usaram minissubmarinos para atacar o *Tirpitz,* um dos principais porta-aviões nazistas, em 1943; passando pelo resgate nazista, no mesmo ano, do ditador Benito Mussolini de seus captores antifascistas; até a incursão em Entebbe, em 1976, que libertou reféns israelenses das mãos de terroristas palestinos em Uganda.

Para escrever seu livro, McRaven entrevistou vários dos principais agentes das incursões em questão e visitou os locais das operações. Após uma cuidadosa análise de cada caso, ele identificou seis princípios que garantiram seu sucesso: repetição, surpresa, sigilo, rapidez, simplicidade e propósito. A repetição consistia em ensaios frequentes e realistas para reduzir o "estresse" da batalha real. O fator surpresa implicava em pegar o inimigo desprevenido; os nazistas que resgataram Mussolini fizeram um pouso forçado com planadores em uma montanha próxima ao hotel onde o líder fascista estava sendo mantido e o libertaram sem disparar um tiro sequer. O sigilo, é claro, implicava em manter o conhecimento da operação restrito a um pequeno grupo de pessoas. A rapidez ditava que uma "superioridade relativa" sobre o inimigo precisava ser alcançada nos primeiros minutos do ataque, e que a missão inteira deveria ser completada em meia hora. A simplicidade garantiria que a operação fosse bem compreendida por todos os soldados envolvidos – "libertar os reféns", no caso de Entebbe. E o senso de propósito faria com que os soldados se dedicassem por completo à missão.

Há vários heróis no livro de McRaven, mas o astro principal é Jonathan Netanyahu (o irmão mais velho do político israelense Benjamin Netanyahu), que liderou a operação em Entebbe. Leitor de Maquiavel e fervoroso patriota israelense, o oficial Netanyahu tinha um pleno senso de responsabilidade por seus subordinados e por sua missão, e se envolvia nos menores detalhes de qualquer operação. Na época do caso em Entebbe, era literalmente inimaginável que uma equipe pudesse fazer um voo de mais de sete horas de Israel até Uganda para uma operação de resgate. Para intensificar o elemento surpresa, os agentes israelenses que desembarcaram no aeroporto de Entebbe estavam usando uniformes militares ugandenses, e o líder do ataque usou o mesmo tipo de Mercedes pilotado pelos generais de Uganda. Logo após o pouso do primeiro avião de transporte israelense em Entebbe, os soldados levaram apenas três minutos para resgatar os reféns, mas Jonathan Netanyahu acabou sendo mortalmente ferido durante a incursão.

Enquanto McRaven formulava o ataque ao complexo de Abbottabad, seu planejamento foi profundamente influenciado pelos princípios fundamentais detalhados em *Spec Ops*. Tratava-se de um plano simples, mantido em alto sigilo, ensaiado repetidas vezes e que deveria ser executado de surpresa, com rapidez e propósito.

A opção proposta por McRaven foi o único dos planos "cinéticos" (o termo usado pelo Pentágono para definir uma alternativa "letal") a de fato ser considerado pela equipe de segurança nacional de Obama. O complexo deveria ser destruído por um bombardeiro B-2? Ou seria melhor optar por uma aeronave não tripulada? A operação poderia contar com algum tipo de envolvimento paquistanês? Já no final de fevereiro, enquanto todas essas opções eram discutidas, Vickers decidiu que havia chegado a hora de envolver a maior estrategista política do Pentágono, Michèle Flournoy, pois cada opção militar trazia consigo uma série de implicações políticas, muitas delas bastante complicadas.

Como subsecretária de Políticas de Defesa, Flournoy era então a mulher de mais alta patente em serviço na história do Pentágono, e era vista por muitos como uma possível candidata a primeira mulher a chegar ao cargo de secretária de Defesa Nacional. Mãe de três filhos, formada em relações internacionais pela Balliol College, de Oxford, e detentora de um extenso histórico de trabalho em questões de segurança nacional de máxima relevância, como o Relatório Quadrienal de Defesa do Pentágono, Flournoy é uma mulher imponente, sempre com seus colares de pérolas e terninhos sob medida. Ela costuma se expressar com firmeza, sem nenhum traço de soberba, e sempre evitando qualquer "drama", como o tipo clássico de oficial que Obama adora ter ao seu lado.

A questão mais problemática que Flournoy ajudou a contornar foi a forma como lidar com os paquistaneses. Afinal, fosse com uma incursão de agentes Seal, um bombardeio aéreo ou um ataque com uma aeronave não tripulada, todos os planos envolviam graves violações à soberania nacional de um país que, pelo menos em tese, era um importante aliado dos Estados Unidos. Uma série de opções em discussão incluía os paquistaneses: eles poderiam ser informados sobre o complexo em Abbottabad para se tornarem parceiros durante as etapas seguintes; eles poderiam ser avisados com antecedência sobre os planos de ataque, mas não a tempo de poderem fazer qualquer coisa a respeito; eles poderiam ser alertados no momento da execução do plano, ou então depois. O lado negativo de envolver os paquistaneses no caso era que, com base em uma década de trabalho com esse país em outras operações contra a Al-Qaeda e o Talibã, sabia-se que muito provavelmente algumas informações vitais poderiam acabar vazando.

"Houve um debate muito sério e várias discussões sobre os prós e contras da ideia de revelar nossas informações aos paquistaneses e se deveríamos ou não realizar o plano em parceria com eles. Não foi nada fácil descartar essas opções. Dito isso, já tínhamos uma experiência considerável de trabalho com o Paquistão sugerindo que eles apresentavam significativos problemas operacionais de segurança interna", disse Flournoy.

A questão de como lidar com os paquistaneses era ainda mais complexa pelo fato de as relações entre Estados Unidos e Paquistão – que nunca foram muito boas – estarem num péssimo momento. A aliança entre os países sempre foi complicada, com ressalvas de ambos os lados. Os paquistaneses viam os Estados Unidos como um aliado oportunista que os utilizava de forma instrumental – seja para derrotar os soviéticos no Afeganistão, nos anos 1980, ou, mais recentemente, atacar a Al-Qaeda –, apenas para depois

LINHAS DE AÇÃO

abandoná-los quando deixavam de ser úteis. Por sua vez, os estrategistas americanos sabiam muito bem que o Paquistão era um santuário para grupos militantes que vinham atacando soldados americanos no Afeganistão – grupos que tinham o apoio de certos quadros do exército paquistanês.

Enquanto as informações sobre o complexo em Abbottabad se consolidavam, o problemático histórico entre Estados Unidos e Paquistão sofreu pioras significativas quando Raymond Davis, um cidadão americano, matou dois paquistaneses na agitada cidade de Lahore, em 25 de janeiro de 2011. O governo dos Estados Unidos chegou a fazer várias declarações esquivas e falsas sobre o trabalho de Davis, mas ao longo das semanas seguintes, acabou ficando muito claro que o corpulento Davis – que atirara em dois paquistaneses que, segundo ele, haviam tentado assaltá-lo em plena luz do dia diante de várias testemunhas – era na verdade um agente da CIA. O caso parecia confirmar todas as teorias conspiratórias paquistanesas de que o país estava infestado de espiões da CIA, e muitos paquistaneses, incluindo alguns políticos, clamaram pela execução de Davis. Após o incidente, a grande tensão entre os dois países reduziu as chances já diminutas de o governo dos Estados Unidos vir a informar qualquer elemento do governo ou do exército paquistanês sobre as recentes descobertas do possível paradeiro do líder da Al-Qaeda.

Outro fator a ser levado em conta era que o esforço de guerra americano no Afeganistão, um país sem saídas para o mar, era altamente dependente de suprimentos que chegavam através do Paquistão; no início de 2011, por volta de três quartos de todos os suprimentos da Otan e dos Estados Unidos, incluindo alimentos, combustível e equipamentos, tiveram de passar pelas fronteiras paquistanesas. O Paquistão também permitia que seu espaço aéreo fosse utilizado de trezentas a quatrocentas vezes por dia para que aviões americanos chegassem ao Afeganistão para suprir seus cem mil soldados em campo no país.

Ciente de que os paquistaneses poderiam decidir fechar essas rotas vitais de acesso, Flournoy trabalhou para consolidar o que o Pentágono batizou de Rede de Distribuição Norte, numa série de arranjos logísticos para interligar portos no mar Báltico ao Afeganistão através de seus vizinhos na Ásia Central e na Rússia. "Houve então um grande esforço, cartas presidenciais foram enviadas, agentes saíram para fechar novos acordos, pôr as coisas no lugar, tudo para garantir que aquela rede tivesse a maior sustentação possível", disse Flournoy. Durante um discurso em

São Petersburgo, em 21 de março, o secretário de Defesa Robert Gates assegurou que os Estados Unidos e a Rússia iriam trabalhar em conjunto para expandir o acesso da Rede de Distribuição Norte ao Afeganistão. O fato de esses novos acordos servirem em parte como garantia contra quaisquer problemas resultantes da operação em Abbottabad era sabido apenas por um pequeno grupo no Pentágono.

A secretária de Estado Hillary Clinton, que muitas vezes tentou apaziguar os ânimos sempre que eclodia alguma das frequentes crises entre Estados Unidos e Paquistão, deixou claro que, em se tratando de capturar Bin Laden, preservar essa relação não era uma prioridade. "Eu não queria perder aquela chance", disse Hillary. "Eu não queria outro caso como o de Tora Bora, no qual perdemos tempo demais pensando e não agimos. E eu me lembro que, em certo momento, um dos relatores disse: 'Isso será encarado como uma grave violação à honra nacional paquistanesa', e eu explodi na hora e gritei: 'E você não pensa na nossa honra nacional? Não pensa em pegar o homem que matou três mil pessoas inocentes?'".

Àquela altura, Obama já estava ansioso, exigindo linhas de ação (LDAs) concretas para atacar o complexo, em vez de apenas novas informações de inteligência. De acordo com o oficial do Conselho de Segurança Nacional, Nicholas Rasmussen, Obama "concluiu que as chances de aquela história vazar de alguma forma ou de outra eram tão altas que precisávamos acelerar nossos esforços. E então concordou com a opinião de Panetta, de que nada no mundo da inteligência iria nos trazer novos frutos durante os próximos três ou quatro meses. Nós até poderíamos nos certificar um pouco mais das conclusões da CIA, mas de forma apenas tangencial. Não havia nenhum trabalho ainda em curso que pudesse nos trazer uma polaroide de Bin Laden". (Embora a CIA nunca tenha conseguido uma imagem de Bin Laden, seus oficiais chegaram a obter uma foto do irmão do Kuaitiano.)

No começo da noite de uma sexta-feira no final de fevereiro – um bom momento para uma reunião discreta –, um grupo de furgões pretos Suburban chegou ao centro de operações da CIA trazendo o almirante McRaven, Mike Vickers e o general Cartwright. Cartwright, um introspectivo aviador dos Fuzileiros Navais e um aficionado conhecedor de tecnologia, havia conquistado a confiança de alguns dos oficiais mais próximos de Obama durante a discussão sobre a "invasão" ao Afeganistão no final de 2009, quando conseguiu quebrar o consenso entre Gates,

Mullen e Petraeus, que queriam um desembarque maciço de quarenta mil soldados no país para uma campanha contra os insurgentes. Cartwright trabalhou então com Joe Biden e Tony Blinken para preparar um plano usando um contingente de apenas vinte mil soldados suplementares que executariam uma "missão extra de antiterrorismo", em vez de uma campanha de contrainsurgência de larga escala. Obama encerrou a discussão autorizando o uso de trinta mil soldados para a campanha, mas a notável independência de Cartwright em relação aos oficiais de alta patente do Pentágono o transformou em um poderoso nome dentro dos conselhos de guerra na administração Obama.

McRaven, Vickers e Cartwright estavam no centro de operações para revisar com Panetta as possíveis linhas de ação para o ataque em Abbottabad. Entre sanduíches e refrigerantes, sentados em volta da imensa mesa de madeira na sala de reuniões do diretor e com a maquete do complexo à sua frente, eles discutiram com um pequeno grupo de oficiais do Centro Antiterrorista as informações de inteligência coletadas até então. Em seguida, o grupo debateu quatro linhas de ação possíveis: um bombardeio feito por um avião B-2, uma incursão com Forças de Operações Especiais realizada sem o conhecimento dos paquistaneses, um ataque com uma aeronave não tripulada e uma operação conjunta com os paquistaneses. McRaven explicou que um ataque de agentes especiais ao complexo de Bin Laden seria relativamente simples. O mais difícil provavelmente seria lidar com a reação paquistanesa à incursão, ocorresse ela por terra ou pelo céu.

Após a reunião, que foi um ensaio geral para uma minuciosa conferência com o presidente que aconteceria em duas semanas, Panetta, que estava muito ansioso, recebeu Michael Morell e Jeremy Bash em seu gabinete. Enquanto servia aos dois uísque, ele disse: "Acho que nosso pessoal desenvolveu quatro opções muito boas. Nenhuma é perfeita, e todas são muito complicadas, mas precisamos ir até o fim. Temos de buscar mais informações e planejar até o último detalhe todas as alternativas, porque acho que seria inaceitável não aproveitar essa chance".

Em 14 de março de 2011, o conselho de guerra de Obama se reuniu na Casa Branca para uma reunião com o presidente. As linhas de ação apresentadas a Obama oralmente e também em memorandos e gráficos incluíam um bombardeio com um avião B-2, um ataque com uma aeronave não tripulada, a incursão de agentes especiais e algum tipo de operação bilateral com os paquistaneses.

O bombardeio com um B-2 tinha seus pontos positivos. Qualquer um que estivesse dentro do complexo ou em algum possível túnel subterrâneo sob o local seria morto, sem que nenhum soldado americano precisasse se arriscar. No entanto, essa opção também tinha seus problemas. Para destruir o complexo, com seu quase meio hectare, seria necessário um imenso carregamento de bombas. O general Cartwright explicou que o bombardeio causaria um impacto similar ao de um terremoto na área. O uso de tamanha força certamente causaria baixas civis, e não apenas entre as mulheres e crianças que eles sabiam habitar o complexo, mas também de moradores das casas vizinhas. E é claro, não restaria qualquer prova da morte de Bin Laden, já que qualquer possível amostra de DNA seria vaporizada pelo ataque, levando consigo qualquer evidência de que ele de fato estava morando ali.

A opção de usar um bombardeiro B-2 provocou debate. Segundo Tony Blinken, "algumas pessoas disseram que as provas de DNA não eram o mais importante. Se Bin Laden estava lá, e nós sabíamos disso com certeza e podíamos fazer alguma coisa, retirá-lo de cena de uma vez por todas era o que realmente contava. No entanto, outros acreditavam que mais da metade do sucesso da operação estaria ligada ao fato de o mundo inteiro ficar sabendo que Bin Laden havia sido morto, e nós precisaríamos comprovar isso, ou pelo menos ter provas suficientes para dispersar qualquer dúvida ou teoria de conspiração".

Uma forma de limitar o número de baixas civis seria lançar diretamente uma pequena bomba sobre o complexo, mas algo assim poderia acabar não matando Bin Laden. Além disso, como a CIA não tinha como vistoriar o complexo, existia também a chance de que Bin Laden pudesse se abrigar em algum *bunker* escondido no interior do prédio, ou mesmo escapar por algum túnel. Usando imagens termográficas, a Agência Nacional de Informações Geoespaciais concluiu que os lençóis freáticos em volta do complexo em Abbottabad eram pouco profundos. De fato, grandes riachos cortavam a região do complexo. Dado o nível dos lençóis freáticos, os analistas descartaram a ideia de que Bin Laden pudesse escapar por algum túnel, mas ainda restava a chance de haver algum tipo de cofre ou sala blindada em sua casa.

LINHAS DE AÇÃO

Os defensores da incursão por terra, que incluíam Panetta, argumentaram que embora fosse arriscado usar os Seals, caso eles invadissem o complexo e Bin Laden não fosse encontrado, ainda havia uma chance razoável de que eles pudessem ir embora sem que ninguém jamais soubesse da operação. Por mais que um punhado de pessoas dentro e em torno do complexo acabasse vindo a saber da operação, tudo poderia simplesmente ser negado. Além disso, *seja lá quem* estivesse morando naquele complexo jamais iria causar um estardalhaço público, pois claramente estava tentando se esconder. Um ataque usando um helicóptero de Operações Especiais que não capturasse Bin Laden não violaria o domínio paquistanês porque jamais viria à tona, enquanto um bombardeio resultaria em um espetáculo público, eliminando qualquer chance de negar a operação posteriormente.

Outra opção seria usar uma aeronave não tripulada Predator ou Reaper para sobrevoar a suposta residência de Bin Laden e lançar um míssil ou uma pequena bomba contra o complexo. Cartwright, o general favorito de Obama, defendeu essa abordagem. A ideia seria usar um projétil bem pequeno para acertar o "Conta-passos" que os satélites americanos vinham registrando durante seus passeios diários. Um ataque como esse exigiria um altíssimo grau de precisão, e existia o risco de que o avião simplesmente errasse o alvo, como já havia acontecido em outras missões contra alvos de alto valor desse tipo. No entanto, o risco de baixas civis seria muito menor, e a reação paquistanesa provavelmente seria mais amena do que a esperada contra um ataque aéreo convencional. Comprovar a morte de Bin Laden ainda seria um desafio, mas com certeza haveria "rumores" em relação ao "martírio" de Bin Laden entre os líderes da Al-Qaeda após o ataque, que poderiam ser detectados pelos satélites americanos. E a Al-Qaeda quase sempre acaba confirmando a morte de seus líderes em comunicados, pois se orgulha de anunciar a morte de seus "mártires".

Como o principal consultor militar de Obama, o almirante Mike Mullen se mostrou cético quanto a essa ideia assim que ela surgiu. "Na minha opinião", disse ele, "aquele sistema ainda não havia sido testado direito. Acho que às vezes confiamos demais em novas tecnologias sofisticadas que acabam não funcionando." Em vez disso, Mullen era favorável a uma incursão.

Michèle Flournoy também defendeu a incursão: "A certa altura, as provas circunstanciais se tornaram tão abundantes que ficaria difícil explicar a existência do complexo e a presença de certos indivíduos ali sem que Bin Laden estivesse no local. Simplesmente não fazia nenhum sentido. Em segundo lugar, eu acreditava que, de um ponto de vista simbólico e estratégico, capturar ou abater Osama bin Laden causaria um impacto muito forte na Al-Qaeda, além de todas as perdas que eles já haviam sofrido. E em terceiro, nós esperávamos encontrar uma série de informações no local que nos ajudaria a entender melhor essa rede terrorista e a criar novas oportunidades para agir contra os principais líderes do grupo caso invadíssemos o complexo".

Na reunião de 14 de março, o almirante McRaven detalhou como seria a incursão, dizendo diretamente a Obama: "Senhor presidente, nós ainda não testamos todas as possibilidades a fundo e não sabemos se essa opção seria possível, mas assim que terminarmos os estudos, comprometo-me a avisá-lo imediatamente".

"De quanto tempo o senhor precisa?", perguntou Obama.

McRaven disse que precisaria de três semanas para ensaiar a missão nos mínimos detalhes.

"Então é melhor começar", respondeu Obama.

Os oficiais presentes na reunião concordaram que, para desembarcar uma equipe no local, usar helicópteros seria uma operação arriscada. As aeronaves poderiam ser detectadas no espaço aéreo paquistanês? E o que os paquistaneses fariam caso isso acontecesse? Havia também a questão do combustível, pois os helicópteros não conseguiriam ir até o complexo, pairar sobre o local, pousar, decolar e voltar para o Afeganistão sem serem reabastecidos. Quais eram as chances de que o ponto de reabastecimento fosse detectado? Assim que chegassem ao complexo, que riscos os Black Hawks estariam correndo?

Cartwright sugeriu usar um helicóptero "invisível" experimental antirradar que os ajudaria a diminuir as chances de os paquistaneses detectarem a operação, mas suas ideias não receberam muita atenção na época. Ao fim do encontro, muitos dos presentes acreditavam que Obama estava mais inclinado a utilizar um bombardeiro B-2 para destruir o complexo. Hillary Clinton relembra: "Todos deixaram a reunião completamente esgotados, dado o peso das consequências e das apostas em jogo".

Em 16 de março, Raymond Davis, o agente que havia matado dois paquistaneses dois meses antes, foi solto da prisão após um engenhoso acordo, no qual o governo dos Estados Unidos pagou 2 milhões de dólares em "dinheiro de sangue", conforme previsto pelas leis islâmicas, para as famílias das duas vítimas. Esse foi um desdobramento importante para o pequeno grupo na Casa Branca que vinha planejando a operação em Abbottabad, pois havia uma séria preocupação com a possibilidade de que Davis, que era muito odiado no Paquistão, acabasse sendo morto na prisão em retaliação a um ataque americano em Abbottabad. Agora que Davis era um homem livre, esse era um impedimento a menos ao uso de ações militares contra o complexo.

Quando os "chefes" voltaram a se reunir com Obama na Casa Branca, em 29 de março, a opção do bombardeio com um B-2 já havia sido praticamente descartada. Após estudos para definir a carga necessária para derrubar um complexo de quase meio hectare, os analistas do Pentágono descobriram que precisariam usar 32 bombas de quase uma tonelada cada. Isso não apenas incineraria qualquer amostra de DNA no local como também representaria um ataque aéreo de grande proporção a uma cidade populosa, devastando o complexo com seus mais de vinte moradores e talvez destruindo prédios vizinhos. As bombas poderiam acertar não apenas o alvo mas também ainda mais civis. O presidente preocupou-se com o provável número de baixas civis e as dificuldades para comprovar a morte de Bin Laden. Havia também a questão da enfurecida resposta paquistanesa que um ataque desse tipo certamente provocaria, e a impossibilidade de se conduzir uma "exploração detalhada do local", que é como a CIA se refere ao exame forense de computadores, celulares e itens encontrados nos bolsos dos cadáveres, geralmente realizado após uma incursão para capturar ou assassinar um alvo de alto valor.

O que ainda restava era a ideia de um ataque cirúrgico com uma arma de "enfrentamento", uma aeronave não tripulada; a opção de um ataque com helicópteros e a estratégia do "esperar para ver", que se resumia a tentar reunir informações mais conclusivas. Durante essa reunião, Obama encheu McRaven de perguntas como: "E se o complexo tiver uma sala blindada?", "E se Bin Laden não estiver lá?", "Como vocês vão tirar Bin Laden do complexo, vivo ou morto?", "E se os helicópteros tiverem problemas mecânicos?", "O que acontecerá caso haja resistência durante o ataque ao complexo?".

Durante esse processo de planejamento, o secretário de Defesa Robert Gates mostrou ser um dos conselheiros mais céticos do presidente. Sua opinião tinha um enorme peso, pois ele já havia trabalhado com outros seis presidentes dos Estados Unidos; ele fez parte do Conselho de Segurança Nacional de Richard Nixon quando Obama tinha apenas treze anos. E Gates tinha experiência o bastante como diretor da CIA para saber que, mesmo tendo evidências circunstanciais muito fortes, é possível se equivocar. No caso de um ataque por terra ao complexo em Abbottabad, ele também se preocupava com o grau do risco corrido pelas forças americanas e as relações entre Estados Unidos e Paquistão.

Acima de tudo, o receio de Gates era ver uma reprise da Operação Garra de Águia de 1979, uma ação malsucedida para libertar 52 reféns americanos mantidos na embaixada dos Estados Unidos em Teerã durante a Revolução Iraniana. O fracasso dessa operação de resgate foi um dos principais fatores que levaram Jimmy Carter a perder a reeleição. Gates acompanhou a Operação Garra de Águia em seus mínimos detalhes enquanto trabalhava como assistente executivo para o então diretor da CIA Stansfield Turner. Enquanto o desastre acontecia no Irã, em 4 de novembro de 1979, Gates esteve ao lado de Turner a noite inteira, indo e vindo entre a CIA e a Casa Branca. Gates recorda-se: "Nós só saímos da Casa Branca por volta de 1h30 da manhã... e minha viagem de volta para casa foi longa e triste".

Naquele momento, mais de três décadas depois, outro presidente democrata estava considerando pôr sua presidência em jogo com um ataque de helicóptero no outro lado do planeta, em um país que muitos na Casa Branca viam, na melhor das hipóteses, como um aliado ambíguo. Enquanto o planejamento continuava nas reuniões da Casa Branca, Gates insistiu várias vezes nas mesmas perguntas: "E se algum helicóptero cair?", "E se os paquistaneses reagirem mais rápido do que imaginamos?", "E se algum soldado for capturado dentro no complexo?". Flournoy disse que Gates "parecia decidido a não acreditar no plano. Ele não parava de fazer perguntas difíceis".

Segundo Flournoy, conforme a ideia de uma equipe Seal lançada por helicópteros parecia cada vez mais plausível, a hipótese de alertar os paquistaneses sobre a operação foi se tornando cada vez mais remota: "Embora os dois países tivessem muitos interesses na captura de Bin Laden, nosso receio era que a ideia de ver soldados americanos cruzando as fronteiras paquistanesas para uma incursão como aquela poderia causar ambivalência demais e impedir que nós tivéssemos o apoio desejado. No final das contas, nós concluímos que nosso objetivo era tão crucial e havia tantos interesses vitais em jogo que o risco de os paquistaneses vazarem nossas informações ou decidirem se opor por questões de soberania era alto demais. Foi decidido então que iríamos realizar uma operação unilateral, mas avisá-los assim que fosse possível".

Uma vez que a decisão de não alertar de forma alguma os paquistaneses havia sido tomada, Obama e sua equipe precisavam pensar em qual seria a melhor maneira de administrar a reação local, seja lá qual fosse, especialmente em Abbottabad, caso o presidente desse o sinal verde para a incursão. Um oficial veterano explica: "Durante algumas das primeiras reuniões, McRaven se mostrou muito preocupado em, por falta de uma expressão melhor, não jogar merda no ventilador dos paquistaneses a menos que fosse muito necessário. Então, se houvesse uma forma de realizar a operação sem que nenhum paquistanês fosse morto, fosse entre civis ou soldados, essa seria a melhor solução".

A princípio, McRaven propôs um plano de ataque no qual os Seals evitariam qualquer tipo de confronto com os paquistaneses a menos que fosse absolutamente necessário. Caso paquistaneses aparecessem no complexo para reagir, a proposta de McRaven era que os agentes estabelecessem um perímetro de defesa e apenas se protegessem. Enquanto isso, oficiais veteranos dos Estados Unidos explicariam aos seus colegas paquistaneses todo o caso de inteligência envolvendo Bin Laden e a razão pela qual a incursão fora feita, na esperança de que os agentes pudessem se retirar sem maiores problemas.

Para o caso de os agentes serem cercados no complexo em Abbottabad por tropas hostis, a equipe de segurança nacional de Obama discutiu quem seria a melhor pessoa para entrar em contato explicando a situação ao homem mais poderoso do Paquistão, o chefe do exército, general Ashfaq Parvez Kayani. Enquanto o debate se desenrolava sem nenhuma solução clara à vista, ficou evidente que Obama não estava totalmente satisfeito com essa opção. "O ponto crucial aqui é a proteção dos nossos soldados, não deixar os paquistaneses contentes", disse ele a McRaven. "Quero que o senhor desenvolva um plano para essa hipótese de enfrentamento. Precisamos ser capazes de enfrentar qualquer oposição paquistanesa ativa e ainda retirar todos os nossos homens a salvo de lá." Em resumo, essa abordagem se transformou na opção de "lutar para escapar".

O incidente de Raymond Davis ajudou a moldar as ideias de todos aqueles que defendiam o plano da incursão. E se em vez de apenas um agente da CIA na cadeia, a ação acabasse fazendo com que mais de vinte Seals fossem presos só por não terem poder de fogo o bastante para abrir caminho e escapar?

Obama não entrou em detalhes táticos, como onde deveriam estar os helicópteros Chinook com tropas de apoio, nem quantos Seals a mais seriam necessários para completar a equipe de ataque; ele apenas disse a McRaven que o grupo precisaria ser capaz de lutar para escapar. "Aquilo causou uma mudança crucial, porque Bill McRaven achava estar propondo justo o que as pessoas queriam, ou seja, uma estratégia que não irritasse os paquistaneses", disse um oficial veterano do governo. McRaven refez seus planos e voltou com uma série de saídas para proteger a equipe de ataque, em especial uma opção que contaria com uma força de reação rápida a postos já em solo paquistanês, em vez de depender de helicópteros na fronteira afegã-paquistanesa, como no plano anterior. Mullen diz: "Foi Obama quem sugeriu usar os Chinook-47. Foi ele quem insistiu na necessidade de mais reforços".

Mullen, que já havia visitado o Paquistão 27 vezes quando foi presidente da Junta de Chefes de Estado-Maior, insistiu em dizer ao seu colega, o general Kayani: "Se tivermos certeza de que podemos encontrar o líder ou o vice-líder da Al-Qaeda, vamos pegá-los. E vamos pegá-los com uma ação unilateral. Ponto final".

Em 11 de abril, Panetta reuniu-se no centro de operações da CIA com o tenente-general Ahmad Shuja Pasha, o comandante da poderosa agência militar paquistanesa de inteligência, a ISI. Pasha, que havia forjado uma relação pessoal com Panetta, chegando a chamá-lo pelo nome, Leon, e a convidá-lo a sua casa para jantar com sua família quando Panetta esteve no Paquistão, reclamou da excessiva presença da CIA no Paquistão, como o caso de Raymond Davis comprovava. Irritado, Pasha disse: "Vocês têm agentes da CIA demais no meu país, e não me importa se eles são oficiais de segurança, de inteligência ou até analistas. Há agentes demais lá". Pasha descreveu a reunião como uma "disputa de gritos". Panetta usou termos mais amenos, mas o encontro reforçou sua determinação de não informar os paquistaneses sobre a incursão contra

Bin Laden, e aumentou a pressão para agir o quanto antes, porque estava claro que a ISI agora seria muito menos complacente com as atividades da CIA em seu território.

Enquanto a Casa Branca continuou discutindo as várias linhas de ação durante mais cinco dias no começo de abril, o Esquadrão Vermelho do Seal DevGru deu início aos ensaios com modelos em escala real do complexo paquistanês num centro secreto de treinamento no meio das florestas da Carolina do Norte. Eles treinaram numa réplica de quase meio hectare do complexo de Abbottabad, usando cordas para descer de de helicópteros Black Hawk no pátio do complexo e na cobertura do prédio principal. Os ensaios foram observados pelo comandante geral do grupo de Operações Especiais, o almirante Eric Olson, um astuto ex-Seal fluente em árabe, e por Mike Vickers, do Pentágono, além do almirante McRaven e Jeremy Bash, da CIA. Esses ensaios foram realizados durante o dia e não incluíram nenhum treinamento da viagem de helicóptero até Abbottabad, focando-se apenas no que os Seals fariam no local.

A incursão usaria os helicópteros "invisíveis" sugeridos por Cartwright, o que os ajudaria a evitar os radares paquistaneses. No entanto, um dos principais pontos negativos da incursão era que os moradores do complexo logo seriam alertados pelo barulho quando os helicópteros estivessem se aproximando. Mesmo com a instalação de aparelhos silenciadores, os Black Hawks ainda fariam um barulho muito alto. Usando cronômetros, os observadores concluíram que podiam ouvir a "assinatura sonora" dos helicópteros quando as aeronaves estavam a um minuto de distância do alvo. McRaven advertiu que esse tempo poderia chegar a dois minutos, uma vez que as condições do vento podiam afetar a propagação do som.

Durante os ensaios, os dois helicópteros voavam até a réplica do complexo, desembarcavam a equipe Seal em noventa segundos e então se retiravam logo em seguida. Os Seals treinavam a varredura do complexo passo a passo e, já próximo ao fim da operação, cerca de dez minutos depois, os helicópteros voltavam para pegá-los.

Ao longo da década seguinte aos atentados de 11 de setembro, os agentes Seal realizaram centenas de "invasões" a prédios em ambientes hostis e encontraram praticamente todos os tipos de surpresa possíveis: mulheres armadas, pessoas com coletes-bomba sob seus pijamas, insurgentes escondidos em "tocas de aranha" e até prédios inteiros armados com explosivos. Os agentes precisavam estar preparados para encontrar qualquer uma dessas ameaças no complexo em Abbottabad. Em resposta a isso, a "opção McRaven", como veio a se tornar conhecida, passou por uma série de testes formais para que fossem identificadas todas as possíveis falhas do plano. "McRaven tinha um plano reserva para todos os problemas imagináveis, e um plano reserva para o plano reserva, e um plano reserva para o plano reserva do plano reserva. Havia toda espécie de planos", recorda-se Michèle Flournoy.

Quando a equipe de ataque foi enfim informada sobre quem seria seu alvo, todos ficaram extasiados; não havia nenhuma dúvida quanto à clareza de propósito ou ao comprometimento de todos os homens envolvidos.

As equipes Seal ainda ensaiariam por mais uma semana no meio de abril no alto deserto de Nevada. A intenção era replicar as prováveis condições climáticas e de altitude de Abbottabad, situada mais de 1.200 metros acima do nível do mar. Dessa vez, eles ensaiaram a missão completa, desde a decolagem noturna até o retorno à base mais de três horas depois. Mais uma vez, Olson, McRaven, Vickers e Bash observaram o ensaio, desta vez ao lado do almirante Mullen. Os observadores foram levados até um hangar, onde os agentes lhes apresentaram um "ensaio conceitual", usando um modelo do complexo em papelão. As equipes Seal saíram então para um voo de cerca de uma hora em seus helicópteros. Assim que voltaram, os observadores externos, agora usando óculos de visão noturna, assistiram a tudo enquanto os agentes invadiam o complexo. Durante esse novo ensaio, as condições do vento forçaram os helicópteros a se aproximarem de seu alvo por uma direção não planejada. Isso lembrou os observadores de que, por mais que o ataque fosse ensaiado diversas vezes, ainda haveria decisões de última hora a serem feitas. Os ensaios também mostraram que a toda a operação em terra poderia ser conduzida em menos de trinta minutos – o tempo determinado pelo Pentágono para os Seals agirem antes de serem interrompidos pela possível chegada de tropas paquistanesas.

Mullen confiava muito em McRaven, que ele conhecia desde quando o oficial mais jovem ainda era capitão da Marinha, dez anos antes. Na época, o trabalho de McRaven já rendera elogios da Casa Branca no governo Bush. Como presidente da Junta de Chefes de Estado-Maior, Mullen sempre fez questão em suas frequentes viagens ao Afeganistão de passar pelo centro de operações do JSOC, na Base Aérea de Bagram, nas cercanias de Cabul, em geral por volta da meia-noite, quando as missões Seal costumavam estar a todo vapor. Por conta disso, Mullen tinha uma grande confiança nas habilidades dos Seals, que foi reafirmada ao assistir ao ensaio da incursão em Abbottabad. "Se vou mandar alguém para morrer em campo", explicou Mullen, "quero saber o máximo possível sobre o caso. E tive a chance de olhar nos olhos daqueles homens. De cada um deles. Pessoalmente. Senti a obrigação de me informar sobre tudo o que podia. Para que quando eu me sentasse com o presidente, pudesse dizer: 'Tenho total confiança na operação e vou dizer por quê. Aqui está o que eu vi. Estes são os detalhes'."

Após assistir aos ensaios, McRaven foi à Casa Branca para dar a Obama e a seus principais conselheiros de segurança nacional sua opinião sobre a viabilidade da operação. Sobre McRaven, Tony Blinken disse: "Primeiro, o fato de ele ser como é ajuda muito. McRaven tem a aparência e a postura certas, então inspira confiança, mas também passa a clara impressão de que não é o tipo de sujeito que sairia por aí blefando ou se gabando à toa. Ele parece ser um homem muito sincero. Então, ao fazer sua análise, ele nos transmitiu muita credibilidade, o que nos deu muita segurança. Basicamente, McRaven disse que havia planejado tudo e ensaiado cada passo da operação, e que poderíamos sim fazer aquilo".

Em determinado momento, quando descrevia a ação com os helicópteros para Obama e seu conselho de guerra, McRaven disse: "Em termos de dificuldade, comparado ao que já fazemos todas as noites no Afeganistão e no Iraque, esta não está entre as nossas missões mais difíceis, tecnicamente falando. A parte complexa se resume à questão da soberania paquistanesa e à necessidade de um longo voo no espaço aéreo paquistanês".

Conforme o planejamento da incursão se consolidava, os oficiais da Casa Branca precisaram pensar no que aconteceria caso Bin Laden fosse pego. Como Bin Laden já havia dito várias vezes que preferiria morrer como um "mártir" a ser capturado pelos Estados Unidos, as chances de prendê-lo foram descartadas como muito pouco prováveis. Em 2004, Abu Jandal, um ex-guarda-costas de Bin Laden, disse ao jornal *Al-Quds Al-Arabi*: "O xeque Osama me deu uma pistola... e ela tinha só duas balas, para que eu pudesse matá-lo caso fôssemos cercados ou ele estivesse prestes a cair nas mãos do inimigo, evitando que ele fosse capturado vivo... Ele preferia se tornar um mártir a ser preso, e seu sangue se tornaria uma bandeira para conclamar o zelo e a determinação de todos os seus seguidores". Em uma gravação publicada em sites islâmicos dois anos antes, Bin Laden confirmava sua disposição ao martírio: "Jurei viver apenas enquanto for livre. Mesmo que eu venha a sentir o gosto amargo da morte, não quero morrer sendo humilhado ou enganado". Ainda assim, se por alguma razão Bin Laden fosse capturado, o regimento das operações Seal exigia que ele fosse levado sob custódia.

Para tal cenário, foi preparada uma equipe de interrogatório para detentos de alto valor, composta por advogados, intérpretes e interrogadores experientes, todos a postos na Base Aérea de Bagram, no Afeganistão. Junto com Bin Laden, essa equipe seria levada ao porta-aviões *USS Carl Vinson,* que estaria deixando o litoral paquistanês pelo mar da Arábia, onde o líder da Al-Qaeda seria interrogado por tempo indeterminado.

Os chefes voltaram a se reunir com o presidente nos dias 12 e 19 de abril. Panetta disse a Obama que a comunidade de inteligência vinha oferecendo cada vez menos avanços quanto ao que poderia ser descoberto sobre o complexo. O grupo estava vendo o "Conta-passos" quase todos os dias, mas não tinha como afirmar com certeza se aquele era Bin Laden. E usar um espião humano para se aproximar do complexo e confirmar sua identidade aumentaria demais o risco de detecção. Tony Blinken disse: "Sempre houve uma tensão entre a ânsia de ter mais certeza sobre a presença de Bin Laden no complexo e o perigo de que ir longe demais para confirmar acima de qualquer dúvida essa informação pudesse comprometer o que estávamos fazendo". Na reunião de 19 de abril, o presidente Obama concedeu um sinal verde provisório à incursão Seal. O presidente perguntou a McRaven quanto tempo ele precisaria para dar início à operação caso ela fosse aprovada. McRaven respondeu que precisaria de quatro horas. Obama disse: "Vou lhe dar 24 horas". Alguns oficiais veteranos do governo entenderam isso como um sinal de que Obama estava mesmo inclinado a optar pela incursão.

Na Casa Branca, o planejamento da operação em Abbottabad continuou sendo realizado em absoluto sigilo; não mais de meia dúzia de oficiais estavam a par de tudo. Ben Rhodes, o assessor de comunicação estratégica de Obama, havia reparado que várias reuniões vinham acontecendo na Sala da Situação durante os últimos meses sem que suas pautas fossem publicadas no manifesto oficial, e que as câmeras de monitoramento da sala haviam sido desligadas. "Não fui o único a reparar nessas reuniões, mas ninguém nunca comentou nada, porque não cai bem falar sobre reuniões para as quais não se foi convidado", recorda-se Rhodes. Ao longo de vários meses, foram realizadas 24 reuniões interagenciais para se debater os avanços de inteligência sobre o complexo em Abbottabad. Essas discussões eram listadas nas agendas de todos os participantes como "não reuniões". Nenhum "acompanhante" era aceito e nenhum documento adiantando suas pautas jamais foi preparado, por mais que isso fosse comum para as reuniões da equipe de segurança nacional do presidente.

Em meados de abril, para que fosse possível debater e ensaiar as várias linhas de acão, o universo de pessoas envolvidas no caso Bin Laden teve de aumentar. Anda assim, o acesso às informações era altamente segmentado, garantindo que a maioria dos integrantes tivesse acesso a apenas poucos detalhes da operação. John Brennan, o principal assessor de antiterrorismo de Obama e ex-diretor da base da CIA na Arábia Saudita, começou a se planejar para um possível vazamento das informações sobre Bin Laden, o que exigiria revelar o segredo a Rhodes. Rhodes precisaria estar pronto para interferir na imprensa, caso fosse necessário. Rhodes relembra: "Já houve situações em que precisei contatar editores de jornais e dizer, 'Por favor, não publique essa história, por causa de tal e tal coisa'. E Brennan queria alguém que pudesse fazer isso, caso as informações vazassem".

Em 11 de setembro de 2001, Rhodes, na época com pouco mais de vinte anos, estava trabalhando no Brooklyn e pôde ver perfeitamente as torres do World Trade Center desabando. Ele se recorda do momento em que Brennan o informou sobre o caso Bin Laden: "Eu senti o imenso peso da informação que estava recebendo. No meu trabalho, é comum estar por dentro de muitos segredos, mas aquilo foi diferente. Afinal, era Osama bin Laden, e é claro que você fica ansioso, empolgado e nervoso. Nosso primeiro impulso é querer falar com todo mundo, mas é preciso cuidado para proteger essas informações".

Brennan, Rasmussen, do Conselho de Segurança Nacional, e McDonough, vice-assessor de segurança nacional de Obama, desenvolveram um "manual" para os diversos cenários que poderiam acontecer durante e após a missão. Eles começaram a preparar o texto semanas antes de o presidente tomar sua decisão final sobre o que fazer em Abbottabad, porque durante o tempo todo, ele lhes disse: "Continuem se preparando.

Ainda não me decidi, mas continuem trabalhando em todas as opções. E quero tudo planejado até os últimos detalhes". Eles sabiam que, assim que a operação fosse iniciada, seria preciso poder entrar em ação imediatamente, tendo opções bem planejadas à disposição para todas as manobras diplomáticas, e declarações públicas para qualquer um dos vários desfechos da operação. Eles pediram a Rhodes para ajudá-los a formular as diversas mensagens estratégicas que seriam divulgadas após cada um desses desfechos.

Na primeira hipótese, a equipe Seal invadiria o complexo, a operação seria relativamente simples, e eles capturariam Bin Laden. A mensagem para esse caso não era muito complicada.

Na segunda, os agentes entrariam no local, mas não encontrariam Bin Laden, e então sairiam sem problema. Nesse caso, nenhuma mensagem seria usada, porque a ideia do governo Obama seria não dizer nada, na esperança de que os paquistaneses também não se manifestassem.

E na terceira, os agentes encontrariam Bin Laden, mas se envolveriam em um confronto com o exército paquistanês, ou então vários civis seriam mortos. Ou pior, poderia haver um confronto e baixas civis, tudo sem encontrar Bin Laden. Isso causaria revolta no mundo muçulmano e traria um severo impacto político nos próprios Estados Unidos. Rhodes disse: "Trabalhamos duro para pensar no que fazer em todos os cenários em que Bin Laden não fosse encontrado e a ação não pudesse ser negada: como iríamos explicar por que achamos que aquela seria uma boa ideia? Tivemos então que formular uma versão publicável do nosso caso de inteligência, porque precisávamos ser capazes de justificar por que corremos um risco tão grande, mesmo sabendo que ele poderia não estar lá".

Rhodes começou a trabalhar junto com o porta-voz da CIA, George Little, o único outro "comunicador" a ser informado sobre a missão, para preparar uma versão pública do caso Bin Laden que pudesse ser oferecida à imprensa e ao público, caso a operação em Abbottabad fosse exposta. Little, um oficial de inteligência alto, de óculos e dono de um PhD em relações internacionais, preparou um documento de 66 páginas que incluía diagramas do complexo.

Ainda em meados de abril, John Brennan entrou em contato com Mike Leiter, diretor do Centro Nacional Antiterrorismo (NCTC), usando uma linha secreta de teleconferência da Casa Branca e disse: "Mike, nós precisamos pô-lo a par do que sabemos sobre o complexo onde achamos que Bin Laden pode estar".

"Com quem mais posso discutir isso?", perguntou Leiter a Brennan, disfarçando sua irritação por não ter sido informado sobre o assunto antes.

"Ninguém."

"Então o que vocês querem que eu faça?", perguntou Leiter.

"Basicamente, quero que você avalie as possíveis ameaças à segurança nacional que poderiam resultar de uma operação bem-sucedida", disse Brennan.

Mike Leiter é um ex-promotor federal e aviador naval com uma postura direta e fala rápida. Quando estudou direito em Harvard, ele foi presidente da revista *Harvard Law Review*, cargo que o próprio Obama havia ocupado anos antes. Antes de comandar o NCTC, Leiter trabalhou na comissão do congresso responsável por apurar o fiasco de inteligência no caso das supostas armas de destruição em massa possuídas pelo Iraque, e escreveu grande parte de seu relatório final. Sua experiência com tudo o que levou à Guerra do Iraque temperou a reação de Leiter às informações sobre o caso Bin Laden.

"Eu já tinha visto tantos fracassos na minha vida que não consegui me empolgar", diz Leiter. Ele ainda se lembrava de quando oficiais da CIA disseram a Obama o quanto estavam animados com uma suposta pista para chegar a Ayman Al-Zawahiri, que depois acabou levando-os apenas a um agente duplo/homem-bomba da Al-Qaeda que matou sete membros da CIA.

Após ser informado sobre tudo, Leiter sentiu que as chances de Bin Laden de fato estar morando naquele complexo eram muito grandes, mas certos aspectos do caso ainda o incomodavam. Era estranho que não houvesse nenhum guarda vigiando o local. E algumas das mulheres e crianças que moravam lá às vezes passavam longos períodos de tempo fora, visitando suas famílias no Paquistão. Quando deixavam Abbottabad, essas mulheres e crianças levavam seus celulares, o que parecia ser uma falha significativa para a em geral muito rígida política de segurança em torno de Bin Laden.

Para Leiter, o caso Bin Laden estava longe de ser um "tiro certo". Ele também não se deixou convencer pela suposta regularidade com que tudo acontecia ou deixava de acontecer no complexo. Alguns oficiais afirmavam que não havia nenhuma comunicação feita por telefone seja para dentro ou para fora do local, mas ao se examinar as minúcias do caso, via-se que a NSA vinha encontrando novos celulares no complexo. E Leiter também estava preocupado com as falhas de "cobertura" do edifício, que não era vigiado em tempo integral, nem por agentes paquistaneses em terra, nem por satélites espiões em órbita.

No sábado, 23 de abril, Leiter se reuniu com Brennan na Casa Branca, onde enumerou as falhas que havia encontrado e sugeriu a criação de uma segunda equipe de analistas para elaborar explicações alternativas para as informações coletadas até então. Brennan afirmou que uma segunda equipe de analistas da CIA já havia analisado todos os dados. Leiter rebateu, argumentando que esses analistas estavam envolvidos demais no caso para avaliá-lo sem nenhum viés.

"Acho que isso não é o bastante, seja no caso de um sucesso ou de um fracasso", disse ele a Brennan. "No caso de um fracasso, você vai precisar de algo para provar que tudo foi bem feito. E mesmo que a missão seja um sucesso, você ainda precisa poder ir a público e dizer: 'Fizemos tudo com extremo cuidado'. John, a última coisa que você quer é que alguma comissão venha depois e diga: 'Você não examinou isso aqui a fundo'. Eu sei muito bem como é isso, John."

Brennan concordou que criar uma segunda equipe de analistas seria uma boa ideia, e instruiu Leiter: "Fale com Michael [Morell], e se vocês concordarem, ótimo. Caso contrário, volte a falar comigo". Leiter então procurou Tom Donilon, o assessor de segurança nacional, um advogado severo e exigente que administrava com pulso firme o Conselho de Segurança Nacional para Obama. Enquanto fechava a porta de seu escritório, Donilon perguntou a Leiter: "E então, o que você acha?". Leiter respondeu: "O fator imprevisível é que sempre podemos ter acidentes com as aeronaves. Eu já fui aviador. Voar à noite em um lugar desconhecido... É esse tipo de coisa que dá problema". Leiter então expôs a Donilon suas ressalvas às informações coletadas. Donilon também achou estranho o fato de mulheres e crianças estarem entrando e saindo do complexo, e se mostrou ainda mais reticente do que Brennan, que àquela altura já estava convencido de que Bin Laden de fato estava morando no complexo. Caso a operação fracassasse, Donilon teria de se responsabilizar por grande parte do estrago, então apoiou fortemente a ideia de uma segunda equipe de analistas.

Leiter também passou pelo escritório de seu amigo, Denis McDonough, o vice-assessor de segurança nacional, que já havia trabalhado como assessor de relações internacionais para Obama, quando este ainda era um senador júnior pelo Estado de Illinois. McDonough explicou a Leiter que se Obama aprovasse a operação em Abbottabad, ela aconteceria na semana seguinte, sábado à noite. O que por acaso era a mesma noite em que Leiter iria se casar com Alice Brown, numa cerimônia para 250 convidados na Meridian House, quinze quadras ao norte da Casa Branca. "Denis, você está de sacanagem?", exclamou Leiter. "No próximo final de semana? Como assim?!" McDonough, um taciturno sujeito de Minnesota, garantiu ao amigo que não estava brincando.

O momento ideal para um ataque com helicópteros seria em uma noite sem lua. Isso ajudaria a garantir que os pilotos Night Stalkers do 160º Regimento de Aviação de Operações Especiais, que cruzariam a fronteira afegã-paquistanesa usando óculos de visão noturna (OVN), pudessem realizar o trajeto sem serem detectados pelos paquistaneses. Uma noite totalmente escura também daria uma vantagem considerável aos agentes Seal, que estariam usando seus próprios OVNs para invadir o complexo. E não haveria nenhum traço da lua iluminando o Paquistão no sábado seguinte, no dia 30 de abril. Uma noite de sábado parecia ser ideal porque era o dia da semana em que a CIA registrava os menores níveis de atividade do exército paquistanês. A próxima noite sem lua só aconteceria no dia 1º de junho. Àquela altura, o clima já estaria muito mais quente, o que poderia afetar o bom funcionamento dos helicópteros. Pior ainda, quanto mais eles esperassem, maior seria o risco de um vazamento de informações.

Às sete da manhã de segunda-feira, dia 25 de abril, Leiter se reuniu com Michael Morell, na CIA. Antes mesmo que Leiter tentasse justificar a necessidade de uma segunda equipe de analistas, Morell disse: "Claro, é uma ótima ideia. Precisamos fazer isso, sim".

Leiter selecionou dois analistas do Centro Nacional Antiterrorismo com um profundo conhecimento sobre a Al-Qaeda: Richard (um pseudônimo), que contava com mais de duas décadas de experiência em antiterrorismo e um amplo respeito na comunidade de inteligência, e Rose (um pseudônimo), uma minuciosa analista na casa dos trinta anos de idade. Dois outros analistas da CIA, que até então não haviam tido nenhum envolvimento no estudo das informações do caso Bin Laden, também foram trazidos à equipe. Leiter então deu a eles 48 horas para pensar em hipóteses alternativas para quem poderia estar naquele complexo e nos melhores argumentos que pudessem sustentá-las.

A equipe de Leiter explorou três hipóteses para o complexo de Abbottabad. Na primeira, Bin Laden poderia ter alguma ligação ao local, mas não estar lá no momento. Na segunda, o complexo seria a residência de algum outro líder da Al-Qaeda, e não de Bin Laden. E na terceira, o Kuaitiano poderia ter abandonado a Al-Qaeda há muito tempo, trabalhando agora para algum criminoso não identificado.

Os analistas concluíram que a primeira hipótese era a mais provável. A probabilidade de que o complexo fosse a residência de algum outro alvo de alto valor (AAV) da Al-Qaeda que não Bin Laden era significativamente mais baixa, pois nada sustentava a ideia de que o homem abaixo de Bin Laden, Ayman Al-Zawahiri, estivesse morando naquela parte do Paquistão. Além disso, o Kuaitiano nunca havia tido qualquer ligação a Zawahiri, e as mulheres e crianças que moravam no complexo não se enquadravam em nada com o que se sabia sobre a família de Zawahiri. Poderia o morador ser então algum outro AAV da Al-Qaeda até então desconhecido pela comunidade de inteligência? Leiter achava improvável. "Acreditávamos ter uma boa noção de todos os AAVs. Já vínhamos trabalhando com aquilo há dez anos." As chances de algum outro criminoso qualquer estar morando no complexo também eram vistas como pouco prováveis, levando-se em conta o histórico de conexões que o Kuaitiano tinha com o líder da Al-Qaeda.

Ao fim desse exercício, Richard era o mais pessimista da equipe, com apenas 40% de certeza quanto à presença de Bin Laden no complexo, enquanto um dos analistas da CIA era o mais otimista, cogitando algo por volta de 60%. Ainda assim, todos os analistas concordaram que nenhuma das outras hipóteses era tão plausível quanto a da presença de Bin Laden no complexo.

Enquanto a segunda equipe de analistas encerrava seus trabalhos na quarta-feira, 27 de abril, a Casa Branca publicava na internet a certidão de nascimento do presidente, lavrada em 1961 no Havaí. O grupo conhecido como *"birthers"*, que incluía o bilionário sedento por atenção Donald Trump, havia criado uma discussão política sobre a cidadania de Obama, alegando que ele não teria nascido nos Estados Unidos, o que o tornaria inelegível à presidência. Obama afirmou ter publicado o documento para encerrar a "tolice" do debate sobre seu local de nascimento, que vinha desviando a atenção do país de assuntos mais sérios. Logo no dia anterior, os Seals já haviam deixado seu quartel-general no litoral da Virgínia rumo à Base Aérea de Bagram, no Afeganistão.

Michèle Flournoy e Mike Vickers decidiram fazer um último esforço para convencer Robert Gates a apoiar a incursão. No gabinete de Gates, no Pentágono, Flournoy e Vickers explicaram ao chefe a operação, seus riscos e as medidas que haviam sido tomadas para mitigá-los. Gates pareceu se deixar convencer, mas após quatro décadas e meia de experiência no governo, ele já sabia muito bem como esconder o jogo.

Do outro lado do mundo, os espiões da CIA em Abbottabad entraram em contato com seus chefes na Virgínia dando a notícia de que Mariam, a esposa do Kuaitiano, tinha acabado de retornar com seus quatro filhos de uma de suas frequentes viagens pelo Paquistão para visitar a família, e que agora todos estavam de volta ao complexo em Abbottabad. Alguns oficiais de inteligência ainda se mostraram intrigados com isso: se estivesse mesmo lá, por que Bin Laden se arriscaria a deixar que aquelas pessoas saíssem para visitar seus parentes?

CAPÍTULO 12   A DECISÃO

Na quinta-feira, 28 de abril, um dia após Obama ter publicado sua certidão de nascimento, Leiter apresentou os resultados da segunda equipe de analistas ao presidente e seu conselho de guerra. "Em resumo, minha equipe não encontrou nem concluiu nada de revolucionário ou novo em relação aos trabalhos da primeira equipe", disse Leiter a eles.

As conclusões da segunda equipe de analistas não alterou a opinião daqueles que defendiam a incursão, como Michèle Flournoy e Mike Vickers. "O estudo não mudou nada", explica Vickers. "Antes, nossos agentes estimavam chances de talvez 60% a 80% de que Bin Laden estivesse lá. Mas então veio a segunda equipe, e dois analistas disseram estar na faixa dos 60%, e um sujeito falou em 40%, mas disse que esses 40% eram melhores do que qualquer outra explicação possível."

Leiter disse francamente a Obama: "Mesmo tendo só 40% de certeza, senhor presidente, essa ainda é uma probabilidade quase 38% melhor do que qualquer outra que já tivemos nos últimos dez anos".

Ainda assim, aquela avaliação de apenas 40% de certeza era incômoda. John Brennan se recorda: "Alguns de nós pensaram: 'Nossa! Imaginei que nossas chances fossem melhores'. E o presidente admitiu que, ao ouvir alguém falando em apenas 40% de chance, algumas pessoas poderiam ficar um pouco hesitantes".

A DECISÃO

Ben Rhodes disse: "O ânimo da sala esfriou, porque ao se aproximar de uma decisão, você quer ter mais certeza, não menos. Então aquilo só reavivou todos os receios que as pessoas tinham quanto ao que poderia dar errado. Será que aquilo valia mesmo o risco?".

Seguindo na mesma linha, Tony Blinken disse: "Na verdade, acho que a segunda equipe só reduziu nosso nível de certeza; nossa confiança era maior antes da segunda equipe apresentar seus resultados. Então, acho que fomos de uns 70 ou 65% de certeza para talvez 55, ou até 50%".

O diretor de Inteligência Nacional, James Clapper, com suas mais de quatro décadas no ramo de inteligência, disse que a discussão sobre essas porcentagens criou uma sensação de precisão, mas "no final das contas, era tudo subjetivo. Não fazia diferença ter 40% ou 80% de certeza. Mas ao que parecia, entre aqueles que estavam trabalhando com o problema mais de perto, entre os analistas que vinham fazendo o trabalho pesado de verdade, o nível de certeza era muito alto. E conforme você se afastava desse grupo, a confiança diminuía". Para Clapper, "aquele era o nosso caso de inteligência mais concreto dos últimos dez anos. Claro, seria interessante ter alguém dentro do complexo, como uma faxineira ou um cozinheiro que poderíamos ter recrutado, que pudesse dizer: 'Sim, é ele quem está morando aqui'. Mas enfim, nós não tínhamos isso".

Para aqueles que eram contra a incursão, como o secretário de defesa Robert Gates, a análise da segunda equipe apenas confirmou suas dúvidas. Gates disse: "Acho que o trabalho dessa segunda equipe foi fantástico, e o resultado foi muito persuasivo". Persuasivo, em outras palavras, de que Bin Laden poderia muito bem não estar morando naquele complexo em Abbottabad.

O diretor da CIA Leon Panetta então foi firme ao dizer: "Juntando todas as peças, nós temos as melhores evidências desde o caso de Tora Bora, e isso deixa claro que temos a obrigação de agir. Se eu achasse que adiar isso nos traria melhores informações, seria uma coisa, mas dado o esquema de segurança do complexo, nós provavelmente chegamos ao limite de tudo o que podemos descobrir. Agora é hora de nos decidirmos, e não quanto a fazer algo ou não, mas sim quanto ao *que* fazer. Nós já chegamos até aqui. Não podemos voltar atrás. Temos informações o bastante para que nosso povo exija que façamos alguma coisa".

Encerrada essa longa discussão, Obama resumiu o caso: "Certo, pessoal. No final das contas, as chances de que ele esteja lá são de meio a meio."

Leiter também havia sido destacado para pensar que tipo de reação o ataque em Abbottabad poderia causar dentro e fora do país. Em termos de política externa, na pior das hipóteses, a embaixada dos Estados Unidos no Paquistão, uma das maiores do mundo, seria cercada por manifestantes, sem que as tropas paquistanesas se esforçassem muito para detê-los – uma reprise do que havia ocorrido em 1979, quando o prédio da embaixada em Islamabad foi atacado por uma turba enfurecida e reduzido a cinzas. Leiter e sua equipe também analisaram as possíveis ameaças de terroristas "domésticos", que poderiam atacar instalações militares ou prédios governamentais dos Estados Unidos quando soubessem da morte de Bin Laden. Leiter expôs a todos na sala esses dois cenários do que poderia acontecer na pior das hipóteses.

Obama deu a todos ampla oportunidade para falar. Ao final da reunião, o presidente passou pela sala, perguntando a cada um dos presentes: "Qual é a sua opinião? O que você acha?" Tantos oficiais começaram seus comentários dizendo "Senhor presidente, essa é uma decisão muito difícil", que todos na Sala da Situação acabaram caindo na risada, no único momento de leveza durante as duas horas da tensa reunião.

Joe Biden, que foi eleito senador dos Estados Unidos quando Obama tinha apenas onze anos, e também presidiu o Comitê de Relações Internacionais do Senado antes de se tornar vice-presidente, preocupava-se com as reações locais à ação, como um possível confronto com os paquistaneses ou algum ataque contra a embaixada americana em Islamabad. "Precisamos ter mais certeza de que Bin Laden está lá", aconselhou ele. "Os riscos envolvidos e a importância desse caso são tão grandes que precisamos de mais informações antes de agir." Referindo-se à discussão anterior sobre as porcentagens, o vice-presidente disse: "Não sabia que tínhamos tantos economistas aqui nesta mesa". Por fim, Biden concluiu: "Acho que devemos uma resposta direta ao presidente. E a minha sugestão, senhor presidente, é: não faça nada".

Robert Gates continuou reticente, dizendo: "Não consigo me sentir confortável com o grau de risco associado à ideia da incursão. Eu estaria mais disposto a aceitar uma abordagem envolvendo algum tipo de ataque de precisão". Gates voltou a mencionar os incidentes da Operação Garra de Águia e de Black Hawk Down, como havia feito várias vezes antes nas outras reuniões com Obama. O secretário de defesa lembrou o conselho de guerra de Obama de que ele estava na Casa Branca na noite em que a Operação Garra de Águia implodiu.

Gates e Biden atentaram para o fato de que uma incursão em Abbottabad provavelmente causaria uma ruptura definitiva na relação entre Estados Unidos e Paquistão, o que fecharia o acesso por terra e ar ao território paquistanês, algo crucial para o reabastecimento dos 100 mil soldados americanos no vizinho Afeganistão. Isso acabaria também com a relutante aquiescência paquistanesa ao uso de seu território para o lançamento de ataques com aeronaves não tripuladas – ações que haviam se mostrado muito eficazes contra a liderança da Al-Qaeda nas regiões tribais do Paquistão.

Com a hesitação de Gates e Biden quanto às evidências em grande parte circunstanciais já coletadas e ao custo que uma incursão traria às relações entre Estados Unidos e Paquistão, dois dos três oficiais veteranos mais importantes do gabinete de Obama se posicionaram contra uma operação com helicópteros Seal.

O principal assessor militar de Obama, o almirante Mike Mullen, nunca havia preparado uma apresentação tão minuciosa para o presidente como a que fez em seguida. Usando uma série de doze slides com anotações, Mullen explicou passo a passo a Obama a versão final do plano de ataque. Mullen disse que havia assistido ao ensaio da incursão em um modelo em escala natural e que "a equipe de Bill [McRaven] era capaz de fazer aquilo". A firmeza com que Mullen defendeu a incursão foi inusitada, porque ele e Gates costumavam concordar em questões cruciais de segurança nacional, como havia acontecido durante o planejamento da maciça campanha de contrainsurgência no Afeganistão. Agora, o secretário de defesa e o presidente da Junta de Chefes de Estado Maior de Obama defendiam linhas de ação distintas.

O general Cartwright ainda era a favor de usar uma aeronave não tripulada para abater Bin Laden em um ataque cirúrgico, uma opção que continuava na mesa durante a reunião de 28 de abril. A menor bomba comumente usada pela Força Aérea dos Estados Unidos pesava pouco mais de 220 quilos. O tipo de equipamento sugerido por Cartwright seria minúsculo em comparação a isso, e era conhecido como munição tática de pequeno porte. Ao longo dos últimos três anos, o conglomerado bélico-espacial Raytheon vinha desenvolvendo algo nessa linha, uma "bomba inteligente" que pesava apenas seis quilos, tinha sessenta centímetros de comprimento e era guiada por um sistema de GPS. Mas isso trazia uma série de problemas em potencial. Uma bomba assim nunca havia sido usada em combate antes, e por ser guiada apenas via GPS, era um dispositivo "autônomo", que não poderia ter seu alvo ajustado após o lançamento, ao contrário de uma bomba guiada a laser. E se essa bomba experimental não detonasse? Ou errasse o alvo? Ou acertasse a pessoa errada no complexo? Ou até mesmo acertasse seu alvo, mas não o matasse? Qualquer uma dessas hipóteses causaria uma reprise da operação aprovada por Bill Clinton em agosto de 1998 com mísseis teleguiados para tentar abater Bin Laden após um ataque da Al-Qaeda a duas embaixadas dos Estados Unidos na África. O ataque com mísseis falhou e ajudou a tornar Bin Laden uma celebridade global.

Hillary Clinton fez então uma longa e detalhada apresentação que expunha os lados positivos e os negativos de uma incursão. Sua posição não ficou clara até o termino de sua fala: "É uma decisão muito difícil, mas eu diria para irmos em frente". Clinton disse: "Fiz uma apresentação tão longa assim porque o presidente é um homem muito cuidadoso e analítico, e provavelmente dará mais atenção a argumentos racionais do que a discursos inflamados e emotivos. Então eu quis explicar da forma mais metódica possível o que percebo como os prós e contras de todas as opções. E para concluir, levando em conta o que está em jogo, este é para mim um momento que exige uma decisão, apesar de todos os riscos".

Em sua vez de se dirigir a Obama, Leiter disse: "Senhor presidente, minha primeira opção seria esperar e reunir mais informações, mas segundo os operadores, não há mais nada que possa ser descoberto sem riscos excessivos. E não posso duvidar deles em relação a isso". Leiter também apoiou a ideia de usar uma aeronave não tripulada, por achar que os riscos políticos de um ataque como esse seriam muito menores do que os associados a uma incursão.

Leon Panetta, que já havia sido chefe de gabinete de Bill Clinton após trabalhar durante nove anos no congresso, conhecia muito bem a realidade do mundo político. Ele usou um raciocínio persuasivo para defender que a incursão fosse realizada, e o quanto antes. "Senhor presidente, como alguém acostumado a este trabalho, sempre faço o seguinte teste e me pergunto: o que um cidadão americano comum diria se soubesse do que estamos falando? E acho que se nós disséssemos a um cidadão:

'Temos as melhores informações desde Tora Bora e uma chance real de pegar o terrorista mais procurado do mundo que nos atacou no 11 de setembro', ele nos diria para fazer alguma coisa." Hillary Clinton usou um argumento similar: tantas pessoas já sabiam das informações sobre Bin Laden que o caso cedo ou tarde acabaria vazando.

John Brennan, o principal assessor antiterrorismo de Obama, defendeu a incursão. Ele já havia dito ao presidente em particular que os oficiais da CIA responsáveis pela coleta das informações em Abbottabad "vinham seguindo Bin Laden há quinze anos. Para essas pessoas, esse era o trabalho de uma vida, uma jornada de uma vida inteira, e elas acreditavam fortemente que Bin Laden de fato estava naquele complexo. Eu tenho bastante confiança, se não certeza, de que Bin Laden esta lá".

Denis McDonough, vice-assessor de segurança nacional, e seu chefe, Tom Donilon, também apoiaram a incursão. Ben Rhodes, Michèle Flournoy, Tony Blinken, Mike Vickers, Robert Cardillo e Nick Rasmussen fizeram o mesmo, assim como o diretor de inteligência nacional, Jim Clapper, que disse: "Essa é a opção mais arriscada, mas a meu ver, o importante é termos olhos, ouvidos e cérebros em terra para agir por lá".

Obama ouviu atentamente aos conselhos de seus assessores, mas guardou suas opiniões para si mesmo. Um dos oficiais presentes que já havia participado de inúmeras reuniões com o presidente disse: "Ele é muito discreto. Um cara introvertido. Um pensador". Ao final da reunião, por volta das sete da noite, o presidente disse: "Essa é uma decisão difícil e que não posso tomar agora. Preciso de tempo. Passarei a noite pensando e darei minha resposta final amanhã cedo". Para Obama, aqueles que expressaram dúvidas quanto às informações coletadas e à ideia da incursão na verdade ajudaram a aprimorar o planejamento operacional da incursão, em especial quanto à chance de a equipe Seal se envolver em um confronto direto para sair de Abbottabad, caso fosse necessário.

Obama ponderou as opções, sabendo que o fardo dessa decisão pesaria em seus ombros pelo resto de sua vida. Ele disse que "a parte mais difícil é sempre o fato de você estar mandando pessoas arriscarem suas próprias vidas. E há várias coisas que podem dar errado. Enfim, é uma situação com muitas variáveis. Então minha maior preocupação foi, bem, se eu mandar esses caras para lá e a lei de Murphy se fizer valer, será que ainda teremos como tirá-los de lá? Esse era o meu primeiro ponto. O segundo era o fato de que esses caras estariam indo para lá em uma noite totalmente escura. E eles não sabiam o que iriam encontrar. Eles não sabiam se o complexo tinha alguma armadilha. Eles não sabiam se havia explosivos em algum lugar que poderiam ser detonados ao se abrir uma porta. Então os riscos eram imensos". No entanto, apesar desses riscos, Obama decidiu descartar o opção de usar uma aeronave não tripulada: "Concluí que se fôssemos agir em um país soberano, seria importante ter uma prova de que de fato estávamos atacando Bin Laden, em vez de só disparar um míssil contra um complexo." Além disso, por mais que o caso de inteligência fosse incerto, Obama tinha 100% de confiança na habilidade de McRaven e da equipe Seal para executar a missão.

Obama sabia que as apostas eram altas: "Eu sabia, claro, que se fracassássemos, poderíamos perder vidas, as vidas dos bravos agentes Seal da operação, mas também havia o risco de imensas ramificações geopolíticas." Uma dúvida assolava Obama: "E se o misterioso Conta-passos fosse apenas um príncipe de Dubai, tentando levar uma vida discreta?"

Obama sempre se dispôs a correr riscos, mas de forma muito disciplinada. Afinal, ele decidiu enfrentar Hillary Clinton, que supostamente teria grande vantagem para concorrer à presidência pelo partido democrata, após ter passado apenas dois anos no senado. Em 2009, o presidente Obama, que se elegeu com uma pauta "antiguerra", triplicou o número de soldados em terras afegãs em relação ao contingente empregado pelo presidente Bush. Quando os egípcios se ergueram contra seu ditador octogenário, Hosni Mubarak, em fevereiro de 2011, Obama, indo contra os conselhos de quase todo o seu gabinete e a ideia de que é melhor se ater ao "mal que já se conhece", ligou para Mubarak e lhe disse que era hora de abrir mão do poder. Em março de 2011, poucos dias após Muammar Gaddafi dar início ao massacre do crescente movimento oposicionista na Líbia, Obama procurou a ONU e a Otan e organizou a campanha militar que derrubou o ditador líbio, uma campanha que, como ele bem sabia, seria amplamente criticada tanto pela esquerda, quanto pela direita. Gates e Biden foram contra qualquer envolvimento na Líbia.

Apesar dos alertas de Biden sobre os irreparáveis estragos que uma incursão em Abbottabad poderia causar à relação entre Estados Unidos e Paquistão, Obama achou que, a despeito de qual fosse o desfecho da operação, as relações entre os dois países aguentariam o impacto, ainda mais se os esforços para reparar esses danos fossem feitos da maneira certa. E quanto àqueles que defendiam a ideia de esperar e colher informações

A DECISÃO

mais concretas, Obama já havia concluído desde meados de abril que eles nunca conseguiriam ter certeza absoluta de nada. E agora que o círculo de envolvidos no caso havia crescido, também havia um sério risco de que, se eles esperassem até o próximo ciclo lunar para realizar a incursão, as informações sobre o complexo em Abbottabad acabassem vazando, e talvez não houvesse outra oportunidade para se encontrar Bin Laden.

Obama precisou refletir muito antes de tomar sua decisão. Com a captura de Osama bin Laden em jogo, ele estava pronto para ignorar a opinião do vice-presidente e do seu secretário de defesa e tentar a sorte mais uma vez. Obama disse: "Mesmo sabendo que a chance de Bin Laden estar mesmo lá fosse de apenas 50%, achei que valia a pena correr o risco. E o que me levou a essa conclusão foi saber que já havíamos dedicado muito sangue e dinheiro ao combate à Al-Qaeda desde 2001. E mesmo antes, depois dos ataques a bomba à nossa embaixada no Quênia. Então, parte do que passou pela minha cabeça foram todos aqueles jovens que visitei no Afeganistão e ainda estavam lutando lá, e nas famílias das vítimas do terrorismo com quem conversei. E então pensei que se tínhamos uma boa chance para, se não derrotar de uma vez por todas, pelo menos debilitar fortemente a Al-Qaeda, isso valeria os riscos políticos e os riscos que nossos soldados iriam correr".

Na sexta-feira, dia 29 de abril, às 8h20 da manhã, na Sala de Recepção Diplomática da Casa Branca, Obama reuniu Donilon, McDonough, Brennan e o chefe do gabinete, Bill Daley, à sua volta. "Alguma novidade?", perguntou ele. "Algum dos senhores mudou de ideia sobre a incursão?" Todos os assessores disseram acreditar que aquela era a escolha certa e recomendaram fortemente que ele desse seguimento ao plano.

Obama disse apenas: "Tomei minha decisão: vamos agir. Eu só mudaria de ideia se Bill McRaven e seus homens me dissessem que o tempo ou as condições em terra poderiam aumentar os riscos às nossas tropas". Obama instruiu Donilon a repassar as ordens que dariam início à operação. Donilon afirmou: "Estou em Washington há muito tempo. Obama já é o terceiro presidente com quem trabalho. Comecei na Casa Branca em junho de 1977, e momentos assim ainda me causam grande impacto – quando pedimos que uma pessoa do nosso sistema tome uma decisão absurdamente difícil em nome de 300 milhões de americanos".

Tony Blinken soube da notícia pouco depois. "Eu pensei: nossa, essa é uma decisão corajosa. Primeiro, não sabemos se Bin Laden está mesmo lá; as evidências são circunstanciais. E segundo, a maioria dos principais assessores havia recomendado outra linha de ação. Lembro-me que ao sair da reunião no dia anterior, achei que ele não fosse optar pela incursão. Acho que muitas pessoas saíram daquela sala com as imagens de Jimmy Carter na cabeça."

Logo após ter aprovado a operação em Abbottabad, Obama embarcou no helicóptero Marine One às 8h30 da manhã com sua família para uma rápida viagem até a Base Aérea de Andrews, onde eles então pegaram o Air Force One até Tuscaloosa, no Alabama, uma das cidades mais vitimadas por uma semana de furacões que havia atingido oito Estados americanos. "Eu nunca tinha visto tamanha devastação", disse Obama, em meio aos destroços em Tuscaloosa.

Enquanto isso, Donilon assinou uma autorização oficial para a missão em Abbottabad. Quase ao mesmo tempo, oficiais do consulado americano na cidade de Peshawar, no noroeste do Paquistão, não muito longe das áreas tribais que abrigavam centros de operação da Al-Qaeda e de vários grupos talibãs, foram instruídos a evacuar o prédio. Essa ordem foi dada com base em supostas ameaças de sequestros recentes, mas na verdade estava ligada à iminência da operação.

Naquela tarde, Obama foi ao Centro Espacial Kennedy, na Flórida, onde se encontrou com a representante Gabrielle Giffords, uma congressista do Arizona que vinha se recuperando lentamente após ter sido baleada na cabeça por um lunático. O presidente estava ali para assistir ao lançamento do ônibus espacial *Endeavor*, comandado pelo marido de Giffords, Mark Kelly. Ainda na mesma tarde, Obama fez um discurso de formatura para os alunos da Miami Dade College, e voltou para a Casa Branca às onze e meia da noite.

No centro de operações do JSOC, na Base Aérea de Bagram, ao norte de Cabul, o almirante McRaven recebeu uma delegação de congressistas para uma visita ao local. Ele não lhes deu nenhum indício de que estava prestes a dar início à operação mais importante de toda a sua vida.

Durante seu longo dia no Alabama e na Flórida, Obama fez o mesmo. Ele diria depois que "estava preocupado com a operação em Abbottabad, mas uma coisa que eu disse na campanha e que venho comprovando a cada dia nesse trabalho é que ser presidente exige que você faça várias coisas ao mesmo tempo".

A DECISÃO

173

Uma dessas coisas era ir ao Jantar dos Correspondentes da Casa Branca, no sábado à noite – o evento mais próximo do Oscar que a sisuda Washington D.C. tem a oferecer. Nessa tradição anual, o presidente e quase todos os oficiais mais importantes do governo – além de muitos que gostam de se considerar importantes – se reúnem com os profissionais da imprensa de Washington para um jantar de gala. Para apimentar os trabalhos, grandes nomes da mídia novaiorquina também marcam presença, assim como alguns astros de Hollywood e figurões do empresariado. Para a diversão de todos, um comediante costuma se apresentar, com ataques bem-humorados a políticos de ambos os partidos, enquanto o próprio presidente dá algumas alfinetadas em seus críticos e na imprensa.

Mesmo sem o conhecimento dos jornalistas de Washington, o Jantar dos Correspondentes de 2011 vinha sendo a pauta de um intenso debate na Sala da Situação nos últimos dias. A operação em Abbottabad deveria ser adiada por causa do jantar? Havia bons motivos para isso, pois se a incursão fracassasse, o plano seria tentar manter a operação em sigilo e negar sua autoria, o que ficaria difícil se quase todos os principais oficiais de segurança presentes no jantar de repente precisassem ir embora para administrar os estragos de uma incursão malsucedida. Da mesma forma, se o presidente cancelasse sua participação no jantar de última hora, a imprensa com certeza perceberia que algo estranho estava acontecendo e começaria a investigar os motivos. Oficiais disseram que poderiam despistar a imprensa alegando apenas que o presidente estava gripado. Contra esses argumentos, estava o fato de que se o governo Obama adiasse a operação e acabasse perdendo a chance de pegar Bin Laden só por causa de um jantar, isso causaria um desastre de relações públicas de proporções bíblicas.

Obama estava relutante à ideia de adiar a operação em Abbottabad para depois do Jantar dos Correspondentes. "A única coisa que poderia alterar os planos seria um problema com as condições em campo para os Seals", disse ele. Na noite de sexta, a discussão sobre o que fazer sobre o jantar perdeu importância, pois segundo as previsões do tempo, o norte do Paquistão estaria coberto por um céu densamente nublado na noite seguinte. McRaven decidiu então adiar em 24 horas a missão, para a noite de domingo.

Na tarde de sábado, durante um intervalo entre os ensaios de seu discurso para o Jantar dos Correspondentes, Obama ligou para McRaven e fez uma última checagem, uma vez que já era tarde da noite de sábado no Afeganistão. Durante a ligação de doze minutos, McRaven afirmou que eles estavam prontos para entrar em ação. O presidente encerrou a conversa dizendo: "Eu não poderia ter mais confiança do que já tenho no senhor e em suas tropas. Boa sorte para o senhor e os seus homens. Por favor, repasse a eles meus sinceros agradecimentos pelo seu trabalho e a mensagem de que vou acompanhar pessoalmente toda a missão de perto".

A Operação Lança de Netuno estava prestes a acontecer. O nome era uma alusão ao tridente empunhado por Netuno, o deus mitológico dos mares que aparece no distintivo dado a todos aqueles que entram para os Seals.

Às sete da noite de sábado, Barack e Michelle Obama chegaram, conforme esperado, ao imenso salão de jantar do hotel Hilton em Washington; o presidente de *smoking* e a primeira dama usando um vestido marrom de seda sem mangas com um belo decote. Por dentro, Obama repassava os detalhes da operação em Abbottabad, mas ainda conseguiu fazer um monólogo hilário após o jantar, focado em sua maior parte na falsa controvérsia sobre ele ser ou não um cidadão americano. Na plateia, estava Donald Trump, o presunçoso bilionário que havia sido um dos principais questionadores da cidadania do presidente, e apresentador de uma edição do *reality show O Aprendiz* com celebridades. Obama deu início ao seu monólogo dizendo: "Meus compatriotas americanos... Donald Trump está aqui hoje! Sei que ele sofreu alguns revezes recentemente, mas ninguém está mais feliz e orgulhoso por ter colocado um ponto final nesse assunto da minha cidadania do que 'o grande Donald'. E isso porque ele agora finalmente poderá voltar a se concentrar em questões mais importantes... como, será que nosso pouso na lua foi uma farsa? Mas deixando todas as brincadeiras de lado, é claro, todos nós conhecemos suas credenciais e sua ampla experiência. Por exemplo, não, é sério, há pouco tempo, em um episódio de *O Aprendiz,* o time dos homens não conseguiu impressionar os juízes do restaurante Omaha Steaks. E muitos tentaram jogar a culpa de um para o outro. Mas o senhor, meu caro Donald Trump, reconheceu que o verdadeiro problema foi a falta de liderança. Então, no final das contas, o senhor não culpou Lil' Jon ou Meatloaf. O senhor demitiu Gary Busey. E é esse o tipo de decisão que me faria varar a noite acordado. Parabéns, senhor. Parabéns mesmo". Trump ouviu as habilidosas alfinetadas do presidente com um sorriso amarelo.

Compartilhando da diversão estavam presentes no jantar vários membros-chave da eminente operação contra Bin Laden: Leon Panetta, Robert Gates, Tom Donilon, o almirante Mike Mullen, Mike Vickers e o chefe do gabinete da Casa Branca, Bill Daley. Em certo momento, o mestre de cerimônias do jantar, o comediante Seth Meyers, fez uma piada sobre a longa caça a Bin Laden. "As pessoas acham que Bin Laden está escondido nas montanhas Hindu Kush", brincou Meyers. "Mas vocês sabiam que todo dia, das quatro às cinco da tarde, ele apresenta um programa no C-SPAN*?" Obama soltou uma bela gargalhada ao ouvir essa.

O âncora de tevê, George Stephanopoulos, ficou sabendo que a Casa Branca estaria fechada para qualquer visitação no dia seguinte, o que era um tanto estranho. Enquanto conversava com Bill Daley, Stephanopoulos lhe perguntou: "Vocês estão preparando alguma coisa importante por lá?". Por um instante, Daley ficou espantado, mas logo se recuperou e disse casualmente: "Ah, não. É só por um problema no encanamento", o que pareceu convencer Stephanopoulos.

A alguns quarteirões dali, no salão histórico da Meridian House, Mike Leiter se casava com Alice Brown. O juiz conduzindo a cerimônia era Laurence Silberman, que havia liderado a comissão responsável por examinar os motivos que levaram a CIA à equivocada conclusão de que Saddam Hussein tinha armas de destruição em massa. Em menos de 24 horas, a CIA teria uma chance de deixar para trás as memórias daquele sombrio capítulo de sua história. Ou de passar por um grande embaraço de novo.

---

* Canal a cabo que transmite, entre outros eventos de interesse público, as seções do Congresso americano. (N.E.)

CAPÍTULO 13 NÃO ACENDA A LUZ

Pouco após a meia-noite, os moradores do complexo de Bin Laden foram acordados de surpresa pelo estranho som de explosões. A filha de Bin Laden, Maryam, de vinte anos, subiu às pressas até o quarto do pai no último andar da casa para perguntar o que estava acontecendo. "Desça e volte para a cama", Bin Laden respondeu.

Em seguida, Bin Laden disse à sua esposa, Amal: "Não acenda a luz". Foi um alerta inútil. Alguém – ainda não se sabe exatamente quem – havia tomado a sensata precaução de desativar as linhas elétricas que alimentavam a área, garantindo aos Seals uma grande vantagem naquela noite sem lua. Na verdade, aquelas seriam as últimas palavras de Osama bin Laden.

Seis horas antes, por volta das oito da manhã pelo horário padrão da Costa Leste dos Estados Unidos, no dia primeiro de maio, os oficiais de segurança nacional de Obama haviam começado a chegar à Casa Branca. Alguns foram até uma Starbucks próxima ao local, à procura de cafeína para o que certamente seria um longo dia.

Um ou dois deles não estavam em seus melhores dias, após comparecerem ao Jantar dos Correspondentes na noite anterior. O vice-assessor de segurança nacional, Denis McDonough, havia ido ao casamento de seu amigo, Mike Leiter. Depois de poucas horas de sono – "Pelo amor de Deus, era o meu casamento!" –, Leiter, que já havia adiado sua lua de mel, disse a sua esposa que precisaria ir à Casa Branca para uma reunião importante. "Talvez eu demore. Não posso dizer por que agora. Mas você vai entender depois", disse ele. Leon Panetta acordou cedo naquela manhã. Enquanto se barbeava, ele se olhou no espelho e pensou: "Da próxima vez que eu olhar para este espelho, já teremos conseguido realizar algo muito importante, ou então vou ter que me explicar para um punhado de gente".

Os principais oficiais de segurança da nação se esforçaram para agir como se tudo estivesse normal. Como de costume, Panetta, um dedicado católico, foi à missa dominical. Por volta das 9h45 da manhã, o presidente Obama deixou a Casa Branca para a sua costumeira partida de golfe na Base Aérea de Andrews, mas jogou apenas nove buracos. Às dez da manhã, uma reunião de "vices" teve seu início. Os oficiais do subgabinete ali reunidos traziam com eles pilhas de documentos marcados como "ramificações" e "consequências", cobrindo praticamente qualquer contingência que pudesse surgir durante a Operação Lança de Netuno.

Por volta do meio-dia, os oficiais do gabinete de Obama começaram a chegar à Casa Branca. Para não atrair a atenção, as limusines blindadas de autoridades, como a de Hillary Clinton, não pararam em suas vagas de sempre, na Ala Oeste, onde poderiam ser vistas por algum jornalista curioso. A Casa Branca fora fechada à visitação, para que nenhum turista presenciasse o movimento incomum daquele dia. Katie Johnson, a secretária particular do presidente, havia marcado uma visita à Casa Branca para os atores do filme *Se beber, não case,* que tinham vindo à cidade para o Jantar dos Correspondentes, e perguntou a Ben Rhodes se ele poderia abrir uma exceção. Rhodes disse a ela que não seria possível.

A equipe de segurança nacional da Casa Branca havia instalado linhas protegidas na Sala da Situação conectadas com o almirante McRaven, que àquela altura estava em Jalalabad, no leste do Afeganistão. A sala também tinha linhas protegidas ligadas ao escritório de Panetta, na base da CIA, e ao centro de operações do Pentágono, onde o general Cartwright monitorava todas as informações de inteligência que chegavam do campo, e tinha uma equipe com quase trinta oficiais a postos para responder a qualquer contingência.

A equipe de Cartwright havia criado uma matriz operacional que cobria qualquer possível eventualidade: a queda de um helicóptero, a captura de Bin Laden vivo, morto ou ferido, ou mesmo a hipótese de que Bin Laden não estivesse no complexo. A maior preocupação de Cartwright era que a melhor academia militar do Paquistão ficava a menos de dois quilômetros do complexo. E se uma enorme tropa paquistanesa estivesse acordada por algum motivo naquela noite e desse de cara com a operação em curso? Isso poderia levar a um confronto com os paquistaneses. O que não seria nada bom. Caso forças paquistanesas aparecessem de repente no local, o plano era que os Seals tentassem evitar qualquer troca de tiros e esperassem dentro do complexo, enquanto oficiais veteranos do exército americano, em Washington, tentariam negociar sua saída. Ainda assim, os Seals tinham poder de fogo suficiente e o apoio de uma força de reação rápida (FRR) a postos em helicópteros Chinooks para saírem de lá sozinhos, caso fosse necessário.

À uma da manhã pelo horário padrão da Costa Leste dos Estados Unidos, enquanto a noite caía a mais de 11 mil quilômetros ao leste, no Paquistão, o conselho de guerra de Obama começou a se reunir na Sala da Situação. Do outro lado do rio Potomac, em Langley, na Virgínia, Panetta estava em uma espaçosa sala de reuniões na cobertura da base da CIA. A sala havia sido transformada em um centro de comando, com mapas nas paredes, computadores monitorando a operação e duas telas enormes, exibindo transmissões protegidas de vídeo, uma ligada à Sala da Situação, e a outra ao almirante McRaven, em Jalalabad.

"O que o senhor acha?", perguntou Panetta ao vice-diretor da CIA, Michael Morell.

"Eu não ficaria surpreso se Bin Laden estiver mesmo lá. Nem se não estiver", disse Morell. "Eu também", concordou Panetta.

Também acompanhando a operação na CIA estava o almirante Eric Olson, um veterano que havia presenciado o incidente Black Hawk Down, na Somália, em 1993, e era agora comandante geral de Operações Especiais. Olson havia recebido a Estrela de Prata pelo seu "distinto heroísmo" na Somália, e sabia bem como um ataque com helicópteros americanos em uma cidade estrangeira podia acabar muito mal.

O diretor da CIA repassava as informações aos oficiais na Casa Branca conforme as ouvia de McRaven. Panetta assumiu o comando simbólico da operação para mantê-la em sigilo e garantir que a Casa Branca pudesse "negá-la" caso Bin Laden não estivesse no complexo e a incursão passasse despercebida pelos paquistaneses. No entanto, o "comando e controle" da CIA sobre a operação era apenas fictício; o verdadeiro comandante da ação era McRaven.

Às 13h22, Panetta deu a McRaven a ordem para iniciar a incursão, dizendo a ele: "Vá lá e pegue Bin Laden. E se Bin Laden não estiver lá, sumam daquele lugar!".

Às 14h, Obama voltou de sua partida de golfe e foi direto à Sala da Situação para uma última reunião com sua equipe de segurança nacional, enquanto a Operação Lança de Netuno era iniciada. Às 14h05, Leon Panetta começou a apresentar um novo resumo da operação.

Já passavam das onze da noite em Abbottabad àquela altura, e a família de Bin Laden estava na cama. Dada a diferença de fuso entre Paquistão e Afeganistão, ainda era pouco mais de 22h30 em Jalalabad, onde a equipe Seal, composta de 23 "operadores" e um intérprete – um *"terp"*, no jargão militar –, estava se preparando para embarcar em dois Black Hawks. Os helicópteros os levariam então em uma viagem de quase 250 quilômetros ao leste, para talvez confrontar o homem responsável pelo maior homicídio em massa da história dos Estados Unidos. Eles levavam consigo pequenos cartões com fotos e descrições da família de Bin Laden e das outras pessoas que supostamente estariam morando no complexo. Junto à equipe estava também um cachorro chamado Cairo, usando um colete à prova de balas igual ao dos seus colegas Seals.

Meia hora depois, quase às onze da noite no horário local, os dois Black Hawks decolaram do campo aéreo em Jalalabad, rumo ao leste, até a fronteira paquistanesa, que eles cruzariam quinze minutos depois. Os helicópteros MH-60 passaram por modificações para não serem detectados pelos radares paquistaneses, que estavam em modo "pacífico", ao contrário das estações na fronteira entre Paquistão e Índia, um velho inimigo do país, que estavam sempre em estado de alerta. Pintados com emulsões exóticas projetadas para despistar os radares, esses MH-60s modificados também emitiam uma baixa "assinatura" térmica durante o voo, e os rotores em suas caudas haviam sido projetados para serem menos barulhentos e menos suscetíveis à identificação por radares. Além disso, os helicópteros voavam "colados ao chão", ou seja, perigosamente baixo e com muita, muita velocidade – a apenas alguns metros acima do solo, desviando de árvores e acompanhando os cursos dos rios e vales que serpenteiam pela cadeia de montanhas de Hindu Kush. Isso também dificultava sua detecção pelos radares. Após terem cruzado a fronteira paquistanesa, os helicópteros desviaram para o norte de Peshawar, evitando seus milhões de habitantes e olhos curiosos. O tempo total da viagem foi de mais ou menos uma hora e meia.

O sigilo em torno da missão Bin Laden foi tão rigoroso que, de todos os 150 mil soldados dos Estados Unidos e da Otan no Afeganistão, o único a saber da operação era seu comandante geral, o general David Petraeus, que havia sido informado três dias antes. Como era comum no Afeganistão, dezenas de operações das Forças Especiais seriam realizadas naquela mesma noite para capturar ou matar líderes militantes. A incursão Bin Laden era diferente não apenas pelo seu alvo, mas também por acontecer em um país supostamente aliado dos Estados Unidos, por mais que suas autoridades não tivessem sido notificadas da operação.

Um pouco antes da meia-noite, Petraeus chegou ao centro de operações no quartel general da Otan e pediu para que todos se retirassem, exceto um único oficial. Em seguida, ele abriu uma sala de conferência virtual secreta em um computador que lhe permitiria monitorar a operação. Caso fosse necessário, Petraeus estava pronto para despachar aeronaves americanas ao Afeganistão contra jatos paquistaneses que tentassem interceptar ou mesmo atacar os helicópteros que agora entravam em seu espaço aéreo.

Assim que os Black Hawks cruzaram a fronteira paquistanesa, três helicópteros Chinook do tamanho de ônibus decolaram do campo aéreo em Jalalabad. Um pousou pouco depois da fronteira afegã com o Paquistão, e os outros dois foram até Kala Dhaka, na região montanhosa de Swat, cerca de oitenta quilômetros ao noroeste de Abbottabad, onde pousaram em uma área plana às margens do vasto rio Indo. Essa parte no norte do Paquistão é muito pouco povoada e não está sob o controle do Talibã, nem do governo paquistanês. Um desses dois Chinooks era a FRR, que era composta de duas dúzias de agentes Seal que entrariam em ação caso os agentes nos Black Hawks fossem recebidos por uma forte retaliação quando chegassem ao complexo. Os Chinooks também tinham combustível para os Black Hawks, que precisariam ser reabastecidos para a viagem de volta ao Afeganistão.

Na Casa Branca, ao lado da Sala da Situação, que pode acomodar mais de uma dúzia de oficiais sentados em volta de uma enorme mesa polida de madeira e mais duas dúzias de outros funcionários em cadeiras dispostas contra as paredes, existe uma sala de reunião bem menor. Como a Sala da Situação, ela tem conexões protegidas de vídeo e telefone, mas conta apenas com uma pequena mesa, e pode acomodar confortavelmente apenas sete pessoas. Ali estava o brigadeiro-general Marshall B. "Brad" Webb, um vice-comandante do JSOC, trajando um impecável uniforme azul da Força Aérea repleto de insígnias, monitorando as equipes Seal da incursão em tempo real em um laptop, junto com outro oficial do JSOC. Nos monitores dessa pequena sala de reuniões, as imagens granuladas da operação em curso eram recebidas de um Sentinel RQ-170, uma aeronave não tripulada no formato de um morcego, voando a mais de três quilômetros acima de Abbottabad.

O assessor de segurança nacional, Tom Donilon, veio à pequena sala de reuniões e perguntou o que os oficiais estavam fazendo. Ao ouvir que eles estavam se preparando para desconectar seus equipamentos e ir para a Sala da Situação, Donilon disse: "Não vão, não. Desliguem tudo. Não quero nada disso acontecendo". Donilon não queria deixar ninguém com a impressão de que o presidente estava microgerenciando uma operação militar cujo plano ele já havia aprovado. Os oficiais argumentaram que, caso desligassem seus equipamentos, não haveria mais como se comunicar com McRaven. "Tudo bem", disse Donilon. "Mas tudo deve ficar só nesta sala."

Logo ao lado, na Sala da Situação, discutia-se se o presidente deveria monitorar a operação ao vivo ou não. Leiter se recorda: "A Casa Branca, como só a Casa Branca sabe fazer, entrou em um debate interminável sobre se o presidente deveria monitorar a operação em tempo real ou não. E se alguma coisa desse errado? O que o presidente poderia dizer ou fazer? Eu não ia ficar esperando eles se decidirem. Eu ia acompanhar a maldita operação".

Leiter foi até a pequena sala de reuniões para assistir à transmissão da aeronave invisível não tripulada, e logo foi acompanhado por outros membros do gabinete de Obama. "Pouco a pouco, um ou dois de cada vez, eles começaram a aparecer ali", lembra-se Leiter. O vice-presidente Joe Biden chegou, e depois Robert Gates e Hillary Clinton, até que, de repente, a sala ficou lotada, com vários dos maiores oficiais de inteligência e antiterrorismo de Obama espremidos contra a parede ou espiando pela porta para ver melhor o desenrolar da dramática operação.

O debate sobre se o presidente deveria ou não monitorar a operação foi encerrado quando o próprio Obama chegou à sala e anunciou: "Eu preciso ver isso", e se sentou em uma cadeira em um canto da sala lotada. Dezenas de outros oficiais na CIA e no Pentágono também estavam assistindo à mesma transmissão.

Os presentes na sala eram atualizados a cada passo essencial ao longo do caminho, enquanto os helicópteros entravam no espaço aéreo paquistanês e avançavam rumo à Abbottabad. O clima era tenso. Leiter, que foi piloto de jatos da Marinha, disse: "A única coisa com a qual posso comparar aquele momento é um pouso noturno em um porta-aviões". Pouco se falava, a não ser quando algum oficial pedia esclarecimentos sobre o que estava acontecendo, como "Por que aquele helicóptero está ali? O que eles estão fazendo agora?". Quando era possível, Webb respondia na mesma hora; caso contrário, fazia uma rápida ligação para descobrir.

Os Black Hawks se aproximaram de Abbottabad pelo noroeste. Assim que os helicópteros chegaram ao seu destino, a operação planejada em seus mínimos detalhes começou a ser posta em prática. Enquanto tentava pousar no maior pátio do complexo, o primeiro helicóptero perdeu altitude de repente. A combinação entre o peso extra da tecnologia de camuflagem e as temperaturas mais elevadas do que o previsto em Abbottabad haviam afetado seu desempenho, provocando um fenômeno aerodinâmico conhecido como "queda brusca", ou seja, uma descida rápida e repentina. Quando os Seals ensaiaram essa manobra na réplica do complexo nos Estados Unidos, as paredes externas foram representadas por cercas metálicas mas, na verdade, as paredes do local eram feitas de concreto. As grossas paredes provavelmente deram mais força ao vento provocado pelo rotor do Black Hawk e contribuíram para a instabilidade do helicóptero. Em decorrência disso, a cauda da aeronave resvalou em uma das paredes do complexo, quebrando partes vitais do rotor da cauda. O piloto então perdeu o controle do helicóptero. Lembrando-se do seu treinamento, ele evitou uma queda potencialmente catastrófica enterrando o nariz do helicóptero no meio de um enorme terreno, onde os moradores do complexo tinham uma plantação. Graças ao seu raciocínio rápido, os Seals no helicóptero não sofreram nenhum ferimento sério e, depois de se recomporem, conseguiram se arrastar para fora da aeronave tombada.

O plano era que os dois Black Hawks desembarcassem as duas dúzias de homens, ficando no local por apenas alguns minutos antes de partirem para um ponto marcado distante, onde esperariam pelo sinal para virem buscar a equipe Seal no final da missão. Esperava-se que qualquer curioso na área presumisse que os dois helicópteros estavam apenas visitando a academia militar ali perto. Mas agora um Black Hawk havia caído, e as chances de que a missão ainda pudesse ser negada à mídia e ao público foram por água abaixo. Assim como o elemento surpresa.

Preocupado, Obama acompanhou tudo, assistindo às imagens granuladas retransmitidas pela aeronave não tripulada voando quilômetros acima do complexo. A transmissão claramente mostrou que os rotores do primeiro helicóptero haviam parado de girar. Em seguida, em vez de descer para desembarcar alguns Seals na cobertura do prédio principal do complexo, o segundo helicóptero simplesmente sumiu da tela.

"Pudemos ver que houve problemas com o pouso de um dos helicópteros. Então, logo no começo, todos ficaram aflitos. Aquilo não estava no roteiro", disse Obama. "E quando a cauda do nosso helicóptero acertou a parede, e nós vimos que ele tinha caído, o que nos forçaria a usar um dos helicópteros de reserva para fazer a extração, passamos por momentos muito intensos", concorda a secretária Clinton. "Foi como se estivéssemos em um episódio de *24 horas* ou de algum filme assim."

O general James Clapper, o diretor de inteligência nacional, era um velho amigo de Robert Gates, que estava sentado à sua frente e também estupefato pelas imagens do helicóptero caindo. Clapper olhou para Gates, que estava pálido. "Percebi que ele estava com um nó na garganta", diz Clapper. O vice de Clapper, Robert Cardillo, disse: "Dava quase para ouvir as batidas dos vários corações disparados na sala". Enquanto isso, o vice-presidente Biden dedilhava seu rosário.

De repente, a sala de reuniões de Panetta, na CIA, agora lotada com quase duas dúzias de oficiais da Agência, do Comando Conjunto de Operações Especiais e de outras partes da comunidade de inteligência, mergulhou em silêncio enquanto as imagens do helicóptero acidentado tremeluziam na tela. Nervosa, uma analista que já vinha trabalhado no caso Bin Laden há quatro anos perguntou: "Isso é muito ruim?".

Com seu sotaque texano, o almirante McRaven dirigiu-se a Panetta, sem nenhuma mudança aparente de tom, dizendo: "Vamos corrigir o rumo da missão agora. Diretor, como pode ver, um dos helicópteros caiu no pátio. Meus homens estão preparados para essa contingência e irão contorná-la". Em segundos, McRaven pôde ver pelo monitor que a equipe Seal do helicóptero acidentado havia conseguido sair da aeronave sem nenhum problema grave. Cerca de um minuto depois, McRaven disse: "Estou enviando a FRR até o alvo", o que queria dizer que os Seals à espera no Chinook a cerca de vinte minutos de voo ao norte do complexo agora se apressariam para chegar a Abbottabad.

Apesar dos planos de contingência, alguns oficiais ficaram ansiosos ao assistirem à queda do helicóptero, sabendo que depois de um problema assim, uma operação podia rapidamente fugir de controle. A batalha mais trágica na história dos Seals havia acontecido seis anos antes, em Kunar, no leste do Afeganistão, onde o Talibã emboscou um grupo de quatro agentes Seal, dos quais três foram mortos. A missão lançada em uma tentativa de salvar os agentes se transformou em um fiasco quando um dos helicópteros de resgate caiu, matando todos os oito agentes Seal e oito aviadores de Operações Especiais a bordo.

Após a queda do helicóptero no complexo de Abbottabad, o maior receio de Mullen era que "alguém na Casa Branca pudesse tentar interferir, querendo microgerenciar a missão. Essa é a maior potencial desvantagem da tecnologia que temos hoje em dia. E eu estava disposto a entrar na frente de qualquer um para impedir isso. Eu só não poderia fazer isso com uma pessoa, é óbvio, que era o presidente". Mas Obama deixou a missão continuar.

No complexo, três Seals do helicóptero acidentado atravessaram correndo o pequeno campo onde o Black Hawk havia caído e abriram uma porta em uma das paredes que cercavam o complexo, dando acesso a uma área anexa fechada. Ali, eles encontraram a garagem simples onde o Kuaitiano guardavam seu jipe e seu furgão, e o prédio de um andar onde ele vivia com sua família. O Kuaitiano pôs a cabeça para fora por trás de um portão de metal, e os Seals o alvejaram duas vezes no queixo, matando-o. Suas armas com silenciadores fizeram pouco barulho. (A AK-47 do homem depois foi achada ao seu lado. Parece ser pouco provável que ele a tenha usado, dada sua localização e o fato de que nenhum projétil desse tipo de arma foi encontrado no local posteriormente.)

Enquanto isso, o piloto do segundo Black Hawk, tendo visto o que havia acontecido com o primeiro helicóptero, mudou de estratégia. O plano A seria pairar sobre a cobertura do quarto de Bin Laden para que alguns Seals pudessem descer de rapel e surpreendê-lo enquanto dormia. Agora, o piloto partiu para o plano B: uma abordagem mais segura, que era a de pousar a aeronave ao lado do complexo, em uma plantação. Um pequeno grupo de Seals saltou do helicóptero, quatro deles para fechar um perímetro em volta do complexo junto com o intérprete e Cairo, um pastor belga, raça similar à do pastor alemão. O cão poderia farejar qualquer "fujão", ou seja, pessoas tentando escapar do complexo, e também desencorajaria qualquer vizinho curioso que tentasse se aproximar demais. A maioria dos muçulmanos vê os cães como animais "impuros" e tem medo deles, especialmente de cães de guarda como Cairo. Cairo também foi treinado para encontrar qualquer sala ou cofre secreto dentro do complexo, onde Bin Laden poderia estar se escondendo. Depois de saltar, os outros oito Seals do segundo helicóptero detonaram uma carga explosiva em uma porta de metal maciço em uma das paredes que cercavam o complexo, mas quando o portão foi derrubado, eles se depararam com uma grande parede de tijolos – um beco sem saída. Logo depois, seus colegas do helicóptero acidentado os deixaram entrar pelo portão principal do complexo, evitando que eles precisassem derrubar essa enorme parede grossa de tijolos.

Em seu quarto no último andar, Bin Laden havia se tornado vítima de suas próprias medidas de segurança. As poucas janelas garantiam sua privacidade, mas agora também impossibilitavam que ele visse o que estava acontecendo do lado de fora do pequeno quarto que ele dividia com sua querida Amal. Vestido com seus mantos *shalwar kameez,* o líder da Al-Qaeda apenas esperou em silêncio no escuro por cerca de quinze minutos, em aparente paralisia mental, enquanto os Seals invadiam seu último refúgio. Com a noite sem lua e a eletricidade desligada, a escuridão era total, o que deve ter aumentado ainda mais sua confusão. Costurados a suas roupas, ele tinha várias centenas de euros e dois números de telefone, um para um celular do Paquistão e outro de uma central de chamadas nas regiões tribais paquistanesas. O plano de fuga de Bin Laden para escapar se resumia apenas a isso, nada que pudesse ajudá-lo muito no momento.

Três Seals deixaram a casa do Kuaitiano por um portão de metal em uma parede dentro do complexo e chegaram a um pátio gramado em frente à casa principal. Os Seals invadiram o térreo. À esquerda, havia um quarto, onde eles encontraram Abrar, o irmão do Kuaitiano, e sua esposa, Bushra, e os mataram. Os dois estavam desarmados. Àquela altura, os oficiais na Casa Branca já não podiam mais ver o que se passava, porque a aeronave não tripulada sobrevoando o complexo só transmitia imagens da área externa do complexo. Obama se recorda: "Estávamos totalmente às cegas, e era difícil saber ao certo o que estava acontecendo. Só sabíamos que alguns tiros estavam sendo disparados, e que algumas explosões estavam acontecendo".

A equipe Seal não tinha a menor ideia de qual seria a disposição dos cômodos dentro da casa de Bin Laden. Seguindo mais adiante, eles passaram por uma cozinha e dois depósitos grandes. Perto dos fundos da casa, que lembrava um *bunker,* havia uma escada. Bloqueando o caminho até os dois andares superiores, eles encontraram um portão de metal trancado. Os Seals derrubaram esse portão com seus instrumentos de arrombamento.

Leiter receava que a casa pudesse estar protegida com armadilhas explosivas, uma técnica que a Al-Qaeda havia aperfeiçoado no Iraque: "Fiquei esperando ouvir alguma explosão lá de dentro que jogaria a operação por água abaixo". Brennan também estava ansioso: "E se Bin Laden tivesse alguma força de reação rápida, ou seguranças dos quais não sabíamos?".

Enquanto subiam até o segundo andar, os Seals encontraram Khalid, o filho de 23 anos de Bin Laden, e o mataram na escada. Ele parecia estar desarmado. Agora, várias crianças estavam começando a se amontoar nas escadas e entre os andares da residência de Bin Laden.

Em uma prateleira em seu quarto, estavam a AK-47 e uma pistola Makarov, duas constantes companheiras de Bin Laden, mas ele não as pegou. Em vez disso, ele abriu um portão de metal que bloqueava todo o acesso ao seu quarto e só podia ser aberto por dentro e pôs a cabeça para fora para ver que barulho era aquele. Na mesma hora ele foi avistado pelos Seals, que subiram correndo o próximo lance de escada. Àquela altura, a menos que Bin Laden saísse do quarto com as mãos para o alto e dissesse: "Eu me rendo", não havia mais nenhuma chance de que ele fosse levado com vida. Ao voltar para dentro, Bin Laden cometeu o erro fatal de não trancar esse portão, permitindo que os Seals passassem, chegando a um pequeno corredor, onde então viraram à direita e entraram em seu quarto.

Ao ouvir homens estranhos invadindo seu quarto, Amal gritou alguma coisa em árabe e se jogou na frente do marido. O primeiro Seal a entrar na sala a empurrou para o lado, para o caso de ela estar usando um colete suicida. Amal foi alvejada na panturrilha por outro Seal e tombou desmaiada no colchão de casal simples que dividia com o marido. Bin Laden não estava oferecendo qualquer resistência quando foi executado com um "tiro duplo", dois disparos rápidos que acertaram seu peito e seu olho esquerdo. Foi uma cena sinistra: pedaços do seu cérebro jorraram contra o teto e pela sua órbita. O chão ao lado da cama ficou manchado com o sangue de Bin Laden.

Apesar de todas as suas promessas de que morreria lutando e que seus seguranças deveriam matá-lo caso ele fosse encontrado pelos americanos, quando sua hora finalmente chegou, Bin Laden tombou resignado. Aos 54 anos, Bin Laden poderia estar complacente ou cansado após uma década se escondendo; ele não tinha nenhum plano concreto de fuga, nem qualquer passagem secreta para escapar de sua casa. Talvez ele estivesse esperando algum sinal de alerta que nunca foi dado. Ou talvez ele soubesse que uma troca de tiros nos espaços fechados de sua casa poderia acabar matando suas mulheres e seus filhos. Afinal, os Seals atiraram para matar ou ferir contra a maioria dos adultos que encontraram no complexo, matando quatro homens e uma mulher, e ferindo duas outras mulheres. Dos onze adultos que estavam no complexo naquela noite, incluindo três dos filhos mais velhos de Bin Laden, Khalid, Maryam e Sumaiya, ao todo sete foram baleados em quinze minutos.

Pela transmissão de áudio, McRaven ouviu a equipe Seal anunciar a palavra *Geronimo*. Cada passo da operação havia sido classificado com uma letra do alfabeto, e a G significava que Bin Laden havia sido "dominado". McRaven repassou o código *Geronimo* para a Casa Branca. Mas essa era uma mensagem ambígua: Bin Laden havia sido capturado ou morto? Então McRaven perguntou ao comandante da equipe Seal em campo: "Temos um EKIA [*Enemy Killed in Action,* inimigo morto em ação]?" Segundos depois, veio a resposta: "Positivo, Geronimo EKIA." Em seguida, McRaven anunciou à Casa Branca: "Geronimo EKIA".

Todos na Sala da Situação ficaram boquiabertos, mas não houve celebrações. O presidente disse baixinho: "Nós o pegamos, nós o pegamos".

Ainda era madrugada no Paquistão, e os Seals só conseguiam enxergar através da luz verde baça e pixelada dos seus óculos de visão noturna. McRaven voltou à linha e disse: "Escutem, temos um código Geronimo, mas preciso deixar claro que é só uma posição inicial. Não é uma confirmação. Por favor, controlem suas expectativas um pouco mais. A maioria dos operadores está sob influência de altos níveis de adrenalina durante uma missão. Sim, eles são profissionais, mas não vamos contar com nada antes de eles voltarem e termos algumas evidências mais concretas". McRaven também atentou a outro detalhe: "Agora, temos Seals em campo sem um helicóptero para sair de lá".

A próxima missão dos Seals foi detonar o helicóptero acidentado repleto de equipamentos aeronáuticos secretos e revestido com tecnologia de invisibilidade. Em seguida, eles teriam que deixar o Paquistão sem encontrar forças paquistanesas em terra ou no ar. Todos acompanhando a operação sabiam que muitas coisas ainda poderiam dar errado. Obama disse: "Acho que todos nós paramos um pouco, tentando não nos empolgar demais: primeiro, porque eles estavam operando no breu total e seria difícil identificá-lo com certeza. E segundo, porque nossos homens ainda estavam lá".

Leiter disse: "Só ficamos espantados com a falta de resposta dos paquistaneses. Mesmo para os padrões paquistaneses, a reação estava demorando demais". Bem atrasados, os paquistaneses por fim despacharam dois F-16s. Leiter, que tinha centenas de horas de voo em caças de ataque, não se preocupou muito, sabendo que os pilotos paquistaneses não eram bem treinados em voos noturnos. "Eu sabia que as chances de que os paquistaneses encontrassem dois helicópteros voando baixo à noite, sem nenhum suporte de comando e controle aéreo eram pequenas", disse Leiter. "Mesmo um F-16 americano não conseguiria detectá-los em tão pouco tempo. Esse risco não existia. Algumas pessoas ficaram mais ansiosas do que eu." No entanto, Leiter estava preocupado com a possibilidade de que o exército paquistanês interpretasse a presença daqueles helicópteros misteriosos sobre Abbottabad como uma incursão da Força Aérea indiana, e ficou aliviado quando os F-16 paquistaneses começaram a se afastar da fronteira com a Índia.

Os Seals pegaram o corpo de Bin Laden e o arrastaram escada abaixo para fora de sua casa, deixando um rastro de sangue pelo chão, tudo sob o olhar atento de Safia, sua filha de doze anos. Os corpos de três outros homens mortos pelos Seals, o mensageiro, seu irmão e Khalid bin Laden, ficaram espalhados pelo complexo, com sangue escorrendo por seus narizes, ouvidos e bocas. Bushra, a cunhada do mensageiro, estava ao lado de seu marido, que também havia sido morto.

Do lado de fora do complexo, o intérprete dispersou vizinhos curiosos que começavam a se aglomerar, dizendo na língua local que uma operação de segurança estava acontecendo ali e que eles deviam voltar para casa. Durante os 23 minutos após a morte de Bin Laden, alguns Seals se encarregaram de instalar explosivos no helicóptero acidentado, enquanto outros recolhiam vários computadores, celulares e *pendrives* espalhados pela residência, os quais poderiam ter informações sobre o funcionamento interno da Al-Qaeda e de planos de futuros ataques terroristas. Os Seals também encontraram mais de uma dúzia de outras mulheres e crianças, que estavam confusas e gritando, e as afastaram para poderem detonar o helicóptero acidentado com segurança.

Os Seals também tinham esperanças de encontrar Hamza, de 21 anos, um dos filhos mais velhos do líder da Al-Qaeda. Eles tinham seus cartões com informações detalhadas sobre os adultos que poderiam encontrar na casa de Bin Laden, incluindo Hamza, que havia aparecido em vídeos de propaganda política da Al-Qaeda enquanto ainda era criança e passado grande parte da década após o 11 de setembro no Irã. Sabia-se que Hamza havia voltado para o Paquistão no verão de 2010. Teria ele escapado durante a incursão? Isso parecia improvável, levando em conta a presença dos 23 Seals no complexo, dos quais quatro estavam patrulhando seu perímetro com um cão treinado para atacar qualquer possível fugitivo, enquanto uma aeronave tripulada monitorava a ação pelo alto. O mais provável era que Hamza nunca tivesse vindo para Abbottabad e estivesse vivendo nas regiões tribais do Paquistão com outros membros da Al-Qaeda.

Um dos operadores Seal tirou uma foto do rosto de Bin Laden e postou-a em um servidor. Ela foi enviada para Washington, onde duas equipes diferentes de especialistas em reconhecimento facial estavam a postos para comparar a imagem do cadáver com fotos existentes de Bin Laden para fornecer uma confirmação relativamente rápida, embora não totalmente definitiva, da morte do líder da Al-Qaeda. Testes de DNA seriam a única forma de identificá-lo com certeza absoluta, mas isso levaria mais tempo. Os Seals coletaram amostras do corpo de Bin Laden e as guardaram em frascos para futuras análises. Um conjunto de frascos iria com o corpo de Bin Laden no Chinook de apoio que havia acabado de chegar ao complexo, enquanto o outro iria com o Black Hawk ainda em funcionamento para a viagem de volta ao Afeganistão.

O Chinook apanhou os doze homens do helicóptero que havia caído e todo o material coletado no complexo – quase cem *pendrives,*

DVDs e CDs, além de discos rígidos, cinco computadores e vários celulares. O corpo de Bin Laden também foi embarcado no Chinook. Já havia sido decidido que eles iriam deixar as esposas e os filhos de Bin Laden para trás.

Em Washington, os oficiais que assistiam à transmissão da aeronave não tripulada puderam ver os dois enormes rotores característicos de um helicóptero Chinook entrando em cena. Era o Chinook com a FRR chegando ao complexo. Os oficiais também puderam ver as equipes Seal se reunindo do lado de fora do complexo, esperando o momento de embarcar no helicóptero para o voo de volta à base. Em seguida, a transmissão de vídeo mostrou uma enorme bola de fogo, enquanto o helicóptero caído era detonado. "Parecia um filme de Jerry Bruckheimer", disse um oficial, que assistiu a tudo boquiaberto. O Chinook então levantou voo, deixando o complexo em Abbottabad e saindo do alcance da câmera da aeronave não tripulada. No centro de comando da CIA houve comemorações e cumprimentos.

Mais tarde, Obama disse que o tempo passado pelos Seals dentro do complexo "foram os minutos mais longos da minha vida, perdendo talvez só para a vez em que [minha filha] Sasha teve meningite aos três meses de idade e eu fiquei esperando o médico me dizer que ela estava bem".

Saindo de Abbottabad, o Chinook e o Black Hawk se separaram para diminuir suas chances de serem detectados enquanto avançavam rumo ao Afeganistão. Os dois seguiram rotas mais diretas do que quando entraram no Paquistão, porque agora a velocidade era mais crucial do que se esquivar dos radares, e o Black Hawk ainda precisava reabastecer dentro do Paquistão. Obama disse à sua equipe de segurança nacional: "Avisem-me assim que nossos helicópteros deixarem o espaço aéreo paquistanês".

Por volta das duas da manhã no horário local, e às 6h30 da tarde em Washington, o Chinook pousou de volta na base em Jalalabad; a operação inteira havia durado pouco mais de três horas. O chefe da estação da CIA no Afeganistão, um dos maiores especialistas na história de Bin Laden, e o almirante McRaven fizeram uma rápida inspeção no cadáver de Bin Laden. Eles o estenderam, mas não tinham uma fita métrica para confirmar se o corpo tinha um metro e noventa e três centímetros, a altura do líder da Al-Qaeda, então um Seal mais ou menos do mesmo tamanho se deitou ao lado do corpo. A altura batia.

Quando falou com Obama, McRaven brincou ao se desculpar pela queda do helicóptero invisível, dizendo: "Bom, senhor, acho que agora lhe devo 60 milhões de dólares".

"Deixe-me ver se entendi direito, Bill. Eu acabei de perder um helicóptero de 60 milhões de dólares no Paquistão e você não tem 1,99 para comprar uma fita métrica?", rebateu Obama.

Obama se recorda: "Só confirmamos a identidade de Bin Laden depois de Bill McRaven ter visto o corpo pessoalmente". Pouco após essa confirmação, o diretor de ciência e tecnologia da CIA ligou para a Sala da Situação e falou com o chefe de gabinete da CIA, Jeremy Bash. "Estou com os resultados da análise facial de Bin Laden", disse ele. O oficial da CIA explicou a Bash por que seus analistas acreditavam que aquela foto correspondia sim ao rosto de Bin Laden: "A extensão do nariz, a distância entre suas pálpebras superiores e a parte inferior das sobrancelhas, o formato das orelhas, as cartilagens... tudo bate". Bash fez algumas anotações às pressas e as entregou a Panetta, que então começou a lê-las para Obama, dizendo: "Recebemos a análise facial, e os resultados confirmam que é ele. Temos 95% de certeza de que aquele é Bin Laden". Uma onda de vibração irrompeu na sala de reuniões da CIA, e garrafas de champanhe logo foram abertas discretamente em diversos escritórios da Agência.

Deveria o presidente ir a público para anunciar a morte de Bin Laden naquela mesma noite? Afinal, ainda havia 5% de chance de que aquele não fosse Bin Laden. A reação inicial de Obama foi dizer: "Isso não é o bastante para mim. Não vou me pronunciar ao povo americano enquanto houver uma chance em vinte de estarmos errados". Alguns dos principais oficiais do gabinete de Obama pediram que qualquer declaração pública fosse adiada até que os testes de DNA fossem completados, o que levaria mais ou menos um dia. Outros disseram: "Senhor presidente, não vamos conseguir conter isso. Essa informação vai acabar vazando. O senhor precisa fazer uma declaração". Obama respondeu: "Não, não quero nenhuma manchete até eu dar a ordem. As pessoas podem vazar o que bem quiserem. Mas não será nada oficial até eu que eu diga alguma coisa".

Uma foto do líder morto da Al-Qaeda foi passada pela Sala da Situação, e Obama a analisou com cuidado. Leiter e Brennan se entreolharam e disseram: "Sim, é Bin Laden". O General Clapper se recorda: "As fotos eram grotescas, mas era ele. Eu tive a certeza de que era ele". Um oficial da Casa Branca comentou: "Ele tinha um buraco no lugar de um dos olhos, e com um pedaço da cabeça faltando, mas parecia ser Bin Laden, a não ser pela sua barba, que era mais curta e escura. A barba parecia tingida de preto, e estava um pouco mais curta do que aquela longa barba grisalha de todas as suas fotos mais famosas". Leiter se lembra de pensar: "Não preciso de nenhuma análise de reconhecimento facial. Esse sujeito é Bin Laden com um buraco na cabeça... está mais do que óbvio. Minha nossa! Acabamos de matar Bin Laden!".

CAPÍTULO 14 O RESULTADO

Oficiais de segurança paquistaneses começaram a chegar ao complexo em Abbottabad alguns minutos após os Seals terem se retirado. Eles ainda puderam ouvir o som dos helicópteros se afastando ao longe, e se depararam com uma cena caótica. Primeiro, eles viram o helicóptero em chamas, e então avisaram o exército. Eles cogitaram que aquele talvez pudesse ser o resultado de uma missão de treinamento paquistanesa muito malsucedida. Em seguida, ao cruzarem o portão do complexo, os oficiais encontraram uma mulher ferida. Era Mariam, a esposa do mensageiro. Falando em pashto, uma língua local, ela disse: "Sou de Swat. Meu marido foi morto. Se vocês entrarem na casa, vão encontrar vários árabes que foram mortos".

Dentro da residência, os oficiais encontraram várias mulheres aos berros e catorze crianças, todas algemadas. Eles também encontraram quatro corpos, dois no prédio anexo e dois no térreo da casa principal. No último andar, a esposa mais jovem de Bin Laden, Amal, ainda estava desmaiada na cama, vestida com uma *abaya* (um manto negro solto), como se estivesse se preparando para sair. Havia cacos de vidro por toda parte. Em inglês, uma das mulheres mais velhas disse aos oficiais: "Eles mataram e levaram Abu Hamza [o pai de Hamza]". Um dos oficiais perguntou: "Bom, quem é Abu Hamza?". E ela respondeu: "Osama bin Laden. Eles mataram o pai do meu filho".

Safia, a filha de doze anos de Bin Laden, também falou, dizendo: "Eu sou saudita. Meu pai é Osama bin Laden". Os paquistaneses levaram as três esposas e os filhos de Bin Laden sob custódia e os deixaram em prisão domiciliar enquanto eram interrogados por investigadores da inteligência militar paquistanesa.

Um dos primeiros jornalistas a chegar ao complexo foi Ihsan Khan, o correspondente local do serviço pashto da Voice of America (VOA)*. Khan, um obstinado repórter em uma parte do mundo onde isso pode causar muitos problemas, estava cochilando em casa quando foi acordado por um barulho muito estranho: o de um helicóptero sobrevoando a cidade por volta das 12h45 da noite. Era o Chinook de apoio, chegando para substituir o Black Hawk acidentado. O som característico de um helicóptero voando à noite era um som que Khan nunca havia ouvido em seus sete anos naquela cidade, mesmo durante os esforços humanitários na região após o devastador terremoto de 2005 que matou quase 75 mil pessoas.

Khan ligou para alguns amigos, tentando descobrir o que estava acontecendo. Eles não sabiam de nada. Em seguida, por volta de vinte minutos depois, à 1h05 da manhã, Khan ouviu uma violenta explosão. Era o som do helicóptero caído sendo detonado. Khan pulou da cama e ligou para a polícia. A linha estava ocupada. Ele fez novas ligações e então descobriu que um helicóptero havia acabado de cair. Ele saiu às pressas e viu uma imensa bola de fogo que parecia estar a menos de dois quilômetros de sua casa.

Seja lá o que fosse aquilo, claramente seria uma grande manchete. Nada nunca acontecia em Abbottabad! Aquela era uma das cidades mais tranquilas do Paquistão. Khan escreveu às pressas um e-mail para o seu editor da VOA em Washington:

"Um helicóptero caiu em uma área ainda não identificada de Abbottabad. Antes do incidente, uma intensa troca de tiros e várias explosões foram ouvidas pelos moradores locais. Oficiais confirmaram a queda do helicóptero, mas ainda não se sabe nada quanto ao número de mortes ou ao que causou a queda. Estou investigando mais detalhes e estarei a pos-

---

* A Voz da América, serviço internacional de notícias do governo americano. (N.E.)

tos para uma entrada ao vivo. Por favor, ligue para mim antes do boletim matinal, se possível."

Ele então disparou rumo ao local do incêndio, no bairro vizinho de Bilal Town. Chegando ao complexo, ele descobriu que a polícia já havia isolado a área. Moradores locais disseram a ele que a eletricidade na área havia sido desligada, e que aquilo não era uma "redução de carga" programada. Os vizinhos também disseram a Khan que, pouco antes de um dos helicópteros ter pousado dentro do complexo, muito provavelmente o Chinook de apoio, alguém em terra havia usado uma luz laser colorida, apontando-a na direção do complexo para guiar o helicóptero em seu pouso.

Enquanto isso, na Casa Branca, a equipe de Obama se deu conta de que, em razão da queda do helicóptero, seria impossível manter a operação em segredo por muito mais tempo. Os oficiais que monitoravam a transmissão da aeronave não tripulada já estavam vendo pessoas nas coberturas de prédios vizinhos em Abbottabad, falando em seus celulares. E a NSA, uma hora após a incursão, já estava interceptando ligações entre oficiais da região, discutindo o que havia acabado de acontecer na misteriosa "casa árabe". Ben Rhodes começou a receber relatos de que a mídia paquistanesa estava em Abbottabad, filmando o local da incursão e entrevistando vizinhos. Alguns jornalistas paquistaneses já estavam especulando que o helicóptero acidentado era de uma "potência estrangeira". E como os noticiários matinais logo começariam no Paquistão, a imprensa barulhenta e afeita a teorias conspiratórias encontraria um prato cheio na história. Rhodes disse: "Alguns de nós estavam ansiosos para que o presidente se pronunciasse ao mundo naquela mesma noite, porque estávamos preocupados com o possível vazamento da história".

O debate que havia durado meses sobre qual seria a melhor forma para se lidar com a reação paquistanesa voltou a eclodir na Sala da Situação. Quem ligaria para o governo paquistanês? E o que essa pessoa deveria dizer? Em teoria, o Paquistão é dirigido por um governo civil mas, na verdade, é o exército que controla todos os aspectos de sua política de segurança nacional. Caso Obama ligasse para o homem mais poderoso do Paquistão, o chefe de gabinete do exército, general Ashfaq Parvez Kayani, sua mensagem poderia ser mal interpretada. Hillary Clinton deveria ligar para ele? Ou seria melhor que o almirante Mullen fizesse isso, por já ter mais experiência com Kayani do que qualquer outra pessoa na Casa

Branca? Mullen estava ansioso por uma decisão rápida, dizendo: "Temos que ligar logo!".

Kayani e Mullen haviam desenvolvido uma genuína amizade ao longo das mais de duas dúzias de visitas ao Paquistão que Mullen havia feito durante os últimos quatro anos na tentativa de reforçar a sempre frágil aliança entre Paquistão e Estados Unidos. Kayani, um discreto pensador analítico, havia estudado na Escola de Comando e Estado-Maior do Exército dos Estados Unidos, em Ft. Leavenworth, no Kansas, e embora certamente fosse um grande nacionalista paquistanês, não nutria nenhum sentimento antiamericano latente. Na verdade, ele havia até comandado um esforço dentro do exército paquistanês para consolidar uma "parceria estratégica" com os Estados Unidos ao longo dos últimos anos.

Mullen sabia que seria importante falar com Kayani antes de seus próprios generais, porque isso daria a ele a chance de assumir certo controle sobre o que havia acontecido, em vez de forçá-lo a dizer que não sabia nada sobre o ocorrido. Os paquistaneses também poderiam supor que os eventos em Abbottabad faziam parte de uma ofensiva encampada pela Índia, um antigo inimigo nacional, e o governo Obama precisava esclarecer a situação o quanto antes para evitar qualquer conflito entre os dois Estados, que são potências nucleares.

O tenente-general Ahmad Shuja Pasha, chefe do poderoso serviço de inteligência militar do Paquistão, estava trabalhando em seu escritório madrugada adentro quando alguém ligou para ele dizendo: "Sinto muito pela queda do helicóptero". Sabendo que os helicópteros do exército paquistanês não tinham tecnologia de visão noturna, Pasha achou isso estranho. "Um dos nossos helicópteros caiu?", perguntou ele a seus homens em uma série de ligações. "Aquela aeronave não era nossa", foi a resposta que recebeu.

O general Kayani recebeu uma ligação do diretor de operações militares por volta da uma da manhã. Suas notícias eram alarmantes: um helicóptero havia acabado de cair perto de um complexo residencial em Abbottabad, uma região do país repleta de instalações militares e depósitos de armas nucleares. Presumindo que a Índia poderia estar tentando um ataque preventivo contra os complexos nucleares paquistaneses, o general Kayani ligou para o comandante da Força Aérea e ordenou que ele enviasse jatos para interceptar seja lá quem estivesse em seu espaço aéreo naquela noite. Dois F-16s de fabricação americana decolaram de uma base oitocentos quilômetros ao sudoeste de Abbottabad. O Paquistão é um país bastante grande – com duas vezes o tamanho da Califórnia – e os jatos não conseguiram encontrar os invasores.

Assim que os dois helicópteros com os Seals e o corpo de Bin Laden a bordo deixaram em segurança o espaço aéreo paquistanês, a primeira pessoa para quem Obama ligou foi seu antecessor. George W. Bush estava em Dallas, jantando em um restaurante com sua esposa, Laura, quando o Serviço Secreto o informou que ele receberia uma ligação da Casa Branca em vinte minutos. Bush então voltou às pressas para casa. Quando Obama lhe deu a notícia, Bush deu seus parabéns a ele e aos Seals. Bush disse: "Não senti nenhuma grande alegria ou empolgação. Só tive uma sensação de fechamento, e de gratidão pela justiça ter sido feita". Obama também ligou para Bill Clinton, o primeiro presidente americano que tentou matar Bin Laden, usando mísseis teleguiados em 1998, no Afeganistão, logo após os ataques às embaixadas dos Estados Unidos na África. Em seguida, Obama ligou para seu grande aliado, David Cameron, o primeiro-ministro britânico, cujo país também havia sido vítima da Al-Qaeda, para que Cameron não fosse surpreendido pelas notícias na manhã seguinte.

Cameron Munter, o embaixador dos Estados Unidos no Paquistão, chegou a ser informado com antecedência sobre o ataque iminente, mas guardou a informação em segredo. Agora, no meio da madrugada, enquanto acompanhava o andamento da incursão, ele deixou a embaixada em Islamabad e recebeu uma ligação inesperada em seu celular. Era um alto oficial do Paquistão, que disse: "Fomos informados de que um helicóptero caiu em Abbottabad. O senhor sabe algo sobre isso?" Munter disse ao homem que retornaria sua ligação. Mas ele não fez isso, por achar que seria melhor que as primeiras ligações aos líderes paquistaneses fossem feitas pelo presidente Obama e o almirante Mullen. Com base nas reações perplexas dos oficiais paquistaneses aos eventos daquela noite, ficou bem claro para Munter e para os oficiais monitorando a situação na Casa Branca que os paquistaneses não tinham a menor ideia da presença de Bin Laden em Abbottabad.

Obama ligou para o presidente do Paquistão, Asif Ali Zardari, e lhe deu a notícia. Zardari se emocionou. Sua esposa, Benazir Bhutto, ex-primeira-ministra do Paquistão, havia sido assassinada pelo Talibã quatro anos antes. Zardari disse a Obama: "Fico satisfeito porque esse é o mesmo tipo de gente que matou minha esposa, e o povo dela é minha família, então estou feliz".

O almirante Mullen então ligou para o general Kayani, usando uma linha protegida. "Meus parabéns", disse Kayani assim que ouviu a notícia sobre a morte de Bin Laden. A conversa durou tensos vinte minutos. Mullen resumiu a Kayani o que havia acontecido em Abbottabad e disse que o presidente estava tentando decidir se deveria fazer uma declaração pública sobre a incursão. Kayani disse estar preocupado com a violação da soberania paquistanesa e pediu que Obama se pronunciasse o quanto antes para explicar o ocorrido. O dia logo iria nascer no Paquistão, e ainda havia um misterioso helicóptero caído no meio de Abbottabad que claramente não pertencia ao exército paquistanês. A imprensa local se banquetearia com a história. Kayani disse: "Nosso povo precisa entender o que aconteceu aqui. Não teremos como conter a mídia paquistanesa a menos que vocês confirmem tudo. Vocês podem explicar a situação. Eles precisam entender que foi por causa de Bin Laden, e não só mais uma operação rotineira dos Estados Unidos".

Na verdade, Kayani exigiu que Obama explicasse em público o que havia acontecido assim que fosse possível. Mullen voltou à Sala da Situação e disse: "Kayani nos pediu para ir a público", o que fez Obama tomar sua decisão. Por volta das 8h15 da noite, a Casa Branca informou à imprensa de Washington que o presidente iria fazer um anúncio importante dentro de duas horas. Mais cedo, naquele mesmo dia, o gabinete de imprensa da Casa Branca havia lançado uma nota, dizendo que o presidente não iria fazer, nem dizer nada que pudesse render notícias pelo resto do dia, e liberou os profissionais de imprensa da Casa Branca. Agora, no entanto, esses mesmos correspondentes foram chamados pelos oficiais do governo, dizendo: "Venham logo!". Biden e Clinton começaram a fazer ligações em pequenas cabines no complexo da Sala da Situação para membros-chave do congresso e aliados importantes, informando-os sobre a situação antes que o presidente anunciasse em público a morte de Bin Laden. Gates, que não havia apoiado a ideia da incursão, foi o primeiro a deixar a Casa Branca, por volta das 8h30 da noite. O restante da equipe de segurança nacional de Obama começou a se preparar para o que seria uma longa noite.

Repórteres e especialistas foram ao ar, especulando sobre qual poderia ser o assunto de um discurso presidencial no final de uma noite de domingo. A princípio, eles cogitaram a ideia de que o ditador líbio

O RESULTADO

Muammar Gaddafi poderia ter sido morto na ação da Otan iniciada por Obama dois meses antes. Na véspera, membros da família de Gaddafi haviam sido mortos em um ataque aéreo da Otan na Líbia. Pouco a pouco, as especulações foram ganhando mais embasamento, conforme alguns repórteres descobriam que o anúncio seria relacionado a Bin Laden.

Antes da incursão, Rhodes havia tentado preparar um discurso para Obama, caso a operação tivesse sucesso, mas depois de apenas algumas linhas, ele pensou: "Não posso fazer isso. Vai acabar dando azar. Não me parece certo". Em vez disso, ele deixou apenas uma base do discurso pronta. O aspecto mais delicado desse discurso seria descrever o envolvimento do Paquistão. Rhodes explica: "Decidimos não inventar nada, dizendo que eles tiveram algum papel na ação, mas era verdade que parte das informações de inteligências que nos levaram ao complexo foi coletada com a ajuda dos paquistaneses. Foi inconsciente. Eles não sabiam que estavam nos ajudando a encontrar Bin Laden, mas dividiram certas informações conosco que compuseram nosso quadro de inteligência, então nos sentimos confortáveis para dizer que a cooperação paquistanesa nos ajudou a chegar àquele ponto".

Para o discurso, Obama disse a Rhodes que queria retomar os eventos de 11 de setembro, enfatizar que o Paquistão os ajudara na luta contra a Al-Qaeda, lembrar às pessoas do grande sacrifício que uma década de guerra havia custado ao povo americano no Iraque e no Afeganistão e encerrar com a ideia de que os Estados Unidos ainda eram capazes de fazer coisas extraordinárias. Obama e Rhodes continuaram editando freneticamente o discurso até o momento em que o presidente foi à Sala Leste da Casa Branca para se pronunciar.

Enquanto a equipe de segurança nacional de Obama deixava a Sala da Situação e o presidente dava os toques finais ao seu discurso, as tevês na Casa Branca ainda exibiam sua programação normal que logo seria interrompida pelo anúncio da morte de Bin Laden. Tony Blinken se deu conta de que, na NBC, o programa que estava prestes a ser interrompido era *O Aprendiz,* de Donald Trump. "Não teria como ser melhor nem se fosse planejado", disse Blinken.

Um pouco antes do discurso do presidente, Mike Vickers, que havia trabalhado de sol a sol durante o planejamento da operação Bin Laden, telefonou para sua esposa. "Ligue a tevê. É por isso que passei o final de semana inteiro fora, e era o que vinha me preocupando há meses."

O diretor de Inteligência Nacional James Clapper foi um dos oficiais que deixaram a Sala da Situação rumo à Sala Leste junto com Obama, minutos antes de o presidente se pronunciar à nação. Durante o caminho, Clapper ouviu os gritos empolgados da multidão que começava a se reunir no Lafayette Park em frente à Casa Branca, trazida pela notícia de que talvez Bin Laden tivesse sido morto. "Eu sabia que aquilo significava muito para o país, mas não podia imaginar a intensidade da reação. Eu me lembro de estar andando e ouvir gritos de *'USA! USA! USA!'* vindo do Lafayette Park. E foi então que me dei conta da enormidade da situação. Ia ser um espetáculo", disse Clapper.

Às 23h35, Obama atravessou o corredor de pé direito alto da Sala Leste e se dirigiu até um púlpito. Com um terno preto e uma gravata vermelha, o presidente foi curto e sério: "Boa noite. Hoje, posso dizer ao povo americano e ao mundo que os Estados Unidos realizaram uma operação que matou Osama bin Laden, o líder da Al-Qaeda, um terrorista responsável pela morte de milhares de homens, mulheres e crianças inocentes". Obama tomou o cuidado de dar certo crédito aos paquistaneses: "É importante ressaltar que nossa cooperação antiterrorismo com o Paquistão nos ajudou a chegar a Bin Laden e ao complexo onde ele estava escondido. Na verdade, Bin Laden havia declarado guerra contra o Paquistão também, e ordenou ataques contra seu povo". Apesar de já ser tarde da noite de um domingo, o discurso atraiu mais telespectadores do que qualquer outro durante toda a presidência de Obama: quase 55 milhões de americanos ligaram a tevê para ouvir a notícia de que Bin Laden havia sido morto.

Após o discurso do presidente, enquanto Panetta deixava a Casa Branca em seu veículo fortemente blindado com vidros escuros, parte da multidão que havia se formado no Lafayette Park entoava: "CIA! CIA! CIA". Mullen ficou surpreso com "o grande número de jovens. Pessoas com seus vinte e poucos anos que tinham dez ou onze anos na época do 11 de setembro estavam lá, vibrando." Saindo da Casa Branca, Flournoy lembra-se de ter ouvido uma canção familiar e ter pensado: "O que é isso? E então eu percebi que a multidão de cidadãos americanos que havia se reunido espontaneamente no Lafayette Park estava cantando o hino nacional, e então acabei me emocionando e comecei a chorar enquanto ia até meu carro. Eu não esperava aquilo, e foi um momento muito intenso".

O RESULTADO

Do outro lado do oceano, o cadáver de Bin Laden estava sendo preparado para o seu sepultamento. Muito se pensou sobre o descarte do corpo do líder da Al-Qaeda. Os oficiais de Obama não queriam que houvesse nenhum túmulo que pudesse se tornar um templo. (Da mesma forma, após Hitler ter se suicidado no fim da Segunda Guerra Mundial, os soviéticos se esforçaram para que a localização de seus restos mortais fosse mantida em segredo.) A equipe de segurança nacional de Obama consultou especialistas islâmicos, que explicaram que os requisitos mais importantes para um sepultamento muçulmano adequado eram: envolver o corpo lavado em um pano branco, sobre o qual um muçulmano deveria recitar preces específicas, e realizar o sepultamento dentro de vinte e quatro horas após a morte. Um sepultamento no mar seria aceitável sob determinadas circunstâncias, por exemplo, se uma pessoa morresse em alto-mar e não tivesse como voltar a terra imediatamente.

Os consultores antiterrorismo de Obama haviam passado por uma espécie de ensaio para o sepultamento de Bin Laden dois anos antes, com Saleh Ali Saleh Nabhan, um líder da Al-Qaeda na África morto por agentes Seal em um ataque de helicóptero em 14 de setembro de 2009, enquanto ele pilotava seu carro ao sul de Mogadíscio, a capital somali. Os Seals pousaram rapidamente para pegar o corpo de Nabhan e, após confirmarem sua identidade com amostras de DNA, o sepultaram no mar.

John Brennan, o ex-chefe da estação da CIA na Arábia Saudita, ligou então para o príncipe Mohammed bin Nayef, o poderoso vice-ministro do Interior saudita, dizendo-lhe que a CIA havia praticamente confirmado a morte de Bin Laden por forças americanas no Paquistão. Brennan perguntou se os sauditas queriam que o corpo de Bin Laden fosse devolvido à sua terra natal. Caso contrário, disse ele, o plano seria sepultá-lo no mar. Nayef o parabenizou — a Al-Qaeda já havia tentando assassiná-lo mais de uma vez — e disse que informaria o rei Abdullah. Brennan explicou que se o rei tivesse qualquer outra ideia, ele teria apenas alguns minutos para informá-los. Nayef disse então a Brennan para seguir adiante com seus planos originais.

Um convertiplano V-22 Osprey transportou o corpo de Bin Laden da Base Aérea de Bagram, na região central do Afeganistão, até o porta-aviões USS *Carl Vinson,* que estava próximo ao litoral paquistanês. Assim que o corpo chegou, todos os procedimentos para um sepultamento muçulmano foram seguidos. Em uma cerimônia que levou pouco menos de uma hora, o corpo de Bin Laden foi lavado e envolto em uma mortalha branca. O corpo foi colocado dentro de um saco com pesos, e um oficial leu algumas palavras religiosas, que foram traduzidas para o árabe, e então posto sobre uma prancha, que foi inclinada para lançá-lo ao mar. No dia 2 de maio, às onze horas da manhã – duas da madrugada em Washington –, Bin Laden foi entregue ao seu túmulo aquático não demarcado no vasto mar da Arábia, em um sepultamento testemunhado por apenas um pequeno grupo no convés de voo do imenso porta-aviões americano.

Líderes intelectuais islâmicos logo protestaram, entre eles o xeque Ahmed el-Tayeb, o grande imã da mesquita de Al-Azhar – a Harvard do islamismo sunita –, no Cairo, que disse: "O sepultamento de Bin Laden no mar vai contra os princípios das leis islâmicas, dos valores religiosos e das regras humanitárias". O acadêmico religioso iraquiano Abdul-Sattar Al-Janabi também opinou: "É quase um crime lançar o corpo de um muçulmano ao mar. O corpo de Bin Laden deveria ter sido entregue a sua família para procurar algum país onde pudesse sepultá-lo".

Omar Bin Laden, um dos filhos mais velhos de Bin Laden, publicou uma declaração escrita em nome de seus irmãos, condenando "o sepultamento repentino e sem testemunhas [de seu pai] no mar, que privou sua família de realizar os ritos religiosos de um homem muçulmano".

Uma das duas amostras de DNA retiradas de Bin Laden foi analisada na Base Aérea de Bagram, e as informações resultantes foram enviadas eletronicamente a Washington, enquanto outra amostra era levada a Washington para análises complementares. Usando material de DNA obtido de parentes de Bin Laden, oficiais de inteligência puderam determinar com total certeza que aquele corpo lançado nas profundezas do mar de fato pertencia ao líder da Al-Qaeda.

John Brennan, o principal consultor antiterrorismo de Obama, deu uma coletiva de imprensa no mesmo dia em que o corpo de Bin Laden foi sepultado no mar na qual fez várias declarações sobre a ação no complexo em Abbottabad, dizendo que Bin Laden havia usado uma mulher como escudo humano e que ele havia sacado suas armas e morrido em confronto com os Seals. A Casa Branca logo retirou todas essas afirmações, atribuindo-as à confusão de uma batalha que havia sido encampada à noite do outro lado do mundo menos de 24 horas antes.

O governo também voltou atrás em sua declaração inicial de que liberaria fotos do corpo de Bin Laden. Um dia após o líder da Al-Qaeda ter sido morto, Panetta disse à NBC News que imagens comprovando a morte de Bin Laden em breve "seriam apresentadas ao público". No entanto, a Casa Branca logo esclareceu que isso não ocorreria. Obama, Gates e Clinton concordaram que as imagens sangrentas de Bin Laden seriam usadas pela Al-Qaeda para incitar violência contra os americanos, e que, de qualquer forma, os teóricos da conspiração – pessoas defendendo a tese de que a história oficial era uma farsa e que de alguma forma, em algum lugar, Bin Laden ainda estaria vivo – não se deixariam convencer por evidências fotográficas. "Era importante para nós que imagens brutais de um homem com um tiro na cabeça não ficassem sendo passadas mundo afora como uma ferramenta de propaganda para incitar ainda mais violência", explicou Obama. Para aqueles que ainda duvidavam da morte do líder da Al-Qaeda, Obama tinha uma mensagem simples: "O fato é que você nunca mais verá Bin Laden andando por aí de novo".

Durante a reunião diária de inteligência com o presidente dois dias após a ação, foi discutido o fato de que os Seals pareciam ter se preparado para tudo, menos para levar uma fita métrica para medir o corpo de Bin Laden. "Deveríamos dar uma fita métrica banhada a ouro para McRaven", sugeriu Tony Blinken. Obama achou essa uma ótima ideia. Quatro dias após a operação, quando McRaven veio ao Salão Oval para se encontrar com o presidente, Obama disse: "Escute, tenho algo aqui para o senhor", e então lhe deu uma fita métrica sobre uma placa comemorativa.

A carga de materiais coletada pelos Seals no complexo de Bin Laden logo foi levada até Washington, onde uma força-tarefa de 125 pessoas começou a trabalhar 24 horas por dia à procura de qualquer informação relacionada a possíveis planos de ataques da Al-Qaeda. Todos os fluentes em árabe disponíveis na comunidade de inteligência foram "convocados" para trabalhar no que ficou conhecido como o "baú do tesouro" e preparar relatórios para a comunidade de segurança e inteligência sobre qualquer potencial ameaça que precisasse ser investigada. Ao analisar o material, o que intrigou James Clapper, o diretor de inteligência nacional, foi perceber os efeitos dos anos de isolamento autoimposto em Bin Laden. Clapper viu os planos de Bin Laden para violentos ataques contra o sistema de transporte americano ou navios petroleiros no oceano Índico como uma mistura de seriedade e sandice. "Parte dos planos era prática, mas muita coisa era apenas ficcional, e achei que boa parte não passava de um delírio. Aquilo me lembrou de Hitler no fim da Segunda Guerra Mundial, querendo usar várias tropas que nem sequer existiam."

No dia 3 de maio, Panetta explicou à revista *Time* o que havia sido discutido pelos oficiais da Casa Branca em suas reuniões particulares: "Decidimos que qualquer tentativa de trabalhar com os paquistaneses poderia pôr em risco a missão. Eles poderiam alertar os alvos". Essa declaração jogou ainda mais sal nas feridas abertas no Paquistão. A primeira reação do exército paquistanês à missão contra Bin Laden foi de espanto. A Al-Qaeda e seus aliados no Paquistão já haviam atacado o exército paquistanês diversas vezes, então esse espanto foi atenuado por uma boa parcela de apreço entre o alto escalão militar. Mais tarde, ainda no dia em que Bin Laden foi morto, os generais Kayani e Pasha se encontraram com Marc Grossman, o representante especial de Obama no Afeganistão e no Paquistão, e o embaixador dos Estados Unidos no Paquistão, Cameron Munter. Os dois generais paquistaneses parabenizaram os diplomatas americanos pela morte de Bin Laden.

No entanto, o clima amistoso não durou muito. O espanto pela morte de Bin Laden logo foi substituído pela ira quando os paquistaneses se deram conta de que a parceria estratégica prometida com os Estados Unidos havia trazido primeiro um aumento dramático de aeronaves não tripuladas sobrevoando as regiões tribais do Paquistão, uma medida muito impopular, e segundo, o caso com o agente Raymond Davis, com quem o exército havia gasto um imenso capital político para libertá-lo da cadeia após ter matado dois paquistaneses em Lahore. A incursão unilateral americana para matar Bin Laden no coração das terras paquistanesas foi apenas a gota d'água. Conforme as implicações da operação Bin Laden começaram a ficar mais claras, o general Kayani se perguntou: "Como meu bom amigo almirante Mullen pôde não me contar sobre essa incursão?". Kayani e Mullen mal se falaram desde então.

A incursão causou um terrível embaraço ao exército paquistanês, que gosta de se ver – com certa razão – como a instituição mais competente do Paquistão. Se uma equipe Seal podia invadir sem mais nem menos o território paquistanês sem que o exército notasse ou fizesse coisa alguma, o que se poderia dizer então sobre a capacidade do exército de proteger suas grandes joias da coroa, seu armamento nuclear, de forças indianas ou mesmo do exército americano?

A ira pública contra o exército explodiu no Paquistão, em especial contra o general Kayani, que vinha tentando formar alianças com os americanos. Críticas ao exército vindas de todos os lados, o que em geral seria impensável no Paquistão, ganharam corpo dias após a incursão. Os cargos de Kayani e Pasha pareciam estar por um fio, conforme ambos perdiam apoio tanto do exército quanto do povo paquistanês. Kayani ficou preocupado com a imagem do exército e disse aos seus colegas mais próximos que aquela foi a pior semana de sua vida.

No passado, o general Pasha, chefe da inteligência paquistanesa, já havia pedido ao seu colega americano, Panetta, para que, caso a CIA não pudesse revelar algum assunto de grande importância ao governo ou ao exército paquistanês, que pelo menos avisasse a ele, a Kayani ou ao presidente Zardari, para que os paquistaneses pudessem proteger sua honra dizendo com toda sinceridade que haviam sido informados. Um homem de fala suave e postura tranquila de um metro e setenta, com profundos círculos escuros em volta dos olhos, Pasha havia desempenhado um papel-chave para libertar o agente da CIA Raymond Davis da cadeia, entrando em negociação direta com as famílias da vítima para aceitarem o "dinheiro de sangue" em troca da liberdade de Davis. Após a operação Bin Laden, Pasha sentiu que a relação com os Estados Unidos degringolou de forma irreparável.

O mesmo foi sentido pelo congresso americano, onde houve ampla revolta pelo fato de Bin Laden estar se escondendo no Paquistão, um país que havia recebido bilhões de dólares dos Estados Unidos de apoio desde o 11 de setembro (embora grande parte desse "apoio" na verdade fosse uma compensação ao exército paquistanês pelas incontáveis operações militares exigidas pelos Estados Unidos contra o Talibã ao longo da fronteira afegã-paquistanesa). Mike Rogers, o representante republicano de Michigan que presidia o Comitê de Inteligência da Câmara de Representantes, disse publicamente: "Acredito que existem certos elementos no exército e no serviço de inteligência [paquistanês] que, de alguma forma ou de outra, tanto no passado quanto talvez ainda atualmente, já ofereceram alguma assistência a Osama bin Laden." Rogers não ofereceu nenhuma prova para sua afirmação e, semanas após a ação em Abbottabad, a comunidade de inteligência dos Estados Unidos concluiu que não houve qualquer cumplicidade paquistanesa com o fato de Bin Laden estar residindo em Abbottabad. Não havia nada no "baú do tesouro" recuperado de seu complexo que oferecesse qualquer evidência de que Bin Laden contasse com algum apoio de oficiais paquistaneses. Ainda assim, a opinião de Rogers de que os paquistaneses haviam ajudado a acolher o líder da Al-Qaeda ganhou popularidade nos corredores do congresso e na mídia americana.

Conforme esperado, em 6 de maio, poucos dias após a morte de Bin Laden, a Al-Qaeda fez um anúncio oficial, confirmando a morte de seu líder em uma mensagem publicada em fóruns jihadistas na internet, onde o braço de mídia do grupo sempre costumou postar suas mensagens de propaganda. A mensagem prometia vingança pelo "martírio" de Bin Laden. A Al-Qaeda declarou que o sangue de Bin Laden "era precioso demais para nós e para qualquer outro muçulmano para ser derramado em vão... Convocamos o povo muçulmano no Paquistão, terra onde o xeque Osama foi morto, para se erguer e se rebelar... e livrar seu país da imundície americana que vem espalhando corrupção por toda parte". Muito poucas pessoas, inclusive no Paquistão, deram qualquer atenção a esse chamado. Na verdade, os protestos no Paquistão após a morte de Bin Laden foram diminutos, reunindo apenas algumas centenas de pessoas.

No mesmo dia em que a Al-Qaeda confirmou a morte de Bin Laden, Obama e membros de sua equipe de segurança nacional foram até o Ft. Campbell, no Kentucky, a base do 160º Regimento Aéreo de Operações Especiais que havia pilotado os helicópteros durante a operação Bin Laden. Ao longo de meia hora, em uma pequena sala de aula na base, o presidente ouviu um relatório oferecido pelos homens que haviam realizado a operação.

O primeiro a falar foi o piloto responsável pelo Black Hawk que caiu. "Esse tipo de coisa já aconteceu antes", disse ele. "Não há como saber ao certo como será o ambiente no local."

"O clima teve alguma influência?", perguntou Obama.

"O clima pode impactar o plano de voo, e o tempo estava mais quente do que esperávamos", disse o piloto.

O comandante de campo da equipe Seal usou um modelo do complexo e um ponteiro laser para explicar o que havia dado certo e errado durante a missão do começo ao fim. O maior problema foi não ter replicado de forma correta o material da parede em volta do complexo na reprodução em tamanho real usada durante os ensaios. As paredes sólidas do complexo real causaram problemas de aerodinâmica ao primeiro

Cão semelhante a Cairo, o pastor belga trazido pelos Seals para a incursão ao esconderijo de Bin Laden, salta de um avião das Forças Especiais ao lado de seu treinador.
TECH. SGT. MANUEL J. MARTINEZ, U.S. AIR FORCE/DOD

Aspirantes à equipe dos Seals da Marinha americana enfrentam treinamentos exaustivos como o retratado acima, no qual recrutas são jogados em uma piscina profunda com os pés e as mãos atados. RICHARD SCHOENBERG

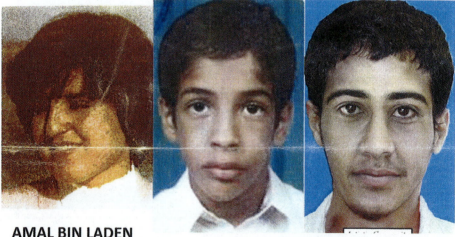

Cartão com detalhes para identificação de membros da família de Bin Laden, usado pelos Seals da Marinha americana no ataque ao complexo de Abbottabad em 1º de maio de 2011. CORTESIA DE CHRISTINA LAMB

NAME: IBRAHIM SAID AHMAD ABD AL HAMID
ALIASES: ARSHAD, ASIF KHAN, TARIQ, HAJI NADEEM, SARDAR ASHAD (OWNER OF AC1)
SIGNIFICANCE: COURIER AND ASSESSED AS ONE OF 3 INDIVIDUALS RESPONSIBLE FOR HVT #1s CARE
POSSIBLE DESCRIPTION
 - NATIONALITY: ARAB/KUWAITI
 - AGE: 32
 - HT: 5'9" – 5'11"
 - WT: UNK
 - EYES: UNK
 - HAIR: UNK
 - SKIN: UNK
 - CLOTHING: TYPICALLY A WHITE SHAWAL KAMEEZ
 - OTHER: MOVED FROM MARDAN CITY TO TARGET CMPD IN 2006 WITH BROTHER ABRAR
FAMILY MEMBERS: CMPD AC1, COURTYARD C
 - WIFE: MARYAM (31 YRS OLD)
 - SONS: KHALID (5-7 YRS OLD), AHMAD (1-4 YRS OLD), HABIB (18 MONTHS)
 - DAUGHTER: RAHMA (8 YRS OLD)
* WIFE AND KIDS RETURNED TO C CMPD ON 28 APR 2011
 - BROTHER: ABRAR
 - FATHER: AHMAD SAID (DECEASED)
 - MOTHER: HAMIDA AHMAD SAID (46 YRS OLD)

NO PHOTO

NAME: ABRAR AHMAD SAID ABD AL HAMID
ALIASES: ARSHAD, ASIF KHAN, SARDAR ASHAD (OWNER OF AC1)
SIGNIFICANCE: FACILITATOR FOR HVT #1
POSSIBLE DESCRIPTION
 - NATIONALITY: ARAB/KUWAITI
 - AGE: 33
 - HT: UNK
 - WT: UNK
 - EYES: UNK
 - HAIR: DARK
 - SKIN: UNK
 - CLOTHING: WEARS GLASSES
 - OTHER: MOVED FROM MARDAN CITY TO TARGET CMPD IN 2006 WITH BROTHER ABRAR
FAMILY MEMBERS: CMPD AC1, COURTYARD A, FIRST FLOOR
 - WIFE: BUSHRA (~30 YRS OLD)
 - SONS: IBRAHIM (4 MONTHS), ABD AL RAHMAN (1-4 YRS OLD), MUHAMMAD (6-7 YRS OLD, ATTENDS MADRASSA AWAY FROM FAMILY)
 - DAUGHTER: KHADIJA (1-4 YRS OLD)
 - BROTHER: ABU AHMAD
 - FATHER: AHMAD SAID (DECEASED)
 - MOTHER: HAMIDA AHMAD SAID (46 YRS OLD)

O verso do cartão, com detalhes para identificação do "Kuaitiano", seu irmão e o restante de sua família. CORTESIA DE CHRISTINA LAMB

A pacata e montanhosa cidade de Abbottabad, onde Bin Laden viveu tranquilamente por mais de cinco anos.
AP PHOTO/ANJUM NAVEED

As janelas opacas do andar mais alto da casa, no qual Bin Laden e a mais jovem de suas esposas viviam, pode ser vista nesta foto do complexo de três andares.
AP PHOTO/AQEEL AHMED

O quintal da cozinha, onde Bin Laden (apelidado pelos analistas da CIA de "Conta-passos") fazia suas caminhadas diariamente.
PAKISTAN STRINGER/REUTERS

Bin Laden assistindo a um de seus vídeos na TV.
DEPARTMENT OF DEFENSE

O canal de notícias paquistanês Geo News mostra os destroços em chamas do helicóptero americano acidentado na noite em que Bin Laden foi morto.
AP PHOTO/GEO TV

A calda do helicóptero americano junto ao muro externo do complexo de Abbottabad, na manhã seguinte ao ataque.
PAKISTAN STRINGER/REUTERS

O porta-aviões de 97 mil toneladas *USS Carl Vinson*, de onde o cadáver de Bin Laden foi jogado no Mar Árabe.
UNITED STATES NAVY

O general Ashfaq Parvez Kayani, o chefe do exército paquistanês e o homem mais poderoso do Paquistão. Por ter defendido uma "aliança estratégica" com os EUA, sentiu-se traído por não ter sido avisado com antecedência do ataque à Abbottabad.
AAMIR QURESHI/AFP/GETTY IMAGES

Da esquerda para a direita: Fátima, 5 anos, Abdullah, 12 anos e Hamza, 7 anos, são netos de Bin Laden. As outras três crianças, Hussain, 3 anos, Zainab, 5 anos e Ibraheem, 8 anos, são os mais jovens dos 24 filhos de Bin Laden. Hussain e Zainab nasceram durante o exílio de Bin Laden em Abbottabad. THE SUNDAY TIMES/NI SINDICATION

Multidão comemora a notícia da morte de Bin Laden em frente à Casa Branca.
BILL CLARK/ROLL CALL

Militantes da Jamaat-e-Islami Pakistan (JI) entoando palavras de ordem num protesto antiamericano em 6 de maio de 2011, condenando a operação que matou Bin Laden. Protestos como este ficaram limitados a grupos religiosos extremistas e não tiveram adesão expressiva. A MAJEED/APF/GETTY IMAGES

O sucessor de Bin Laden na liderança da Al-Qaeda, dr. Ayman al-Zawahiri, em vídeo divulgado em 16 de novembro de 2011, no qual elogia Bin Laden por sua bondade, generosidade e lealdade.

As estrelas do Memorial Wall na sede da CIA representam os funcionários da Agencia que morreram no cumprimento do dever, incluindo as dezenas de mortes ocorridas apos o 11 de setembro. CIA

Manifestantes agitando bandeiras egípcias na praça Tahir, no Cairo, em 11 de março de 2011. Notavelmente, as ideias de Bin Laden não tiveram qualquer peso nas recentes revoltas populares que agitaram o Oriente Médio. MAHMUD HAMS/AFP/ GETTY IMAGES

Black Hawk enquanto este descia para liberar os Seals no pátio, o que exigiu o "pouso forçado" do helicóptero.

O comandante Seal disse: "Estamos vivos hoje graças à manobra do piloto. É uma coisa muito difícil, controlar uma aeronave dessas e garantir a segurança de todos". Em seguida, ele disse: "Esse foi o resultado de dez anos de esforços. Trabalhamos com isso há uma década, e melhoramos muito ao longo dos anos. Já fizemos isso no Afeganistão, já fizemos isso no Iraque". O comandante Seal então recitou uma lista de bases de operação avançadas no Afeganistão que haviam ganhado seus nomes em homenagem aos membros de equipes Seal mortos ao longo da última década. Em seguida, ele voltou à operação em Abbottabad, descrevendo o papel de todos, inclusive o do intérprete, que havia gritado em pashto e urdu aos vizinhos para se afastarem: "Se não fosse por aquele sujeito, sabe-se lá o que poderia ter acontecido". O comandante então disse: "Se tirássemos uma peça sequer desse quebra-cabeça, não seríamos capazes de realizar o trabalho que fizemos; todos foram vitais. O que fez a diferença não foi o sujeito que puxou o gatilho e matou Bin Laden, e sim o que todos nós fizemos juntos".

O presidente não perguntou a nenhum dos Seals quem havia disparado o tiro que matou Bin Laden, e ninguém se voluntariou a oferecer essa informação. Ele apenas disse: "Este pequeno grupo de pessoas aqui é a força de combate mais brilhante em toda a história mundial".

Obama pediu para ver Cairo, o cão que havia acompanhado os Seals durante a operação. O comandante da equipe Seal alertou o presidente: "Bom, senhor, eu o aconselho fortemente a levar um petisco, porque esse cachorro é muito durão, sabe". Cairo foi apresentado a Obama, embora o presidente tenha sido desaconselhado a acariciá-lo, e o cão estivesse usando uma focinheira.

Para remediar a situação com os paquistaneses, o senador John Kerry, um dos poucos políticos americanos com alguma credibilidade no Paquistão, graças ao seu papel para garantir apoio aos projetos civis no país, foi a Islamabad em meados de maio. Durante suas várias horas de conversas com os generais Kayani e Pasha, Kerry discutiu todos os pontos de tensão entre os dois países: o apoio paquistanês a elementos do Talibã, as operações da CIA no Paquistão, e a missão em Abbottabad. Kayani e Pasha exigiram que a CIA cessasse o uso de aeronaves não tripuladas sobre o Paquistão. Kayani também comentou com Kerry sobre sua profunda sensação de ter sido traído com a operação em Abbottabad e os enormes riscos que ele havia assumido para defender os americanos. Kerry disse a eles que não seria possível interromper o programa de aeronaves não tripuladas, e que nenhum presidente em sã consciência teria revelado a operação Bin Laden a outro país depois do fracasso da missão para capturar Bin Laden em Tora Bora.

Kerry conseguiu negociar a devolução da cauda do helicóptero invisível ultrassecreto que havia caído durante a operação. Ele também fez acordos para que a CIA tivesse acesso ao complexo em Abbottabad e pudesse interrogar as esposas de Bin Laden. Enquanto Kerry ainda voltava para casa, a CIA lançou outro ataque usando uma aeronave não tripulada contra as regiões tribais no Paquistão. Isso pareceu ser uma forma não tão sutil da Agência para lembrar tanto aos paquistaneses como a Kerry de quem realmente dava as cartas no Paquistão.

Os paquistaneses usaram interrogadoras para inquirir as mulheres ultrarreligiosas de Bin Laden, mas elas disseram muito pouca coisa sobre suas vidas como fugitivas ou em Abbottabad. A líder das esposas era a mais velha, Khairiah, de 62 anos. As interrogadoras a descreveram como "uma mulher muito complicada, muito difícil". Apesar de terem sido acomodadas em uma casa confortável, elas disseram aos seus carcereiros paquistaneses que só queriam ir embora. E quando os oficiais da CIA por fim interrogaram as esposas de Bin Laden, todas as três foram muito hostis aos americanos. Àquela altura da complicada relação entre Estados Unidos e Paquistão, havia muito poucos pontos em que os dois lados concordavam, e um deles era a imensa dificuldade para se lidar com as esposas de Bin Laden. Quase um ano após a morte de Bin Laden, o governo paquistanês anunciou que suas três viúvas haviam sido processadas por "entrada ilegal" no Paquistão, crime pelo qual poderiam pegar até cinco anos de detenção.

O presidente Obama visitou o centro de operações da CIA no norte da Virgínia, no dia 20 de maio, para agradecer à comunidade de inteligência pelo seu trabalho na operação Bin Laden. Obama teve uma reunião privada com sessenta oficiais e analistas da CIA que haviam sido vitais na caça ao líder da Al-Qaeda, e depois falou com quase mil funcionários que abarrotaram o saguão do centro de operações da Agência. "O trabalho feito e a qualidade das informações coletadas por vocês fizeram uma diferença crucial", disse ele. Com um ar sério, o presidente também disse: "E nós fizemos uma coisa incrível em Washington também... conseguimos guardar um segredo". A plateia caiu na gargalhada, entre aplausos e vivas.

EPÍLOGO   O OCASO DA AL-QAEDA

Assim como seria impossível entender por que o exército francês se arriscou a marchar contra Moscou durante o gélido inverno russo de 1812 sem levar em conta as ambições de Napoleão, seria também impossível explicar a Al-Qaeda ou os atentados de 11 de setembro sem citar Osama bin Laden. Foi Bin Laden quem concebeu a Al-Qaeda durante os últimos dias da ocupação soviética no Afeganistão, e quem a comandou como líder incontest desde sua criação em Peshawar, em agosto de 1988, até o dia em que foi morto, mais de duas décadas depois. E foi Bin Laden quem desenvolveu a estratégia de atacar os Estados Unidos para cessar sua influência sobre o mundo muçulmano – uma estratégia que no final acabou se mostrando tão eficaz quanto a marcha de Napoleão contra Moscou. Em vez de expulsar os Estados Unidos do Oriente Médio, como Bin Laden esperava com os ataques de 11 de setembro, os Estados Unidos e seus aliados praticamente destruíram a Al-Qaeda no Afeganistão e depois invadiram o Iraque, enquanto montavam imensas bases militares americanas em países muçulmanos, como Kuwait, Qatar e Bahrein.

Ainda que a estratégia de Bin Laden de atacar os Estados Unidos tenha sido em grande parte um fracasso, suas ideias podem ter um efeito mais duradouro, ao menos entre uma pequena minoria no mundo muçulmano. Como muitos dos líderes mais eficientes da história, Bin Laden explicava o mundo de uma forma muito simples que podia ser entendida facilmente pelos seus seguidores – de Jacarta até Londres. Em sua versão, o Ocidente e seus aliados submissos no mundo islâmico estariam envolvidos em uma conspiração para destruir o verdadeiro Islã, uma conspiração comandada pelos Estados Unidos. Bin Laden transmitiu com grande eficiência a um público global essa ideia de uma guerra contra o Islã, liderada pelos Estados Unidos, que exigia vingança. Uma pesquisa do instituto Gallup realizada em dez países muçulmanos, entre 2005 e 2006, concluiu que 7% dos muçulmanos viam os ataques de 11 de setembro como algo "totalmente justificável". Em outras palavras, de estimados 1,2 bilhão de muçulmanos no mundo todo, quase 100 milhões apoiariam totalmente o raciocínio de Bin Laden por trás dos ataques de 11 de setembro e a necessidade de uma vingança islâmica contra o ocidente.

Um dos legados mais deletérios de Bin Laden é que até mesmo grupos militantes islâmicos que não se identificam como pertencentes à Al-Qaeda adotaram essa ideologia. Segundo promotores espanhóis, o Talibã paquistanês teria enviado um grupo de homens-bomba a Barcelona para atacar seu sistema metroviário em janeiro de 2008. Um ano depois, o Talibã paquistanês treinou um recruta americano, Faisal Shahzad, para um ataque em Nova York. Shahzad foi ao Paquistão, onde recebeu um treinamento de cinco dias em fabricação de bombas, na região tribal do Waziristão. Munido com esse conhecimento, Shahzad instalou uma bomba em um carro utilitário e tentou detoná-la na Times Square, em 1º de maio de 2010, por volta das seis da tarde. Por sorte, a bomba não funcionou, e Shahzad foi preso dois dias depois.

Os ataques em Mumbai de 2008 mostraram que as ideias de Bin Laden de atacar o Ocidente e alvos judeus também haviam se espalhado entre grupos militantes paquistaneses como o Lashkar-e-Taiba (LeT), que antes se concentrava apenas em alvos indianos. Ao longo de três dias no final de novembro de 2008, o LeT realizou diversos ataques em Mumbai contra hotéis cinco estrelas com hóspedes ocidentais e um centro comunitário judaico-americano, matando 170 pessoas.

E grupos regionais afiliados a Al-Qaeda também tentarão dar continuidade à violenta obra de Bin Laden. A Al-Qaeda na Península Arábica (AQPA) foi responsável pela tentativa de derrubar o voo 253 da Northwest Airlines rumo a Detroit, no dia de natal de 2009, com uma bomba escondida na cueca de Umar Farouk Abdulmutallab, um recruta nigeriano. Um ano depois, a AQPA escondeu bombas em cartuchos de tinta a

O OCASO DA AL-QAEDA

bordo de aviões rumo a Chicago. As bombas só foram encontradas de última hora, no Aeroporto East Midlands, no Reino Unido e em Dubai.

Em setembro de 2009, o grupo insurgente islâmico somali Al-Shabaab ("a juventude", em árabe) anunciou formalmente sua lealdade a Bin Laden após ter passado dois anos tentando recrutar americanos de origem somali e outros muçulmanos americanos para lutar na guerra da Somália. Após esse anúncio, a Al-Shabaab conseguiu recrutar muito mais soldados estrangeiros. Segundo uma estimativa, em 2010 o grupo chegou a 1.200 membros. Um ano depois, a Al-Shabaab já controlava grande parte do sul da Somália.

Na Nigéria, país de substancial população muçulmana, um grupo jihadista conhecido como Boko Haram atacou o prédio das Nações Unidas na capital nigeriana, Abuja, matando vinte pessoas no verão de 2011. Desde então, o grupo vem realizando uma campanha sistemática contra alvos cristãos.

Em 2008, acreditava-se que a Al-Qaeda no Iraque (AQI) estava prestes a ser derrotada. O embaixador americano no Iraque, Ryan Crocker, declarou: "Ninguém irá me ouvir dizer que a Al-Qaeda foi derrotada, mas eles nunca estiveram mais perto da derrota do que agora". De fato, a AQI havia perdido sua capacidade de controlar grandes porções do país e um bom pedaço da população sunita, em relação ao que controlava em 2006; no entanto, o grupo se mostrou capaz de uma incrível resistência, continuando a realizar ataques à bomba de grandes proporções no centro de Bagdá. E em 2012, a AQI enviou soldados à Síria para lutar contra o regime de Bashar Al-Assad, que pertence a um grupo xiita desprezado como herege pelos sunitas ultrafundamentalistas que compõem a Al-Qaeda.

Esses grupos, assim como os "lobos solitários" inspirados por Bin Laden, continuarão tentando espalhar o caos pelo mundo, mas seus esforços não causarão um "choque de civilizações", como Bin Laden esperava ter feito em 11 de setembro. Na verdade, os governos de países muçulmanos, desde a Jordânia até a Indonésia, realizaram ações agressivas contra a Al--Qaeda e seus afiliados, e a Al-Qaeda hoje tenta vender uma ideologia que perdeu grande parte de sua sustentação no mundo muçulmano. Em duas das mais populosas nações muçulmanas – Indonésia e Paquistão –, opiniões favoráveis a Bin Laden e o apoio a atentados suicidas à bomba caíram ao menos pela metade entre 2003 e 2010. O principal motivo por trás desse declínio foi a morte de civis muçulmanos nas mãos de terroristas jihadistas. A Al-Qaeda e seus aliados atacaram de forma consistente a vasta maioria de muçulmanos que não concorda exatamente com suas visões. O rastro de civis mortos que vai de Bagdá a Jacarta, e de Amã a Islamabad, ao longo da década seguinte ao 11 de setembro, foi um resultado em grande parte do trabalho da Al-Qaeda e de seus aliados. O fato de a Al-Qaeda e seus aliados se identificarem como os defensores do verdadeiro Islã, mas deixarem tantas vítimas muçulmanas em seu caminho não impressiona grande parte do mundo islâmico.

Apesar do infame fracasso da estratégia da Al-Qaeda no 11 de setembro, muitos escritores, acadêmicos e políticos ocidentais proeminentes afirmaram que os ataques a Washington e Nova York marcaram o início de uma guerra contra uma ideologia totalitária similar a outras ideias nocivas que os Estados Unidos já haviam combatido no século XX. Sem dúvida, o "binladeísmo" tem suas similaridades ao nacional-socialismo e ao stalinismo: um tom antissemita e antiliberal, o uso de líderes carismáticos, uma habilidosa utilização de métodos modernos de propaganda e a falsa promessa de uma utopia na Terra, caso seus programas fossem implementados. No entanto, o "binladeísmo" nunca trouxe nada similar à ameaça existencial oferecida pelo comunismo ou o nazismo. Ainda assim, algumas pessoas chegaram a defender que o "islamofascismo" representava uma grande ameaça ao Ocidente, como havia acontecido com os nazistas ou os soviéticos. O influente neoconservador Richard Perle afirmou que o Ocidente estava em uma guerra contra os islamofascistas que poderia levar a um novo holocausto, caso não fosse vencida. E o ex-diretor da CIA, James Woolsey, tornou-se uma presença constante nos telejornais após o 11 de setembro, invocando o espectro da Quarta Guerra Mundial.

No entanto, isso foi um grande exagero. Os nazistas ocuparam e dominaram a maior parte da Europa, gerando um conflito global que matou dezenas de milhões de pessoas. E os Estados Unidos gastaram quase 40% de seu PIB para combater os nazistas, usando milhões de soldados. Os regimes comunistas mataram 100 milhões de pessoas em guerras, campos de prisioneiros, ondas de fome e massacres sistemáticos.

A ameaça oferecida pela Al-Qaeda é infinitamente menor. Apesar da exaltada retórica de Bin Laden, não há nenhum risco de que seus seguidores destruam o estilo de vida americano. Em quase qualquer estatística anual, é muito mais provável que um americano morra afogado por acidente na banheira do que nas mãos de um terrorista. Ainda assim, poucas pessoas têm um medo irracional de se afogar na banheira. Os estudos amadores da Al-Qaeda sobre armas de destruição em massa nem se comparam à ameaça muito concreta de uma conflagração nuclear que o mundo enfrentou durante a Guerra Fria, e há relativamente poucos seguidores do "binladeísmo" no Ocidente hoje, ao contrário das dezenas de milhões que defendiam o comunismo e o fascismo na época.

Apesar da relativa insignificância da ameaça oferecida pela Al-Qaeda e por seus aliados, a Guerra ao Terror trouxe uma bonança ao sistema industrial americano de segurança nacional. Antes dos ataques do 11 de setembro, o orçamento anual de todas as agências de inteligência dos Estados Unidos era de US$25 bilhões. Uma década depois, esse valor chegou a US$80 bilhões – a esta altura, quase um milhão de americanos tinham credenciais de acesso para questões de alto sigilo e seis dos dez municípios mais ricos dos Estados Unidos ficavam na área de Washington D.C. Se a Guerra ao Terror, em última instância, resumiu-se em grande parte a acabar com Bin Laden, é preocupante pensar que as agências de inteligência americanas consumiram meio trilhão de dólares para alcançar esse objetivo.

Seis semanas após a morte de Bin Laden, a Al-Qaeda anunciou seu sucessor, o sisudo cirurgião egípcio Ayman Al-Zawahiri. Há muito tempo como o número dois da Al-Qaeda, Al-Zawahiri chegou ao posto em um momento complicado; seu predecessor o deixou uma batata quente na mão. Quando Bin Laden foi morto, a Al-Qaeda já representava uma "marca ideológica" muito datada, além de ser uma organização imersa em grandes problemas.

No "baú do tesouro" dos quase 6 mil documentos levados pelos Seals do complexo de Bin Laden foram encontradas amplas confirmações do quanto os problemas da Al-Qaeda haviam crescido. Em memorandos que, na cabeça de Bin Laden, jamais chegariam às mãos da CIA, ele aconselhava outros grupos militantes jihadistas a não adotar o nome da Al-Qaeda. No dia 7 de agosto de 2010, ele escreveu para o líder da violenta milícia Al-Shabaab, na Somália, dizendo a ele para não se declarar em público como integrante da Al-Qaeda pois isso apenas atrairia inimigos, como havia acontecido com o grupo iraquiano afiliado à Al-Qaeda, dificultando a arrecadação de dinheiro entre seus abastados patronos árabes.

Claramente, até Bin Laden sabia que a marca da Al-Qaeda havia perdido sua força há muitos anos. Ao mesmo tempo, ele também estava preocupado com o fato de que o governo Obama havia resolvido um dos seus próprios problemas simbólicos, deixando "de usar o termo 'guerra ao terror' para não provocar os muçulmanos, sabendo que uma 'guerra ao terror' poderia ser entendida pela maioria das pessoas como uma guerra ao Islã".

A espetacular série de equívocos autoinfligidos pela afiliada da Al-Qaeda no Iraque teve um grande impacto nas ideias de Bin Laden e de seus principais assessores. Entre eles, todos diziam que a campanha de ataques da Al-Qaeda contra alvos cristãos iraquianos não havia sido aprovada por Bin Laden. E o próprio Bin Laden pediu aos seus seguidores no Iêmen para não matar membros das tribos locais, uma tática que a Al-Qaeda havia usado muitas vezes no oeste do Iraque, causando um levante tribal contra a Al-Qaeda que começou em 2006 e veio como um forte golpe contra o grupo no Iraque.

Em outubro de 2010, Bin Laden escreveu um memorando de 48 páginas para um de seus agentes, analisando a situação da jihad promovida pela Al-Qaeda. Ele começou em tom otimista, dizendo que, para os americanos, aquele "havia sido o pior ano no Afeganistão desde a invasão", uma tendência que ele previa ser apenas intensificada pela cada vez maior crise orçamentária dos Estados Unidos. No entanto, Bin Laden também se mostrou preocupado com o fato de que um antigo santuário da Al-Qaeda no Waziristão, nas áreas tribais do Paquistão, havia se tornado perigoso demais graças à campanha de ataques realizados por aeronaves não tripuladas na região. "Estou inclinado a retirar a maior parte dos nossos irmãos daquela área."

Enquanto isso, Bin Laden aconselhou seus seguidores a não transitar pelas áreas tribais exceto em dias nublados, quando os satélites e as aeronaves não tripuladas americanas não tinham uma boa cobertura da área, e reclamou que "os americanos haviam desenvolvido uma grande habilidade para analisar fotografias aéreas da região por estarem fazendo isso há tantos anos. Eles são capazes até de identificar casas que são visitadas por homens com uma frequência acima do normal".

Bin Laden pediu aos seus seguidores para deixar as regiões tribais pelas remotas províncias afegãs de Ghazni, Zabul e, em particular, Kunar, onde ele mesmo havia se escondido após a Batalha de Tora Bora, dizendo que as altas montanhas e densas florestas locais lhes ofereceriam boa proteção contra os curiosos olhos americanos. Bin Laden se mostrou irritado com seu filho Hamza, que havia ido para as regiões tribais no Paquistão após ser libertado de sua prisão domiciliar no Irã, escrevendo: "Digam a Hamza que o aconselho a deixar o Waziristão... Ele só deve sair de casa quando as nuvens estiveram muito densas". Segundo Bin Laden, Hamza deveria ir para o diminuto e próspero reino do Qatar, no golfo Pérsico.

Em seus últimos dias, Bin Laden pareceu ficar ainda mais cuidadoso, às vezes até paranoico. Ele instruiu Hamza a se livrar de tudo o que havia trazido do Irã, porque algo poderia conter algum chip de rastreamento, e a evitar a companhia de alguém chamado Abu Salman Al-Baluchi, que tinha conhecidos ligados aos serviços de inteligência paquistaneses. Bin Laden também teceu complexas instruções sobre como Hamza poderia evitar a vigilância das aeronaves não tripuladas americanas se encontrando com outros membros da Al-Qaeda dentro de um túnel específico perto de Peshawar.

Bin Laden também lembrou seus agentes "que todas as comunicações entre eles deveriam ser feitas por cartas" em vez de por telefone ou pela internet. Por conta disso, ele precisava esperar de dois a três meses pelas respostas de suas perguntas – uma forma nada eficiente para se administrar uma organização. Bin Laden também aconselhou seus seguidores a tomar várias precauções durante o processo de negociação, caso sequestrassem alguém, e a se livrar de qualquer saco onde o dinheiro do resgate fosse entregue, pois poderia conter algum dispositivo de rastreamento.

Isolado em seus últimos anos, Bin Laden se tornou ainda mais controlador, repreendendo seu grupo no Iêmen e dizendo que seus membros deveriam sempre se reabastecer e comer bem antes de embarcar em viagens para evitar paradas em postos de gasolina ou restaurantes que pudessem estar sendo monitorados por espiões governamentais. E ele aconselhou a facção da Al-Qaeda no norte da África a plantar árvores para depois usá-las como coberturas em suas operações. Hoje, está bem claro que esse conselho arbóreo foi simplesmente ignorado.

Acima de tudo, Bin Laden criou estratégias para melhorar sua imagem pública, comentando que "uma grande parte da batalha acontecia na mídia". Ele disse à sua equipe de mídia: "O décimo aniversário dos ataques de 11 de setembro está chegando e, dada a importância dessa data, precisamos começar nossa preparação agora. Por favor, mandem-me suas sugestões". Ele sugeriu entrar em contato com os correspondentes da Al Jazeera em inglês e da Al Jazeera em árabe, e comentou sobre marcar uma audiência em alguma emissora americana de tevê: "Também deveríamos procurar um canal de tevê americano tão imparcial quanto possível, como a CBS". Talvez em resposta a isso, um de seus assessores de mídia – possivelmente o recruta americano da Al-Qaeda Adam Gadahn – sugeriu a Bin Laden que aproveitasse o aniversário dos ataques de 11 de setembro em 2011 para gravar um vídeo em alta definição que pudesse ser entregue a todas as maiores redes de notícias dos Estados Unidos exceto a Fox News que, segundo Gadahn, pecava pela "falta de neutralidade". Ao que parece, Bin Laden nunca fez essa gravação.

Até o fim, Bin Laden continuou obcecado pelo planejamento de outro ataque de grande escala nos Estados Unidos, pedindo a um de seus agentes: "Seria ótimo se você pudesse nomear um dos nossos irmãos mais qualificados para planejar uma grande operação contra os Estados Unidos. Seria bom se você pudesse escolher até dez irmãos que não se conhecessem entre si e mandá-los aos seus próprios países para estudar aviação". Estranhamente, ele criticou Faisal Shahzad, o cidadão americano de origem paquistanesa que tentou detonar o utilitário na Times Square, por ter quebrado sua promessa de lealdade aos Estados Unidos, dizendo que "não é aceitável no Islã trair a confiança e quebrar um juramento". Essa aparente aversão ao recrutamento de cidadãos americanos para realizar tais ataques reduziu as opções disponíveis. De qualquer forma, Zawahiri reagiu, dizendo a Bin Laden que seria muito mais realista atacar soldados americanos no Afeganistão do que civis nos Estados Unidos.

No entanto, a verdade era que Bin Laden e seus aliados não realizavam um ataque terrorista de sucesso no Ocidente desde os ataques à bomba nos metrôs de Londres, em 7 de julho de 2005. Os planos da rede terrorista para detonar bombas em Manhattan, em 2009, e de lançar ataques como os de Mumbai na Alemanha, um ano mais tarde, foram todos frustrados. E a Al-Qaeda nunca fez nenhum ataque bem sucedido contra os Estados Unidos depois de 11 de setembro de 2001.

Esse significativo histórico de fracassos precedeu os importantes eventos da Primavera Árabe – eventos sobre os quais os líderes, soldados e ideias da Al-Qaeda não tiveram nenhuma influência. Enquanto isso, os ataques de aeronaves não tripuladas americanas já haviam dizimado gran-

O OCASO DA AL-QAEDA

de parte dos comandantes da Al-Qaeda desde o verão de 2008, quando o presidente George W. Bush aprovou um intenso programa de ataques contra as regiões tribais no Paquistão. Após a ascensão de Zawahiri ao posto máximo da Al-Qaeda, uma aeronave não tripulada da CIA matou Abdul Rahman que, como vimos, atuou durante muitos anos como braço direito de Bin Laden. O grupo não poderia substituir com facilidade alguém com a vasta experiência de Rahman, ou os vários outros líderes mortos por aeronaves não tripuladas durante o último ano de Bush no governo e a presidência de Obama.

É pouco provável que Zawahiri consiga virar o jogo a favor da Al--Qaeda. Longe de ser um grande orador carismático como Bin Laden, Zawahiri lembra mais um pedante tio prolixo que insiste em contar à família no jantar de ação de graças todas as suas antigas disputas com inimigos obscuros. Durante 2011, as poucas declarações públicas de Zawahiri sobre os eventos da Primavera Árabe foram recebidas com apatia coletiva no Oriente Médio. Além de ser uma nulidade carismática, Zawahiri também foi um líder incompetente, nada bem visto ou quisto mesmo entre os vários grupos jihadistas do Egito, sua terra natal.

A morte de Bin Laden eliminou o fundador da Al-Qaeda, que teve apenas um líder desde sua fundação em 1988, e também eliminou o único homem que oferecia objetivos estratégicos amplos e em grande parte inquestionáveis para a base do movimento jihadista. Uma hipótese bastante remota é a de que um dos doze filhos de Bin Laden − usando o emblemático nome de sua família − cedo ou tarde acabe despontando como um novo líder para o grupo terrorista.

O jihadismo terrorista, é claro, não irá desaparecer com a morte de Bin Laden, mas seria difícil imaginar dois pontos finais mais definitivos para a "Guerra ao Terror" do que as revoltas populares contra os regimes autoritários no Oriente Médio e a morte de Bin Laden.

É verdade que ainda não temos como saber o resultado final das revoluções árabes, mas é muito pouco provável que a Al-Qaeda ou outros grupos extremistas consigam assumir as rédeas do poder após a derrocada dos regimes autoritários no Oriente Médio. No entanto, embora a Al--Qaeda e seus aliados não possam assumir o poder em qualquer lugar do mundo muçulmano, esses grupos se proliferam em meio ao caos e à guerra civil. E é um fato que as revoluções são, por sua essência, imprevisíveis, até mesmo para os seus líderes – então qualquer coisa pode acontecer ao longo dos próximos anos em países como Líbia, Iêmen e Síria, e muito pouco se sabe sobre o futuro do Egito.

No Egito, grupos islâmicos se saíram muito bem nas eleições parlamentares após o ditador Hosni Mubarak ser deposto. A Irmandade Muçulmana e um partido salafista receberam juntos quase três quartos dos votos. Esses grupos não defendem o uso da violência, e a Al-Qaeda há muito tempo critica a Irmandade pela sua disposição a participar de eleições que membros da Al-Qaeda entendem como "não islâmicas". No entanto, os salafistas no Egito sem dúvida almejam uma sociedade muito mais parecida com a do Talibã no Afeganistão anterior ao 11 de setembro do que a sonhada pelos revolucionários do Facebook que deflagraram a revolta contra Mubarak.

Apesar das limitações de Zawahiri e dos sérios problemas institucionais por ele herdados, ainda existem algumas oportunidades para que ele ajude a ressuscitar a Al-Qaeda. Com o recesso das grandes promessas iniciais da Primavera Árabe, é provável que Zawahiri tente explorar o caos local para conquistar seu maior objetivo: estabelecer um novo reduto para a Al-Qaeda. O único lugar no qual ele talvez consiga fazer isso é o Iêmen. Assim como Bin Laden, muitos membros da Al-Qaeda têm raízes no Iêmen, e os oficiais de antiterrorismo dos Estados Unidos identificaram o ramo local da Al-Qaeda naquele país como o mais perigoso de suas facções regionais. Além disso, a guerra civil que hoje assola o Iêmen já ofereceu uma oportunidade para que os militantes jihadistas dominassem cidades ao sul do país. Sem dúvida, a Al-Qaeda tentará se aproveitar disso em um país que hoje se encontra em uma situação bastante similar à do Afeganistão anterior ao 11 de setembro: uma nação em grande parte tribal, fortemente armada e muito pobre, marcada por anos e anos de guerra.

Durante muito tempo, Osama bin Laden viu a si mesmo como um poeta. Suas composições tendiam a ser mórbidas, e um poema escrito dois anos após o 11 de setembro no qual ele contempla as circunstâncias de sua morte não é uma exceção. Bin Laden escreveu: "Que meu túmulo seja a barriga de uma águia, para repousar na atmosfera do céu entre as aves empoleiradas". No entanto, ele não encontrou seu martírio entre as águias nas montanhas. Em vez disso, Bin Laden morreu cercado por suas esposas em um esquálido complexo suburbano, coberto de cacos de vidro, com brinquedos de criança e frascos de remédio espalhados – um sinal da ferocidade do ataque dos Seals ao seu derradeiro esconderijo. E em 25 de fevereiro de 2012, as autoridades paquistanesas enviaram escavadeiras ao complexo que derrubaram seus prédios, apagando as marcas dos seis anos da estadia de Bin Laden em Abbottabad em um mero final de semana.

Se há alguma poesia na morte de Bin Laden, é a poesia da justiça, o que nos lembra das palavras do presidente George W. Bush ao congresso apenas nove dias após o 11 de setembro, ao prever que Bin Laden e a Al-Qaeda cedo ou tarde seriam relegados à "vala comum das mentiras esquecidas da história", assim como o comunismo e o nazismo o foram anos antes. O presidente Barack Obama definiu a Al-Qaeda e seus afiliados como um grupo de "pessoas pequenas do lado errado da história".

E para a Al-Qaeda, o curso dessa história sofreu uma dramática aceleração quando o corpo de Bin Laden afundou mar adentro.

REFERÊNCIAS

LIVROS

Feroz Ali Abbasi, Memórias da prisão na baía de Guantânamo, 2002-2004. Textos do autor.

Matthew M. Aid, *Intel Wars: The Secret History of the Fight Against Terror* (Nova York: Bloomsbury, 2012).

Charles Allen, *Soldier Sahibs: The Men Who Made the North-West Frontier* (Londres: Abacus, 2001).

Jonathan Alter, *The Promise: President Obama, Year One* (Nova York: Simon and Schuster, 2009).

Mir Bahmanyar e Chris Osman, *SEALs: The US Navy's Elite Fighting Force* (Oxford, Reino Unido: Osprey Publishing, 2008).

Nasser al-Bahri e Georges Malbrunot, *Dans l'Ombre de Ben Laden: Révélations de son garde du corps repenti* (Neuilly-sur-Seine, França: Éditions Michel Lafon, 2010).

Ken Ballen, *Terrorists in Love: The Real Lives of Islamic Radicals* (Nova York: Free Press, 2011).

Neal Bascomb, *Hunting Eichmann: How a Band of Survivors and a Young Spy Agency Chased Down the World's Most Notorious Nazi* (Boston: Houghton Mifflin Harcourt, 2009).

Peter Bergen, *Holy War, Inc.: Inside the Secret World of Osama bin Laden* (Nova York: Simon and Schuster, 2001).

Peter Bergen, *The Longest War: The Enduring Conflict between America and Al- Qaeda* (Nova York: Free Press, 2011).

Peter Bergen, *The Osama bin Laden I Know: An Oral History* (Nova York: Free Press, 2006).

Gary Berntsen e Ralph Pezzullo, *Jawbreaker: The Attack on Bin Laden and Al-Qaeda: A Personal Account by the CIA's Key Field Commander* (Nova York: Crown, 2005).

Peter Blaber, *The Mission, the Men, and Me: Lessons from a Former Delta Force Commander* (Nova York: Berkley Caliber, 2008).

Mark Bowden, *Black Hawk Down: A Story of Modern War* (Nova York: Grove Press, 2005).

Mark Bowden, *Guests of the Ayatollah: The Iran Hostage Crisis: The First Battle in America's War with Militant Islam* (Nova York: Grove Press, 2007).

Mark Bowden, *Killing Pablo: The Hunt for the World's Greatest Outlaw* (Nova York: Atlantic Monthly Press, 2001).

Charles H. Briscoe, Richard L. Kiper e Kalev Sepp, *U.S. Army Special Operations in Afghanistan* (Boulder, Colorado: Paladin Press, 2006).

Paula Broadwell e Vernon Leob, *All In: The Education of General David Petraeus* (Nova York: Penguin Press HC, 2012).

Jason Burke, *The 9/11 Wars* (Londres: Penguin Books, 2011).

George W. Bush, *Decision Points* (Nova York: Crown, 2010).

Dick Cheney, *In My Time: A Personal and Political Memoir* (Nova York: Simon and Schuster, 2011).

Steve Coll, *Ghost Wars: The Secret History of the CIA, Afghanistan, and bin Laden, from the Soviet Invasion to September 10, 2001* (Nova York: Penguin, 2004).

Steve Coll, *The Bin Ladens: An Arabian Family in the American Century* (Nova York: Penguin, 2008).

George Crile, *Charlie Wilson's War: The Extraordinary Story of How the Wildest Man in Congress and a Rogue CIA Agent Changed the History of Our Times* (Nova York: Grove Press, 2007).

Henry A. Crumpton, "Intelligence and War in Afghanistan, 2001–2002," in *Transforming U.S. Intelligence*, eds. Jessica E. Sims e Burton Gerber (Washington, DC: Georgetown University Press, 2005).

Michael DeLong e Noah Lukeman, *A General Speaks Out: The Truth About the Wars in Afghanistan and Iraq* (Osceola: Zenith Press, 2004).

REFERÊNCIAS

Douglas Feith, *War and Decision: Inside the Pentagon at the Dawn of the War on Terrorism* (Nova York: Harper Perennial, 2009).

Yosri Fouda e Nick Fielding, *Masterminds of Terror: The Truth Behind the Most Devastating Terrorist Attack the World Has Ever Seen* (Nova York: Arcade Publishing, 2003).

Tommy Franks, *American Soldier* (Nova York: HarperCollins, 2004).

Jim Frederick, *Special Ops: The Hidden World of America's Toughest Warriors* (Nova York: Time, 2011).

Dalton Fury, *Kill Bin Laden: A Delta Force Commander's Account of the Hunt for the World's Most Wanted Man* (Nova York: St. Martin's Press, 2008).

Robert M. Gates, *From the Shadows: The Ultimate Insider's Story of Five Presidents and How They Won the Cold War* (Nova York: Simon and Schuster, 2006).

Fawaz Gerges, *The Rise and Fall of Al-Qaeda* (Nova York: Oxford University Press, 2011).

Bradley Graham, *By His Own Rules: The Ambitions, Successes, and Ultimate Failures of Donald Rumsfeld* (Nova York: Public Affairs, 2009).

Eric Greitens, *The Heart and the Fist: The Education of a Humanitarian, the Making of a Navy SEAL* (Nova York: Houghton Mifflin Harcourt, 2011).

Imtiaz Gul, *The Most Dangerous Place: Pakistan's Lawless Frontier* (Nova York: Penguin, 2011).

Michael Hastings, *The Operators: The Wild and Terrifying Inside Story of America's War in Afghanistan* (Nova York: Blue Rider Press, 2012).

Thomas Hegghammer, *Jihad in Saudi Arabia: Violence and Pan-Islamism Since 1979* (Nova York: Cambridge University Press, 2010).

John Heilemann e Mark Halperin, *Game Change: Obama and the Clintons, McCain and Palin, and the Race of a Lifetime* (Nova York: Harper, 2010).

Zahid Hussain, *Frontline Pakistan: The Struggle with Militant Islam* (Nova York: Columbia University Press, 2008).

Seth Jones, *Hunting in the Shadows: The Pursuit of Al Qa'ida Since 9/11* (Nova York: W. W. Norton & Company, 2012).

Gilles Kepel, Jean-Pierre Milelli e Pascale Ghazaleh, trads., *Al Qaeda in Its Own Words* (Boston: President and Fellows of Harvard College, 2008).

Ronald Kessler, *The CIA at War: Inside the Secret Campaign Against Terror* (Nova York: St. Martin's Press, 2003).

Jim Lacey, *A Terrorist's Call to Global Jihad: Deciphering Abu Musab Al-Suri's Islamic Jihad Manifesto* (Annapolis: Naval Institute Press, 2008).

Robert Lacey, *Inside the Kingdom: Kings, Clerics, Modernists, Terrorists, and the Struggle for Saudi Arabia* (Nova York: Viking Press, 2009).

Najwa bin Laden, *Omar bin Laden, and Jean Sasson, Growing Up bin Laden: Osama's Wife and Son Take Us Inside Their Secret World* (Nova York: St. Martin's Press, 2009).

Bruce Lawrence, *Messages to the World: The Statements of Osama bin Laden* (Nova York: Verso, 2005).

Brynjar Lia, *Architect of Global Jihad* (Nova York: Columbia University Press, 2008).

Jane Mayer, *The Dark Side: The Inside Story of How the War on Terror Turned into a War on American Ideals* (Nova York: Anchor Books, 2008).

Terry McDermott e Josh Meyer, *The Hunt for KSM: Inside the Pursuit and Takedown of the Real 9/11 Mastermind, Khalid Sheikh Mohammed* (Nova York: Little, Brown, and Company, 2012).

William H. McRaven, *Spec Ops: Case Studies in Special Operations Warfare: Theory and Practice* (Nova York: Random House, 1996).

Pervez Musharraf, *In the Line of Fire: A Memoir* (Nova York: Free Press, 2006).

Richard Myers, *Eyes on the Horizon: Serving on the Front Lines of National Security* (Nova York: Threshold Editions, 2009).

Leigh Neville, *Special Forces in Afghanistan: Afghanistan 2001–2007* (Oxford, Reino Unido: Osprey Publishing, 2007).

Dana Priest e William M. Arkin, *Top Secret America: The Rise of the New American Security State* (Nova York: Little, Brown and Co., 2011).

Condoleezza Rice, *No Higher Honor: A Memoir of My Time in Washington* (New York: Crown, 2011).

Donald Rumsfeld, *Known and Unknown: A Memoir* (Nova York: Penguin Group, 2011).

Benjamin Runkle, *Wanted Dead or Alive: Manhunts from Geronimo to Bin Laden* (Nova York: Palgrave Macmillan, 2011).

Michael Scheuer, *Osama bin Laden* (Nova York: Oxford University Press, 2011).

Eric Schmitt e Thom Shanker, *Counterstrike: The Untold Story of America's Secret Campaign Against Al Qaeda* (Nova York: Times Books, 2011).

Gary Schroen, *First In: An Insider's Account of How the CIA Spearheaded the War on Terror in Afghanistan* (Nova York: Presidio Press, 2005).

REFERÊNCIAS

Henry Schuster e Charles Stone, *Hunting Eric Rudolph: An Insider's Account of the Five-Year Search for the Olympic Bombing Suspect* (Nova York: Berkley Books, 2005).

Mitchell Silber, *The Al Qaeda Factor: Plots Against the West* (Philadelphia: University of Pennsylvania Press, 2012).

Jessica E. Sims e Burton Gerber, eds., *Transforming U.S. Intelligence* (Washington, DC: Georgetown University Press, 2005).

Michael Smith, *Killer Elite: The Inside Story of America's Most Secret Special Operations Teams* (Nova York: St. Martin's Press, 2011).

Ali Soufan, *The Black Banners: The Inside Story of 9/11 and the War Against al- Qaeda* (Nova York: W. W. Norton & Company, 2011).

Anthony Summers e Robbyn Swann, *The Eleventh Day: The Full Story of 9/11 and Osama bin Laden* (Nova York: Ballantine Books, 2011).

Camille Tawil, *Brothers in Arms: The Story of Al-Qa'ida and the Arab Jihadists* (Londres: Saqi Books, 2011).

George Tenet, *At the Center of the Storm: My Years at the CIA* (Nova York: HarperCollins, 2007).

Hugh Trevor-Roper, *The Last Days of Hitler* (Chicago: University of Chicago Press, 1987).

Mark Urban, *Task Force Black: The Explosive True Story of the Secret Special Forces War in Iraq* (Nova York: St. Martin's Press, 2011).

Joby Warrick, *The Triple Agent: The al-Qaeda Mole Who Infiltrated the CIA* (Nova York: Doubleday, 2011).

Richard Wolffe, *Renegade: The Making of a President* (Nova York: Crown, 2009).

Bob Woodward, *Obama's Wars* (Nova York: Simon and Schuster, 2010).

Bob Woodward, *Plan of Attack* (Nova York: Simon and Schuster, 2004).

Andy Worthington, *Guantanamo Files: The Stories of the 759 Detainees in America's Illegal Prison* (Londres: Pluto Press, 2007).

Donald P. Wright, James R. Bird, Steven E. Clay, Peter W. Connors, Lieutenant Colonel Scott C. Farquhar, Lynn Chandler Garcia e Dennis Van Wey, *A Different Kind of War: The United States Army in Operation Enduring Freedom (OEF), October 2001–September 2005* (Fort Leavenworth, KS: Combat Studies Institute Press, 2005).

Lawrence Wright, *The Looming Tower: Al-Qaeda and the Road to 9/11* (Nova York: Alfred A. Knopf, 2006).

Abdul Salam Zaeef, *My Life with the Taliban* (Nova York: Columbia University Press, 2010).

Ahmad Zaidan, *Usama Bin Ladin Without a Mask: Interviews Banned by the Taliban* (Líbano: World Book Publishing Company, 2003).

DOCUMENTOS

Documentos do governo dos Estados Unidos

Marinha dos Estados Unidos, almirante William H. McRaven, biografia, Comando de Operações Especiais dos Estados Unidos, atualizado em 8 de agosto de 2011.

Prova 950 da defesa em EUA Vs. Moussaoui, Cr. No. 01-455-A, "FBI's Handling of Intelligence Information Related to Khalid al-Mihdhar & Nawaf al-Hamzi", relatório do inspetor geral do Departamento de Justiça por Glenn A. Fine, obtido via INTELWIRE.com.

Departamento de Defesa, "Recommendation for Continued Detention Under DoD Control (CD for Detainee, ISN US9SA-000063DP(S)", 30 de outubro de 2008.

Departamento de Defesa, Transcrição do julgamento de revisão do *status* de combatente, Khalid Sheikh Mohammed, 10 de março de 2007, http://www.defenselink.mil/news/transcript_ISN10024.pdf

JTF-GTMO Detainee Assessment for Sultan al-Uwaydha, ISN US9SA-000059DP, 1º de agosto de 2007.

JTF-GTMO Detainee Assessment for Walid Said bin Said Zaid, ISN US9YM- 000550DP (S), 16 de janeiro de 2008.

Mitchell D. Silber e Arvin Bhatt, "Radicalization in the West: the Home-grown Threat", Departamento de Polícia de Nova York, 2007. www.nypdshield.org/public/.../NYPD_Report-Radicalization_in_the_West.pdf.

"National Commission on Terrorist Attacks Upon the United States Final Report" (Washington, DC, 2004) ("9/11 Commission Report").

National Defense University, Conflict Records Research Center, "Document contains al-Qaeda review of the 9/11 attacks on the United States one year later", sem data (por volta de setembro de 2002), AQ-SHPD-D-001-285, http://www.ndu.edu/inss/docUploaded/AQ-SHPD-D-001-285.pdf.

National Intelligence Council, "National Intelligence Estimate: The Terrorist Threat to the U.S. Homeland", julho de 2007, http://www.c-span.org/pdf/nie_071707.pdf.

REFERÊNCIAS

Office of the Director of National Intelligence, "Declassified Key Judgments of the National Intelligence Estimate. Trends in Global Terrorism: Implications for the United States", abril de 2006, http://www.dni.gov/press_releases/Declassified_NIE_Key_Judgments.pdf

Office of the Inspector General, "Report on CIA Accountability with Respect to the 9/11 Attacks", 21 de agosto de 2007, https://www.cia.gov/library/reports/Executive%20Summary_OIG%20Report.pdf

United States Department of State, Bureau of Intelligence and Research (INR), "The Wandering Mujahidin: Armed and Dangerous", 21–22 de agosto de 1993.

United States Department of State, Bureau of Intelligence and Research, (INR), "Terrorism? Usama bin Ladin: Who's Chasing Whom?", 18 de julho de 1996.

United States Department of the Treasury, "Treasury Targets Key Al-Qa'ida Funding and Support Network Using Iran as a Critical Transit Point", 28 de julho de 2011, http://www.treasury.gov/press-center/press-releases/Pages/tg1261.aspx

United States Senate, Committee on Foreign Relations, "Tora Bora Revisited: How We Failed to Get Bin Laden and Why It Matters Today", 30 de novembro de 2009.

United States Senate Select Committee on Intelligence, "Report on Prewar Intelligence Assessments on Postwar Iraq, together with additional views", 12 de fevereiro de 2004, http://intelligence.senate.gov/prewar.pdf

United States Special Operations Command History (6th edition, 2008), http://www.socom.mil/SOCOMHome/Documents/history6thedition.pdf

WikiLeaks, telegrama da secretária de Estado americana à Embaixada dos EUA em Islamabad, datado de 9 de outubro de 2008.

Dossiês e relatórios

Brian Fishman, "Redefining the Islamic State: The Fall and Rise of Al-Qaeda in Iraq", The New America Foundation, 18 de agosto 2011, http://newamerica.net/publications/policy/redefining_the_islamic_state

Holloway Report, 23 de agosto de 1980, http://www.gwu.edu/~nsarchiv/NSAEBB/NSAEBB63/doc8.pdf

"Nomination of Michael Leiter to be Director, National Counterterrorism Center", http://www.fas.org/irp/congress/2008_hr/leiter.pdf

"Pervez Musharraf on U.S.-Pakistan Relations", Council on Foreign Relations, 26 de outubro de 2011, http://carnegieendowment. org/files/1026carnegie-musharraf.pdf

"Report into the London Terrorist Attacks on July 7, 2005", Intelligence and Security Committee, maio de 2006, http://www.cabinetoffice. gov.uk/sites/default/files/resources/isc_7july_report.pdf , pp. 12 e 15.

Camille Tawil, "The Other Face of al-Qaeda", trad. Maryan El-Hajbi e Mustafa Abulhimal, Quilliam Foundation, novembro de 2010.

Katherine Tiedemann e Peter Bergen, "The Year of the Drone", New America Foundation, 24 de fevereiro de 2010, http:// counterterrorism.newamerica.net/sites/newamerica.net/files/ policydocs/bergentiedemann2.pdf

Documentos judiciais

Interrogatório do recruta da Al-Qaeda Nizar Trabelsi, que foi questionado em francês em junho de 2002. A transcrição do interrogatório foi mais tarde disponibilizada em italiano a promotores públicos de Milão que investigavam um dos associados de Trabelsi. Os documentos foram obtidos e traduzidos pelo repórter investigativo do jornal *L'Espresso* Leo Sisti. Coleção do autor.

EUA vs. Ali Hamza Ahmad Suliman al Bahlul, 7 de maio de 2008.

EUA vs. Moussaoui, Cr. No. 01-455-A, prova ST-0001.

EUA vs. Khalid Sheikh Mohammed et al. (Indiciamento na Tribunal do Distrito Sul de Nova York [S14] 93 Cr. 180 [KTD], 14 de dezembro de 2009).

EUA vs. Najibullah Zazi, Distrito Leste de Nova York, 09-CR-663, Memorando de lei em apoio ao pedido do governo por uma ordem de prisão definitiva (Via IntelWire).

DISCURSOS DE AUTORIDADES

Dick Cheney, considerações, "Town Hall Meeting", CQ Transcriptions, 19 de outubro de 2004.

REFERÊNCIAS

Henry A. Crumpton, discurso na CSIS Smart Power Series, Washington, DC, 14 de janeiro de 2008, http://csis.org/files/media/csis/press/080114_smartcrumpton.pdf

Jonathan Evans, discurso na Society of Editors, Manchester, Reino Unido, 5 de novembro de 2007, http://www.homeoffice.gov.uk/about-us/news/security-speech-mi5?version=1

Robert Gates, considerações, Kutzenov Naval Academy, São Petersburgo, Rússia, 21 de março de 2011.

John McCain, discurso após a vitória nas primárias de Wisconsin, C--SPAN, 19 de fevereiro de 2008, http://www.c-spanvideo.org/appearance/290354897

Almirante Michael Mullen, Marinha americana, presidente da Junta de Chefes de Estado-Maior, perante o Comitê sobre Forças Armadas do Senado, 22 de setembro de 2011, http://armed-services.senate.gov/statemnt/2011/09%20September/Mullen%2009-22-11.pdf

Barack Obama, "Address to the Nation on the Way Forward in Afghanistan and Pakistan", press release da Casa Branca, 1º de dezembro de 2009, http://www.whitehouse.gov/the-press-office/remarks-president--address-nation-way- forward-afghanistan-and-pakistan

Barack Obama, no Debate Democrata, Los Angeles, CA, 31 de janeiro de 2008, http://articles.cnn.com/2008-01-31/politics/dem.debate.transcript_1_hillary-clinton-debate-stake/29?_s=PM:POLITICS

Barack Obama, "Obama's Nobel Remarks [transcrição]", *New York Times*, 10 de dezembro de 2009, http://www.nytimes.com/2009/12

Barack Obama, discurso no Woodrow Wilson Center, Washington, DC, 1º de agosto de 2007, http://www.cfr.org/us-election-2008/obamas-speech-woodrow-wilson-center/p13974

Transcrição do Debate Republicano. *New York Times*, 5 de agosto de 2007, http://www.nytimes.com/2007/08/05/us/politics/05transcript--debate.html?pagewanted=all

Paul Wolfowitz, Briefing do Departamento de Defesa, 10 de dezembro de 2001.

DECLARAÇÕES DE ALIADOS E LÍDERES DA AL-QAEDA

Abd al-Halim Adl, carta a Khalid Sheikh Mohamed: tradução Counterterrorism Center em West Point, Harmony Program, http://www.

ctc.usma.edu/wp-content/uploads/2010/08/Al-Adl-Letter_
Translation.pdf

Abu Musab al-Suri, "The Call to Global Islamic Resistance", publicado em sites jihadistas, 2004.

Osama bin Laden, "Carta ao mulá Mohammed Omar de Bin Laden", sem data, AFGP-2002-600321. Disponível em http://www.ctc. usma.edu/posts/letter-to-mullah-mohammed-omar-from-bin--laden-english-translation

Osama bin Laden, "Declaração", 7 de outubro de 2001. Exibida na Al Jazeera.

Osama bin Laden, entrevista à Al Jazeera, 1998. Disponível em http://www.telegraph.co.uk/news/worldnews/asia/afghanistan/1358734/Ever--since-I-can-recall-I-despised-and-felt-hatred-towards-Americans.html

"Recado para Zarqawi", 12 de novembro de 2005. Disponível em http://www.ctc.usma.edu/wp-content/uploads/2010/08/CTC--AtiyahLetter.pdf

"The Solution: A Video Speech from Usama bin Laden Addressing the Ameri- can People on the Occasion of the Sixth Anniversary of 9/11—9/2007", SITE Group translation, 11 de setembro de 2007, http://counterterrorismblog.org/site-resources/images/SITE--OBL-transcript.pdf

"Al-Zarqawi: The Second al-Qa'ida Generation," Fu'ad Husayn, Al--Quds al- Arabi, 21–22 de maio de 2005.

JORNAIS, REVISTAS, PERIÓDICOS, AGÊNCIAS DE NOTÍCIAS E EMISSORAS DE TV E RÁDIO

Jornais

Al-Hayat, Al-Quds Al-Arabi, Asharq Al-Awsat, Australian, Chicago Tribune, Daily Times (Paquistão), *Dawn* (Paquistão), *Der Spiegel, Express Tribune, Friday Times, Guardian, Harvard University Gazette, Independent, International Her- ald Tribune, Los Angeles Times, McClatchy Newspapers, The News* (Paquistão), *New York Times, New York Daily News, Sunday Times, Telegraph, Wall Street Journal, Washington Post, Washington Times, Weekly Standard, USA Today*

Revistas

Al-Majallah (Arábia Saudita), *Atlantic Monthly, Bloomberg Business Week, Mother Jones, National Journal, New Republic, New Yorker, Newsweek, Rolling Stone, Time, Washingtonian, Wired*

Periódicos

Foreign Affairs, Foreign Policy, Security Studies

Agências de notícias

Agence France-Presse, Associated Press, Reuters, ProPublica

Emissoras de TV e rádio

ABC, Canadian Broadcasting Corporation, CBS, CNN, France24, Al Jazeera, Middle East Broadcasting Corporation, MSNBC, NBC, PBS, Radio Free Europe/Radio Liberty

DOCUMENTÁRIOS

Canadian Broadcasting Corporation, *Al Qaeda Family*, 22 de fevereiro de 2004.

CNN, *In the Footsteps of bin Laden*, 23 de agosto de 2006.

History Channel, *Targeting Bin Laden*, 6 de setembro de 2011.

National Geographic, *The Last Days of Osama bin Laden*, 9 de novembro de 2011; *George W. Bush: The 9/11 Interview*, 30 de agosto de 2011.

NBC, "Inside the Terror Plot That 'Rivaled 9/11'", *Dateline*, 14 de setembro de 2009.

PBS, *Frontline*, "Dana Priest: Top Secret America" (2011); "Campaign Against Terror" (2002).

Laura Poitras, *The Oath*, Praxis Films (2010).

ENTREVISTAS

Abdullah Anas
Abdel Bari Atwan
Hutaifa Azzam
Jeremy Bash
Khaled Batarfi
Noman Benotman
Gary Berntsen
Tony Blinken
John Brennan
Robert Cardillo
Glenn Carle
James "Hoss" Cartwright
Shamila Chaudhary
James Clapper
Hillary Clinton
Henry A. Crumpton
Dell Dailey
Robert Dannenberg
Khaled al-Fawwaz
Ari Fleischer
Michèle Flournoy
Yosri Fouda
Tommy Franks
Dalton Fury
Brad Garrett

Susan Glasser
Eric Greitens
Robert Grenier
Jamal Ismail
Art Keller
Jamal Khalifa
Ihsan Mohammad Khan
Khalid Khawaja
Khalid Khan Kheshgi
David Kilcullen
Osama bin Laden
Michael Leiter
David Low
Stanley McChrystal
Denis McDonough
John McLaughlin
Hamid Mir
Vahid Mojdeh
Philip Mudd
Michael Mullen
Asad Munir
Arturo Munoz
Muhammad Musa
Vali Nasr
Leon Panetta

David Petraeus
Paul Pillar
Mohammed Asif Qazizanda
Nick Rasmussen
Ben Rhodes
Robert Richer
Bruce Riedel
Michael Scheuer
Shabbir (vizinho de Bin Laden)
Ali Soufan
Cindy Storer
Barbara Sude
Abu Musab al-Suri
Camille Tawil
Frances Fragos Townsend
Wisal al-Turabi
Michael Vickers
Junaid Younis
Rahimullah Yusufzai
Mohammed Zahir
Ahmad Zaidan
Juan Zarate

NOTAS

PRÓLOGO: UM RETIRO CONFORTÁVEL

1 **o major Abbott era amado:** Para uma descrição do major James Abbott, ver Charles Allen, *Soldier Sahibs: The Men Who Made the North-West Frontier* (Londres: Abacus, 2011), p.205.

1 **"Lembro-me do meu primeiro dia aqui":** Sebastian Abbott, "Pakistani Town Copes with Infamy After Bin Laden", Associated Press, 24 de maio de 2011, www.guardian.co.uk/world/feedarticle/9661254

2 **"Cidade das Escolas":** Khalid Khan Kheshgi, entrevistado pelo autor, Paquistão, julho de 2011.

2 **Soldados das Forças Especiais Americanas foram enviados para lá:** Telegrama do secretário de Estado dos EUA para a embaixada americana em Islamabad, datado 9 de outubro de 2008, obtido pelo WikiLeaks.

2 **A alta temporada de férias começa em junho:** Abbott, "Pakistani Town Copes with Infamy".

2 **aventureiros ocidentais:** Observações do próprio autor durante visita a Abbottabad, julho de 2011.

2 **refugiados afegãos ricos:** M Ilyas Khan, "Bin Laden Neighbours Describe Abbottabad Compound", BBC, 2 de maio de 2011, www.bbc.co.uk/news/world-south-asia-13257338

3 **O Kuaitiano comprou terras:** "Pakistani Owner of Bin Laden's Hide-

away Aided Him", Associated Press, 4 de maio de 2011, dailytimespakistan. com/pakistani-owner-of-bin-laden%E2%80%99s-hideaway-aided-him/

3 **"tipo de homem muito simples, modesto e humilde":** *Ibid.*

3 **"Um de meus alunos pode ter feito o projeto":** Junaid Younis, entrevistado pelo autor, Abbottabad, Paquistão, 20 de julho de 2011.

3 **Moradores locais acreditam que:** Saeed Shah, "At End, Bin Laden Wasn't Running Al-Qaeda, Officials Say", *McClatchy Newspapers*, 28 de junho de 2011, www.mcmcclatchydc.com/2011/06/28/ v-print/116666/at-end-bin-laden-wasnt-running.html

3 **Nenhuma autorização de planejamento foi obtida para esse acréscimo:** entrevista de Junaid Younis.

3 **uso exclusivo:** Christina Lamb, "Bickering Widows Blame Young Wife for Alerting US", *Sunday Times*, 22 de maio de 2011, www. thesundaytimes.co.uk/sto/news/world_news/Asia/article631884.ece

4 **raramente deixava o segundo e o terceiro andar:** entrevista do autor com agentes da inteligência paquistanesa, julho de 2011.

4 **somente para dar uma volta:** *Ibid.*

4 **Uma lona improvisada:** *Ibid.*

4 **durar mais de doze horas:** Najwa bin Laden, Omar bin Laden e Jean Sasson, *Growing Up bin Laden: Osama's Wife and Son Take Us Inside Their Secret World* (Nova York: St. Martin's Press, 2009), p. 173.

4 **bem habilidoso no vôlei:** Khalad al-Hammadi, "Bin Ladin's Former 'Bodyguard' Interviewed on al Qaida Strategies", *al-Quds al-Arabi*, em árabe, 3 de agosto de 2004.

4 **nem estava sofrendo de uma doença renal debilitante:** *Ibid.*

4 **primeira esposa de Bin Laden:** Wisal al-Turabi, entrevista por Sam Dealey, Cartum, Sudão, 10 de julho de 2005.

5 **por fim ele concordou com seu pedido:** Bin Laden, Bin Laden, e Sasson, *Growing Up bin Laden*, pp. 282 e 146.

5 **só permitiu que ela levasse três:** *Ibid.*, p. 282.

5 **"Nunca vou me divorciar de você":** *Ibid.*

5 **Najwa deixou o Afeganistão no dia 9 de setembro de 2001:** *Ibid.*, p. 146.

5 a **motivação de Bin Laden para se casar com Khairiah:** entrevista com Wisal al-Turabi.

6 **um homem que ela acreditava ser um verdadeiro guerreiro santo:** Lawrence Wright, *The Looming Tower: Al-Qaeda and the Road*

to 9/11 (Nova York: Alfred A. Knopf, 2006), p. 252.

6 **os dois tiveram um menino:** bin Laden, bin Laden, e Sasson, *Growing Up bin Laden*, p. 298.

6 **Khairiah fugiu do Afeganistão para o vizinho Irã:** Mohammed Al Shafey, "Bin Laden's Family Under House Arrest in Iran", *Asharq al-Awsat*, 23 de dezembro de 2009, www.asharq-e.com/news.asp?section=1&id=19259.

6 **não eram desconfortáveis:** Lara Setrakian, "Osama Bin Laden's Teen Daughter Allowed to Leave Iran", ABC News, 22 de março de 2010, abcnews.go.com/Blotter/International/iran-releases-osama-bin-ladens-teenage-daughter/story?id=10169432#.TsWKl-F1AIj8.

6 **militantes da Al-Qaeda abduziram o diplomata iraniano:** "Iran Says Rescued Diplomat Kidnapped in Pakistan", Reuters, 30 de março de 2010, uk.reuters.com/article/2010/03/30/uk-pakistan-iran-idUKTRE62T1FU20100330.

6 **Isso era parte de um acordo:** Entrevista do autor com agentes da inteligência paquistanesa, julho de 2011.

6 **Em algum momento do fulgurante verão de 2010:** Christina Lamb, "Revealed: The SEALs' Secret Guide to Bin Laden Lair", *Sunday Times*, 22 de maio de 2011, www.thesundaytimes.co.uk/sto/news/world_news/Asia/article63189.ece; entrevista do autor com agentes da inteligência paquistanesa.

6 **Sua única decepção foi:** entrevista do autor com agentes da inteligência paquistanesa.

7 **Khalid, o primogênito de Siham:** Na primavera de 2011, Bin Laden e Siham planejavam o casamento de Khalid com a filha de um combatente da Al-Qaeda que morrera no Afeganistão alguns anos antes. Siham também vivia com duas de suas filhas: Maryam, de vinte anos, e Sumaiyah, de dezesseis. Também houve tragédias para Bin Laden e Siham. Sua terceira filha, Khadija, havia se casado com um combatente da Al-Qaeda no Afeganistão em 1999, quando ela tinha somente onze anos, mas havia sucumbido recentemente a uma doença nas regiões tribais do Paquistão, enquanto o marido de Khadija também morrera em um ataque de aeronave não tripulada americana. Então, agora seus quatro filhos mais novos viviam no complexo de Abbottabad junto com Vovô Osama e Vovó Siham.

7 **Siham era estudante:** Mustafa al-Ansari, "Bin Ladin's Brother--in-Law to Al Hayah:'My Sister Holds PhD: She Differs with Husband Usama Ideologically,' " *Al Hayat* online, 26 de maio de 2011.

7 **Os pais de Siham eram contra... ela foi em frente:** *Ibid.*

7 **doou tudo:** *Ibid.*

7 **muitas vezes editava os escritos de Bin Laden:** *Ibid.*

7 **"acorrentada" a Bin Laden:** *Ibid.*

7 **"Ela tinha de ser religiosa":** Hala Jaber, "Finding Osama a Wife", *Sunday Times*, 24 de janeiro de 2010, www.thesundaytimes.co.uk/sto/news/world_news/article195679.ece.

8 **"realmente acreditava que ser uma esposa dedicada e obediente":** *Ibid.*

8 **foi elaborada como se viesse de um empresário:** Mustafa al-Ansari, "Amal, a esposa iemenita de Bin Laden, não irá casar novamente nem se o presidente Ali Saleh a pedir em casamento!" [tradução do árabe] *Al Hayat*, 13 de junho de 2011.

8 **"Deus a abençoou":** *Ibid.*

8 **um dote de 5 mil** dólares: Jaber, "Finding Osama a Wife".

8 **"Concordamos que ele desposasse":** Al-Ansari, "Bin Laden's Yemeni Spouse".

9 **As mulheres também tiveram sua própria festa, mais modesta:** Jaber, "Finding Osama a Wife".

9 **Inicialmente, as outras esposas de Bin Laden:** Nasser al-Bahri, *Dans l'Ombre de Ben Laden: Révélations de son garde du corps repenti* (Neuilly-sur-Seine, França: Éditions Michel Lafon, 2010), p. 201.

9 **viajou do Iêmen para o Afeganistão:** Al-Ansari, "Bin Laden's Yemeni Spouse".

9 **"Obrigado por essa** ótima **criação":** *Ibid.*

9 **"entrar para a história":** *Ibid.*

10 **a nomeou em homenagem a Safia:** Hamid Mir, entrevistas do autor, Islamabad, Paquistão, 11 de maio de 2002, e março de 2005.

10 **mais quatro filhos:** "Yemen Family of bin Laden Widow Demands Her Return", Agence France Presse, 17 de maio de 2011, www.dailytimes.com.pk/default.asp?page=2011\05\18\story_18-5-2011_pg7_7.

10 **dois enquanto ela:** Lamb, "Revealed: The SEALs' Secret Guide".

10 **"Casem-se e multipliquem-se":** Al-Ansari, "Bin Ladin's Brother-in-Law".

NOTAS

10 **"Não entendo por que":** Abdullah Anas, entrevistado pelo autor, Londres, 15, 17 e 20 de junho de 2005.

10 **Para o consumo de carne deles:** o comerciante Mohammed Rashid contou a Aijaz Mahar da BBC em urdu que duas cabras eram entregues toda semana, supostamente para abate e consumo. "What Was Life Like in the Bin Laden Compound?" BBC, 9 de maio de 2011, www.bbc.co.uk/news/world-south-asia-13266944

10 **O leite vinha de:** Saeed Shah, "Pakistani Officers' Photos Show Blood, but Not Bin Laden", *McClatchy Newspapers*, 4 de maio de 2011, www.mcclatchydc.com/2011/05/04/113699/pakistani-officers-photos-show.html.

10 **Se as crianças da vizinhança lançassem acidentalmente:** "Abbottabad Children Played by Bin Laden Compound", CNN, 9 de maio de 2011, articles.cnn.com/2011-05-09/world/pakistan.bin.laden.children_1_bin-terror-leader- compound?_ s = PM:WORLD.

11 **bater por dez ou vinte minutos:** *Ibid.*

11 **não davam seus nomes e eram notavelmente religiosas:** Stan Grant, entrevista com criança local, *The Situation Room*, CNN, transmitida no dia 30 de maio de 2011, transcripts.cnn.com/TRANSCRIPTS/1105/30/sitroom.02.html.

11 **contas de luz e de gás:** Ihsan Mohammad Khan, entrevistado pelo autor, Abbottabad, Paquistão, 21 de julho de 2011; análise das contas de luz e de gás por conta do autor.

11 **não precisava de ar-condicionado:** Khaled al-Fawwaz, entrevistado pelo autor, Londres, 1° de abril de 1997.

11 **o complexo da família não tinha água corrente:** Noman Benotman, entrevistado pelo autor, Londres, 30 de agosto de 2005.

11 **"Vocês devem aprender a sacrificar tudo":** *Ibid.*

11 **frequentava uma madraçal:** Lamb, "Revealed: SEALs' Secret Guide".

11 **não iam à escola:** Robert Booth, Saeed Shah e Jason Burke, "Osama Bin Laden Death: How Family Scene in Compound Turned to Carnage", *Guardian*, 5 de maio de 2011, www.guardian.co.uk/world/2011/may/05/bin-laden-death-family-compound.

11 **ambas acadêmicas:** al-Hammadi, "Osama's Former 'Bodyguard' "

11 **lecionava-lhes poesia:** Zaynab Khadr, entrevistado por Terrence McKenna, Islamabad, Paquistão, "Al Qaeda Family", Canadian

Broadcasting Corporation, "Maha Elsammah and Zaynab Khadr", 22 de fevereiro de 2004. Transcrição disponível em www.pbs.org/wgbh/pages/frontline/shows/khadr/interviews/mahazaynab.html.

11 **fazia um discurso:** Entrevista do autor com agentes da inteligência paquistanesa.

12 **Bin Laden criou um espaço de convivência específico:** Wright, *The Looming Tower*, p. 251; Abu Jundal, "His Three Wives Lived in One House That Had Only One Floor. They Lived in Perfect Harmony"; Khalid al-Hammadi, "Bin Laden's Former 'Bodyguard' Interviewed, *Al-Quds al-Arabi*, 20 de março a 4 de abril de 2004.

12 **sistema de exaustão que não era nada mais que um balde:** observações do autor sobre o complexo de Abbottabad.

12 **O terceiro andar:** Entrevista do autor com agentes paquistaneses.

12 **"Marido e mulher":** al-Hammadi, "Osama's Former 'Bodyguard.'"

12 **nunca levantava a voz:** Bin Laden, Bin Laden, e Sasson, *Growing Up bin Laden*, p. 41.

12 **relação excepcionalmente próxima:** Khaled Batarfi, entrevistado pelo autor, Jeddah, Arábia Saudita, 5 e 9 de setembro de 2005.

13 **Uma pista de como o Bin Laden de 54 anos:** JoNel Aleccia, "What Was in Medicine Chests at Bin Laden Compound?" MSNBC, 6 de maio de 2011, sys12-today.msnbc.msn.com/id/42934673/ns/world_news-death_of_bin_laden/.1

13 **ervas ou de outras fontes naturais:** Jaber, "Finding Osama a Wife".

13 **cerca de 12 mil rúpias por mês cada:** entrevista do autor com agente da inteligência paquistanesa.

13 **trazia e vendia pulseiras e anéis de ouro:** Shah, "At End, Bin Laden Wasn't Running al-Qaeda": entrevista do autor com dono de joalheria em Rawalpindi, Paquistão, 19 de julho de 2011.

13 **viu de relance:** entrevista do autor com agentes da inteligência paquistanesa.

13 **a instruiu a nunca falar sobre ele:** Tariq Iqbal Chaudhry, "Abbottabad Commission Interviews al-Kuwaiti's Wife", *The News*, 13 de novembro de 2011, www.thenews.com.pk/TodaysPrintDetail.aspx?ID=77219&Cat=2.

14 **práticas religiosas:** Bin Laden, Bin Laden, e Sasson, *Growing Up bin Laden*, p.

NOTAS 239

14 **canal de televisão Al Jazeera e a rádio BBC:** "Osama bin Laden Videos Released by Government", ABC News, 8 de maio de 2011, abcnews.go.com/Blotter/osama-bin-laden-home-videos--released-pentagon/story?id=13552384; entrevista de Hamid Mir.

14 **enrolado em um cobertor:** "Osama bin Laden Videos Released by Government".

14 **referia-se publicamente a Obama:** "Al Qaeda Leader Mocks Obama in Web Posting", CNN, 19 de novembro de 2008, articles. cnn.com/2008-11-19/us/obama.alqaeda_1_al-zawahiri-barack--obama-obama-s-muslim/2?_s=PM:US.

14 **Palestina, mas também o meio ambiente e a economia mundial:** Entrevista do autor com agentes paquistaneses.

14 **E ele lia vorazmente:** Transcrição de declaração, ABC News, 6 de setembro de 2007, abcnews.go.com/images/ Politics/transcript2. pdf. Esses livros muito provavelmente vinham de duas excelentes livrarias de língua inglesa: Saeed Book Bank e Mr. Books, na capital paquistanesa, Islamabad, a duas horas de carro de Abbottabad.

CAPÍTULO 1: O 11 DE SETEMBRO E SUAS CONSEQUÊNCIAS

16 **"Nossos rapazes ficaram chocados":** Da entrevista de John Miller com Osama bin Laden para o *Frontline* da PBS, maio de 1998, www.pbs.org/wgbh/pages/frontline/shows/binladen/who/ interview.html

16 **amavam como a um pai:** Para uma descrição das atitudes dos seguidores de Bin Laden em relação a seu líder, ver Avaliação de Detento da JTF-GTMO para Abdul Shalabi, ISN US9SA-000042DP, 14 de maio de 2008.

16 **enviar homens:** Em entrevistas à jornalista veterana da *Al-Hayat* Camille Tawil, o ex-membro da *shura* Grupo Combatente Islâmico Líbio, Noman Benotman, cita repetidamente Bin Laden e líderes da Al-Qaeda referindo-se às tropas americanas como "covardes" e observa que Bin Laden não pensava que os Estados Unidos enviariam tropas ao Afeganistão em retaliação por um ataque. Camille Tawil, "The Other Face of al-Qaeda", trad. Maryan El-Hajbi e Mustafa Abulhimal, Quilliam Foundation, novembro de 2010, p. 15.

16 **impotentes quanto a antiga União Soviética:** Ver entrevista de

Bin Laden para a Al Jazeera, 1998, disponível em www.telegraph. co.uk/news/worldnews/asia/afghanistan/1358734/Ever-since-I--can-recall-I-despised-and-felt-hatred-towards-Americans.html.

17 **alguns dos membros veteranos da Al-Qaeda:** Saif al-Adel e Abu Hafs al-Mauritani em especial mostraram reservas quanto aos ataques, preocupados que eles pudessem gerar uma resposta americana devastadora e poderiam não ser justificáveis do ponto de vista religioso. Ver "National Commission on Terrorist Attacks Upon the United States Final Report" (Washington, DC, 2004) (hereafter "9/11 Commission Report"), pp. 251–52.

17 **se proteger contra qualquer contrariedade:** *Ibid.*, p. 252.

17 **pistoleiros tunisianos-belgas da Al-Qaeda:** Gary Schroen, *First In: An Insider's Account of How the CIA Spearheaded the War on Terror in Afghanistan* (Nova York: Presidio Press, 2005), pp. 1–6.

17 **na quinta-feira, 6 de setembro:** "Osama Bin Laden Video Excerpts", BBC, 14 de dezembro de 2001, news.bbc.co.uk/2/low/south_asia/1709425.stm.

17 **recebeu as boas notícias:** Feroz Ali Abbasi, um militante britânico ugandense que vivia em um campo da Al-Qaeda, escreveu posteriormente que ele e outros ouviram sobre os assassinatos no dia 9 de setembro, enquanto escutavam rádio. Feroz Ali Abbasi, Guantánamo Bay Prison Memoirs, 2002–2004, acervo do autor.

17 **acreditava e esperava fervorosamente:** Baseado em observações e estudos do autor sobre Bin Laden.

17 **seis dias por semana:** George Tenet, *At the Center of the Storm: My Years at the CIA* (Nova York: Harper Collins, 2007), p. 207.

18 **a análise da CIA:** *Ibid.*, p. 242.

18 **havia planejado detonar:** Barbara Sude, entrevista pelo autor, Washington, DC, 16 de dezembro 2009.

18 **"preparativos para sequestros":** "Transcript: Bin Laden Determined to Strike in US", CNN, 10 de abril de 2004, articles.cnn. com/2004-04-10/politics/august6.memo_1_bin-conduct-terrorist-attacks-abu-zubaydah?_s=PM:ALLPOLITICS.

18 **mais longas férias presidenciais:** Jim Van de Hei e Peter Baker, "Vacationing Bush Poised to Set a Record", *Washington Post*, 3 de agosto de 2005, www.washingtonpost.com/wp-dyn/content/article/2005/08/02/AR2005080201703.html.

NOTAS

18 **Morell deu o boletim diário presidencial:** Entrevista do autor com agente da inteligência americana.

18 **Fleischer perguntou a Morell:** Tenet, *At the Center of the Storm*, pp. 253–54.

18 **"cheira a Osama bin Laden":** Ari Fleischer, entrevista pelo autor, Nova York, 11 de setembro de 2011.

18 **"acabar com a raça deles":** George W. Bush, *Decision Points* (Nova York: Crown Publishers, 2010), p. 128.

19 **"ver o noticiário hoje":** Atas de uma comissão militar, *United States v. Ali Hamza Ahmad Suliman al Bahlul*, 7 de maio de 2008, www.defense.gov/news/01%20al%20Bahlul-trans-Pages%20 1to%20333-Redacted.pdf; ver também Jason Burke, *The 9/11 Wars* (Londres: Penguin Books, 2011), p. 24.

19 **Bin Laden deixou de lado o foco obsessivo de Zawahiri:** Noman Benotman, entrevista pelo autor, Londres, Reino Unido, 30 de agosto de 2005.

19 **descreveu seu primeiro encontro com Bin Laden em 1997 como "lindo":** Khalid Al-Hammadi, "Bin Laden's Former 'Bodyguard' Interviewed on Al Qaeda Strategies", Al Quds Al Arabi, em árabe, 3 de agosto de 2004, e 20 de março a 4 de abril de 2005.

19 **"uma pessoa muito carismática":** Excertos das entrevistas de Shadi Abdalla (codinome Emad Abdulhadie) com autoridades alemãs que ocorreram entre abril de 2002 (quando ele foi preso) e maio de 2003. Acervo do autor.

20 **sintonizou seu rádio no canal da BBC árabe:** Peter Bergen, *The Osama bin Laden I Know: An Oral History* (Nova York: Free Press, 2006), p. 307; Burke, *The 9/11 Wars*, p. 24; ver também Yosri Fouda e Nick Fielding, *Masterminds of Terror: The Truth Behind the Most Devastating Terrorist Attack the World Has Ever Seen* (Nova York: Arcade Publishing, 2003), p. 145.

20 **"os irmãos atacaram":** Fouda e Fielding, *Masterminds of Terror*, p. 144.

20 **"Relatos dos Estados Unidos":** *Ibid.*

20 **"serem pacientes":** Isto vem de uma conversa gravada em vídeo entre Bin Laden e um apoiador saudita; ver Bergen, *The Osama bin Laden I Know*, p. 283; "Bin Laden Rejoiced on Sept. 11", ABC News, 13 de dezembro de 2001.

20 **"Calma! Calma!"... tristeza pelos irmãos:** Anthony Summers e Robbyn Swann, *The Eleventh Day: The Full Story of 9/11 and Osama bin Laden* (Nova York: Ballantine Books, 2011), p. 362.

20 **Bin Laden tinha certeza:** o líder militar da Al-Qaeda Mohammed Atef (conhecido como Abu Hafs al-Masri) disse à Al Jazeera e ao jornalista do *Al-Hayat* Ahmad Zaidan no final de 2000 que o tipo de ataque que eles esperavam após o atentado do *USS Cole* seria similar aos ataques americanos em Kosovo e na Sérvia, ataques aéreos a partir de bases na Ásia Central e talvez no Paquistão; ver Michael Scheuer, *Osama bin Laden* (Nova York: Oxford University Press, 2011), p. 229; ver também Ahmad Zaidan, *Usama Bin Ladin Without a Mask: Interviews Banned by the Taliban* (Líbano: World Book Publishing Company, 2003).

21 **Morell respondeu:** Entrevista do autor com agente veterano da inteligência americana, Washington, DC; também Tenet, *At the Center of the Storm*, p. 254.

21 **Base Aérea de Offutt:** "9/11 Commission Report", p. 325.

21 **"Soubemos que era a Al-Qaeda":** Entrevista do autor com oficial da inteligência americana, Washington, DC.

21 **"pareciam, cheiravam e tinham gosto de":** Tenet, *At the Center of the Storm*, p. 259.

22 **até sessenta:** Office of the Inspector General, "Report on CIA Accountability with Respect to the 9/11 Attacks", 21 de agosto de 2007, www.cia.gov/library/reports/Executive % 20 Summary_ OIG % 20 Report.pdf

22 **contava com somente:** Embaixador Hank Crumpton, "Remarks at CSIS Smart Power Series", Washington, DC, 14 de janeiro de 2008, csis.org/files/media/csis/press/080114_smart_crumpton.pdf

22 **no dia 17 de setembro, Bush assinou:** "John Rizzo: The Lawyer Who Approved the CIA's Most Controversial Program", *Frontline* da PBS, 6 de setembro de 2011

22 **"Em minha experiência":** *Ibid.*

22 **"Quero justiça":** "Bush: Bin Laden 'Wanted Dead or Alive,' " CNN, 17 de setembro de 2001, articles.cnn.com/2001-09-17/us/ bush.powell.terrorism_1_bin-qaeda-terrorist-att acks?_s=PM:US

22 **recebeu um mensageiro:** Jamal Ismail, entrevista pelo autor, Islamabad, Paquistão, março de 2005.

NOTAS

243

22 **década e meia... transmitido pela Al Jazeera:** Bergen, *The Osama bin Laden I Know*, pp. xxxiv e 2.

23 **"Eles têm ligações":** entrevista de Jamal Ismail.

23 **pediram repetidamente, em vão:** David B. Ottaway e Joe Stephens, "Diplomats Met with Taliban on Bin Laden", *Washington Post*, 29 de outubro de 2001, www.infowars.com/saved%20pages/Prior_Knowledge/US_met_taliban.htm.

23 **"Não vou entregar um muçulmano":** Abu Walid al-Misri, *The History of the Arab Afghans from the Time of Their Arrival in Afghanistan Until Their Departure with the Taliban*, publicado como série por *Asharq Al-Awsat*, 8–14 de dezembro de 2004.

23 **"O islamismo determina":** Vahid Mojdeh, ex-oficial do Talibã, entrevistado pelo autor, Cabul, Afeganistão, janeiro de 2005.

22 **dizendo a Yusufzai:** Rahimullah Yusufzai, entrevista pelo autor, Peshawar, Paquistão, setembro de 1998 e 29 de junho de 2003.

23 **Omar perguntou a Yusufzai:** *Ibid.*

23 **Mulá Omar acreditava ingenuamente:** Abdul Salam Zaeef, *My Life with the Taliban* (Nova York: Columbia University Press, 2010), p. 149.

24 **de todos os muçulmanos do mundo:** John F. Burns, "Afghanistan's Professional Class Flees Rule by Ultra-Strict Clerics", *New York Times*, 7 de outubro de 1996.

24 **centenas de pessoas saudando o Talibã:** Para um relato deste evento, ver Norimitsu Onishi, "A Nation Challenged: A Shrine, a Tale of the Mullah, and Muhammad's Amazing Cloak", *New York Times*, 19 de dezembro de 2001, www.nytimes.com/2001/12/19/world/a-nation-challenged-a-shrine-a-tale-of-the-mullah-and--muhammad-s-amazing-cloak.html.

24 **"um pedaço de carvão em brasa":** Pamela Constable, "Tales of the Taliban: Part Tragedy, Part Farce", *Washington Post*, 28 de fevereiro de 2004.

24 **dois Budas gigantes:** Uma descrição pode ser encontrada em Carlotta Gall, "Afghans Consider Rebuilding Bamiyan Buddhas", *International Herald Tribune*, 5 de novembro de 2006, www.nytimes.com/2006/12/05/world/asia/05iht-buddhas.3793036.html.

24 **planejavam destruir os Budas:** O Talibã também destruiu secretamente todas as estátuas do Museu de Cabul, quebrando com

244 PROCURADO

martelos cerca de 2.500 artefatos. Ver Peter Bergen, "Taliban-Destroyed Buddhas May Never Be Restored", CNN.com, 11 de maio de 2007, edition.cnn.com/2007/WORLD/asiapcf/05/10/afghan.buddhas/index.html.

25 **disse a uma delegação visitante de oficiais paquistaneses:** Pervez Musharraf, *In the Line of Fire: A Memoir* (Nova York: Free Press, 2006), p. 215.

25 **ajudando a destruir as estátuas:** Incidente descrito durante interrogatório do recruta da Al-Qaeda Nizar Trabelsi, que foi interrogado em francês em junho de 2002. O texto de seu interrogatório foi fornecido posteriormente em italiano a procuradores em Milão que investigavam um dos cúmplices de Trabelsi. Documentos obtidos e traduzidos pelo jornalista investigativo Leo Sisti do *L'Espresso*, acervo do autor. Alan Cullison, "Inside Al-Qaeda's Hard Drive", *The Atlantic*, setembro de 2004, www.theatlantic.com/magazine/archive/2004/09/inside-al-qaeda-rsquo-s-hard-drive/3428/.

25 **ordenaram que Bin Laden deixasse:** John F. Burns, "Afghan Clerics Urge Bin Laden to Leave; White House Says Unacceptable", *New York Times*, 20 de setembro de 2001, www.nytimes.com/2001/09/20/international/20CND-PAK.html?pagewanted=all.

26 **abordagem do "interrogador informado":** entrevista de Ali Soufan.

26 **Os 302s do FBI, os sumários oficiais desses interrogatórios:** Abu Jandal, FD-302, Federal Bureau of Investigation, pp. 59–63 e 74–81. Acervo do autor.

26 **"dezenas e dezenas de pessoas":** *Ibid.*

26 **identificou oito:** Ali Soufan, entrevista pelo autor, Nova York, 17 de dezembro de 2009.

27 **"quão profundamente ressentidos os árabes estavam":** Robert Grenier, entrevista pelo autor, Washington, DC, 19 de janeiro de 2010.

27 **"Os americanos estão chegando"... "Vou voltar":** *Ibid.*

27 **Grenier pensou:** *Ibid.*

28 **dividia o seu tempo entre:** Burke, *The 9/11 Wars*, p. 61.

28 **sofriam de problemas psicológicos:** Alan Cullison e Andrew Higgins, "Files Found: A Computer in Kabul Yields a Chilling Array of al-Qaeda Memos" e "Forgotten Computer Reveals Thinking

Behind Four Years of al-Qaeda Doings", *Wall Street Journal*, 31 de dezembro de 2001, ambos disponíveis via LexisNexis. Ver também Cullison, "Inside al-Qaeda's Hard Drive".

28 **em Candahar num encontro com mulá Mansour:** Avaliação de Detento da JFT-GTMO para Salim Hamed (Salim Hamdan), ISN US9YM-000149DP, 4 de setembro de 2008.

28 **logo fugiram:** Avaliação de Detento da JTF-GTMO para Bashir Lap, ISN US9MY-010022DP, 13 de outubro de 2008.

28 **aparição surpresa:** Osama bin Laden, "Statement", 7 de outubro de 2001, transmitido pela Al Jazeera.

29 **"Como muçulmano":** Citado em Summers e Swan, *The Eleventh Day*, p. 165.

29 **longa entrevista a Allouni dia 21 de outubro:** Bruce Lawrence, *Messages to the World: The Statements of Osama bin Laden* (Nova York: Verso, 2005), p. 106; Osama bin Laden in Wright, *The Looming Tower*, p. 106; transcrição da entrevista de Bin Laden em outubro de 2002 com Tayseer Al-louni da Al Jazeera, traduzido pela CNN, 5 de fevereiro de 2002, archives.cnn.com/2002/WORLD/asiapcf/south/02/05/binladen.transcript/index.html.

29 **"não notícia"... única entrevista de Bin Laden televisionada pós-11 de setembro:** "Bin Laden's Sole Post–September 11 TV Interview Aired", CNN.com, 5 de fevereiro de 2002, archives.cnn.com/2002/US/01/31/gen.binladen.interview/index.html.

29 **É provável:** No começo de outubro, o líder do Qatar, Sheikh Hamad bin Khalifa al-Thani, se encontrou com o secretário de Estado Colin Powell em Washington. De acordo com relatos na época, Powell e outros oficiais se mostraram preocupados com a cobertura da Al Jazeera, e Powell disse publicamente que a Al Jazeera era "irresponsável" por transmitir as fitas de Bin Laden. Ver "Press Institute Criticizes US Pressure on Qatari Al-Jazeera TV Station", Agence France Presse, 8 de outubro de 2001; ver também "Al-Jazeera Not to Change Coverage of Afghan Events; Rejects U.S. Criticism", *Al-Watan* (BBC Monitoring Middle East), 12 de outubro de 2001. Citado em Congressional Research Service report: "The Al-Jazeera News Network: Opportunity or Challenge for U.S. Foreign Policy in the Middle East?" 23 de julho de 2003, www.au.af.mil/au/awc/awcgate/crs/rl31889.pdf. A CNN obteve a entrevista de outra rede

de transmissão comercial no Oriente Médio, que a havia baixado quanto foi transmitida por um transponder não encriptado de Cabul para a sede da Al Jazeera em Doha, Qatar.

30 **"E a morte de civis inocentes?":** Transcrição da entrevista de Bin Laden com Allouni.

30 **consequências econômicas:** Osama bin Laden em Wright, *The Looming Tower*, p. 112.

30 **ele entendia bem:** "Osama bin Laden Video Excerpts", BBC, 14 de dezembro de 2001, news.bbc.co.uk/2/low/south_asia/1709425.stm.

30 **escolha natural:** Mir havia entrevistado Bin Laden em 1997 e 1998. "The Man Who Interviewed Osama bin Laden... 3 Times", *The Independent*, 9 de março de 2009, www.independent.co.uk/news/media/press/the-man-who-interviewed-osama-bin-laden-3-times-1639968.html

31 **vendado e envolvido:** entrevista de Hamid Mir, 11 de maio de 2002.

31 **Cabul cairia quatro dias depois:** "The Fall of Kabul", *News Hour with Jim Lehrer*, 13 de novembro de 2001, www.pbs.org/newshour/bb/asia/afghanistan/kabul_11-13.html.

31 **Mir voltou a ligar o gravador:** entrevista de Hamid Mir, 11 de maio de 2002 e março de 2005; Summers e Swann, *The Eleventh Day*, p. 166.

31 **Quando Mir lhe perguntou:** entrevista de Hamid Mir, 11 de maio de 2002; Hamid Mir, "Osama Claims He Has Nukes: If US Uses N-arms It Will Get Same Response", *Dawn*, 10 de novembro de 2001, www.dawn.com/2001/11/10/top1.htm.

31 **"Gostaria de declarar":** Mir, "Osama Claims He Has Nukes".

31 **Mir disse a Zawahiri:** entrevista de Hamid Mir, 11 de maio de 2002.

32 **dois anos antes:** Cullison, "Inside Al-Qaeda's Hard Drive".

32 **convocado a Cabul no início de novembro de 2001:** Bootie Cosgrove-Mather, "Osama's Doc Says He Was Healthy", Associated Press, 27 de novembro de 2002, www.cbsnews.com/stories/2002/11/27/attack/main531070.shtml. De forma semelhante, Ahmed Zaidan do canal de televisão Al Jazeera, que entrevistou Bin Laden por duas ou três horas oito meses antes do 11 de setembro,

NOTAS 247

diz, "Não vi nada fora do normal"; Ahmad Zaidan, entrevistado pelo autor, Islamabad, Paquistão, março de 2005. Essa também foi a impressão de Baker Atyani da Middle East Broadcasting Corporation, que se encontrara com o líder da Al-Qaeda cinco meses depois. Atyani achava que Bin Laden havia engordado e estava com "boa saúde"; Bakr Atyani, entrevista do autor por telefone, Islamabad, Paquistão, 22 de agosto de 2005. Abu Jandal, o chefe dos guarda-costas do líder da Al-Qaeda até 2000, lembrou que seu chefe tinha um problema com sua laringe por ter aspirado napalm durante a jihad antissoviética, e por isso ele precisava "beber muita água" quando falava por muito tempo seguido; ver Al-Hammadi, "Bin Laden's Former 'Bodyguard.' " Abdel Bari Atwan, que passou dois dias com Bin Laden in Tora Bora em 1996, lembra, "Sua saúde estava perfeita. Ele nunca reclamava da altitude das montanhas, e estava um gelo. Ele ficava com a boca seca a maior parte do tempo. Notei que ele bebe muita água e chá"; Abdel Bari Atwan, entrevista pelo autor, Londres, junho de 2005. Bin Laden de fato tinha vários problemas de saúde, inclusive pressão baixa e um ferimento no pé que ele sofreu enquanto combatia os soviéticos no Afeganistão no final dos anos 1980, mas embora todas essas condições às vezes fossem debilitantes, nenhuma delas punha sua vida em risco; ver Bergen, *The Osama bin Laden I Know*, p. 320.

32 **"estava com uma saúde excelente":** "Doctor Says Bin Laden Was Healthy", Associated Press, 28 de novembro de 2002, articles. latimes.com/2002/nov/28/world/fg-doctor28.

32 **começaram a chegar:** Gary Schroen, que liderou a equipe da CIA que entrou no Afeganistão após o 11 de setembro, escreve que ele recebeu um comunicado no dia 17 de outubro que uma equipe das Forças Especiais havia chegado ao norte do país. Schroen, *First In*, p. 194.

32 *jihad* **contra os soviéticos:** A avaliação de detento para Ali Hamza Ismail (também conhecido como Ali al-Bahlul), o guru da mídia de Bin Laden, observa que a última vez que Ismail viu Bin Laden foi um mês antes do Ramadã (que começou no dia 17 de novembro de 2001), na companhia de Jalaluddin Haqqani, na casa de Haqqani. Ver Avaliação de Detento da JTF-GTMO para Ali Hamza Ismail, ISN US9YM-000039DP, 15 de novembro de 2007.

32 **Haqqani tinha certeza:** Aslam Khan, "Interview of Jalaluddin Haqqani", *The News*, 20 de outubro de 2001 (local da entrevista desconhecido).

32 **convidou Bin Laden a se mudar para seu território:** Avaliação de Detento da JTF-GTMO para Awal Gul, ISN US9AF--000782DP, 15 de fevereiro de 2008.

32 **compareceu a uma cerimônia:** Burke, *The 9/11 Wars*, p. 61.

33 **encontrou-se com anciões tribais:** Avaliação de detento de JTF-GTMO para Awal Gul.

33 **estrada íngreme, estreita e sinuosa para Jalalabad:** Gary Berntsen, entrevista pelo autor, Washington, DC, 27 de outubro de 2009.

33 **Alguns dias depois:** Atef foi morto em algum momento entre 14 e 16 de novembro de 2001. Sua morte, embora tenha sido inicialmente relatada como consequência de um ataque aéreo americano, foi posteriormente confirmada como resultante de um ataque de avião não tripulado. Ver Steven Morris e Ewen MacAskill, "Collapse of the Taliban: Bin Laden's Deputy Reported Killed: Mullah Omar About to Quit Strong-hold of Kandahar", *Guardian*, 17 de novembro de 2001. Também GlobalSecurity.org, www.globalsecurity.org/security/profiles/mohammed_atef.htm.

33 **colaborador mais próximo:** Feroz Ali Abbasi, Guantánamo Bay Prison Memoirs, 2002–2004, acervo do autor.

33 **trabalhando incessantemente:** Entrevista do autor com oficiais da inteligência americana, Washington, DC, 6 de junho de 2003.

33 **"nos chocou profundamente":** Mohammad al-Tariri, "Former Member of Al-Qaeda Tells *Al-Hayat* About Living Through the Events of 9/11 at the Side of Al-Qaeda Leader Osama Bin Laden", *Al-Hayat*, 20 de setembro de 2006 (traduzido do árabe).

33 **providenciou tudo:** Avaliação de detento da JTF-GTMO para Salim Hamed.

CAPÍTULO 2: TORA BORA

34 **discursos de motivacionais:** entrevista de Gary Berntsen.

34 **e um bando de guarda-costas:** "Moroccan Security Source

NOTAS

Views Danger of Moroccans Released from Guantánamo", *Asharq Al-Awsat*, 20 de agosto de 2004. A avaliação de detento para Mohammed al-Qahtani na Baía de Guantánamo diz que Qahtani viu Bin Laden em Tora Bora quatro ou cinco dias antes que o Ramadã começasse em 17 de novembro. Ver também Avaliação de detento da JTF-GTMO para Mohammed al-Qahtani, ISN US9SA-000063DP, 30 de outubro de 2008.

34 **diversas ofensivas pelos russos:** Mohammad Asif Qazizanda, um comandante mujahidin residente em Tora Bora, entrevistado pelo autor, Jalalabad, Afeganistão, 4 de julho de 2004.

35 **mais de seis meses para construir:** Hutaifa Azzam, entrevista pelo autor, Amã, Jordânia, 13 de setembro de 2005.

35 **"realmente me sinto seguro":** Abdel Bari Atwan, entrevista pelo autor, Londres, junho de 2005.

35 **levava seus filhos mais velhos:** Bin Laden, Bin Laden e Sasson, *Growing Up Bin Laden*, p. 73.

35 **dieta básica:** *Ibid.*, p. 186; também pp. 160–61.

35 **Até convidados de honra:** entrevista de Abdel Bari Atwan.

35 **Durante a intervenção de 1987 em Jaji:** Para uma descrição da Batalha de Jaji e do impacto que ela teve sobre Bin Laden e seu séquito, ver Bergen, *The Osama bin Laden I Know*, pp. 50–60.

36 **Bin Laden havia despachado:** *U.S. v. Khalid Sheikh Mohammed et al.*, Indictment in U.S. District Court for the Southern District of New York (S14) 93 Cr. 180 (KTD), 14 de dezembro de 2009.

36 **cavar trincheiras e túneis:** O detento Yasin Muhammad Salih Mazeeb Basardah contou a seus interrogadores que o saudita Sultan al-Uwaydha supostamente foi para Tora Bora três semanas antes de Bin Laden chegar, para fazer preparativos; ver Avaliação de detento da JTF-GTMO para Sultan al-Uwaydha, ISN US9SA-000059DP, 1o de agosto de 2007. Outro preso, (e tio de Uwaydha), Abdul Rahman Shalabi, também supostamente esteve em Tora Bora preparando a chegada de Bin Laden, cavando túneis, instalando sistemas de segurança , e levando estoque de alimentos. Ver Avaliação de detento da JTF-GTMO para Abdul Shalabi, ISN US9SA-000042DP, 14 de maio de 2008.

36 **série de informações:** entrevista de Gary Berntsen.

36 **dicas de fontes locais:** Gary Berntsen, e-mail para o autor, 24 de novembro de 2009.

36 **inserida num mapa eletrônico que transferia dados:** Henry A. Crumpton, "Intelligence and War in Afghanistan, 2001–2002", in *Transforming U.S. Intelligence*, eds. Jessica E. Sims e Burton Gerber (Washington, DC: Georgetown University Press, 2005), p. 172; Henry A. Crumpton, entrevista pelo autor, Washington, DC, novembro de 2009.

36 **A CIA agora previa:** United States Special Operations Command, "History of United States Special Operations Command", 6a ed., 2008, p. 97, www.socom.mil/SOCOMHome/Documents/history6thedition.pdf.

36 **"grave erro e um tabu":** Avaliação de detento da JTF-GTMO para Muhammad al-Qahtani, ISN US9SA-000063DP (S), 30 de outubro de 2008.

36 **Bin Laden tinha certeza:** Faiza Saleh Ambah, "Out of Guantánamo and Bitter Toward Bin Laden", *Washington Post*, 24 de março de 2008, www.washingtonpost.com/wp-dyn/content/article/2008/03/23/AR2008032301594.html.

36 **tentar repetir o êxito dos mujahidins:** Peter Bergen, "The Battle for Tora Bora", *New Republic*, 22 de dezembro de 2009, www.tnr.com/article/the-battle-tora-bora. A batalha é reconstruída aqui com base em entrevistas com dois generais americanos que dirigiram a guerra no Afeganistão, o comandante em solo americano em Tora Bora, três comandantes de solo afegãos, e três agentes da CIA envolvidos a fundo na batalha; relatos de testemunhas oculares que foram publicados posteriormente em websites jihadistas; recordações de mais de uma dúzia de sobreviventes capturados que posteriormente foram questionados por interrogadores ou repórteres; conversas com um agente da CIA que interrogou membros da Al-Qaeda que sobreviveram a Tora Bora; uma história oficial da Guerra do Afeganistão pelo Comando de Operações das Forças Especiais dos EUA; uma investigação da Batalha de Tora Bora pelo Comitê de Relações Exteriores do Senado; e visitas aos próprios locais da batalha.

37 **oitenta quilômetros quadrados:** A história da batalha do Comando de Operações Especiais diz que a área da batalha foi de dez quilômetros por dez quilômetros, United States Special Operations

Command History, p. 95.

37 **pequenos combates:** Ver Burke, *The 9/11 Wars*, p. 64.

37 **intensos bombardeios dos Estados Unidos:** Tenet, *At the Center of the Storm*, p. 226.

37 **nevava constantemente:** Observações sobre o tempo de um registro pessoal mantido por um operador Delta de solo em Tora Bora, em e-mail ao autor, 6 de agosto de 2009.

37 **parecia preocupado principalmente:** Andrew Selsky, "Yemeni Says Bin Laden Was at Tora Bora", Associated Press, 7 de setembro de 2007, www.usatoday.com/news/topstories/2007-09-07-3032626105_x.htm.

37 **viajou até Tora Bora:** Avaliação de detento da JTF-GTMO para Riyad Atiq Ali Abdu al-Haj, ISN US9YM-000256DP, 23 de março de 2008.

37 **pediu 7 mil dólares emprestados:** Avaliação de detento da JTF-GTMO para Harun al-Afghani, ISN US9AF-003148DP, 2 de agosto de 2007.

37 **crescente certeza:** Paul Wolfowitz, Informe do Departamento de Defesa, 10 de dezembro de 2001.

37 **"Estávamos na cola":** Michael DeLong e Noah Lukeman, *A General Speaks Out: The Truth About the Wars in Afghanistan and Iraq* (Osceola: Zenith Press, 2004) p. 57.

37 **"estava equipado para se esconder ali":** "Transcript of Cheney interview", ABC News, 29 de novembro de 2001, abcnews.go.com/Primetime/story?id=132168&page=1.

38 **cerca de setenta:** Dalton Fury, *Kill Bin Laden: A Delta Force Commander's Account of the Hunt for the World's Most Wanted Man* (Nova York: St. Martin's Press, 2008), p. xx; e e-mail de Fury para o autor, 8 de dezembro de 2009.

38 **A direção que os seguidores de Bin Laden:** Dalton Fury, e-mail para o autor, 15 de janeiro de 2011.

38 **esse pedido foi negado:** Fury, *Kill Bin Laden*, p. 76.

38 **bombardeios de morteiros relativamente eficientes:** Entrevista do autor com participante da Batalha de Tora Bora, Washington, DC, 2009.

38 **militantes árabes e paquistaneses:** Mohammed Zahir, entrevis-

ta pelo autor, Jalalabad, Afghanistan, verão de 2003.

38 **"Eles nos enfrentaram com vigor":** Muhammad Musa, entrevista pelo autor, Jalalabad, Afeganistão, junho de 2003.

38 **extasiados pelo fato:** Robert Lacey, *Inside the Kingdom: Kings, Clerics, Modernists, Terrorists, and the Struggle for Saudi Arabia* (Nova York: Viking Press, 2009), p. 322. Lacey explica como os sauditas prezam a história da Batalha de Badr.

38 **teve início um pesado bombardeio, que continuou ininterruptamente:** Osama bin Laden, "Message to Our Brothers in Iraq", Al Jazeera, 11 de fevereiro de 2003 (traduzido pela ABC News).

38 **320 toneladas de bombas americanas:** Tenet, *At the Center of the Storm*, p. 226.

39 **redigindo dezenove certidões de óbito:** Ayman al-Zawahiri, "Days with the Imam #1", obtido através de Jihadology.net; "Osama Bin Laden Was Tender and Kind, Zawahiri Says", BBC, 15 de novembro de 2011, www.bbc.co.uk/news/mobile/world-us-canada-15750813.

39 **observar a quebra do jejum do Ramadã:** United States Special Operations Command History, p. 97; ver também Fury, *Kill Bin Laden*, p. 239.

39 **Na noite de 3 de dezembro... oitocentos:** Gary Berntsen e Ralph Pezzullo, Jawbreaker: *The Attack on Bin Laden and al-Qaeda: A Personal Account by the CIA's Key Field Commander* (Nova York: Crown, 2005), p. 299; entrevista de Henry A. Crumpton.

39 **chefe de Berntsen:** entrevista de Henry A. Crumpton .

39 **tinha "100%" de certeza:** *Ibid.*; também General Tommy Franks, e-mail para o autor, 24 de novembro de 2009.

39 **Rumsfeld não perguntou a Franks:** Donald Rumsfeld, *Known and Unknown: A Memoir* (Nova York: Penguin Group, 2011), pp. 402–3.

39 **Franks também acreditava:** "Campaign Against Terror", *Frontline* da PBS, 12 de junho de 2002, www.pbs.org/wgbh/pages/frontline/shows/campaign/interviews/franks.html.

49 **Crumpton alertara a Casa Branca:** entrevista de Henry A. Crumpton.

39 **Bush até perguntou diretamente a Crumpton:** Tenet, *At the Center of the Storm*, p. 227.

NOTAS 253

40 **sugeriu lançar de cima minas antipessoais GATOR:** Fury, *Kill Bin Laden*, p. 78.

40 **apontavam feixes de laser:** *Ibid.*, p. 76.

40 **as informações mais recentes:** United States Special Operations Command History, p. 98.

40 **"acordou com o som":** A declaração foi postada no Al Neda, o website da Al-Qaeda na época, no dia 11de setembro de 2002.

40 **interceptou uma comunicacão de Tora Bora:** Fury, *Kill Bin Laden*, p. 173.

40 **soldados afegãos disseram:** United States Special Operations Command History, p. 99.

40 **Wolfowitz... contou a repórteres:**Wolfowitz, Informe do Departamento de Defesa, 10 de dezembro de 2001.

40 **Ele disse a seus homens que os estava deixando:** Ver Avaliação de detento da JTF-GTMO para Faruq Ahmed, ISN US9YM--000032DP, 18 de fevereiro de 2008.

40 **sugeriram um cessar-fogo:** Comitê para Relações Exteriores, Senado dos EUA,"Tora Bora Revisited: How We Failed to Get Bin Laden and Why It Matters Today", 30 de novembro de 2009, p. 11.

40 **Bin Laden se dirigindo a seus seguidores:** Dalton Fury, e-mail para o autor, 8 de dezembro de 2009.

41 **mantinha um registro cuidadoso:** Dalton Fury, entrevistado por telefone pelo autor, 23 de novembro de 2009.

41 **fossem ser tratados como inimigos:** DeLong e Lukeman, *A General Speaks Out*, p. 56.

41 **argumentou:** Milton Bearden, "Afghanistan: Graveyard of Empires", *Foreign Affairs* (novembro/dezembro 2001), www.foreignaffairs.com/articles/57411/milton-bearden/afghanistan-graveyard--of-empires.

42 **Àquela altura:** Até aquele momento, três soldados haviam sido mortos, ao passo que no dia 19 de novembro de 2001, quatro jornalistas foram mortos. Sobre baixas americanas, ver www.icasualties.org/OEF/Fatalities.aspx; sobre mortes de jornalistas, ver Claire Cozens, "Swedish TV Cameraman Killed in Afghanistan", *Guardian*, 27 de novembro de 2001, www.guardian.co.uk/media/2001/nov/27/terrorismandthemedia.afghanistan.

42 **nenhum americano morreu em combate:** Patrick T. Rear-

254 **PROCURADO**

don, "As Bodies Pile Up, Support Can Slip", *Chicago Tribune*, 30 de março de 2003, www.globalsecurity.org/org/news/2003/030330--public-opinion01.htm.

42 **"procuremos opções no Iraque":** Tommy Franks, *American Soldier* (Nova York: Harper Collins, 2004), p. 315.

42 **"De que porra eles estão falando?":** Bob Woodward, *Plan of Attack* (Nova York: Simon and Schuster, 2004), p. 8.

42 **um documento de oitocentas páginas:** *Ibid.*

42 **Franks voltou a informar:** Franks, *American Soldier*, pp. 329–42.

42 **explicou por que ele não enviou mais soldados americanos:** Tommy Franks, e-mail para o autor, 24 de novembro de 2009.

43 **"Não havia dúvidas":** Dell Dailey, entrevista pelo autor, Washington, DC, outubro de 2011.

43 **"De jeito nenhum":** *Ibid.*

43 **viajaram até a Base Aérea de Bagram:** *Ibid.*

43 **Susan Glasser... lembra:** Susan Glasser, e-mail para o autor, 9 de dezembro de 2008.

43 **cerca de dois mil soldados americanos:** Drew Brown, "U.S. Lost Its Best Chance to Decimate al-Qaida in Tora Bora", Knight--Ridder Washington Bureau, 14 de outubro de 2002; U.S. Special Operations Command History, p. 98, que descreve a presença de uma companhia reforçada da Décima Divisão de Montanha em Bagram e Mazar-e-Sharif. O relatório do Comitê para Relações Exteriores do Senado, na página 17, explica que foram as 15ª e 26ª Unidades Expedicionárias da Marinha; foreign.senate.gov/imo/media/doc/Tora_Bora_Report.pdf.

43 **menos de uma semana:** Peter Krause, "The Last Good Chance: A Reassessment of U.S. Operations at Tora Bora", *Security Studies* 17, no. 4 (Outubro de 2008): 657; entrevista de Stanley McChrystal.

43 **difícil do ponto de vista logístico:** Donald P. Wright, James R. Bird, Steven E. Clay, Peter W. Connors, Lieutenant Colonel Scott C. Farquhar, Lynn Chandler Garcia e Dennis Van Wey, *A Different Kind of War: The United States Army in Operation Enduring Freedom (OEF), October 2001–September 2005* (Fort Leavenworth, KS: Combat Studies Institute Press, 2005), p. 128.

44 **o presidente Bush nunca recebeu o pedido:** Condoleezza Rice, *No Higher Honor: A Memoir of My Time in Washington* (Nova

York: Crown Publishers, 2011), p. 119. Na extensa autobiografia do ex-vice-presidente Dick Cheney, *In My Time: A Personal and Political Memoir* (Nova York: Simon and Schuster, 2011), there is no discussion at all of Tora Bora.

44 **Bush confirma:** Bush, *Decision Points*, p. 202.

44 **apenas trezentos:** Henry A. Crumpton, discurso na CSIS Smart Power Series, Washington, DC, 14 de janeiro de 2008, csis.org/files/media/csis/press/080114_smart_crumpton.pdf.

44 **um grupo de mais de vinte:** Esse grupo de guarda-costas ficou conhecido como os "dirty thirty". Ver, por exemplo, Avaliação de detento da JTF-GTMO para Muazhamza al-Alawi, ISN US9YM--000028DP, 14 de março de 2008.

44 **um dos filhos de Bin Laden:** "Moroccan Security Source Views Danger of Moroccans Released from Guantánamo", *Asharq Al--Awsat*, 20 de agosto de 2004.

44 **Bin Laden foi se despedir:** "Al-Qaida Head Recalls 'Human Side' of Bin Laden", Associated Press, 15 de novembro de 2011, www.cbsnews.com/8301-501713_162-57325424/al-qaida-head--recalls-human-side-of-bin-laden/.

44 **Acompanhado de alguns de seus guardas:** "Moroccan Security Source Views Danger of Moroccans Released from Guantánamo".

44 **um testamento final:** Osama bin Laden, "The Will of One Seeking the Support of Allah Almighty, Usama Bin Laden", *Al-Majallah* (revista saudita), 14 de dezembro de 2001, www.fas.org/irp/world/para/ubl-fbis.pdf, p. 222.

44 **foi para a casa de um aliado:** Avaliação de detento da JTF--GTMO para Awal Gul, ISN US9AF-000782DP, 15 de fevereiro 2008.

44 **foi de cavalo:** *Ibid.*

45 **Bin Laden soltou um vídeo:** fita de vídeo de Osama bin Laden, Al Jazeera, 27 de dezembro de 2001.

45 **lamentando o destino:** Muhammad al-Shafey, "A Site Close to al-Qaeda Posts a Poem by bin Laden in Which He Responds to His Son Hamzah", *Asharq Al-Awsat*, 16 de junho de 2002.

45 **Bush ficou furioso:** Entrevista do autor com oficial da inteligência americana.

45 **"absurda":** "Candidates Bid for Voter Turnout", CNN.com, 26 de

outubro de 2004, articles.cnn.com/2004-10-25/politics/election. main_1_tora-bora-bin-afghan-forces?_s=PM:ALLPOLITICS.

45 **"lixo absoluto":** "Richard B. Cheney Delivers Remarks at a Town Hall Meeting", *CQ Transcriptions*, 19 de outubro de 2004.

CAPÍTULO 3: AL-QAEDA NO OSTRACISMO

46 **Os estatutos do grupo:** Traduzido pelo Combating Terrorism Center de West Point, 18 de abril de 2002, AFGP-2002-600849, www.ctc.usma.edu/wp-content/uploads/2010/08/AFGP-2002-600849-Trans.pdf.

46 **"Fiquei muito chateado":** Sebastian Rotella, "Al Qaeda Crosses the Ts in Terrorist", *Los Angeles Times*, 16 de abril de 2008, articles. latimes.com/2008/apr/16/world/fg-qaedaculture16.

47 **esbanjaram num aparelho de fax:** Cullison, "Inside Al-Qaeda's Hard Drive".

47 **uma carta para Khalid Sheikh Mohammed:** Carta de Abd al-Halim Adl para "Mukhtar", tradução do Combating Terrorism Center de West Point, Harmony Program, www.ctc.usma.edu/wp--content/uploads/2010/08/Al-Adl-Letter_Translation.pdf.

47 **Abu Musab al-Suri:** o nome verdadeiro de Abu Musab al-Suri é Mustafa Setmariam Nasar.

48 **"Estamos atravessando":** Jim Lacey, *A Terrorist's Call to Global Jihad: Deciphering Abu Musab Al-Suri's Islamic Jihad Manifesto* (Annapolis, MD: Naval Institute Press, 2008), pp. 29 e 40.

48 **Suri escreveu que:** *Ibid.*, p. 100.

48 **"Os Estados Unidos destruíram":** Abu Musab al-Suri, "The Call to Global Islamic Resistance", publicado em sites jihadistas, 2004.

48 **"Mirar nos Estados Unidos":** "Document Contains Al-Qaeda Review of the 9/11 Attacks on the United States One Year Later", sem data (por volta de setembro de 2002), AQ-SHPD-D-001-285, The Conflict Records Research Center, National Defense University, www.ndu.edu/inss/docUploaded/AQ-SHPD-D-001-285.pdf.

48 **"A gigante máquina midiática americana":** *Ibid.*

49 **"Nosso objetivo final":** Fu'ad Husayn, "Al-Zarqawi: The Second al-Qa'ida Generation", Al-Quds Al-Arabi, 21–22 de maio de 2005. Husayn é um jornalista jordaniano que recebeu informações

de três pessoas próximas de Al-Zarqawi, inclusive Saif al-Adel.

49 **Greystone:** "Dana Priest: Top Secret America 'Is Here to Stay,' " *Frontline* da PBS , 6 de setembro de 2011, www.pbs.org/wgbh/pages/frontline/iraq-war-on-terror/topsecretamerica/dana-priest--top-secret-america-is-here-to-stay/.

49 **dezenas dos quais:** Peter Bergen e Katherine Tiedemann, "Disappearing Act: Rendition by the Numbers", *Mother Jones*, 3 de março de 2008, motherjones.com/politics/2008/03/disappearing--act-rendition-numbers.

49 **"O consenso dos especialistas":** "John Rizzo: The Lawyer Who Approved CIA's Most Controversial Programs", *Frontline* da PBS, 6 de setembro de 2011, www.pbs.org/wgbh/pages/frontline/iraq--war-on-terror/top secretamerica/john-rizzo-the-lawyer-who--approved-cias-most- controversial-programs/.

50 **quando a CIA descobriu:** Douglas A. Frantz, "Nuclear Secrets: Pakistan Frees 2 Scientists Linked to Bin Laden Network", *New York Times*, 17 de dezembro de 2001, www.nytimes.com/2001/12/17/world/nation-challenged-nuclear-secrets-pakistan-frees-2-scientists-linked-bin-laden.html.

50 **seis semanas após o 11 de setembro:** Richard Myers, *Eyes on the Horizon: Serving on the Front Lines of National Security* (Nova York: Threshold Editions, 2009), p. 193.

50 **mantinha em sua gaveta:** Dave Montgomery, "For Bush, Getting Bin Laden Was 'Unfinished Business,' " *McClatchy Newspapers*, 2 de maio de 2011, www.mcclatchydc.com/2011/05/02/113562/for-bush-getting-bin-laden-was.html.

50 **como uma pirâmide:** entrevista de Ari Fleischer.

50 **ligação de um número estranho em seu celular:** Ahmed Zaidan, entrevista do autor, Islamabad, Paquistão, 15 de julho de 2011.

51 **Na fita:** "Bin Laden's Message", Al Jazeera, 12 de novembro de 2002, traduzido por BBC Monitoring, news.bbc.co.uk/2/hi/middle_east/2455845.stm.

51 **montanhas de Chitral:** Entrevista do autor com oficial da inteligência militar americana, 2006.

51 **vivendo em Karachi:** Avaliação de detento da JTF-GTMO para Abdul Rabbani Abu Rahman, ISN US9PK-001460DP, 9 de junho de 2008.

51 **Adel autorizou:** Entrevistas do autor com oficiais sauditas veteranos da área antiterrorista, 2009.

51 **explicou com detalhes:** Essa entrevista formou a base para Yosri Fouda e Nick Fielding, *Masterminds of Terror: The Truth Behind the Most Devastating Terrorist Attack the World Has Ever Seen* (Nova York: Arcade Publishing, 2003).

51 **vinte pacotes de passaportes:** Ver avaliação de detento da JTF--GTMO para Abdul Rabbani Abu Rahman.

52 **lidava rotineiramente:** Ver Avaliação de detento da JTF-GTMO para Ammar al-Baluchi, ISN USSPK 010018D, 8 de dezembro de 2006.

52 **KSM planejou uma segunda leva**: Avaliação de detento da JTF-GTMO para Khalid Shaykh Muhammad, ISN US9KU--010024DP, 8 de dezembro de 2006.

53 **"Estou com KSM":** Scott Shane, "Inside a 9/11 Mastermind's Interrogation", *New York Times*, 22 de junho de 2008, www.nytimes.com/2008/06/22/washington/22ksm.html.

53 **dirigida a familiares no Irã:** Asad Munir, entrevista pelo autor, Islamabad, Paquistão, 19 de julho de 2011.

53 **disco rígido de 20 gigabytes:** Avaliação de detento da JTF-GTMO para Ibrahim Sulayman Muhammad Arbaysh, ISN US9SA--000192D, 30 de novembro de 2005.

53 **fotos de passaporte dos agentes:** Departamento de Defesa dos EUA, Verbatim Transcript of Combatant Status Review Trial, Khalid Sheikh Mohammed, 10 de março de 2007, www.defenselink.mil/news/transcript_ISN10024.pdf.

53 **fez um apelo por ataques contra países ocidentais:** "Robertson: Purported Bin Laden Tapes a 'Two Pronged Attack,' " CNN.com, 20 de outubro de 2003, www.cnn.com/2003/WORLD/meast/10/18/otsc.robertson/.

53 **consulado britânico na Turquia:** "Istanbul Rocked by Double Bombing", BBC News, 20 de novembro de 2003, news.bbc.co.uk/2/hi/europe/3222608.stm.

53 **metrô de Madri:** "Madrid Train Attacks", BBC News, news.bbc.co.uk/2/shared/spl/hi/guides/457000/457031/html/.

53 **"Se isso fosse verdade":** Gilles Kepel, Jean-Pierre Milelli e Pas-

cale Ghazaleh, trad., *Al Qaeda in Its Own Words* (Boston: President and Fellows of Harvard College, 2008), pp. 71 e 75.

53 **fez um apelo por ataques a empresas petroleiras sauditas:** Craig Whitlock e Susan Glasser, "On Tape, Bin Laden Tries New Approach", *Washington Post*, 17 de dezembro de 2004, www.washingtonpost.com/wp-dyn/articles/A3927-2004Dec16.html.

53 **surto de ataques:** Joel Roberts, "Al Qaeda Threatens More Oil Attacks", CBS News, 25 de fevereiro de 2006, www.cbsnews.com/stories/2006/02/27/world/main1346541_page2.shtml.

54 **poucos membros da Al-Qaeda se livraram:** Entrevista com General Michael Hayden por Tresha Mabile para *National Geographic's Last Days of Osama bin Laden*, 6 de setembro de 2011.

54 **tecnologias de geolocalização recém-criadas:** Robert Dannenberg, entrevistado pelo autor, Nova York, 17 de dezembro de 2009.

54 **chips de celulares suíços:** Don Van Natta Jr. e Desmond Butler, "How Tiny Swiss Cellphone Chips Helped Track Global Terror Web", *New York Times*, 4 de março de 2004, www.nytimes.com/2004/03/04/world/how-tiny-swiss-cellphone-chips-helped-track-global-terror-web.html?pagewanted=all&src=pm.

54 **uma empresa do Vale do Silício:** Ashlee Vance e Brad Stone, "Palantir, the War on Terror's Secret Weapon", *Bloomberg Business Week*, 22 de novembro de 2011, www.businessweek.com/magazine/palantir-the-vanguard-of-cyberterror-security-11222011.html.

54 **"*targeter*":** Joby Warrick, *The Triple Agent: The al-Qaeda Mole Who Infiltrated the CIA* (Nova York: Doubleday, 2011), pp. 106 e 68.

54 **"resíduo digital":** Phil Mudd, entrevista pelo autor, Washington, DC, 2 de junho de 2011.

54 **aumentou de 340 para 1.500:** Ronald Kessler, *The CIA at War: Inside the Secret Campaign Against Terror* (Nova York: St. Martin's Press, 2003), p. 263.

54 **duas sérias tentativas de assassinato:** Salman Masood, "Pakistani Leader Escapes Attempt at Assassination", *New York Times*, 26 de dezembro de 2003, www.nytimes.com/2003/12/26/world/pakistani-leader-escapes-attempt-at-assassination.html.

54 **"tinham muita confiança":** entrevista de Asad Munir.

55 **entregou 369 militantes suspeitos:** Pervez Musharraf, *In the*

Line of Fire: A Memoir (Nova York: Free Press, 2008), p. 237.

CAPÍTULO 4 : O RESSURGIMENTO DA AL-QAEDA

56 **Omar Khyam:** Para mais sobre a radicalização de Khyam no Reino Unido e sobre o plano de atentado de 2004, ver Elaine Sciolino e Stephen Grey, "British Terror Trial Centers on Alleged Homegrown Plot", *International Herald Tribune*, 26 de novembro de 2006, www.nytimes.com/2006/11/26/world/europe/26iht--web.1026crevice.3665748.html?pagewanted=1.

56 **"tinha gente o bastante":** Mitchell Silber, *The Al Qaeda Factor: Plots Against the West* (Philadelphia: University of Pennsylvania Press, 2012), p. 96.

57 **material inócuo:** Para uma descrição das prisões da "Operação Crevice", como o esquema foi apelidado pelas autoridades britânicas, ver *ibid.*, pp. 83–107.

57 **desfrutava de sua lua-de-mel:** Jane Perlez, "U.S. Seeks Closing of Visa Loophole for Britons", *New York Times*, 2 de maio de 2007, www.nytimes.com/2007/05/02/world/europe/02britain.html?pagewanted=all.

57 **temporada de três meses no Paquistão:** "Report into the London Terrorist Attacks on July 7, 2005", Comitê de Inteligência e Segurança, maio de 2006, www.cabinetoffice.gov.uk/sites/default/files/resources/isc_7july_report.pdf, pp. 12 e 15.

57 **confiou-lhe a tarefa de efetuar um ataque:** Mitchell D. Silber e Arvin Bhatt, "Radicalization in the West: The Homegrown Threat", Departamento de Polícia de Nova York, 2007, www.nypdshield.org/public/.../NYPD_Report-Radicalization_in_the_West.pdf, pp. 48–49.

57 **"os heróis de hoje":** "London Bomber: Text in Full", BBC, 1 de setembro 2005, news.bbc.co.uk/2/hi/uk_news/4206800.stm.

57 **o próprio Zawahiri fez uma aparição:** "U.S., UK Investigate 'Bomber Tape,' " CNN.com, 2 de setembro de 2005, articles.cnn.com/2005-09-02/world/london.claim_1_al-jazeera-london-attacks-qaeda?_s=PM:WORLD.

58 **O ataque matou somente moradores da aldeia:** Carlotta Gall et al., "Airstrike by US Draws Protests from Pakistanis", *New York*

Times, 15 de janeiro de 2006, www.nytimes.com/2006/01/15/international/asia/15pakistan.html? pagewanted=all.

58 **comentários depreciativos:** Hassan Fattah, "Qaeda Deputy Taunts Bush for 'Failure' in Airstrike", *New York Times*, 31 de janeiro de 2006.

58 **"xeque Osama os alertou":** "Suicide Videos: What They Said", BBC, 4 de abril de 2008, news.bbc.co.uk/2/hi/uk_news/7330367.stm.

58 **"teria competido com o 11 de setembro":** Richard Greenberg, Paul Cruickshank e Chris Hansen, "Inside the Terror Plot That 'Rivaled 9/11,' " *Dateline NBC*, 14 de setembro de 2009, www.msnbc.msn.com/id/26726987#.Tw9Q2V1AIj8.

58 **convocou atentados:** "Bin Laden Tape Encourages Pakistanis to Rebel", Associated Press, 20 de setembro de 2007, www.usatoday.com/news/world/2007-09-20-al-qaeda-video_N.htm.

58 **mais de cinquenta ataques suicidas:** "Bomb Hits Pakistan Danish Embassy", BBC, 2 de junho de 2008, news.bbc.co.uk/2/hi/south_asia/7430721.stm.

58 **o governo saudita mapeou:** Conversas do autor com oficiais sauditas, Riad, Arábia Saudita, 2009.

59 **informativo secreto em PowerPoint:** Evan Thomas, "Into Thin Air", *Newsweek*, 3 de setembro de 2007, www.thedailybeast.com/newsweek/2007/09/02/into-thin-air.html.

59 **"São só esses?":** *Ibid*.

59 **"excelente ideia":** "CIA Chief Has 'Excellent Idea' Where Bin Laden Is", CNN.com, 22 de junho de 2005, articles.cnn.com/2005-06-20/us/goss.bin.laden_1_bin-ayman-sense-of-international-obligation?_s=PM:US.

59 **"Grande parte dos recursos":** Art Keller, entrevista pelo autor, Albuquerque, Novo México, 13 de fevereiro de 2007.

59 **"grande incremento":** Robert Grenier, entrevista pelo autor, Washington, DC, 18 de fevereiro de 2009.

59 **"eles só pensavam em Iraque, o tempo todo":** David Kilcullen, entrevista pelo autor, Nova York, 20 de novembro de 2009.

59 **"Eu mesmo não podia sair":** Craig Whitlock, "In Hunt for bin Laden, a New Approach", *Washington Post*, 10 de setembro de 2008, www.washingtonpost.com/wp-dyn/content/article/2008/09/09/AR2008090903404_3.html?nav=emailpage&sid

=ST2008090903480.

60 **"Tivemos aproveitamento zero em 2007":** Warrick, *The Triple Agent*, p. 13.

60 **pequeno, "compartimentado":** Michael Leiter, entrevista pelo autor, Washington, DC, 29 de agosto de 2011.

60 **parou de procurar o "consentimento" de autoridades paquistanesas:** Entrevista do autor com oficial da administração Bush, Washington, DC, 2009.

60 **de várias horas para 45 minutos:** *Ibid.*

60 **mísseis Hellfire ou bombas JDAM :** "Reaper: A New Way to Wage War", *Time*, 1 de junho de 2009, www.time.com/time/magazine/pdf/20090601drone.pdf.

60 **matou Abu Khabab al-Masri:** "Al-Qaeda Chemical Expert 'Killed,' "BBC, 28 de julho de 2008, news.bbc.co.uk/2/hi/south_asia/7529419.stm.

61 **um aumento de cinco vezes:** Ver Katherine Tiedemann e Peter Bergen, "The Year of the Drone", *New America Foundation*, 24 de fevereiro de 2010, counterterrorism.newamerica.net/sites/newamerica.net/files/policydocs/bergentiedemann2.pdf.

61 **mortas nos ataques dos aeronaves não tripulados:** Ver "Guard: Al Qaeda Chief in Pakistan Killed", CNN.com, 9 de setembro de 2011, edition.cnn.com/2008/WORLD/asiapcf/09/09/pakistan.alqaeda.killed/index.html; Pir Zubair Shah, "U.S Strike Is Said to Kill Qaeda Figure in Pakistan", *New York Times*, 17 de outubro de 2008, www.nytimes.com/2008/10/18/world/asia/18pstan.html; Ismail Khan e Jane Perlez, "Airstrike Kills Qaeda-Linked Militant in Pakistan", *New York Times*, 22 de novembro de 2008, www.nytimes.com/2008/11/23/world/asia/23rauf.html; Eric Schmitt, "2 Qaeda Leaders Killed in U.S. Strike in Pakistan", *New York Times*, 8 de janeiro de 2009, www.nytimes.com/2009/01/09/world/asia/09pstan.html.

61 **"O tempo todo":** entrevista de Ari Fleischer.

61 **ataques em solo nas regiões tribais:** Eric Schmitt e Mark Mazzetti, "Bush Said to Give Orders Allowing Raids in Pakistan", *New York Times*, 10 de setembro de 2008, www.nytimes.com/2008/09/11/washington/11policy.html?pagewanted=all.

NOTAS

73 **atacar um complexo que abrigava militantes:** Pir Zubair Shah, Eric Schmitt, e Jane Perlez, "American Forces Attack Militants on Pakistani Soil", *New York Times*, 4 de setembro de 2008, www.nytimes.com/2008/09/04/world/asia/04attack.html?_r=1&oref=slogin.

73 **"integridade territorial":** Stephen Graham, "Pakistan Army Chief Criticizes U.S. Raid", Associated Press, 10 de setembro de 2008, www.breitbart.com/article.php?id=D9346IB00&show_article=1.

CAPÍTULO 5: UMA TEORIA DE TRABALHO PARA O CASO

62 **gravadas em uma parede**: Observação do autor.

62 **adicionados ao quadro de honra**: Observação do autor.

63 **por muito tempo supervisionou** : A Estação Alec da CIA foi fundada inicialmente em dezembro de 199, para rastrear Bin Laden. Foi dissolvida em 2005. Ver Warrick, *The Triple Agent,* p. 94.

63 **desaparecido na Batalha de Tora Bora**: Relatos de dois prisioneiros na Baía de Guantánamo indicam que, após a batalha, Bin Laden e seu adjunto, Ayman al-Zawahiri, escaparam em direção a Jalalabad, onde foram acolhidos por Awal Gul. Gul morreu em Guantánamo em fevereiro de 2011. Ver JTF-GTMO Avaliação de Prisioneiro para Awal Gul, ISN US9AF- 000782DP, 15 de fevereiro de 2008.

63 **"aparições Elvis"**: Michael Scheuer, estrevista pelo autor, Washington, D.C., 1º de outubro de 2011.

63 **autora principal do altamente sigiloso Boletim Diário do Presidente**: Peter Bergen, *The Longest War: The Enduring Conflict Between America and al-Qaeda* (Nova York: Free Press, 2011), p. 48.

63 **identificada como a autora**: *Ibid*.

63 **Sude tinha reputação de ser**: entrevista por David Low.

64 **"Ele ficaria com uma aparência tão estranha"**: Barbara Sude, entrevista pelo autor, Washington, D.C., 20 de outubro de 2011.

64 **matar Bin Laden ou capturá-lo**: *Ibid*.

64 **"Queríamos ter certeza"**: entrevista de Robert Dannenberg.

64 **"Elas parecem ter"**: entrevista de Michael Scheuer.

65 **importantíssimo para a prisão**: Warrick, *The Triple Agent,* p. 26.

65 **"Se ela farejar seu rastro"**: entrevista de Michael Scheuer.

65 **o primeiro aviso estratégico**: Departamento de Estado dos EUA, Departamento de Inteligência e Pesquisa (INR), "The Wandering Mujahidin: Armed and Dangerous", 21–22 de agosto de 1993.

65 **uma análise quase premonitória**: Departamento de Estado dos EUA, Departamento de Inteligência e Pesquisa (INR), "Terrorism? Usama bin Ladin: Who's Chasing Whom?" 18 de julho de 1996.

65 **lidava com as demandas**: Cindy Storer, entrevista pelo autor, Washington, DC, 13 de setembro de 2011.

65 **"Ela é realmente rápida"**: David Low, entrevista pelo autor, Washington, DC, 20 de agosto de 2011.

66 **"Vocês são loucos"**: Roy Gutman, *How We Missed the Story: Osama bin Laden, the Taliban, and the Hijacking of Afghanistan* (Washington, DC: United States Institute of Peace Press, 2008), p. 170.

66 **Clarke diz que foram três vezes**: Richard Clarke, "The Dark Side", PBS *Frontline,* 23 de janeiro de 2006, http://www.pbs.org/wgbh/pages/frontline/darkside/interviews/clarke.html

66 **foram dez oportunidades**: "CIA Insider Says Osama Hunt Flawed", CBS News, 15 de setembro de 2004, http://www.cbsnews.com/stories/2004/08/10/terror/main635038.shtml.

66 **a melhor oportunidade de capturar ou matar**: "9/11 Commission Report", op. cit., p. 137.

67 **receio de envolver os emirados**: John Diamond, *The CIA and the Culture of Failure: U.S. Intelligence from the End of the Cold War to the Invasion of Iraq* (Stanford, CA: Stanford University Press, 2008), pp. 316–318.

67 **Em 1997, quando eu trabalhava como produtor**: Observações do autor, próximo a Jalalabad, Afeganistão, março de 1997.

68 **o *scanner* não estava funcionando**: Ali Soufan, *The Black Banners: The Inside Story of 9/11 and the War Against al-Qaeda* (Nova York: W. W. Norton & Company, 2011), p. 99.

68 **"teoria de trabalho para o caso"**: Entrevistas do autor com agentes da inteligência americana envolvidos na caçada a Bin Laden.

68 **perigosa demais**: *Ibid.*

68 **Bin Laden conhecia o patriarca**: O jornalista Steve Coll, estudioso de Bin Laden, conta como Haqqani organizou voluntários árabes para a *jihad* antisoviética nos anos 80, e operou em muitas das

NOTAS

mesmas áreas de Bin Laden. Ver Steve Coll, *Ghost Wars: The Secret His tory of the CIA, Afghanistan, and bin Laden, from the Soviet Invasion to September 10, 2001* (Nova York: Penguin, 2004), p.157.

68 **cada vez menos provável**: Entrevistas do autor com agentes da inteligência americana envolvidos na caçada a Bin Laden.

68 **foi recebido de volta ao Afeganistão**: Quando Bin Laden chegou em Jalalabad (na época controlada por Haji Qadir, membro de uma facção de Khalis) em 1996, vindo do Sudão, foi rapidamente escoltado para se encontrar com o próprio Khalis. Ver Bergen, *The Osama bin Laden I Know*, pp. 158–59.

69 **segundo se acreditava**: Entrevistas do autor com oficiais antiterroristas dos EUA.

69 **"Mensagem ao Povo Americano"**: "Bin Laden: 'Your Security Is in Your Own Hands,' "CNN.com, 29 de outubro de 2004, articles.cnn.com/2004-10-29/world/bin.laden.transcript_1_lebanon-george-wbush-arab?_s=PM:WORLD.

69 **"Ainda consigo ver a imagem de Bin Laden"**: Frances Townsend, entrevista pelo autor.

69 **"Quando havia vídeos"**: entrevista de Michael Scheuer.

70 **Se houvesse plantas visíveis**: Entrevista do autor com alto oficial de antiterrorismo, Washington, D.C, dezembro de 2011.

70 **uma passagem do filme *Fahrenheit 9/11***: "Al Jazeera, "Full Transcript of bin Laden's Speech", 29 de outubro de 2004, english. aljazeera.net/archive/2004 /11/200849163336457223.html.

70 **recomendou as obras de Noam Chomsky** : Tradução do grupo SITE,11 de setembro de 2007, counterterrorismblog.org/site--resources/images/SITE-OBL-transcript.pdf.

70 **"Não achávamos necessariamente"**: Entrevista de Barbara Sude

71 **ao se vangloriar para o pai de uma namorada**: Neal Bascomb, *Hunting Eichmann:* How a Band of Survivors and a Young Spy Agency Chased Down the World's *Most Notorious Nazi* (Boston: Houghton Miffl in Harcourt, 2009), pp. 86–87.

71 **a operação para encontrar Pablo Escobar**: O relato definitivo da caçada a Pablo Escobar está em Mark Bowden, *Killing Pablo: The Hunt for the World's Greatest Outlaw* (Nova York: Atlantic Monthly Press, 2001).

72 **"Você pode jogar todos os seus telefones fora"**: General Mi-

chael Hayden, entrevista para *Last Days of Osama bin Laden,* National Geographic Channel, transmitido em 9 de novembro de 2011.

72 **assessor de comunicações saudita**: Khaled al-Fawwaz, entrevista pelo autor, Londres, 1º de abril de 1997.

72 **assassinato de Dzhokhar Dudayev**: Glenn Kessler, "File the Bin Laden Phone Leak Under 'Urban Myths,' " *Washington Post,* 22 de dezembro de 2005, www.washingtonpost.com/wp-dyn/content/article/2005/12/21/AR2005122101994_pf.html.

72 **policial novato**: Henry Schuster e Charles Stone, *Hunting Eric Rudolph: An Insider's Account of the Five-Year Search for the Olympic Bombing Suspect* (Nova York: Berkley Books, 2005), pp. 277–79.

73 **em um voo de volta para o Paquistão**: Tim Weiner, "U.S. Seizes Lone Suspect in Killing of 2 C.I.A. Offi cers", *New York Times,* 18 de junho de 1997, www.nytimes.com/1997/06/18/world/us-seizes-the--lone-suspect-inkilling-of-2-cia-officers.html?ref=miramalkansi.

73 **costumava se vestir**: Brad Garrett , entrevista pelo autor, Washington, DC, novembro de 2011.

73 **perseguindo o arisco Kansi**: *Ibid.*

74 **Não se pode confiar nos paquistaneses**: *Ibid.*

74 **recompensa em dinheiro considerável**: *Ibid.*

74 **não havia inteligência de sinais**: Peter Bergen, *Holy War, Inc.: Inside the Secret World of Osama bin Laden* (Nova York: Simon and Schuster, 2001), p. 4.

74 **"prisioneiro mágico"**: Entrevistas do autor com agentes da inteligência americana envolvidos na caçada a Bin Laden.

74 **"gerentes de nível médio"**: *Ibid.*

75 **"Era um reflexo"**: Philip Mudd, entrevista pelo autor, Washington, DC, 2 de junho de 2011.

75 **Mudd escreveu um memorando influente**: Entrevista do autor com alto funcionário de inteligência, Washington, DC, novembro de 2011.

75 **"Se você se sentasse à mesa"**: Entrevista de Philip Mudd.

90 **quatro "pilares"**: Entrevistas do autor com agentes da inteligência americana envolvidos na caçada a Bin Laden.

75 **problema com esta estratégia**: Entrevista do autor com alto funcionário de inteligência dos EUA, Washington, DC, novembro de 2011.

NOTAS 267

76 **"conclusões sólidas"**: *Ibid.*
76 **cada vez mais fácil para a CIA**: Entrevista do autor com altos oficiais de antiterrorismo dos EUA.
76 **não estava fazendo "novos amigos"**: *Ibid.*
77 **"pegadas muito grandes"**: *Ibid.*
77 **poderiam estar vivendo com ele**: *Ibid.*
77 **nunca obtiveram qualquer**: Entrevista do autor com alto oficial de antiterrorismo dos EUA, Washington, DC, novembro de 2011.
77 **esconderijos em todas as cidades principais**: Bin Laden, Bin Laden, e Sasson, *Growing Up bin Laden,* pp. 238–39.
78 **"provavelmente na periferia de Islamabad"**: Entrevista do autor com agente do Conselho de Segurança Nacional, Washington, DC, 2011.
78 **"Sempre esperamos encontrar uma pessoa"**: Entrevista do autor com agentes de antiterrorismo envolvidos na caçada a Bin Laden.
78 **altamente compartimentadas... não era possível**: Entrevistas do autor com agentes da inteligência americana envolvidos na caçada a Bin Laden.
78 **"Era muito mais fácil"**: entrevista de Robert Dannenberg.
79 **criaram um perfil**: *Ibid.*
79 **"ninguém nunca imaginou"**: *Ibid.*

CAPÍTULO 6: FECHANDO O CERCO AO MENSAGEIRO

80 **acreditasse que o Sgirava em torno da Terra**: Adam Zagorin e Michael Duffy , "Inside the Interrogation of Detainee 063", *Time,* 20 de junho de 2005, www.time.com/time/magazine/article/0,9171,1071284-1,00.html.
80 **abandonou o colégio agrícola**: JTF-GTMO avaliação de Maad Al Qahtani, ISN US9SA-000063DP (S), 30 de outubro de 2008.
80 **lutando ao lado do Talibã**: *Ibid.*
80 **Qahtani treinou com a habitual variedade**: Ver *U.S. v. Moussaoui,* Cr. No. 01-455-A, exibição ST-0001.
81 **"preparado para uma missão"**: JTF-GTMO Avaliação de Prisioneiro para Maad Al Qahtani.

PROCURADO

81 **"Eu voltarei"**: Greg Miller e Josh Meyer, "Clues Missed on 9/11 Plotters", *Los Angeles Times*, 27 de janeiro de 2004, articles.latimes.com/2004/jan/27/nation/na-terror27/2. Ver também Michael Isikoff e Daniel Klaidman, "How the '20th Hijacker' Got Turned Away", *Newsweek*, 26 de janeiro de 2004, www.thedailybeast.com/newsweek/2004/01/25/exclusivehow-the-20th-hijacker-got-turned-away.html.

81 **presos em 15 de dezembro**: JTF-GTMO Avaliação de Prisioneiro para Maad Al Qahtani.

81 **paixão pela falcoaria**: Zagorin e Duffy , "Inside the Interrogation of Detainee 063".

81 **cabeçada em um de seus interrogadores**: *Ibid.*

82 **aplicações de drogas e enemas**: Neil A. Lewis, "Fresh Details Emerge on Harsh Methods at Guantánamo", *New York Times*, 1º de janeiro de 2005.

82 **Um agente do FBI passou a observar**: Zagorin e Duffy , "Inside the Interrogation of Detainee 063".

82 **definição legal de tortura**: Bob Woodward, "Guantanamo Detainee Was Tortured, Says Official Overseeing Military Trials", *Washington Post*, 14 de janeiro de 2009, www.washingtonpost.com/wp-dyn/content/article/2009/01/13/AR2009011303372.html.

82 **depois de semanas de abuso**: Departamento de Defesa dos EUA, "Recommendation for Continued Detention Under DoD Control (CD for Detainee , ISN US9SA-000063DP[S])", 30 de outubro de 2008.

83 **"Aqueles caras eram aventureiros"**: Entrevista de Michael Scheuer.

83 **não forneceram qualquer pista**: Musharraf, *In the Line of Fire*, p. 220.

99 **submetido a afogamento simulado 183 vezes**: Scott Shane, "Waterboarding Used 266 Times on 2 Suspects", *New York Times*, 19 de abril de 2009, www.nytimes.com/2009/04/20/world/20detain.html.

84 **acorrentado, de fraldas**: Peter Finn, Joby Warrick, e Julie Tate, "How a Detainee Became an Asset: Sept. 11 Plotter Cooperated After Waterboarding", *Washington Post*, 29 de agosto de 2009, www.washingtonpost.com /wp-dyn/content/article/2009/08/28/AR2009082803874_pf.html.

NOTAS

84 **"aposentado"**: Scott Shane, "Harsh Methods of Questioning Debated Again", *New York Times,* 4 de maio de 2011, www.nytimes.com/2011/05/04/us/politics/04torture.html.

84 **Frederica, uma analista sênior da CIA, viajou**: Jane Mayer, *The Dark Side: The Inside Story of How the War on Terror Turned into a War on American Ideals* (Nova York: Anchor Books, 2008), p. 273.

84 **Quando Hambali foi interrogado pelos agentes da CIA**: JTF-GTMO Avaliação de Prisioneiro para Riduan Isomuddin, ISN US9ID-010019DP, 30 de outubro de 2008.

84 **ficou em um esconderijo da Al-Qaeda**: *Ibid.*

84 **endereçada a Bin Laden**: "Letter May Detail Iraq Insurgency's Concerns", CNN.com, 10 de fevereiro de 2004, articles.cnn.com/2004-02-10/world/sprj.nirq.zarqawi_1_zarqawi-qaeda-senior-coalition?_s=PM:WORLD.

84 **não está claro se estas técnicas foram realmente empregadas**: Mark Hosenball e Brian Grow, "Bin Laden Informant's Treatment Key to Torture Debate", Reuters, 14 de maio de 2011, www.reuters.com/article/2011/05/14/us-binladen-ghul-idUS-TRE74D0EJ20110514. A confusão vem da ambiguidade em torno da prisão e estado de Ghul, e a única menção ao seu tratamento aparece em um memorando do Departamento de Justiça para a CIA, a respeito de tratamento aceitável de prisioneiros, que diz que os interrogadores receberam aprovação para usar "agarrar a atenção, pressão contra a parede, segurar o rosto, tapa no rosto, em pé contra a parede, posições de estresse e privação de sono ". Ver Departamento de Justiça dos EUA, Departamento do Conselho Legal, "Memorandum for John A. Rizzo, Senior Deputy Council, Central Intelligence Agency", 30 de maio de 2005, p. 7, s3.amazonaws.com/propublica/assets/missing_memos/28OLCmemofinalredact30May05.pdf.

84 **viajava frequentemente com o líder da Al-Qaeda**: JTF-GTMO Avaliação de Prisioneiro para Maad Al Qahtani.

84 **o Kuaitiano gozava da confiança de KSM**: Ken Dilanian, "Detainee Put CIA on bin Laden Trail", *Los Angeles Times,* 5 de maio de 2011, articles.latimes.com/2011/may/05/nation/la-na-bin-laden--torture-20110505/2.

85 **o comandante operacional da Al-Qaeda**: Sobre o papel de

al-Libi como comandante operacional, ver JTF-GTMO Avaliação de Prisioneiro para Abu al-Libi, ISN US9LY-010017DP, 10 de setembro de 2008.

85 **duas tentativas sérias, mas fracassadas**: Tim McGirk, "Can This Man Help Capture Bin Laden?" *Time*, 8 de maio de 2005, www.time.com/time/magazine/article/0,9171,1058999,00.html.

85 **falta de melanina**: Musharraf, *In the Line of Fire*, p. 258.

85 **preso no Paquistão**: JTF-GTMO Avaliação de Prisioneiro para Abu al-Libi.

85 **entregue à CIA**: *Ibid*. Sua custódia foi transferida para os EUA em 6 de junho de 2005.

85 **promovia Libi ao posto de KSM**: *Ibid*.

85 **Libi também disse**: Adam Goldman e Matt Apuzzo, "Phone Call by Kuwaiti Courier Led to bin Laden", Associated Press, 3 de maio de 2011, abcnews.go.com/US/wireStory?id=13512344.

85 **nome inventado**: Scott Shane e Charlie Savage, "Bin Laden Raid Revives Debate on Value of Torture", *New York Times*, 3 de maio de 2011, www.nytimes.com/2011/05/04/us/politics/04torture.html.

86 **"Se você me perguntasse"**: Robert Richer, entrevista pelo autor, Washington, DC, 6 de outubro de 2011.

86 **quadro de palavras cruzadas**: *Ibid*.

86 **"Aqueles caras nos deram muitas informações valiosas"**: Entrevista de Robert Dannenberg.

86 **ajudar na caça a Bin Laden**: Entrevistas do autor com agentes de antiterrorismo envolvidos na caça a Bin Laden.

86 **de interesse genuíno pela CIA**: *Ibid*.; ver também Goldman e Apuzzo, "Phone Call by Kuwaiti Courier".

87 **seu nome verdadeiro**: Lamb, "Revealed: The SEALs' Secret Guide".

87 **família com muitos irmãos**: Entrevistas do autor com agentes antiterroristas envolvidos na caça a Bin Laden.

87 **o Kuaitiano havia morrido nos braços**: Ver JTF-GTMO Avaliação de Prisioneiro para Walid Said bin Said Zaid, ISN US9YM-000550DP (S), 16 de janeiro de 2008.

87 **"marginalizado"**: Barton Gellman e Thomas E. Ricks, "U.S. Concludes bin Laden Escaped at Tora Bora Fight", *Washington Post*, 17 de abril de 2002, www.washingtonpost.com/ac2/wp-dyn/A62618-2002Apr16?language = printer.

NOTAS

271

87 **"Quando eu entrei no Salão Oval"**: Michael Hayden, entrevista para *The Last Days of Osama bin Laden,* National Geographic, transmitida em 9 de novembro de 2011.

87 **"As cobranças do presidente chegavam até nós"**: Entrevistas do autor com agentes de antiterrorismo envolvidos na caça a Bin Laden.

87 **mandado judicial**: Esta história foi relatada pela primeira vez por James Risen e Eric Lichtblau, "Bush Lets U.S. Spy on Callers Without Courts", *New York Times,* 16 de dezembro de 2005, www.nytimes.com/2005/12/16/politics/16program.html?pagewanted=all.

88 **procurar Bin Laden através de sua rede de mensageiros**: Entrevista de Michael Hayden.

88 **"não havia uma grande expectativa"**: Entrevistas do autor com agentes de antiterrorismo envolvidos na caçada a Bin Laden.

88 **obcecado por encontrar Bin Laden**: Adam Goldman e Matt Apuzzo, "Meet 'John': The CIA's Bin Laden Hunter-in-Chief", Associated Press, 5 de julho de 2011, www.msnbc.msn.com/id/43637044/ns/us_news-security/.

88 **o cabelo de Chuck foi se tornando grisalho**: Observação do autor.

88 **feito um trabalho meticuloso**:"9/11 Commission Report", pp. 255–58, 534.

89 **conferência terrorista na Malásia, em 15 de janeiro de 2000**: *Ibid.*, pp. 215 e 267.

89 **"Entre cinquenta e sessenta "**: Departamento do Inspetor Geral, "Report on CIA Accountability with Respect to the 9/11 Attacks", 21 de agosto de 2007, www.cia.gov/library/reports/ Executive % 20 Summary OIG % 20 Report.pdf.

89 **um dos suspeitos tinha um visto**:"9/11 Commission Report", p. 267.

90 **lista telefônica local**: Exibição da Defesa 950 em *U.S. v. Moussaoui,* Cr. No. 01-455-A,"FBI's Handling of Intelligence Information Related to Khalid al-Mihdhar and Nawaf al-Hamzi", Relatório do Inspetor Geral do Departamento de Justiça por Glenn A. Fine, obtido via INTELWIRE.com, p. 29.

90 **"rotina"** notificação: *Ibid.*, p. 54.

90 **"encaminhamento de informações"**: Departamento do Ins-

petor Geral, "Report on CIA Accountability". Também útil é a exposição da Defesa 950 em *U.S. v. Moussaoui*, p. 26 e em geral.

CAPÍTULO 7: OBAMA EM GUERRA

91 **"Mandaram evacuar o local"**: Discurso de Barack Obama no Woodrow Wilson Center, Washington, DC, 1º de agosto de 2007, www.cfr.org/uselection-2008/obamas-speech-woodrow-wilson--center/p13974.

92 **Obama a achava vulnerável**: "Acho que serei o Democrata mais eficiente contra John McCain, ou qualquer outro Republicano – porque todos eles querem basicamente uma continuação das políticas de George Bush – porque eu oferecerei um contraste claro, como alguém que nunca apoiou esta guerra, por considerá-la uma má ideia." Barack Obama em Debate Democrata, Los Angeles, CA, 31 de janeiro de 2008, articles.cnn.com /2008-01-31/politics/dem.debate.transcript_1_hillary-clintondebate--stake/29?_s=PM:POLITICS.

92 **"protegera ou recompusera"**: Conselho de Inteligência Nacional, "National Intelligence Estimate: The Terrorist Threat to the US Homeland", Julho de 2007, www.c-span.org/pdf/nie_071707.pdf.

92 **se reuniu com seus assessores de política externa**: Ben Rhodes, entrevista pelo autor, Washington, DC, 15 de agosto de 2011.

92 **as críticas da campanha de Obama às políticas externas**: Entrevistas do autor com altos funcionários da administração.

93 **"Se tivermos inteligência acionável"**: Discurso de Obama no Woodrow Wilson Center.

93 **"Acho engraçado"**: Fórum Presidencial Democrata AFL-CIO, Chicago, IL, 7 de agosto de 2007, www.msnbc.msn.com/id/20180486/ns/msnbc tv-hardball_with_chris_matthews/t/afl-cio-democratic-presidential-forum-august---pm-et/#.TwXh111AIj8.

93 **o anúncio mais lembrado da campanha de Hillary Clinton**: Ariel Alexovich, "Clinton's National Security Ad", *New York Times*, 29 de fevereiro de 2008, thecaucus.blogs.nytimes.com/2008/02/29/clintons-national-security -ad/.

94 **"Dr. Strangelove"**: "Transcript: The Republican Candidates Debate", *New York Times*, 5 de agosto de 2007, www.

NOTAS

273

nytimes.com/2007/08/05/us/politics/05transcript-debate. html?pagewanted=all.

94 **"Será que devemos correr riscos sob a liderança confusa"**: "Transcript: John McCain Speech After His Win in the Wisconsin Primary", C-SPAN, 19 de fevereiro de 2008, www.c-spanvideo. org/appearance/290354897.

94 **"John McCain gosta de dizer"**: Jonathan Alter, *The Promise: President Obama, Year One* (Nova York Simon and Schuster, 2009), p. 2.

95 **Obama aprovou a campanha**: Matthew M. Aid, *Intel Wars: The Secret History of the Fight Against Terror* (Londres: Bloomsbury, 2012), p. 119.

95 **dois ataques com aeronaves não tripuladas da CIA**: R. Jeffrey Smith, Candace Rondeaux, e Joby Warrick, "2 U.S. Airstrikes Offer a Concrete Sign of Obama's Pakistan Policy", *Washington Post,* 24 de janeiro de 2009, www.washingtonpost.com/wp-dyn/content/article/2009/01/23/AR2009012304189.html.

95 **"esforços extraordinários"**: "The Nobel Committee Explains Its Choice", *Time,* 9 de outubro de 2009, www.time.com/time/politics/ article/ 0,8599,1929399,00.html.

95 **"onda" de trinta mil homens**: "Remarks by the President in Address to the Nation on the Way Forward in Afghanistan and Pakistan", Comunicado de Imprensa da Casa Branca, 1º de dezembro de 2009, www.whitehouse.gov/the-press-office/remarks-president-address-nation-way-forwardafghanistan-and-pakistan.

95 **45 ataques com aeronaves não tripuladas**: Ver Peter Bergen e Katherine Tiedemann, "The Year of the Drone", New America Foundation, 24 de fevereiro de 2010, counterterrorism.newamerica.net/sites/newamerica.net/files/policydocs/bergentiedemann2. pdf.

96 **"Eu vejo o mundo como ele é"**: "Obama's Nobel Remarks", *New York Times,* 10 de dezembro de 2009, www.nytimes.com/2009/12/11/world/europe/11prexy.text.html?pagewanted=all.

96 **seus primeiros relatórios de inteligência**: Bruce Riedel, entrevista por Tresha Mabile, Washington, DC, Julho de 2011.

96 **ataque brutal de três dias em Mumbai**: Somini Sangupta, "Dossier Gives Details of Mumbai Attacks", *New York Times,* 6 de janeiro de 2009, www.nytimes .com/2009/01/07/world/asia/07india.html.

97 **"A maior parte dessas ameaças"**: Juan Zarate, entrevista pelo autor, Washington, DC, 2010.

97 **"precisamos redobrar nossos esforços"**: "Obama on bin Laden: The Full *60 Minutes* Interview", CBS, 8 de maio de 2011, www. cbsnews.com/8301-504803_162-20060530-10391709.html.

97 **"Onde você acha que está Osama bin Laden?"**: Entrevista de Bruce Riedel.

98 **"A fim de garantir"**: Ken Dilanian, "In Finding Osama bin Laden, CIA Soars from Distress to Success", *Los Angeles Times,* 8 de maio de 2011, articles.latimes .com/2011/may/08/nation/la-na--bin-laden-cia-20110508.

98 **Tornou-se embaraçoso não apresentar nada novo**: Entrevistas do autor com agentes americanos de antiterrorismo envolvidos na caçada a Bin Laden.

98 **final de julho de 2009**: Warrick, *The Triple Agent,* p. 117.

98 **Balawi foi preso no início de 2009**: *Ibid.*, pp. 40–41.

99 **um pequeno vídeo de si mesmo**: *Ibid.*, pp. 115–16.

99 **"fonte de ouro"**: *Ibid.*, p. 114.

99 **fornecendo tratamento médico**: *Ibid.*, p. 126.

99 **"realizar uma operação de martírio"**: John Marzulli, "Najibullah Zazi Pleads Guilty to Plott ing NYC Terror Attack, Supporting al Qaeda", *New York Daily News,* 22 de fevereiro de 2010.

99 **o primeiro recruta genuíno da Al-Qaeda**: Josh Meyer, "Urgent Probe Underway of Possible al Qaeda–linked Terror Plot", *Los Angeles Times,* 21 de setembro de 2009, articles.latimes.com/2009/ sep/21/nation/na-terror- arrests21.

99 **páginas de anotações feitas à mão**: *U.S. v. Najibullah Zazi,* Eastern District of New York, 09-CR-663, memorando de lei em apoio à ação do governo propondo uma ordem permanente de detenção, obtido via INTELWIRE.com.

100 **ações rápidas dos passageiros**: "Yemen Can Carry Out Airstrikes Against al Qaeda", CNN.com, 30 de dezembro de 2009, www. cnn.com/2009/WORLD/meast/12/30/U.S..yemen.strikes/index.html.

100 **"Escapamos de uma boa"**: Jake Tapper, Karen Travers, e Huma Khan, "Obama: System Failed in a 'Potentially Disastrous' Way", ABC News, 5 de janeiro de 2010, abcnews.go.com/print?id=9484260.

NOTAS 275

100 **fez com que o médico jordaniano escapulisse pela fronteira**: Warrick, *Th e Triple Agent,* p. 160.

100 **Base Operacional Avançada Chapman:** *Ibid.,* p. 162.

100 **providenciou um bolo**: *Ibid.,* p. 143.

100 **Quando se encontrou com a equipe da CIA**: *Ibid.,* p. 179.

101 **"muito pessoal para"**: John Brennan, entrevista pelo autor, Washington, DC, 6 de dezembro de 2011.

101 **uma série inédita de onze**: Warrick, *The Triple Agent,* pp. 189–90.

101 **pela presença de mais agentes**: Entrevistas do autor com oficiais do Conselho de Segurança.

101 **"A CIA entrou em um modo completamente diferente"**: Vali Nasr, entrevista pelo autor, Washington, DC, 31 de maio de 2011.

101 **quase 400 funcionários dos EUA**: Shamila Chaudhary, entrevista pelo autor, Washington, DC, 1º de novembro de 2011.

102 **"tudo poderia mudar "**: Bob Woodward, *Obama's Wars* (Nova York Simon and Schuster, 2010), p. 365.

102 **Zardari retrucou**: Entrevistas do autor com oficiais do Conselho de Segurança.

CAPÍTULO 8: ANATOMIA DE UMA PISTA

104 **o Kuaitiano estava de volta ao círculo íntimo de Bin Laden**: Bob Woodward, "Death of Osama bin Laden: Phone Call Pointed U.S. to Compound— and to 'the Pacer,' " *Washington Post,* 6 de maio de 2011, www.washingtonpost.com/world/national-security/death-of-osama-bin-laden-phone-callpointed-us-to-compound--and-to-the-pacer/2011/05/06/AFnSVaCG_story.html; entrevista do autor com agentes dos EUA.

104 **a pelo menos uma hora de carro**: Entrevista do autor com agente da inteligência paquistanesa, julho de 2011.

104 **pôde segui-lo até em casa**: Entrevista do autor com alto funcionário da inteligência americana.

104 **serviço de telefone ou Internet**: Mazzetti, Cooper, and Baker, "Behind the Hunt for Bin Laden"; entrevista do autor com agentes da inteligência americana.

105 **"Fale mais sobre esta fortaleza"**: Agente de inteligência ameri-

cana, entrevista com o autor, Washington, DC, 20 de dezembro de 2011.

105 **"interessado, mas cauteloso"**: History Channel, *Targeting Bin Laden,* 6 de setembro de 2011.

106 **"não tenham receio de ser bastante criativos em algumas delas":** Entrevista do autor com agente da inteligência americana.

106 **"Eu ordeno que venham para a rua"**: *Ibid.*

106 **falso programa de vacinação**: Saeed Shah, "CIA Organised Fake Vaccination Drive to Get Bin Laden's Family DNA", *Guardian,* 11 de julho de 2011, www.guardian.co.uk/world/2011/jul/11/cia--fake-vaccinations-osamabin-ladens-dna.

107 **"Cercando o Mensageiro de Usama bin Ladin"**: Entrevista do autor com agentes de antiterrorismo americanos envolvidos na caçada a Bin Laden.

107 **"Anatomia de uma Pista"**: Goldman e Apuzzo, "Meet 'John': The CIA's bin Laden Hunter-in-Chief".

107 **"Tínhamos um grupo que não tinha medo"**: Entrevista do autor com agentes de antiterrorismo americanos envolvidos na caçada a Bin Laden.

107 **amigos e colegas**: *Ibid.*

108 **era um mentiroso compulsivo**: Edward Helmore, "US Relied on 'Drunken Liar' to Justify War", *Guardian,* 2 de abril de 2005.

108 **céticos em relação a isso**: U.S. Senate Select Committee on Intelligence", Report on Prewar Intelligence Assessments on Postw ar Iraq, together with Additional Views", 12 de fevereiro de 2004, p. 87, intelligence.senate.gov/prewar.pdf.

108 **Matthew... um cuidadoso analista**: Entrevista do autor com agentes de antiterrorismo americanos envolvidos na caça a Bin Laden.

108 **O Kuaitiano ainda trabalhava para a Al-Qaeda?**: *Ibid.*

109 **"Tivemos um trabalho enorme"**: *Ibid.*

109 **"Explicamos várias vezes"**: *Ibid.*

109 **"grande certeza"**: *Ibid.*

110 **escola religiosa fora de Abbottabad**: Lamb, "Revealed: The SEALs' Secret Guide".

110 **"estilo de vida"**: Entrevista do autor com agentes de antiterrorismo americanos envolvidos na caça a Bin Laden.

NOTAS

110 **"não alarmante"**: Entrevista do autor com ex-agente de operações da CIA posicionado no Paquistão após os ataques do 11 de setembro.

111 **esposas, filhos e netos de Bin Laden?**: Entrevista do autor com agente americano.

111 **o "Conta-passos"**: *Ibid.*; ver também Woodward, "Death of Osama bin Laden".

112 **"lacunas de coleta"... subornar um agente da polícia**: Entrevista do autor com agentes de antiterrorismo americanos envolvidos na caça a Bin Laden

113 **"puxamos o fio de um zilhão de tramas"**: *Ibid.*

113 **"Ah, que pena"**: Denis McDonough, entrevista pelo autor, Washington, DC, 6 de dezembro de 2011.

113 **Brennan... destacou que**: *Ibid.*

113 **treinar cães policiais**: "Part One of Series of Reports on bin Ladin's Life in Sudan", *Al Quds Al-Arabi,* 24 de novembro de 2001.

113 **"Setenta por cento"**: Entrevista do autor com agentes de antiterrorismo americanos envolvidos na caça a Bin Laden.

CAPÍTULO 9 : OS ÚLTIMOS ANOS DE OSAMA BIN LADEN

114 **ambos com trinta e poucos anos**: Lamb, "Revealed: The SEALs' Secret Guide".

114 **arroz, lentilhas e outros suprimentos**: Saeed Shah, "At End, bin Laden Wasn't   Running al-Qaida, Officials Say", *McClatchy Newspapers,* 29de junho de 2011, www.mcclatchydc.com/2011/06/28/116666/at-end-binladen-wasnt-running.html.

114 **problemas habituais de estômago, resfriados e tosses**: Munir Ahmed, "AP Exclusive: Doc Recalls Kids from bin Laden Home", Associated Press, 1° de junho de 2011.

114 **pequeno jipe Suzuki branco e seu furgão vermelho**: Observação do autor sobre maquete do complexo de Bin Laden.

114 **que trabalhavam no ramo de transporte**: Shabbir, vizinho de Bin Laden em Abbottabad, entrevista pelo autor, Paquistão, 20 de julho de 2011.

114 **não ajudavam os pobres**: Nahal Toosi e Zarar Khan, "Bin Laden's Neighbors Noticed Unusual Things", Associated Press, 4 de maio de 2011.

115 **pai havia emigrado cinco décadas antes**: Zahid Hussain, "Investigators Track bin Laden Couriers", *Wall Stree t Journal,* 1º de junho de 2011, online.wsj.com/article/SB1000142405270230456 3104576357601886423360.html; entrevista do autor com agente da inteligência paquistanesa, julho de 2011.

115 **podiam infiltrar-se facilmente**: Michael Isikoff , "How Profile of bin Laden Courier Led CIA to Its Target", NBC News, 4 de maio de 2011, today.msnbc.msn.com/id/42906157/ns/today--today_news/t/how-profi le-bin-ladencourier-led-cia-its-target/.

115 **pequena cidade de Hasan Abdal**: Entrevista do autor com agente da inteligência paquistanesa, julho de 2011.

115 **tramar carnificinas em grande escala**: Peter Walker, "Osama bin Laden 'Closely Involved in al-Qaida Plots,' " *Guardian,* 6 de maio de 2011, www.guardian.co.uk/world/2011/may/06/osama-binladen-al-qaida.

115 **duro e pouco diplomático**: Sebastian Rotella, "New Details in the bin Laden Docs: Portrait of a Fugitive Micro-Manager", *Pro--Publica,* 11 de maio de 2011, www.propublica.org/article/bin-laden- documentsportrait-of- a- fugitive- micro- manager.

115 **quem tomava as decisões de pessoal**: Entrevista do autor com agente de inteligência americano.

116 **emitiu instruções para seus afiliados regionais**: Lolita C. Baldor e Kimberly Dozier, "Source: Bin Laden Was Directing al-Qaeda Figures", Associated Press, 7 de maio de 2011; entrevista do autor com agente da inteligência paquistanesa, julho de 2011.

116 **Rahman também viajou para o Irã**: Departamento do Tesouro dos EUA, "Treasury Targets Key Al-Qa'ida Funding and Support Network Using Iran as a Critical Transit Point", 28 de julho de 2011, www.treasury.gov/press-center/press-releases/Pages/tg1261. aspx; ver também Matt Apuzzo, "Atiyah Abd al-Rahman Dead: Al Qaeda Second in Command Killed in Pakistan", Associated Press, 28 de agosto de 2011, www.huffingtonpost.com/2011/08/27/ atiyah-abd-al-rahman-al-qaeda-dead_n_939009.html.

116 **Bin Laden lembrou aos líderes**: entrevista do autor com agente paquistanês, julho de 2011.

116 **Rahman escreveu uma carta de sete páginas**: Atiyah abd

NOTAS

al-Rahman, "Note to Zarqawi", 12 de novembro de 2005, disponível em www.ctc.usma.edu/wp-content/uploads/2010/08/CTC-AtiyahLett er.pdf; sobre o papel de Abdul al-Rahman na comunicação com a Al-Qaeda no Iraque, ver Brian Fishman, "Redefining the Islamic State: The Fall and Rise of Al-Qaeda in Iraq", New America Foundation, 18 de agosto de 2011, newamerica.net/publications/policy/redefining_the_islamic_state.

116 **tivesse prejudicado gravemente a imagem da Al-Qaeda**: entrevista do autor com agente paquistanês, julho de 2011.

117 **repreendendo-os por "fanatismo"**: Fawaz Gerges, *The Rise and Fall of Al-Qaeda* (Nova York: Oxford University Press, 2011), p. 120.

117 **os Estados Unidos ainda eram o principal inimigo**: Ken Dilanian e Brian Bennett ",Osama bin Laden's Surrender Wasn't a Likely Outcome in Raid, Officials Say", *Los Angeles Times,* 3 de maio de 2011, articles.latimes .com/2011/may/03/world/la-fg--bin-laden-us-20110504/2.

117 **não ser um alvo suficientemente importante**: Rotella, "New Details in the bin Laden Docs"; Siobhan Gorman, "Petraeus Named in bin Laden Documents", *Wall Street Journal,* 23 de junho de 2011, online.wsj.com/article/SB10001424052702304231204576404222056912648.html.

117 **Al-Qaeda simplesmente não possuía recursos**: Michael Leiter, entrevista pelo autor, Washington, DC, 29 de agosto de 2011.

117 **atacar os Estados Unidos em si**: Deve-se observar que, enquanto Bin Laden continuava a enfatizar ataques de grande escala nos Estados Unidos, ele também apoiava a mudança de rumo da Al--Qaeda na Península Arábica, visando ataques menores contra alvos americanos. Ver Kimberly Dozier, "Bin Laden Trove of Documents Sharpen US Aim", Associated Press, 8 de junho de 2011, www.msnbc.msn.com/id/43331634/ns/us_news-security/t/bin-laden--trove-documents-sharpen-us-aim/.

117 **quantos milhares de americanos mortos**: Pierre Thomas e Martha Raddatz, "Osama bin Laden Operational Journal Among Evidence from SEAL Raid", ABC News, 11 de maio de 2011, abcnews.go.com/Blotter/ osama-bin-laden-diary-evidence-seal--raid/story?id=13581186.

117 **Ele considerou atacar trens**: Mark Mazzetti e Scott Shane, "Data

Show Bin Laden Plots; C.I.A. Hid Near Raided Houses", *New York Times,* 5 de maio de 2011, www.nytimes.com/2011/05/06/world/asia/06intel.html.

117 **desafetos afro-americanos e latinos**: Greg Miller e Karen DeYoung, "Bin Laden's Preoccupation with U.S. Said to Be Source of Friction with Followers", *Washington Post,* 11 de maio de 2011.

118 **Bryant Neal Vinas**: Para mais sobre Vinas, ver Michael Powell, "U.S. Recruit Reveals How Qaeda Trains Foreigners", *New York Times,* 23 de julho de 2009, www.nytimes.com/2009/07/24/nyregion/24terror.html? pagewanted = all.

118 **décimo aniversário do 11 de setembro**: Siobhan Gorman, "Bin Laden Plotted New Attack", *Wall Street Journal,* 15 de julho de 2011, online.wsj.com/article/SB10001424052702304521304576446213098582284.html.

118 **Natal**: Dozier, "Bin Laden Trove of Documents Sharpen U.S. Aim".

118 **petroleiros... estratégia mais ampla**: Damien Pearse, "Al-Qaida Hoped to Blow Up Oil Tankers, Bin Laden Documents Reveal", *Guardian,* 20 de maio de 2011, www.guardian.co.uk/world/2011/may/20/al-qaida-oiltankers-bin-laden.

118 **em contato com um grupo de militantes marroquinos**: "Top Terrorist Had Ties to Düsseldorf Cell", *Der Spiegel,* 6 de maio de 2011, www.spiegel.de/international/germany/0,1518,761101,00.html.

118 **no outono de 2010**: Entrevistas do autor com agentes de segurança nacional dos EUA, dezembro de 2010.

118 **Grupo do Monoteísmo e da Jihad**: Matt Apuzzo, "Osama Wanted New Name for al-Qaida to Repair Image", Associated Press, 24 de junho de 2011, www.salon.com/2011/06/24/us_al_qaida_new_name/. Monoteísmo e Jihad era, ironicamente, o nome do grupo terrorista de Abu Musab al-Zarqawi antes de se tornar Al-Qaeda no Iraque. Houve uma Al-Qaeda anterior na Península Arábica, que foi reprimida pelas autoridades sauditas; a nova versão do grupo foi anunciada em 2009, quando a Al-Qaeda do sul da Península Arábica se fundiu com sua contraparte saudita.

119 **não refletia os "valores" da Al-Qaeda**": Rotella, "New Details in the bin Laden Docs".

119 **não conhecia Awlaki**: Entrevista do autor com alto funcionário da inteligência dos EUA.

NOTAS 281

119 **Bin Laden também deu conselhos estratégicos**: Greg Miller, "Bin Laden Document Trove Reveals Strain on al-Qaeda", *Washington Post,* 1° de julho de 2011, www.washingtonpost.com/national/national-security /bin-ladendocument-trove-reveals-strain--on-al-qaeda/2011/07/01/AGdj0GuH_story.html.

119 **meia dúzia de outros suboficiais**: Peter Bergen e Katherine Tiedemann",Washington's Phantom War: The Effects of the U.S. Drone Program in Pakistan", *Foreign Affairs* (julho/agosto de 2011), www.foreign affairs .com/articles/67939/peter-bergen-and-katherine-tiedemann/washingtons-phantom-war.

119 **"sendo massacrada"**: Entrevista do autor com alto funcionário da inteligência dos EUA.

119 **esquema de contraespionagem**: Entrevistas do autor com agentes da inteligência paquistanesa, julho de 2011; Greg Miller, "Bin Laden Document Trove".

120 **negociar uma grande aliança**: Jason Burke, "Osama bin Laden Tried to Establish 'Grand Coalition' of Militant Groups", *Guardian,* 30 de maio de 2011, www.guardian.co.uk/world/2011/may/30/osama-bin-ladenmilitant-alliance.

120 **intermediar algum tipo de acordo**: Mark Mazzetti, "SignsThat Bin Laden Weighed Seeking Pakistani Protection", *New York Times,* 26 de maio de 2011, www.nytimes.com/2011/05/27/world/middleeast/27binladen.html.

120 **tentaram assassinar o presidente do país**: Salman Masood, "Pakistan Leader Escapes Attempt at Assassination", *New York Times,* 26 de dezembro de 2003, www.nytimes.com/2003/12/26/world/pakistanileader-escapes-attempt-at-assassination.html?pagewanted=all& src=pm.

120 **sua batalha era travada na mídia**: "Letter to Mullah Mohammed Omar from bin Laden", sem data,AFGP-2002-600321, disponível em www.ctc.usma.edu/posts/letter-to-mullah-mohammed--omar-frombin-laden-english-translation.

121 **Protocolo de Kyoto sobre o aquecimento global**: Osama bin Laden, "The Wills of the Heroes of the Raids on New York and Washington", vídeo divulgado em 11 de setembro de 2011, transcrição disponível em abcnews.go.com/images/Politics/transcript2.pdf.

121 **cinco fitas de áudio por ano**: Mazzetti e Shane, "Data Show Bin

Laden Plots".

121 **"catástrofe"**: Inal Ersan, "Bin Laden Warns EU over Prophet Cartoons", Reuters, 20 de março de 2008, www.ft.com/intl/cms/s/0/08d9a978-f60e-11dc-8d3d-000077b07658.html#axzz1jqoWHZmu.

121 **explodiu a embaixada dinamarquesa em Islamabad**: Jane Perlez e Pir Zubair Shah, "Embassy Attack in Pakistan Kills at Least 6", *New York Times,* 3 de junho de 2008, www.nytimes.com/2008/06/03/world/asia/03pakistan.html.

121 **a recente invasão israelense de Gaza**: "Bin Laden 'Tape' Calls Israel Offensive in Gaza a Holocaust", Associated Press, 14 de março de 2009, www.guardian.co.uk/world/2009/mar/14/osama--bin-laden-gaza-Israel.

121 **opinou sobre a decisão da França**: Leela Jacinto, "Bin Laden Targets France, Blasts Burqa Ban and Afghan War", France24.com, 28 de outubro de 2010, www.france24.com/en/20101027-osama--bin-laden-terrorismfrance-al-qaeda-burqa-ban.

122 **"Assistimos a este grande evento histórico"**: Scott Shane, "In Message, Bin Laden Praised Arab Revolt", *International Herald Tribune,* 18 de maio de 2011, www.nytimes.com/2011/05/19/world/middleeast/19binladen.html?gwh=BD6FB65DDBFB14D221838 7E70809F0D5.

CAPÍTULO 10: OS GUERREIROS SECRETOS

123 **soaram três tiros:** Robert D. McFadden e Scott Shane, "In Rescue of Captain, Navy Kills 3 Pirates", *New York Times*, 12 de abril de 2009, www.nytimes.com/2009/04/13/world/africa/13pirates.html?pagewanted=all.

123 **Obama havia autorizado o uso:** *Ibid.*

123 **Obama ligou:** Entrevista do autor com oficial do Departamento de Defesa, dezembro de 2011.

124 **matando oito soldados americanos:** Mark Bowden, "The Desert One Debacle", *The Atlantic,* maio de 2006, www.theatlantic.com/magazine/archive/2006/05/the-desert-one--debacle/4803/2/?single_page=true.

124 **Uma investigação do Pentágono encontrou:** Holloway Re-

NOTAS 283

port, 23 de agosto de 1980, www.gwu.edu/~nsarchiv/NSAEBB/NSAEBB63/doc8.pdf.

124 **criação em 1980 do Comando Conjunto de Operações Especiais:** Steven Emerson, "Stymied Warriors", *New York Times*, 13 de novembro de 1988, www.nytimes.com/1988/11/13/magazine/stymied-warriors.html.

125 **costumavam desconfiar dos "comedores de cobras":** Ver, por exemplo, Michael Smith, Killer Elite: The Inside Story of America's Most Secret Special Operations Teams (Nova York St. Martin's Press, 2011), p. 215.

125 **fiasco em Mogadício:** Ver Mark Bowden, *Black Hawk Down: A Story of Modern War* (Nova York: Atlantic Monthly Press, 1999).

125 **parte dos melhores instrutores de sua base:** "9/11 Commission Report", p. 60.

125 **"Você sabe que a Al-Qaeda morreria de medo":** Coll, Ghost Wars, p. 498.

126 **"Estou longe de defender":** Entrevista de Michael Scheuer.

126 **expressando sua irritação:** Document 19, National Security Archives, George Washington University, www.gwu.edu/~nsarchiv/NSAEBB/NSAEBB358a/index.htm#19.

126 **Oficiais que trabalhavam para Rumsfeld:** Bradley Graham, *By His Own Rules: The Ambitions, Successes, and Ultimate Failures of Donald Rumsfeld* (Nova York: Public Affairs, 2009), p. 369.

126 **"somalizados":** Smith, *Killer Elite*, p. 233.

126 **"inteligência acionável":** *Ibid*.

127 **"Ferrari novinha em folha":** Richard Shultz Jr., "How Clinton Let al Qaeda Go", *Weekly Standard*, 19 de janeiro de 2004, archive.frontpagemag.com/readArticle.aspx?ARTID=14524.

127 **pedir para que o general Schoomaker:** Smith, *Killer Elite*, p. 258.

127 **assinou uma ordem:** Dana Priest e William M. Arkin, Top Secret America: The Rise of the New American Security State (Nova York: Little, Brown and Co., 2011), p. 236.

127 **o Pentágono nem soube que o JSOC existia:** Dexter Filkins, "Stanley McChrystal's Long War", *New York Times Magazine*, 14 de outubro de 2009, www.nytimes.com/2009/10/18/magazine/18Afghanistan-t.html? pagewanted=all.

127 **contingente de oitocentos:** Priest e Arkin, *Top Secret America*, p.

227; ver de maneira geral Marc Ambinder e D. B. Grady, *The Command: Deep Inside the President's Secret Army* (John Wiley & Sons, ebook).

127 **Confederate Air Force:** agente da inteligência dos EUA, entrevista pelo autor, Washington, DC, dezembro de 2011.

128 **teria de ficar mais parecido com a Al-Qaeda:** Spencer Ackerman, "How Special Ops Copied al-Qaida to Kill It", Danger Room, *Wired,* 9 de setembro de 2011, www.wired.com/dangerroom/2011/09/mcchrystal-network/all/1.

128 **Mohamed chegou a ministrar:** Ver Bergen, *Holy War, Inc.,* p. 132.

128 **Durante sua licença do exército:** Sobre a licença de Mohamed para viajar ao Afeganistão, ver *ibid.,* pp. 132–33.

128 **manuais das Forças Especiais:** Wright, *The Looming Tower,* p. 181.

128 **"horizontal e veloz":** Entrevista do autor com ex-oficiais das Operações Especiais.

129 **No verão de 2004:** *Ibid.*

129 **para trabalhar na estação da CIA em Bagdá:** *Ibid.*

129 **Um dos principais chefes do Pentágono:** Entrevista do autor com oficial sênior do Departamento de Defesa.

130 **"inteligência acionável":** *Ibid.*; ver também Priest e Arkin, *Top Secret America,* pp. 244–55.

130 **"luta por inteligência":** Eric Schmitt e Thom Shanker, *Counterstrike: The Untold Story of America's Secret Campaign Against Al Qaeda* (Nova York: Times Books, 2011), p. 93.

130 **"varinha mágica":** Priest e Arkin, *Top Secret America,* p. 244.

130 **obtendo mais pistas para o JSOC:** Entrevista do autor com funcionário do Conselho de Segurança Nacional.

131 **JSOC era "espetacular":** Bob Woodward, "Why Did Violence Plummet? It Wasn't Just the Surge", *Washington Post,* 8 de setembro de 2008, www.washingtonpost.com/wp-dyn/content/article/2008/09/07/AR2008090701847.html?hpid=topnews.

131 **34 membros da equipe foram punidos:** Eric Schmitt e Carolyn Marshall, "In Secret Unit's 'Black Room,' a Grim Portrait of Detainee Abuse", *New York Times,* 19 de março de 2006, www.nytimes.com/2006/03/19/international/middleeast/19abuse.html

NOTAS 285

?ei=5088&en=e8755a4b031b64a1&ex=1300424400&partner=rss nyt&emc=rss&pagewanted=all.

131 **o próprio McChrystal foi um**: Scott Lindlaw e Martha Mendoza, "General Suspected Cause of Tillman Death", Associated Press, 4 de agosto de 2007, www.washingtonpost.com/wp-dyn/content/article/2007/08/03/AR2007080301868.html.

131 **meia dúzia de operações mensais... trezentas por mês**: Entrevista do autor com alto funcionário de inteligência dos EUA.

131 **"17-5-2"**: Priest e Arkin, *Top Secret America,* p. 240.

131 **McChrystal escreveu a todos os seus subordinados**: Smith, *Killer Elite,* p. 276.

132 **vinte de seus homens no Afeganistão e 250 no Iraque**: Priest e Arkin, *Top Secret America,* p. 238.

132 **vinte operações por mês**: Entrevista do autor com alto funcionário do Departamento de Defesa dos EUA.

132 **considerado o mais árduo do mundo**: Eric Greitens, *The Heart and the Fist: The Education of a Humanitarian, the Making of a Navy SEAL* (Nova York: Houghton Mifflin Harcourt, 2011), pp. 144–63.

132 **nadar submerso por 45 metros**: Eric Greitens, entrevista pelo autor, Washington, DC, agosto de 2011.

132 **"Tínhamos algumas pessoas incríveis"**: *Ibid.*

133 **"pressioná-los ao máximo possível"**: *Ibid.*

133 **dividido em esquadrões nomeados por cores**: Mir Bahmanyar com Chris Osman, *SEALs: The US Navy's Elite Fighting Force* (Oxford, UK: Osprey Publishing, 2008), p. 22.

133 **a base do DevGru em Dam Neck**: Observações do autor sobre a base durante uma visita em 2010.

134 **potencial para ser mais uma Operação Garra de Águia**: Schmitt e Shanker, *Counterstrike,* pp. 31–32.

134 **motocicleta vermelha peculiar**: Entrevista do autor com alto funcionário de inteligência dos EUA

134 **Um plano foi elaborado para levar trinta Seals**: Evan Thomas, "Into Thin Air", *Newsweek,* 2 de setembro de 2007.

134 **Rumsfeld cancelou o ataque**: Mark Mazzetti e David Rohde, "Amid U.S. Policy Disputes, Qaeda Grows in Pakistan", *New York Times,* 30 de junho de 2008, www.nytimes.com/2008/06/30/washington/30tribal.html?pagewanted=all.

135 **Em 11 de agosto de 2006**: Ver JTF-GTMO Avaliação de Prisioneiro para Harun al-Afghani, ISN US9AF-003148DP, 2 de agosto de 2007.

135 **em julho de 2007, o JSOC recebeu inteligência**: Entrevista do autor com alto funcionário de inteligência dos EUA

135 **reunião de cúpula de militantes**: *Ibid.*; Eric Schmitt e Thom Shanker, "In Long Pursuit of Bin Laden, the '07 Raid, and Frustration", *New York Times,* 5 de maio de 2011, www.nytimes.com/2011/05/06/world/asia/06binladen.html?pagewanted=1&hp.

135 **operação menor durante**: Entrevista do autor com alto funcionário de inteligência dos EUA.

CAPÍTULO 11: LINHAS DE AÇÃO

136 **"Quero novas informacões assim que eu voltar"**: Entrevista do autor com oficial de alto escalão do governo, Washington, DC, agosto de 2011.

136 **"Vamos resolver isso o mais rápido possível"**: John Brennan em *Targeting bin Laden.*

136 **"Se fôssemos preparar qualquer tipo de ataque"**: Barack Obama em *Targeting bin Laden.*

137 **um suspeito tangencialmente ligado à Al-Qaeda:** Chris Brummitt e Adam Goldman, "Indonesia: Terror Suspect Went to Meet bin Laden", Associated Press, maio de 4, 2011, www.foxnews.com/world/2011/05/04/indonesia-terror-suspect-went-meet--bin-laden/#ixzz1kCVvHPfP.

137 **"Temos que agir agora"**: Adam Goldman e Matt Apuzzo, "AP Enterprise: The Man Who Hunted Osama bin Laden", Associated Press, 5 de julho de 2011, news.yahoo.com/ap-enterprise-man--hunted-osama-bin- laden-040627805.html.

137 **"opções para atacar esse complexo"**: John Brennan em *Targeting bin Laden.*

137 **CAD:** Shane Harris, "Bin Laden Death Planned Out in Miniature", *Washingtonian,* 5 de maio de 2011, www.washingtonian.com/blogarticles/ 19328.html.

137 **dois carrinhos de brinquedo**: Observação do autor a respeito de partes da maquete.

NOTAS

287

137 **"Foi um ótimo instrumento":** James Cartwright, entrevistado pelo autor, Washington, DC, 30 de setembro de 2011.

138 **envolver outra pessoa na operação secreta:** Michael Vickers, entrevistado pelo autor, Washington, DC, 15 de novembro de 2011.

138 **já se conheciam há três décadas:** *Ibid.*

138 **Muito do crédito público:** Entrevista do autor com oficial de alto escalão da inteligência americana.

138 **para mais de 2 mil por ano até 2010:** Entrevista do autor com oficial do Departamento de Defesa.

138 **disparou de 35% para mais de 80%:** Woodward, "Death of Osama bin Laden".

138 **a media de idade entre os comandantes talibãs ter caído:** Con Coughlin, "Karzai Must Tell Us Which Side He's On in Afghanistan", *Telegraph*, 18 de novembro de 2010, www.telegraph.co.uk/comment/ columnists/concoughlin/8144423/Karzai--must-tell-us-which-side-hes-on-in-Afghanistan.html.

139 **uma vez por mês no Afeganistão:** Craig Whitlock, "Adm. William McRaven: The Terrorist Hunter on Whose Shoulders Osama Bin Laden Raid Rested", *Washington Post*, 4 de maio de 2011.

139 **McRaven visitou o centro de operações da CIA:** Siobhan Gorman e Julian E. Barnes, "Spy, Military Ties Aided bin Laden Raid", *Wall Street Journal*, 23 de maio de 2011, online.wsj.com/article /SB10001424052748704083904 576334160172068344.html.

139 **McRaven logo pecebeu:** Entrevista do autor com oficial do Pentágono.

139 **"Em primeiro lugar, meus parabéns":** Entrevista do autor com oficial da inteligência americana.

139 **"Ele é um operador experiente":** *Ibid.*

139 **destacou um capitão da Marinha:** Gorman e Barnes, "Spy, Military Ties Aided Bin Laden Raid".

139 **uma operação secreta "negável":** Entrevista com Michael Vickers; entrevista com Michael Leiter.

140 **primeiro andar do parque gráfico da CIA:** Nicholas Schmidle, "Getting bin Laden", *New Yorker*, 1º de agosto de 2011, www.newyorker.com/reporting/2011/08/08/110808fa_fact_schmidle?currentPage=all

140 **Uma ideia seria desembarcar uma equipe Seal... fizeram o plano ser descartado**: *Ibid.*

140 **preparar o curso de operações especiais:** "Biography: Admiral William H. McRaven, United States Special Operations Command", atualizado em 8 de agosto de 2011, http://www.navy.mil/navydata/bios/navybio.asp?bioid=401.

140 **um dos principais responsáveis:** *Ibid.*

140 ***Spec Ops*, publicado em 1996:** William H. McRaven, *Spec Ops: Case Studies in Special Operations Warfare: Theory and Practice* (Nova York: Random House, 1996).

141 **o astro principal é Jonathan Netanyahu:** "Of all the men studied so far no one exhibits as much leadership ability as Jonathan Netanyahu", McRaven em *ibid.*, p. 342.

141 **Leitor de Maquiavel:** *Ibid.*, p. 345.

141 **um plano simples:** Entrevista do autor com oficial do Pentágono.

141 **único plano "cinético":** Entrevista do autor com oficial do Pentágono.

142 **a mulher de mais alta patente... Mãe de três:** Emily Wax, "Michèle Flournoy, Pentagon's Highest-Ranking Woman, Is Making Her Mark on Foreign Policy", *Washington Post*, 6 de novembro de 2011, www.washingtonpost.com/lifestyle/style/Michèle-flournoy-pentagons-highest-ranking-woman-is-making-her-mark-on--foreign-policy/2011/10/27/gIQAh6nbtM_story.html. Três dos cinco principais nomes do Pentágono altamente envolvidos na operação Bin Laden foram criados num ambiente decididamente não military: Hollywood. O pai de Michèle Flournoy era operador de câmera. O pai de Michael Mullen era um agente de Hollywood. O pai de Michael Vickers era cenógrafo.

142 **Uma série de opções em discussão:** Entrevista com James Cartwright.

142 **"Houve um debate muito sério":** Entrevista do autor com Michèle Flournoy, Washington, DC, 18 de novembro de 2011.

142 **aliado oportunista:** "Pervez Musharraf on U.S.-Pakistan Relations", Council on Foreign Relations, 26 de outubro de 2011, carnegieendowment.org/files/1026carnegie-musharraf.pdf.

143 **o Paquistão era um santuário para grupos militantes:** Declaração do almirante Michael Mullen, presidente da Junta de Che-

NOTAS

fes do Estado-Maior, perante o comitê do Senado sobre as forças armadas, 22 de setembro de 2011, armed-services.senate.gov/statemnt/2011/09%20September/Mullen%2009- 22-11.pdf.

143 **agente da CIA:** Greg Miller, "U.S. Officials: Raymond Davis, Accused in Pakistan Shootings, Worked for CIA", *Washington Post*, 22 de fevereiro de 2011, www.washingtonpost.com/wp-dyn/content/article/2011/02/21/AR2011022102801.html.

143 **clamaram pela execução de Davis:** "Rallies Demand Public Execution of Davis", *Dawn*, 12 de fevereiro de 2011, www.dawn.com/2011/02/12/rallies-demand-public-execution-of-davis.html.

143 três quartos de todos os suprimentos da Otan e dos Estados Unidos: Muhammad Tahir, "Central Asia Stands to Gain as NATO Shifts Supply Lines Away from Pakistan", Radio Free Europe/Radio Liberty, 22 de março de 2011, www.rferl.org/content/central_asia_supply_lines_afghanistan/2345994.html.

143 **"Houve então um grande esforço":** Entrevista com Michèle Flournoy.

144 **trabalhar em conjunto para expandir:** Declaração do secretário de Defesa Robert Gates na Academia Naval Kuznetsov, em São Petersburgo, Rússia, 21 de março de 2011.

144 **"Eu não queria perder aquela chance":** Hillary Clinton, entrevistada pelo autor, Washington, DC, 23 de janeiro de 2012.

144 **"concluiu que as chances":** Entrevista com Nick Rasmussen.

144 **No começo da noite de uma sexta-feira:** Gorman e Barnes, "Spy, Military Ties Aided Bin Laden Raid".

144 **aviador da Marinha americana... Tony Blinken:** Yochi J. Dreazen, "Man Most Likely to Take Top Military Job Has Never Seen War", *The National Journal*, 2 de maio de 2011.

145 **O mais difícil seria provavelmente:** Entrevista do autor com oficial do Pentágono.

145 **"Acho que nosso pessoal desenvolveu quarto opcões":** Entrevista do autor com oficial da inteligência americana.

145 **Em 14 de março de 2011, o conselho de Guerra de Obama se reuniu:** Entrevista do autor com oficial do alto escalão do governo, Washington, DC.

146 **o bombardeio causaria:** Entrevista com James Cartwright.

146 **"Algumas pessoas disseram":** Tony Blinken, conselheiro de

segurança nacional do vice-presidente Joseph Biden, entrevistado pelo autor, Washington, DC, 3 de novembro 2011.

146 **Bin Laden pudesse se abrigar em algum cofre... escapar por algum túnel:** Entrevista com James Cartwright.

146 **Usando imagens termográficas:** Entrevista do autor com oficial do Conselho Nacional de Segurança.

146 **grandes riachos cortavam a região do complexo:** Observações do autor durante visita a Abbottabad em julho de 2011 e fevereiro de 2012.

147 **Os defensores da incursão por terra, que incluíam Panetta:** Entrevista do autor com oficial do alto escalão do governo.

147 **ir embora sem que ninguém jamais soubesse da opeação:** *Ibid.*

147 **Cartwright, o general favorito de Obama:** Entrevistas do autor com vários oficiais do alto escalão do governo.

147 **para acertar o "Conta-passos":** Entrevistas do autor com oficiais de antiterrorismo envolvidos na caçada a Bin Laden; ver também Woodward, "Death of Osama bin Laden".

147 **exigiria um altíssimo grau de precisão:** Entrevista do autor com um oficial do alto escalão do governo.

147 **"rumores" em relação ao "martírio" de Bin Laden:** *Ibid.*

147 **"aquele sistema ainda não havia sido testado":** Michael Mullen, entrevistado pelo autor, Annapolis, MD, 20 de janeiro de 2012.

147 **Michèle Flournoy também defendeu a incursão:** Entrevista com Michèle Flournoy.

148 **"Senhor Presidente, nós ainda não testamos todas as possibilidades":** John Brennan em *Targeting bin Laden*.

148 **"Então é melhor começar":** Entrevistas do autor com vários membros do alto escalão do governo.

148 **usar helicópteros seria uma operação arriscada:** Entrevista do autor com oficial da Casa Branca.

148 **suas ideias não receberam muita atenção na época:** Entrevista do autor com oficial da inteligência americana.

148 **muitos dos presentes acreditavam:** Entrevista do autor com oficial da inteligência americana.

148 **"Todos deixaram a reunião completamente esgotados":** Entrevista com Hillary Clinton.

NOTAS

149 **acabasse sendo morto na prisão:** Mazzetti, Cooper, e Baker, "Behind the Hunt for bin Laden".

149 **o que seria necessário para derrubar um complexo de quase meio hectare:** Entrevista do autor com oficial da inteligência americana.

149 **As bombas poderiam acertar não apenas o alvo:** *Ibid.*

179 **Obama encheu McRaven de perguntas:** Jake Tapper, "President Obama to National Security Team: 'It's a Go'", *ABC News*, 2 de maio de 2011, abcnews.go.com/blogs/politics/2011/05/president-obama- to-national-security-team-its-a-go/.

149 **um dos conselheiros mais céticos do presidente:** Entrevista com Michèle Flournoy.

150 **"Nós só saímos da Casa Branca por volta de 1h30 da manhã":** Robert M. Gates, *From the Shadows: The Ultimate Insider's Story of Five Presidents and How They Won the Cold War* (Nova York: Simon and Schuster, 2006), pp. 154–55.

150 **"E se algum helicóptero cair?"... "parecia decidido a não acreditar":** Entrevista com Michèle Flournoy.

150 **a hipótese de alertar os paquistaneses sobre a operação foi se tornando cada vez mais remota:** Entrevista do autor com oficial da inteligência americana.

151 **"McRaven se mostrou muito preocupado":** Entrevista do autor com um membro do alto escalão do governo.

151 **os Seals evitariam qualquer tipo de confronto com os paquistaneses:** *Ibid.*

151 **perímetro de defesa... todo o caso de inteligência:** *Ibid.*

151 **"O ponto crucial aqui é a proteção dos nossos soldados":** *Ibid.*

152 **mais de vinte Seals fossem presos:** Entrevista do autor com vários membros do alto escalão do governo, Washington, DC.

152 **"Aquilo causou uma mudança crucial":** *Ibid.*

152 **força de reação rápida:** *Ibid.*

152 **"Se tivermos certeza de que podemos encontar o líder ou o vice-líder":** Entreviosta com Michael Mullen.

152 **havia forjado uma relação pessoal:** Entrevista do autor com um oficial paquistanês.

152 **"Vocês têm agentes da CIA demais no meu país":** *Ibid.*

152 **"disputa de gritos":** Jane Perlez, "Denying Links to Militants,

Pakistan's Spy Chief Denounces U.S. Before Parliament", *New York Times*, 13 de maio de 2011, www.nytimes.com/2011/05/14/world/asia/14pakistan.html.

153 **durante outros cinco dias... no meio das florestas da Carolina do Norte:** Schmidle, "Getting bin Laden".

153 **Os ensaios... "no local":** Entrevista do autor com oficial da inteligência americana.

153 **"assinatura sonora"... McRaven advertiu**: *Ibid.*

153 **Durante os ensaios... Os Seals treinavam**: *Ibid.*

153 **encontraram praticamente todos os tipos de surpresa possíveis:** Entrevista com James Cartwright.

154 **"McRaven tinha um plano reserva":** Entrevista com Michèle Flournoy.

154 **todos ficaram extasiados:** Entrevista com Eric Greitens.

154 **para replicar as prováveis condições climáticas:** Schmidle, "Getting bin Laden".

154 **desta vez ao lado do almirante Mullen:** Entrevista do autor com oficial da inteligência americana.

154 **"ensaio conceitual"... decisões de última hora:** *Ibid.*

154 **toda a operação em terra poderia ser conduzida em menos de trinta minutos:** Entrevista do autor com um membro do alto escalão do governo.

155 **passar pelo centro de operações do JSOC:** Entrevista com Michael Mullen.

155 **"Se vou mandar alguém para morrer em campo":** *Ibid.*

155 **"Primeiro, o fato de ele ser como é ajuda muito":** Entrevista com Tony Blinken.

155 **"Em termos de dificuldade":** Entrevista do autor com oficial da inteligência americana.

155 **disse ao jornal *Al-Quds Al-Arabi*:** Khalid al Hammadi, "Bin Laden's Former 'Bodyguard' Interviewed", *Al-Quds Al-Arabi*, 3 de agosto de 2004, e 20 de março a 4 de abril de 2004.

156 **Ele preferia se torar um mártir:** O website do jornal *The Guardian* produziu uma ótima cronologia das declarações de Bin Laden e Zawahiri: www.guardian.co.uk/alqaida/page/0,,839823,00.html, onde o discurso de Bin Laden de 20 de fevereiro de 2006 pode ser encontrado.

NOTAS

156 **O regimento das operações Seal exigia:** Entrevista de Leon Panetta ao NBC Nightly News, 3 de maio de 2011, www.msnbc. msn.com/id/42887700/ns/world_news-death_of_bin_laden/t/ transcript-interview-cia-director-panetta/#.TwHRIiNAYfU.

156 **composta por advogados, intérpretes e interrogadores experientes:** Entrevista de James Cartwright .Ver também Eric Schmitt, Thom Shanker, e David E. Sanger, "U.S. Was Braced for Fight with Pakistanis in bin Laden Raid", *New York Times*, 9 de maio de 2011, www.nytimes.com/2011/05/10/world/asia/10intel .html?emc=na#

156 **seria levada ao porta-aviões USS *Carl Vinson*:** Entrevista de James Cartwright; Schmitt, Shanker, e Sanger, "U.S. Was Braced for Fight".

156 **inteligência vinha oferecendo cada vez menos avanços:** Entrevista do autor com um oficial da inteligência americana.

156 **"Sempre houve uma tensão":** Entrevista com Tony Blinken.

156 **Obama concedeu um sinal verde provisório:** Gorman e Barnes, "Spy, Military Ties Aided bin Laden Raid".

157 **"reuniões para as quais não se foi convidado":** Entrevista de Ben Rhodes em *Targeting bin Laden*.

157 **"Já houve situações em que precisei contatar editores de jornais":** Entrevista de Ben Rhodes.

157 **"Eu senti o enorme peso da informação":** Entrevista de Ben Rhodes *Targeting bin Laden*.

157 **"Continuem se preparando":** Entrevistas do autor com membros do alto escalão do governo.

158 **seria preciso poder entrar em ação imediatamente:** *Ibid.*

158 **"todos os cenários em que Bin Laden não fosse encontrado":** *Ibid.*

158 **preparou um documento de 66 páginas:** Entrevista do autor com oficial da inteligência americana.

158 **Ainda no meio de abril, John Brennan entrou em contato com Mike Leiter:** Entrevista de Michael Leiter.

159 **presidente da revista *Harvard Law Review*:** *Harvard Gazette*, 25 de fevereiro de 1999, news.harvard.edu/gazette/1999/02.25/ news.html.

159 **cargo que o próprio Barack Obama havia ocupado:** Fox Butterfield, "First Black Elected to Head Harvard's Law Re-

view", *New York Times*, 6 de fevereiro de 1990, www.nytimes.com/1990/02/06/us/first-black-elected-to-head-harvard-s-law--review.html.

159 **Leiter trabalhou na comissão do congresso... relatório final:** Depoimento do ex-senador Charles S. Robb ao Comitê Seleto de Inteligência do Senado, "Nomination of Michael Leiter to Be Director, National Counterterrorism Center", p. 3, www.fas.org/irp/congress/2008_hr/leiter.pdf.

159 **"Eu já tinha visto tantos fracassos na minha vida":** Entrevista de Michael Leiter.

159 **certos aspectos do caso ainda o incomodavam:** *Ibid.*

159 **Para Leiter... falfas de "cobertura":** *Ibid.*

160 **"Acho que isso não é o bastante, seja no caso de um sucesso ou de um fracasso":** *Ibid.*

160 **Brennan concordou que criar uma segunda equipe de analistas seria uma boa ideia:** *Ibid.*

160 **Leiter então procurou Tom Donilon:** *Ibid.*

161 **"Denis, você está de sacanagem?":** *Ibid.*

161 **O momento ideal para um ataque com helicópteros:** Entrevista do autor com um oficial da inteligência americana.

161 **quanto mais eles esperassem, maior seria o risco de um vazamento de informações:** *Ibid.*; entrevista com James Cartwright.

161 **Morell disse, "Claro,** é uma ótima ideia": Entrevista com Michael Leiter.

162 **Leiter deu a eles 48 horas:** *Ibid.*

162 **A equipe de Leiter explorou três cenários:** *Ibid.*

162 **Os analistas concluíram que a primeira hipótese era a mais provável:** *Ibid.*

162 **"Acreditávamos ter uma boa noção de todos os AAVs":** *Ibid.*

162 **nenhuma das outras hipóteses era tão plausível:** *Ibid.*

162 **publicava na internet... "tolice":** Alan Silverleib, "Obama Releases Original Long-Form Birth Certificate", CNN, 27 de abril de 2011, edition.cnn.com/2011/POLITICS/04/27/obama.birth.certificate/index.html.

163 **as equipes Seal já haviam deixado seu quartel-general:** Schmidle, "Getting bin Laden".

NOTAS

CAPÍTULO 12: A DECISÃO

164 **"Em resumo, minha equipe não encontrou nem concluiu nada de revolucionário":** Entrevista com Michael Leiter.

164 **"O estudo não mudou nada":** Entrevista com Michael Vickers.

164 **"Mesmo tendo só 40% de certeza":** Entrevista com Michael Leiter .

164 **"Imaginei que nossas chances fossem melhores":** John Brennan em *Targeting bin Laden*.

165 **"O ânimo da sala esfriou":** Ben Rhodes em *Targeting bin Laden*.

165 **"a segunda equipe só reduziu nosso nível de certeza":** Entrevista com Tony Blinken.

165 **"Acho que o trabalho dessa segunda equipe foi fantástico":** Entrevista com Michael Leiter.

165 **"nós temos as melhores evidências desde o caso de Tora Bora":** Entrevista do autor com um oficial da inteligência americana. Ver também Massimo Calabresi, "CIA Chief: Pakistan Would Have Jeopardized Operation", *Time*, 3 de maio de 2011, swampland.time.com/2011/05/03/cia-chief-breaks-silence-u-s-ruled--out-involving-pakistan-in-bin-laden-raid-early-on/.

165 **Obama resumiu o caso:** Entrevista com Michael Leiter.

166 **"Senhor presidente, essa é uma decisão muito difícil":** Entrevista com Ben Rhodes em *Targeting bin Laden*.

166 **todos na Sala de Situação acabaram caindo na risada:** Entrevistas com membros do alto escalão do governo.

166 **Joe Biden... preocupava-se com as reações locais à ação:** *Ibid.*

166 **Robert Gates continuou reticente:** *Ibid.*; Entrevista com Michael Leiter ; entrevista com James Cartwright .

167 **Com a hesitação de gates e Biden:** Entrevista com Michael Leiter e entrevistas com membros do alto escalão do governo.

167 **se posicionaram contra uma operacão com helicópteros Seal:** Entrevista com Tom Donilon em *Targeting bin Laden*; entrevista com Mike Leiter.

167 **nunca havia preparado uma apresentação tão minuciosa:** Entrevista com Michael Mullen.

167 **"a equipe de Bill [McRaven] era capaz de fazer aquilo":** *Ibid.*

167 **usar uma aeronave não tripulada:** Entrevista do autor com membros do alto escalão do governo.

168 **uma "bomba inteligente" que pesava apenas seis quilos:** V. J. Hennigan, "Pentagon Seeks Mini-Weapons for New Age Warfare", *Los Angeles Times*, 30 de maio de 2011.

168 **Hillary Clinton fez então uma longa e detalhada apresentação:** Entrevista do autor com membros do alto escalão do governo.

168 **"Senhor presidente, minha primeira opção seria esperar":** Entrevista com Michael Leiter.

168 **"sempre faço o seguinte teste":** Leon Panetta, entrevistado pelo autor, Washington, DC, 16 de fevereiro de 2012.

169 **Hillary Clinton usou um argumento similar:** Entrevista do autor com membros do alto escalão do governo.

169 **John Brennan, o principal conselheiro de antiterrorismo de Obama, defendeu a incursão:** Entrevista com Michael Leiter.

169 **Ben Rhodes, Michèle Flournoy, Tony Blinken, Mike Vickers, Robert Cardillo, e Nick Rasmussen fizeram o mesmo:** Entrevistas de cada um deles ao autor.

169 **Obama ouviu atentamente aos conselhos de seus assessores:** Tony Blinken interview.

169 **"Essa é uma decisão difícil":** Entrevista com Barack Obama em *Targeting bin Laden*.

169 **Para Obama, aqueles que expressaram dúvidas:** "Obama on bin Laden: The Full 60 Minutes Interview".

169 **o fardo dessa decisão pesaria em seus ombros pelo resto de sua vida:** Entrevista com John Brennan em *Targeting bin Laden*.

169 **"a parte mais difícil":** "Obama on bin Laden: The Full 60 Minutes Interview".

170 **"seria importante ter uma prova":** Barack Obama em *Targeting bin Laden*.

170 **Obama confiava 100%:** Entrevista do autor com oficiais do alto escalão do governo, Washington, DC, agosto de 2011.

170 **Obama sabia que as apostas eram altas:** Barack Obama em *Targeting bin Laden*.

170 **"E se o misterioso Conta-passos fosse apenas um príncipe**

Dubai": "Obama on bin Laden: The Full 60 Minutes Interview".

170 **triplicou o número de soldados em terras afegãs:** "Remarks by the President in Address to the Nation on the Way Forward in Afghanistan and Pakistan".

170 **ligou para Mubarak e lhe disse que era hora de abrir mão do poder:** Jake Tapper, "After Thursday Speech, White House Pushed Mubarak: You Must Satisfy the Demonstrators in the Street", *ABC News*, 11 de fevereiro de 2011, abcnews.go.com/blogs/politics/2011/02/after-thursday-speech-white-house-pushed-mubarak-you-must-satisfy-the-demonstrators-in-the-street/ ; entrevista do autor com membros do alto escalão do governo.

170 **campanha military que derrubou o ditador líbio:** Paul Richter e Christi Parsons, "Obama Faces Growing Criticism for Libya Campaign", *Los Angeles Times*, 21 de março de 2011, articles. latimes .com/2011/mar /21/world/la-fg-us-libya-20110322.

170 **Gates e Biden foram contra:** Michael Hastings, "Inside Obama's War Room", *Rolling Stone*, 13 de outubro de 2011, www.rollingstone.com/politics/news/inside-obamas-war-room-20111013.

171 **havia um sério risco de que... as informações sobre o complexo de Abbottabad acabassem vazando:** Entrevistas do autor com membros do alto escalão do governo, Washington, DC, dezembro de 2011.

171 **"Mesmo sabendo que a chance de Bin Laden estar mesmo lá fosse de apenas 50%":** "Obama on bin Laden: The Full 60 Minutes Interview".

171 **reuniu Donilon, McDonough, Brennan e o chefe do gabinete, Bill Daley, à sua volta:** Tom Donilon em *Targeting bin Laden*.

171 **"Tomei minha decisão":** *Ibid.*

171 **"Obama já é o terceiro presidente com quem trabalho":** trecho inédito da entrevista de Tom Donilon em *Targeting bin Laden*.

171 **"Eu pensei: nossa, essa é uma decisão corajosa":** Entrevista com Tony Blinken.

172 **"Eu nunca tinha visto tamanha devastação":** "Obama on Tornado Devastation in the South: 'It's Heartbreaking'", *Los Angeles Times*, 29 de abril de 2011, latimesblogs.latimes.com/washington/2011/04/obama-visits- tornado-devastation.html.

172 **Donilon assinou uma autorização oficial:** Tom Donilon em

Targeting bin Laden.

172 **foram instruídos a evacuaro prédio:** Saeed Shah, "U.S. Officials Escape bin Laden Revenge Bombing in Pakistan", *McClatchy News-papers*, 4 de outubro de 2011, www.mcclatchydc.com/2011/05/20/v-print/114485/us-officials-survive-bomb-attack.html.

172 **Obama foi ao Centro Espacial Kennedy:** Devin Dwyer, "President Obama, Gabrielle Giffords Meet After Shuttle Launch Postponed", *ABC News*, 29 de abril de 2011, abcnews.go.com/US/president-obama- gabrielle-giffords-meet-florida-scrubbed-shuttle/story?id=13478147# .Tx3niV1AIj8.

173 **McRaven decidiu então adiar:** Entrevista com Michael Leiter; Tom Donilon em *Targeting bin Laden.*

173 **durante um intervaldo entre os ensaios de seu discurso:** Mazzetti, Cooper, e Baker, "Behind the Hunt for bin Laden".

174 **"Eu não poderia ter mais confiança do que já tenho":** Jake Tapper, "Presi- dent Obama to National Security Team: 'It's a Go'", ABC News, 2 de maio de 2011, abcnews.go.com/blogs/politics/2011/05/president-obama-to-national-security-team-its-a-go/

174 **Obama repassava os detalhes:** "Obama on bin Laden: The Full 60 Minutes Interview".

174 **conseguiu fazer um monólogo hilário:** Transcrição dos comentários de Obama no Jantar dos Correspondentes, *Wall Street Journal*, 1° de maio de 2011, blogs.wsj.com/washwire/2011/05/01/transcript-of-obamas-remarks-at-the-correspondents-dinner/.

175 **o comediante Seth Meyers fez uma piada sobre a longa caça a Bin Laden**: Nick Carbone, "Obama's Poker Face: President Reacts to Bin Laden Joke at Cor- respondents' Dinner", *Time*, 2 de maio de 2011, newsfeed.time.com/2011 /05/02/obamas-poker-face-president-reacts-to-bin-laden-joke-at-correspondents-dinner/#ixzz1kKBJRvr5.

175 **Stephanopoulos lhe perguntou**: Marc Ambinder em *Targeting bin Laden.*

CAPÍTULO 13: NÃO ACENDA A LUZ

176 **"Desça e volte para a cama":** Entrevista do autor com oficial do governo paquistanês presente no interrogatório das esposas de

NOTAS

Bin Laden.

176 **"Não acenda a luz":** *Ibid.*

176 **havia tomado a sensata precau**ção **de desativar as linhas elétricas:** Ihsan Mohammad Khan, entrevistado pelo autor, Abbottabad, Paquistão, 21 de julho de 2011.

176 **os oficiais de segurança nacional de Obama haviam come**ç**ado a chegar à Casa Branca:** Entrevista do autor com membros do alto escalão do governo.

176 **McDonough havia ido ao casamento de seu amigo, Mike Leiter:** Entrevista com Michael Leiter.

177 **"Pelo amor de Deus, era o meu casamento"... "Talvez eu demore":** *Ibid.*

177 **foi à missa dominical:** Marc Ambinder em *Targeting bin Laden.*

177 **uma reunião dos "vices" teve início... traziam com eles pilhas de documentos:** Entrevista do autor com membos do alto escalão do governo.

177 **"ramificações" e "consequências":** Entrevista do autor com oficial do Pentágono.

177 **as limusines blindadas de autoridades:** Marc Ambinder em *Targeting bin Laden.*

177 **A Casa Branca for a fechada à visitação... atores do filme** *Se beber, não case***:** Entrevista com Ben Rhodes.

177 **havia instalado linhas protegidass na Sala de Situação:** Ben Rhodes em *Targeting bin Laden.*

177 **uma equipe com quase trinta oficiais:** Entrevista com James Cartwright.

177 **A equipe de Cartwright... A maior preocupacão:** *Ibid.*

178 **esperassem dentro do complexo**: Entrevista do autor com membro do alto escalão do governo.

178 **tentariam negociar sua saída:** *Ibid.*

178 **o conselho de guerra de Obama começou a se reunir na Sala de Situa**ção**:** Entrevista com Mike Leiter.

178 **a sala havia sido transformada em um centro de comando:** Calabresi, "CIA Chief: Pakistan Would Have Jeopardized Operation".

178 **"O que o senhor acha?", perguntou Panetta:** Entrevista do autor com oficial da inteligência.

178 **Também acompanhando a operação na CIA:** Eric Olson entrevistado por Martha Raddatz, Aspen, Colorado, 27 de julho de 2011, http://www.c-spanvideo.org/program/300735-1.

178 **Panetta assumiu simbolicamente o comando da operação:** Entrevista do autor com oficial da inteligência.

179 Às **13h22, Panetta deu a McRaven a ordem para iniciar a incursão:** *Ibid.* 179 Às **2h05, Panetta começou a apresentar umnovo resumo da operação:** Mazzetti, Cooper, e Baker, "Behind the Hunt for bin Laden".

179 **composta de 23 "operadores" e um interpréte:** Schmidle, "Getting bin Laden".

179 **pequenos cartões com fotos e descrições da família de Bin Laden:** Lamb, "Revealed: The SEALs' Secret Guide".

179 **um cachorro chamado Cairo, usando um colete à prova de balas:** Ben Forer, "Osama Bin Laden Raid: Navy SEALs Brought Highly Trained Dog with Them into Compound", *ABC News*, 5 de maio de 2011, abcnews.go.com/US/osama-bin-laden-raid-navy-seals-military-dog/story?id=13535070#.TtaMrF1AIj8.

179 **quase às onze da noite no horário local, os dois Black Hawks decolaram:** Schmidle, "Getting bin Laden".

179 em modo "pacífico": Irfan Ghauri, "Abbottabad Incursion: US Took Advantage of 'Peacetime Mode'", *Express Tribune*, 12 de julho 2011, tribune.com.pk/story/207808/abbottabad-incursion-us-took-advantage-of-peacetime-mode/.

179 **emitiam uma baixa "assinatura"** térmica… voavam **"colados ao chão":** Chris Marvin, ex-piloto de Black Hawk, entrevistado para o documentário *The Last Days of Osama bin Laden*, National Geographic Channel, 9 de novembro de 2011.

180 **O tempo total da viagem:** Entrevista do autor com oficial da inteligência.

180 **Petraeus, que havia sido informado três dias antes:** Paula Broadwell e Vernon Loeb, *All In: The Education of General David Petraeus* (Nova York: Penguin Press, 2012), pp. 255–59.

180 **dezenas de operações das Forças Especiais:** *Ibid.*

180 **Petraeus chegou ao centro de operações:** Ibid; David Petraeus, entrevistado por Tresha Mabile, Washington, DC, agosto de 2011.

NOTAS

180 **três helicópteros Chinook do tamanho de ônibus:** Schmidle, "Getting bin Laden".

180 **os outros dois foram para Kala Dhaka:** "OBL Operation: Helicopters Landed in Kala Dhaka Before Proceeding to Abbottabad", *Express Tribune*, 14 de maio de 2011, tribune.com.pk/story/168573/osama-bin-laden-operation-helicopters-landed-in--kala-dhaka-before-proceeding-to-abbottabad/

180 **mais de uma dúzia de oficiais:** Observações do autor.

181 **uma aeronave não tripulada no formato de um morcego:** Greg Miller, "CIA Flew Stealth Drones into Pakistan to Monitor bin Laden House", *Washington Post*, 17 de maio de 2011, www.washingtonpost.com/world/national-security/cia-flew-stealth-drones-into-pakistan--to-monitor- bin-laden-house/2011/05/13/AF5dW55G_story.html.

181 **"A Casa Branca, como só a Casa Branca sabe fazer":** Entrevista com Michael Leiter.

181 **"Pouco a pouco, um ou dois de cada vez":** *Ibid.*

182 **"Eu preciso ver isso":** Schmidle, "Getting bin Laden".

182 **Dezenas de outros oficiais:** Entrevista com James Cartwright.

182 **"A única coisa com a qual posso comparar":** Entrevista com Michael Leiter.

182 **"Por que aquele helicóptero está ali":** *Ibid.*

182 **peso extra... temperaturas mais elevadas do que o previsto:** Entrevista do autor com ex-oficial do JSOC, Washington, DC.

182 **"queda brusca":** Depoimento do ex-piloto de Black Hawk Chris Marvin ao documentário *The Last Days of Osama bin Laden*.

182 **as paredes externas foram representadas por cercas metálicas:** Entrevista do autor com oficial da inteligência.

182 **evitou uma queda potencialmente catastrófica:** *Ibid.*

183 **Esperava-se que qualquer curioso na área:** "Sources: Raiders Knew Mission a One-Shot Deal", *Associated Press*, 17 de maio de 2011, www.navytimes.com/news/2011/05/ap-raiders-knew-mission-a-one-shot-deal-051711/

183 **"Pudemos ver que houve problemas":** Barack Obama em *Targeting bin Laden*.

183 **"E quando a cauda do nosso helicóptero acertou a parede":** Hillary Clinton, entrevistado pelo autor, Washington, DC, 23 de janeiro de 2012.

183 **Gates, que estava pálido:** Entrevista do autor com membro do alto escalão do governo.

183 **"Percebi que ele estava com um nó na garganta":** Entrevista com James Clapper.

183 **Nervosa, uma analista... perguntou, "Isso é muito ruim?":** Entrevista do autor com um oficial da inteligência.

183 **"Diretor, como pode ver, um dos helicópteros caiu no pátio":** *Ibid.*

184 **"Estou enviando a FRR até o alvo":** *Ibid.*

184 **A batalha mais trágica na história dos Seals:** Laura Blumenfeld, "The Sole Survivor", *Washington Post*, 11 de junho de 2007, www.washingtonpost.com/wp-dyn/content/article/2007/06/10/AR2007061001492_pf.html.

184 **dos quais três foram mortos:** Christina Lamb e Nicola Smith, "Geronimo! EKIA 38 Minutes to Mission Success", *The Australian*, 9 de maio de 2011, www.theaustralian.com.au/news/world/geronimo-ekia-38-minutes-to-mission-success/story-e6fr-g6so-1226052094513 ; Philip Sherwell, "Osama bin Laden Killed: Behind the Scenes of the Deadly Raid", www.telegraph.co.uk/news/worldnews/al-qaeda/8500431/Osama-bin-Laden-killed--Behind-the-scenes-of-the-deadly- raid.html.

185 **pousar a aeronave ao lado do complexo:** Schmidle, "Getting bin Laden"; entrevista do autor com oficial do governo paquistanês.

185 **fechar um perímetro em volta:** Entrevistas do autor com oficiais do NSC ; entrevistas do autor com oficiais de inteligência.

185 **farejar qualquer "fujão"... treinado para encontrar qualquer sala ou cofre secreto:** Gardiner Harris, "A bin Laden Hunter on Four Legs", *New York Times*, 4 de maio de 2011, www.nytimes.com/2011/05/05/science/05dog.html.

185 **os outros oito Seals do Segundo helicóptero:** Entrevista do autor com oficial do governo paquistanês.

185 **por cerca de quinze minutos:** Entrevista do autor com oficial do Departamento de Defesa.

185 **Costurados a suas roupas:** Entrevista do autor com oficial da inteligência.

185 **encontraram Abrar, o irmão do Kuwaitiano, e sua esposa, Bushra:** Entrevista do autor com oficiais do governo paquistanês.

NOTAS

186 **"Estávamos totalmente às cegas":** Barack Obama em *Targeting bin Laden*.

186 **não tinha a menor ideia de como seria a distribuição dos cômodos:** Entrevista do autor com oficial da inteligência.

186 **"Fiquei esperando ouvir alguma explosão":** Entrevista com Michael Leiter.

186 **"E se Bin Laden tivesse alguma força de reação rápida":** John Brennan em *Targeting bin Laden*.

186 **várias crianças:** Dozier, "Bin Laden Trove of Documents Sharpen US Aim".

186 **a AK-47 e uma pistola Makarov:** A AK-47 e a pistola de fabricação russa Makarov serão expostas no museu da CIA em Langley, VA.

186 **a menos que Laden saísse do quarto:** Entrevista do autor com oficial de inteligência.

186 **Amal gritou algo em árabe:** Schmidle, "Getting bin Laden".

186 **a empurrou para o lado:** *Ibid*.

187 **pedaços de seu cérebro jorraram:** Observações do autor em visita ao complexo de Bin Laden em Abbottabad.

187 **Talvez ele estivesse esperando algum sinal de alerta:** Entrevista com Leon Panetta, Charlie Rose, PBS, 6 de setembro de 2011, www.defense.gov/transcripts/transcript .aspx?transcriptid=4872.

187 **G significava que Bin Laden havia sido "dominado":** Entrevista do autor com oficial do Pentágono, 10 de fevereiro de 2012. ekia-38- -minutes-to-mission-success/story-e6frg6so-1226052094513; Philip Sherwell, "Osama bin Laden Killed: Behind the Scenes of the Deadly Raid", www.telegraph.co.uk/news/worldnews/al-qaeda /8500431/ Osama-bin-Laden-killed-Behind-the-scenes-of-the-deadly-raid.html.

187 **Todos na Sala de Situação ficaram boquiabertos:** Ben Rhodes em *Targeting bin Laden*.

187 **mas não houve celebrações:** Entrevista com Michael Leiter.

188 **detonar o helicóptero acidentado repleto de equipamentos aeronáuticos secretos:** Entrevista do autor com oficial do Pentágono.

188 **"Só ficamos espantados":** Entrevista com Michael Leiter.

188 **com sangue escorrendo por seus narizes, ouvidos e bocas:** fotos de três dos cadáveres divulgadas pela Reuters.

188 **o intérprete dispersou vizinhos curiosos:** CNN, 12 de maio de 2011, declaração de um morador local: "Nós tentamos ir até lá mas apontaram armas com laser para nós, e disseram 'Não, vocês não podem passar'. Como eles estavam falando em pashto pensamos que tinham vindo do Afeganistão, não dos Estados Unidos".

189 **coletaram amostras do corpo de Bin Laden:** Schmidle, "Getting bin Laden".

189 **todo o material coletado no complexo:** Robert Windrem e Alex Johnson, "Bin Laden Aides Were Using Cell Phones, Officials Tell NBC", NBC News, www.msnbc.msn.com/id/42881728/ns/ world_ news-death_of_bin_laden/t/bin-laden-aides-were-using--cell-phones- officials-tell-nbc/#.TyBX1l1AIj8.

190 **houve comemorações e cumprimentos:** Entrevistas do autor com oficiais de antiterrorismo envolvidos na caça a Bin Laden.

190 o Chinook e o the Black Hawk se separaram... rotas mais diretas: Entrevista do autor com oficial da segurança nacional.

190 **o Black Hawk ainda precisava reabastecer:** Entrevista do autor com membro do alto escalão do governo.

190 **Por volta das duas da manhã do horário local... o Chinook pousou:** *Ibid.* 190 **rápida inspeção no cadáver de Bin Laden:** Entrevista com oficial da inteligência.

191 **"Bom, senhor, acho que agora lhe devo 60 milhões de dólares":** Entrevista do autor com oficial da inteligência.

191 **Obama se recorda, "Só confirmamos a identidade de Bin Laden depois":** Barack Obama em *Targeting bin Laden.*

191 **"Estou com os resultados da análise facial de Bin Laden":** Entrevista do autor com oficiais da inteligência.

191 **Uma onda de vibrações irrompeu na sala de reuniões:** *Ibid.*

191 **"As fotos eram grotescas":** Entrevista com James Clapper.

191 **"Ele tinha um buraco no lugar de um dos olhos":** Entrevista do autor com um membro do alto escalão do governo.

192 **"Não preciso de nenhuma análise de reconhecimento facial":** Entrevista com Michael Leiter.

CAPÍTULO 14: O RESULTADO

193 **Oficiais de segurança paquistaneses começaram a chegar**

NOTAS

ao complexo: Entrevista do autor com official do governo paquistanês.

193 **"Sou de Swat":** Asad Munir, ex-oficial do ISI, entrevistado pelo autor, Paquistão, 15 de julho de 2011.

193 **"Eles mataram e levaram Abu Hamza":** *Ibid.*

194 **Safia, a filha de doze anos de Bin Laden, também falou:** Robert Booth, Saeed Shah, e Jason Burke, "Osama bin Laden Death: How Family Scene in Compound Turned to Carnage", Guardian, 5 de maio de 2011, www.guardian.co.uk/ world/2011/may/05/ bin-laden-death-family-compound

194 **foi acordado por um barulho muito estranho:** Entrevista com Ihsan Mohammad Khan interview.

194 **"Um helicóptero caiu":** e-mail de Ihsan Khan para a Voice of America em Washington, DC, 2 de maio de 2011.

195 **seria imposseivel manter a operação em segredo:** Entrevistas do autor com oficiais da inteligência.

195 **pessoas nas coberturas de prédios vizinhos:** *Ibid.*

195 **interceptando ligações entre oficiais da região:** Entrevista do autor com militares americanos envolvidos na operação de caça a Bin Laden.

195 **relatos de que a mídia paquistanesa:** Entrevista com Ben Rhodes.

195 **"Alguns de nós estavam ansiosos para que o presidente se pronunciasse":** *Ibid.*

196 **"Temos que ligar logo!":** Entrevista com Michael Leiter.

196 **haviam desenvolvido uma genuína amizade:** Entrevista com Michael Mullen.

196 **"Aquela aeronave não era nossa":** Najam Sethi, "Operation Get OBL", 6 de maio de 2011, *Friday Times*, www.thefridaytimes. com/06052011/page1.shtml

196 **O general Kayani recebeu uma ligação... Dois F-16s de fabricação Americana decolaram:** Zahid Hussain, Matthew Rosenberg e Jeremy Page, "Slow Dawn After Midnight Raid", *Wall Street Journal*, 9 de maio de 2011.

197 **a primeira pessoa para quem Obama ligou foi seu antecessor:** Entrevista do autor com membro do alto escalão do governo.

197 **"Não senti nenhuma grande alegria ou empolgação":** George W. Bush: The 9/11 Interview, National Geographic Channel, 28 de agosto de 2011.

197 **chegou a ser informado sobre o ataque iminente:** Entrevista do autor com oficial do Conselho de Segurança Nacional.

197 **Era um alto oficial do Paquistão:** Entrevista do autor com oficial americano.

197 **reações perplexas dos oficiais paquistaneses:** Entrevista com Michael Leiter; entrevistas do autor com oficiais americanos.

197 **Zardari disse a Obama, "Fico satisfeito":** Entrevista do autor com membro do alto escalão do governo.

198 **"Meus parabéns", disse Kayani:** *Ibid.*

198 **A conversa durou tensos vinte minutos:** *Ibid.*

198 **pediu que Obama se pronunciasse o quanto antes:** *Ibid.*

198 **"Nosso povo precisa entender o que aconteceu aqui":** *Ibid.*

198 **"Venham logo!":** Ed Henry, correspondente da CNN na Casa Branca, CNN, 1º de maio de 2011.

199 **Pouco a pouco, as especulações:** Geraldo Rivera, "Geraldo at Large", Fox News, 1º de maio de 2011.

199 **"Não posso fazer isso. Vai acabar dando azar":** Entrevista com Ben Rhodes interview.

199 **"Decidimos não inventar nada":** *Ibid.*

199 **Para o discurso, Obama disse a Rhodes:** *Ibid.*

199 **"Não teria como ser melhor nem se fosse planejado":** Entrevista com Tony Blinken.

199 **"Ligue a tevê":** Entrevista com Michael Vickers.

200 **"Eu me lembro de estar andando e ouvir gritos":** Entrevista com James Clapper.

200 **"Boa noite. Hoje, posso dizer":** "Full Text of Obama's Speech on bin Laden's Death", CBS, 2 de maio de 2011, www.cbsnews.com/8301-503544_162-20058783-503544.html

200 **quase 55 milhões de americanos:** Brian Stelter, "Obama's TV Audience Was His Largest", *New York Times*, 3 de maio de 2011, www.nytimes.com/2011/05/04/arts/television/bin-laden-spee-ch-drew-obamas- largest-audience-as-president.html

201 **Nayef o parabenizou:** Entrevista do autor com um membro do alto escalão do governo.

NOTAS

201 **Um convertiplano V-22 Osprey transportou:** Schmidle, "Getting bin Laden".

201 **uma cerimônia que levou pouco menos de uma hora:** "DOD Background Briefing with Senior Defense Officials from the Pentagon and Senior Intelligence Officials by Telephone on U.S. Operations Involving Osama Bin Laden", 2 de maio de 2011, www.defense.gov/transcripts/transcript.aspx?transcriptid=4818.

202 **outra amostra era levada a Washington:** Entrevista do autor com oficial do alto escalão do governo.

202 **Usando material de DNA obtido de parentes:** "DOD Background Briefing with Senior Defense Officials from the Pentagon and Senior Intelligence Officials by Telephone on U.S. Operations Involving Osama Bin Laden", 2 de maio de 2011, www.defense.gov/transcripts/transcript.aspx ?transcriptid=4818.

202 **fez várias declarações sobre a ação:** "Transcript of White House Press Briefing on bin Laden's Death", *Wall Street Journal*, 2 de maio de 2011, blogs.wsj.com/washwire/2011/05/02/transcript-of-white-house-press-briefing-on-bin-ladens-death/

202 **A Casa Branca logo retirou todas essas afirmações:** Robert Booth, "The Killing of Osama bin Laden: How the White House Changed Its Story", *Guardian*, 4 de maio de 2011, www.guardian. co.uk/world/2011/may/04/osama-bin-laden-killing-us-story--change

203 **"seriam apresentadas ao público":** "Transcript of Interview with CIA Director Panetta", NBC News, 3 de maio de 2011, www.msnbc.msn.com/id/42887700/ns/world_news-death_of_bin_laden/t/transcript-interview-cia-director-panetta/#.TxclzV1AIj8.

203 **Obama, Gates e Clinton concordaram:** "Obama on bin Laden: The Full 60 Minutes interview", CBS News, 8 de maio de 2011, www.cbsnews.com/8301-504803_162-20060530-10391709.html

203 **"Era importante para nós":** *Ibid.*

203 **"O fato é que você nunca mais verá Bin Laden":** *Ibid.*

203 **"Deveríamos dar uma fita métrica banhada a ouro a McRaven":** Entrevista com Tony Blinken.

203 **uma fita métrica sobre uma placa comemorativa:** Entrevista do autor com um membro do alto escalão do governo.

203 **uma força-tarefa de 125 pessoas:** Entrevista do autor com um oficial da inteligência.

204 **"Decidimos que qualquer tentativa de trabalhar com os paquistaneses":** Calabresi, "CIA Chief: Pakistan Would Have Jeopardized bin Laden Operation".

204 **A primeira reação do exército paquistanês:** Entrevista do autor com oficial Americano.

204 **Os dois generais paquistaneses parabenizaram:** Entrevista do autor com oficial americano.

204 **terrível embaraço ao exército paquistanês:** *Ibid.*

205 **Críticas ao exército vindas de todos os lados:** "Altaf Asks Military, Govt to Apologise Over US Raid", *Dawn*, 5 de maio de 2011, www.dawn.com/2011/05/05/altaf-asks-military-govt-to--apologise-over-us-raid.html

205 **aquela foi a pior semana de sua vida:** Entrevistas do autor com um alto oficial do exército paquistanês e com um diplomata americano.

205 **pelo menos avisasse a ele, a Kayani ou ao presidente Zardari:** Entrevista do autr com oficial paquistanês.

205 **Pasha havia desempenhado um papel-chave:** Entrevistas do autor com oficiais americanos.

205 **Pasha sentiu que a relação com os Estados Unidos degringolou:** Entrevista do autor com oficial paquistanês.

205 **"Acredito que existem certos elementos no exército":** Eli Lake, "Rogers: Pakistani Intelligence Services Aided bin Laden", *Washington Times*, 14 de junho de 2011, www.washingtontimes.com/news/2011/jun/14/rogers-pakistan-military-intel-aided-bin-laden/

205 **não houve qualquer cumplicidade paquistanesa:** Entrevista com Michael Leiter; entrevistas do autor com múltlipas fontes na inteligência americana.

206 **Al-Qaeda fez um anúncio oficial, confirmando a morte:** Augustine Anthony, "Al-Qaeda Confirms Bin Laden Is Dead, Vows Revenge", *Reuters*, 6 de maio de 2011, www.reuters.com/article/2011/05/06/us-obama-statement-idUS-TRE74107920110506.

206 **No mesmo dia em que a Al-Qaeda confirmou a morte:** Jake Tapper, Nick Schifrin e Jessica Hopper, "Obama Thanks SEALs, Troops Back from Afghanistan", ABC News, abcnews.go.com/

NOTAS   309

Politics/obama-seals-troops-back-afghanistan-job-well-done/
story?id=13543148#.Txd JtV1AIj8

206 **Ao longo de meia hora, em uma pequena sala de aula:** Entrevistas do autor com membros do alto escalão do governo.

206 **O primeiro a falar foi o piloto:** *Ibid.*

207 **decrevendo o papel de todos, inclusive o do intérprete:** *Ibid.*

207 **"a força de combate mais brilhante em toda a história mundial":** *Ibid.*

207 **"Bom, senhor, eu o aconselho fortemente a levar um petisco":** *Ibid.*

207 **discutiu todos os pontos de tensão:** Entrevista do autor com membros do governo, Washington, DC.

208 **Enquanto Kerry ainda voltava para casa:** *Ibid.*

208 **"muito complicada, muito difícil":** Entrevista do autor com oficial da inteligência paquistanesa envolvido no interrogatório das esposas de Bin Laden.

208 **O presidente Obama visitou o centro de operações da CIA:** Transcrição das observações do presidentes Obama à comunidade de inteligência americana, 20 de maio de 2011.

208 **"conseguimos guardar um segredo":** *Ibid.*

EPÍLOGO: O OCASO DA AL-QAEDA

209 **desde sua criação em Peshawar, em agosto de 1988:** Peter Bergen, *The Osama bin Laden I Know* (Nova York: Free Press, 2006), pp. 74–82.

210 **Uma pesquisa do instituto Gallup:** John Esposito e Dalia Mogahed, *Who Speaks for Islam? What a Billion Muslims Really Think* (Nova York: Gallup Press, 2007).

210 **o Talibã teria enviado um grupo de homens-bomba a Barcelona:** Al Goodman, "11 on Trial Over Alleged Barcelona Terror Plot", CNN.com, 13 de novembro de 2009, http://edition.cnn.com/2009/WORLD/europe/11/12/spain.terror.trial/.

210 **treinou um recuta americano, Faisal Shahzad:** United States of America vs. Faisal Shahzad, Plea, 10-CR-541 (MGC), Corte Distrital de Nova York, 21 de junho 2010, http://www.investigativeproject.org/documents/case_docs/1435.pdf.

210 **o LeT realizou diversos ataques em Mumbai:** Somini San-gupta, "Dossier Gives Details of Mumbai Attacks", *New York Times*, 6 de janeiro de 2009, www.nytimes.com/2009/01/07/world/asia/07india.html.

210 **escondeu bombas em cartuchos de tinta:** "Magazine Details al Qaeda Cargo Plane Plots", CNN.com, 21 de novembro de 2010, http://articles.cnn .com/2010-11-21/world/al.qaeda.magazine_1_cargo-plane-aqap- plane-crash?_s=PM:WORLD

211 **anunciou formalmente sua lealdade a Bin Laden:** Katherine Houreld, "Somali Militant Group al-Shabaab Formally Joins Al-Qa-eda", *Associated Press*, 9 de fevereiro de 2012, http://www.guardian.co.uk/world/2012/feb/09/somali-al-shabaab-join-al-qaida

211 **o grupo chegou a 1.200 membros:** Jane Ferguson, "Violent Extremists Calling Fighters to Somalia", CNN.com, 27 de abril de 2010, http://articles.cnn.com/2010-04-27/world/somalia.al.shabaab_1_somali-american-transitional-federal-government-foreign-fighters?_ s=PM:WORLD

211 **Ryan Crocker, declarou:** Lee Keath, "Al Qaeda Is Close to Defeat in Iraq, US Ambassador Says", *Associated Press*, 25 de maio de 2008, http://articles.boston.com/2008-05-25/news/29268149_1_shi-ite-sadr-city-maliki

211 **a AQI enviou soldados à Síria:** "US Official Says Al-Qaeda Invol-ved in Syria", Al Jazeera, 17 de fevereiro de 2012, http://www.aljazeera.com/news/middleeast/2012/02/201221794018300979.html

211 **opiniões favoráveis a Bin Laden... caíram ao menos pela metade:** "Terror Suspect Went to Meet bin Laden", *Associated Press*, 4 de maio de 2011, www.foxnews.com/world/2011/05/04/indo-nesia-terror-suspect-went-meet-bin- laden/#ixzz1kCVvHPfP

212 **poderia levar a um novo holocausto:** David Frum e Richard Per-le, *An End to Evil: How to Win the War on Terror* (Nova York: Random House, 2003), p. 7. Ver também Dana Milbank, "Prince of Darkness Denies Own Existence", *Washington Post*, 20 de fevereiro de 2009.

212 **invocando o espectro da Quarta Guerra Mundial:** Charles Feldman e Stan Wilson, "Ex-CIA Director: US Faces 'World War IV'", CNN.com, 3 de abril de 2003, http://www.cnn.com/2003/US/04/03/sprj.irq.woolsey .world.war/ ; James Woolsey à CNN, 2 de junho de 2002.

NOTAS

212 **um conflito global que matou dezenas de milhões:** Consultar *The Black Book of Communism* (Cambridge, MA: Harvard University Press, 1999).

212 **é muito mais provável que um americano morra afogado**: Anualmente, cerca de trezentos americanos morrem afogados acidentalmente em suas banheiras, http://danger .mongabay.com/ injury_death.htm

213 **a Al-Qaeda anunciou seu sucessor:** Saeed Shah, "Ayman al-Zawahiri Takes Over Al Qaeda Leadership", *McClatchy*, 17 de junho de 2011, http://www.sfgate.com/cgi-bin/article.cgi?f=/ c/a/2011/06/16/MNLH1JUT 4A.DTL

216 **bombas em Manhattan, em 2009:** John Marzulli, "Najibullah Zazi Pleads Guilty to Plotting NYC Terror Attack, Supporting Al Qaeda", *New York Daily News*, 22 de fevereiro de 2010.

216 **ataques com os de Mumbai na Alemanha:** "Terror Suspects 'Were Tipped Off'", CNN.com, 10 de setembro de 2007, http:// articles.cnn.com/2007-09-10/world/germany.terror_1_joerg-ziercke-terror-plot-training-camps?_s=PM:WORLD.

217 **aprovou um imenso programa de ataques:** Katherine Tiedemann e Peter Bergen, "The Year of the Drone", *New America Foundation*, 24 de fevereiro de 2010, http://counterterrorism. newamerica.net/sites/newamerica.net/files/policydocs/bergen-tiedemann2.pdf.

217 **uma aeronave não tripulada da CIA matou Atiyah Abdul Rahman:** "Atiyah Abd al-Rahman Dead: Al Qaeda Second in Command Killed in Pakistan", *Associated Press*, 28 de agosto de 2011, http://www.huffingtonpost.com/2011/08/27/ atiyah-abd-al-rahman-al-qaeda-dead_n_939009.html

217 **um dos doze filhos de Bin Laden:** Douglas Farah e Dana Priest, "Bin Laden Son Plays Key Role in Al-Qaeda", *Washington Post*, 14 de outubro de 2003, http://www.washingtonpost.com/wp-dyn/ content/article/2007/08/20/AR2007082000980.html.

217 **grupos islâmicos se saíram muito bem:** "Two Islamist Parties Win Big in Egypt Election", CNN.com, 21 de janeiro de 2012, http://articles.cnn.com/2012- 01-21/africa/world_africa_egypt-elections_1_egypt-election- egyptian-election-conservative-al-nour-party?_s=PM:AFRICA.

217 **o mais perigoso de suas facções regionais:** "Intel Chief: U.S. Faces Many Interconnected Foes", *Associated Press*, 31 de janeiro de 2012, http://www.cbsnews.com/8301-201_162-57368904/intel--chief-u.s-faces-many-interconnected-foes/

217 **"Que meu túmulo seja a barriga de uma águia":** Osama bin Laden, "Exposing the New Crusader War", texto encontrado em sites jihadistas. Fevereiro de 2003.

218 **enviaram escavadeiras ao complexo:** "Osama Bin Laden Compound Being Demolished in Pakistan", *Reuters*, 25 de fevereiro de 2012. http://www.guardian.co.uk/world/2012/feb/26/osama-bin--laden-compound-demolished.

218 **"vala comum das mentiras esquecidas da história":** "President Bush Ad- dresses the Nation", *Washington Post*, 20 de setembro de 2001, http://www.washingtonpost.com/wp-srv/nation/specials/attacked/transcripts/ bushaddress_092001.html.

218 **"pessoas pequenas do lado errado da história":** Declaração do presidente Barack Obama no discurso de abertura da United States Military Academy em West Point, Nova York, 22 de maio de 2010.

AGRADECIMENTOS

Escrever um livro de não ficção é uma combinação estranha de uma atividade intensamente solitária – ninguém vai escrever o livro por você – e de outra profundamente coletiva. Andrew Lebovich trabalhou em todas as fases deste projeto, realizando e organizando pesquisas, verificação de fatos e fazendo as notas de rodapé do livro, além de traduzir material em francês. Jennifer Rowland também fez e organizou pesquisas, verificou fatos e notas de rodapés para o manuscrito, traduziu material em árabe e fez uma excelente pesquisa fotográfica. Tive sorte por trabalhar neste livro, e diariamente na New America Foundation, ao lado de dois pesquisadores tão inteligentes e meticulosos como Andrew e Jennifer. Andrew foi trabalhar em uma empresa de Washington, D.C. fazendo análises no norte da África, e ainda vamos ouvir muito sobre ele no futuro.

A New America Foundation em Washington, D.C., tem sido minha casa há uma década. Minha sorte é especialmente grande por trabalhar lá com seu presidente, Steve Coll, que é invariavelmente o sujeito mais inteligente ali e também o mais modesto. Sua ética de trabalho, integridade e liderança são inspiradoras. Quero agradecer também aos meus colegas da New America, Patrick Doherty e Brian Fishman, que trabalham comigo no programa nacional de segurança da fundação. E obrigado a Simone Frank, Danielle Maxwell, Troy Schneider, Stephanie Gunter, Faith Smith e Rachel White, que ajudam nosso programa de diversas maneiras.

Obrigado aos estagiários Tristan Berne, Galen Petruso, Kelsy Greenwald e Eric Verdeyen, que ajudaram com parte da pesquisa para o livro. Obrigado também a Christina Satkowski.

O autor Ken Ballen, que também é um destacado pesquisador de opinião pública no mundo muçulmano, leu cuidadosamente o manuscrito e fez muitas sugestões importantes sobre como melhorá-lo. Da mesma forma, o especialista em segurança Andrew Marshall fez valiosas observações editoriais sobre como conceitualizar melhor o livro. Sou grato a vocês dois por sua orientação e amizade.

O jornalismo de Nick Schmidle na *New Yorker* e de Kimberly Dozier e Adam Goldman na Associated Press merece uma menção especial pela ajuda em elucidar a incursão de Abbottabad e as descobertas da inteligência que levaram a isso.

No Paquistão, recebi a inestimável ajuda do major-general Nazir Butt e do comodoro aposentado Zafar Iqbal. Obrigado a vocês dois por seus sábios conselhos e amizade. Obrigado também a Khalid Khan Kheshgi e Ihsan Khan.

Obrigado também à equipe da Free Press, que publicou meus três livros anteriores sobre a Al-Qaeda e o Bin Laden, e especialmente ao meu editor lá, Dominick Anfuso. Obrigado também a Will Sulkin e a Stuart Williams, da Bodley Head, que estão publicando este livro no Reino Unido. Obrigado também à Politikens Forlag na Dinamarca, à House of Books na Holanda, à Verlagsgruppe Random House GmbH na Alemanha, à Cappelen Damm AS na Noruega e à Publicações Dom Quixote, Lda., em Portugal, por publicarem este livro em seus respectivos países.

Também devo os seguintes agradecimentos: na Casa Branca, a Ben Rhodes e a Jamie Smith pela ajuda fornecida; no Departamento de Defesa, a Doug Wilson, dr. George Little, Carl Woog, capitão John Kirby, Tara Riegler, Bob Mehal e tenente-coronel James Gregory pelo apoio que vocês ofereceram; na CIA, a Preston Golson, Cynthia Rapp, Jennifer Youngblood e Marie Harf; no Centro Nacional Antiterrorismo, a Carl Kropf; no Escritório do Diretor da Inteligência Nacional, a Shawn Turner e a Mike Birmingham; no Comando de Operações Especiais, a Ken McGraw; no gabinete do Vice-Presidente, a Alexandra Kahan; no Departamento de Estado, a Philippe Reines e a Caroline Adler; na Agência de Inteligência de Defesa, a Susan Strednansky; no gabinete do almirante Mullen, a Sarah Chayes e a Sally Donnelly; no gabinete do general McChrystal, a Duncan

AGRADECIMENTOS

Boothby e a Samuel Ayres, e também ao coronel Erik Gunhus no Afeganistão. Obrigado ao tenente-coronel Patrick Buckley, ao tenente-coronel Joel Rayburn, a Ferial Govashiri e a Tommy Vietor.

Na Nutopia Productions, obrigado a Jane Root e a Phil Craig, que disponibilizaram transcrições completas das entrevistas da Casa Branca que eles gravaram para seu inestimável documentário *Targeting bin Laden*, que foi transmitido pelo History Channel. Obrigado a Christina Lamb do *Sunday Times*, que disponibilizou o cartão que os Seals carregaram na noite da incursão, que foi reproduzido neste livro. Obrigado a Gene Thorp pelos excelentes mapas. Obrigado também a Keith Sinzinger.

Obrigado a Anderson Cooper, Eric Greitens e Steve Coll, três cavalheiros cujo trabalho e caráter eu admiro muito e que revisaram o manuscrito. Obrigado também a todos aqueles que concordaram em ser entrevistados para o livro. Aqueles que concordaram em ser gravados podem ser encontrados na lista de entrevistados na página 273.

Trabalhei na CNN em mais de uma função desde 1990 e sou grato por poder continuar a trabalhar lá com tantos de seus excelentes repórteres, executivos, produtores e editores, especialmente Pamela Sellars, Richard Galant, Charlie Moore e Anderson Cooper. Obrigado também a Henry Schuster, agora no *60 Minutes* da CBS, que tem sido um amigo e colega há uma década e meia.

Obrigado à Storyhouse Productions e ao produtor Simon Epstein por seu trabalho no documentário da National Geographic *The Last Days of Osama bin Laden*, que ajudou a dar forma a este livro. E um agradecimento especial à minha esposa, Tresha Mabile, que foi a coprodutora executiva do documentário e viajou ao Paquistão quando estava grávida de cinco meses para produzi-lo. Na National Geographic Television, obrigado a Michael Cascio, Kim Woodward e Jack Smith, que tornaram o documentário melhor.

Obrigado a Marin Strmecki da Smith Richardson Foundation e a Nancy Chang do Open Society Institute, por financiarem nosso trabalho na New America Foundation. Obrigado também a Chip Kaye e a Fareed Zakaria, diretores do conselho consultivo para o programa nacional de segurança da New America, que me deram muito apoio. Obrigado também aos outros membros do conselho consultivo, Anne-Marie Slaughter, Fred Hassan, Tom Freston, Bob Niehaus e Chris Niehaus. Obrigado também a Liaquat e a Meena Ahamed.

Parte das apurações para este livro primeiramente tomaram forma em algumas revistas e jornais. Sou grato ao ex-editor da *The New Republic*, Franklin Foer, por publicar meu livro e ao atual editor da revista, Richard Just, que tornaram meus artigos bem melhores. Obrigado a Cullen Murphy na *Atlantic* e a Wayne Lawson na *Vanity Fair*, Carlos Lozada no *Washington Post*, Rick Stengel na *Time*, Alan Hunter no *Sunday Times* e Robert Colvile, Con Coughlin e Sally Chatterton no *Daily Telegraph*.

Obrigado ao diretor Greg Barker, que comprou este livro para um documentário para a HBO a ser lançado nos cinemas, e aos produtores John Battsek e Julie Goldman. Estou ansioso para ver o resultado! Obrigado também a Colin Callender e a Marc Gordon da Playground Entertainment por seu interesse neste livro.

Obrigado a Susan Glasser, Blake Hounshell e Benjamin Pauker da *Foreign Affairs* por sua colaboração no AfPak Channel. Obrigado a Chris Clifford e a Shannon Calabrese do Keppler Speakers e a Clark Forcey por seus conselhos e apoio de tantos anos. Obrigado a Karen Greenberg do Fordham Law School's Center on National Security pela consultoria e amizade.

Foi uma alegria trabalhar com minha agente, Tina Bennet da Janklow & Nesbit, na última década, tanto como amiga quanto como referência intelectual. Tina é considerada amplamente, e com razão, a melhor agente de não ficção no meio, e considero-me muito sortudo de ser um dos autores representados por ela. Também na Janklow, obrigado a Svetlana Katz.

Obrigado às famílias Bergen, Mabile, Gould, Takacs e Coughlin por todo o apoio. Quero fazer um agradecimento especial à minha sogra, Albertha Mabile, que veio ficar conosco no primeiro mês em que Pierre nasceu e ajudou a segurar as pontas. Você foi indispensável (como dormiu ontem à noite?)

Na Crown, obrigado à ótima equipe de Molly Stern, David Drake, Annsley Rosner, Jay Sones, Julie Cepler, Matthew Martin, Robert Siek, Linda Kaplan e Rachel Berkowitz. Um obrigado especial à editora-assistente Stephanie Chan, que trabalhou com diligência na inserção de fotos. A preparadora de texto Jenna Dolan tornou o livro melhor e mais preciso de inúmeras formas. E a assessora de imprensa Penny Simon trouxe muita eficiência e bom humor à tarefa de divulgar este livro.

Em diversas maneiras este livro é uma coprodução com minha maravilhosa editora, Rachel Klayman, que editou meu primeiro livro sobre

AGRADECIMENTOS

Bin Laden, cujo manuscrito submeti a ela cerca de uma semana antes dos ataques do 11 de setembro. Rachel usou sua inteligência implacável para lidar com este novo projeto e também sua grande minúcia, que foi essencial para um livro que precisava ser pesquisado, apurado e escrito em dez meses. Ela, que é uma editora no sentido essencial da palavra, trabalhou com muito cuidado e carinho em cada linha deste livro. Ela fez tudo isso com muita graciosidade e humor, apesar de outros projetos importantes que também estavam em andamento. Espero que possamos publicar outro livro em breve!

Acima de tudo, agradeço à minha esposa, Tresha Mabile. Obrigado por ler este livro muitas e muitas vezes, discutindo seu conteúdo comigo além do que qualquer um poderia pedir. E obrigado também por viajar comigo ao Paquistão para pesquisar o livro quando você estava grávida do Pierre. O livro é dedicado a ele, nosso mais importante projeto conjunto. Amo muito vocês dois.

Este livro foi composto em
Bembo Std no corpo 11,5/14
e impresso em papel Pólen soft $80g/m^2$
pela RR Donnelley.